【제2판】

사회복지실천기술론

김혜영 · 석말숙 · 홍나미 · 신인순

KNOWLEDGE COMMUNITY 공동체

제2판 머리말

초판이 출간된 지 6년이라는 긴 시간 끝에 개정판이 나오게 되었다. 집필진은 그동안 이 교재를 사용하신 여러분들이 초판에 대해 지적해 주신 조언과 비평은 물론, 그간의 사회복지실천현장의 다양한 변화를 반영하고자 노력하였다. 무엇보다 최근 한국사회복지교육협의회의 교과목 지침서의 제안을 최대한 반영하고자 하였다.

사회복지실천기술론은 사회복지실천론과 연계되면서도 지역사회복지론, 가족복지론 등 여타 교과목들과의 내용 중복을 가급적 피하고 개인, 집단, 가족을 대상으로 한 사회복지실천의 사정-면접 및 개입-종결에 필요한 구체적인 기술을 소개할 필요가 있다. 또한 사회복지실천현장에서 요구되는 실천기술, 즉 다양한 클라이언트의 욕구충족과 문제해결에 적용할 수 있는 실천모델의 주요 과정과 기법을 활용할 수 있도록 하기 위해 실천모델을 보강할 필요가 있다. 그리고 실제 현장에서는 어려운 여러 부류의 클라이언트와 일해야 하는 경우가 종종 있으므로 이와 관련된 개입방법 및 지침을 알아두는 것도 중요하다고 하겠다.

본 개정서는 이를 반영하여 다음과 같이 증보 개정하였다. 첫째, 초판에서 소개하였던 심리사회 모델, 인지행동 모델, 과제중심 모델, 위기개입 모델, 해결중심 모델에 더해 임파워먼트 모델을 추가하였다. 또한 기존 실천모델 중에서 콘텐츠의 체계화가 요구되었던 인지행동 모델을 대폭 수정 보완하였고, 사례적용에 따른 개입기술을 구체적으로 소개할 필요성이 제기된 위기개입 모델의 사례를 변경 보완하였다.

둘째, 복합적 욕구를 가진 클라이언트 대상 개입 기술과 변화동기가 부족한 클라이언트와 일하기 등 필요한 신규 콘텐츠를 소개하였다. '변화동기가 부족한 클라이언트와 일하기'에서는 비자발적 클라이언트, 가정폭력 피해자 및 가해자, 자살위험이 있는 클라이언트 등에 대해 다루었다.

셋째, 지역사회 대상 개입기술은 지역사회복지론 교과목 내용과 중복되기 때문에 개정판에서는 제외시켰다.

끝으로, 실천현장에서 요구하는 집단프로그램 운영 능력을 향상시키기 위해 집단대상 실천에 대한 이해 및 개입기술을 보강하고 가족대상 개입 기술 및 사례를 수정 보완하였다.

집필진은 이번 개정판이 학부 및 대학원에서 공부하는 학생들과 사회복지 실천현장의 실무자에게 유익한 콘텐츠이기를 바란다. 또한 교육현장에서 헌신하는 많은 독자들의 지속적인 관심과 조언을 기다린다.

2023년 3월

저자 일동

머리말

21세기 한국은 급격한 인구구조적 변화에 따른 새로운 양상의 사회문제가 출현하고, 정치적 · 경제적 · 사회적 환경의 변화에 따라 사회 구성원들의 욕구가 매우 다양화되었을 뿐 아니라 양적으로도 폭증하고 있다. 이와 같은 변화에 대응하기 위해 사회복지전문직의 역할과 기능은 점점 더 중요해지고 있다.

사회복지실천기술론은 클라이언트의 다양한 욕구와 복잡한 문제에 개입하기 위한 과학적이고 창의적인 방법론을 소개하고, 사회복지사로서의 자질과 전문성을 연마하도록 하는 교과목이다.

또한 사회복지사 1급 국가고시의 교과목으로 사회복지실천론을 선수과목으로 이수한 후에 수강하도록 되어 있다. 이 교과목은 내용 면에서 상당 부분 겹치는 사회복지실천론과의 구분이 필요했기에, 이 책에서는 한국사회복지교육협의회의 교과목 지침서를 참고하는 동시에 실천론에서 간략히 다루어진 내용을 좀 더 상세하게 다루면서 한층 심화된 내용을 담고자 노력하였다. 또한 사회복지실천 지식과 기술을 현장에서 적용하는 데 도움을 주기 위해 풍부한 사례 제시를 통해 구체성을 높이는 데 중점을 두었다. 저자들은 사회복지 실무경력이 있는 현직 교수들로서 자신의 세부전공에 따른 전문성을 살려 각 장들을 집필하였다. 이 책이 대학에서 사회복지실천기술론을 공부하는 학생들뿐 아니라 현장에서 일하는 사회복지사들의 참고도서로도 활용될 수 있기를 기대해 본다.

이 책은 총 4부 14장으로 구성하였다. 제1부는 사회복지실천기술의 기초로 2개의 장으로 구성하였다. 제1장은 사회복지사의 전문적 기반인 실천기술, 전문적 지식, 전문직의 가치와 윤리에 대해 정리하였다. 제2장은 효과적 실천가로서의 사회복지사 특징과 효과적 실천의 기초가 되는 사회복지사의 자기인식으로 구성하였다.

제2부는 사회복지실천 모델과 개입기술로 5개의 장으로 구성하였다. 심리사회 모델, 인지행동 모델, 해결중심 모델, 과제중심 모델, 위기개입 모델의 주요 개념, 개입목표와 실천과정, 기법, 사례적용을 다루었다.

제3부는 대상별 사회복지실천기술 적용으로 5개의 장으로 구성하였다. 집단, 가족, 지역사회를 대상으로 하는 사회복지실천방법에 대한 전반적인 이해와 함께 개입단계에 따른 상세한 개입방법과 실천기술을 제시하였다.

끝으로 제4부는 2개의 장으로 사회복지실천의 기록, 평가로 구성하였다. 사회복지실천 기록은 기록의 목적과 필요성, 기록의 내용과 유형 등을 다루었고, 평가에서는 평가의 개념과 중요성, 평가의 유형과 기준, 평가방법으로 구성하였다.

출판이 예상했던 시간보다 상당히 지연되었음에도 묵묵히 기다려 주시고, 책에 대해 많은 기대를 해주신 공동체의 김동훈 사장님께 감사드리며, 편집부 여러분의 노고에도 감사의 마음을 전한다.

2017년 3월

저자 일동

Contents

차 례

PART 3 대상별 사회복지실천기술 적용

PART 1

사회복지실천기술 개관

CHAPTER 01

사회복지사의 전문적 실천기반과 자질

1. 사회복지전문직의 실천 기반

전문직의 정의는 시대와 장소, 주장하는 학자에 따라 차이가 있지만, 일반적으로 서비스를 제공하는 데 필요한 전문적인 지식, 기술, 자격을 가지고 해당 전문직의 가치와 윤리를 지키는 직업을 말한다.

전문직으로서의 사회복지사는 클라이언트의 사회적 기능을 향상시키고 사회문제를 예방하기 위해 자신의 개인적 특성, 창의성, 사회적 관심을 전문적 지식과 잘 조화시켜야 한다.

사회복지전문직 교육과정에서 사회복지사의 예술(art)적 특성과 같은 개인적 강점을 확인하고, 클라이언트와의 실천관계에서 이런 강점을 활용할 수 있는 능력을 개발하도록 초점을 두는 것은 쉬운 일은 아니지만 꼭 필요하다. 동시에 효과적인 실천을 위해 필요한 지식, 즉 전문직의 과학(science)을 이해할 수 있어야 한다(Sheafor & Horejsi, 2008). 개인의 예술과 전문직의 과학이 융합하고 조화를 이루는 것은 전 생애에 걸친 활동으로서 사회복지사가 지속적으로 지식을 습득해 나가고 인생경험을 통하여 끊임없이 스스로 변화시켜 나가야만 가능하다.

이 절에서는 사회복지실천의 전문적 기반인 실천기술, 지식, 가치에 대해 알아보기로 한다.

1) 실천기술

(1) 실천기술의 개념

실천기술은 지식, 가치와 함께 사회복지실천의 3대 구성요소이다. 실천기술은 다음에서 소개하는 여러 학자들에 의해 정의되고 있다.

존슨(Johnson, 1995)은 기술을 "지식과 가치를 행동으로 전환하는 사회복지실천의 구성요소로서 특정 목표나 활동을 위해 취해지는 행동"이라고 말했다.

오헤어(O'Hare et al., 2002) 등은 "사회복지실천기술은 변화과정의 촉진, 클라이언트의 대처능력 향상, 환경적 장벽의 제거를 통한 심리사회적 디스트레스의 경감을 목적으로 하는 의도적 개입활동"이라고 하였다.

크루누아예(Cournoyer, 2011)[1]는 "사회복지실천기술이 ① 지식, 가치, 윤리, 의무로부터 나와야 한다. ② 사회복지사에 필요한 핵심적 자질과 일치해야 한다. ③ 전문적 통합성의 특징을 반영하여야 한다. ④ 실천의 단계나 과정의 맥락을 고려할 때 합리적인 사회복지실천 목적과 일치해야 하는 일련의 인지적이고 행동적인 행위들"이라고 설명한다. 이와 비슷한 맥락에서 김용석(2012)은 "실천기술은 사회복지실천의 목적 달성을 위해 사회복지사가 취하는 의도적 활동이며, 사회복지전문직의 지식과 가치를 반영해야 하고, 클라이언트와 환경의 긍정적 변화에 기여하고 사회복지실천의 과정 또는 단계에 부합해야 하는 것"으로 정의하고 있다.

한편 실천기술은 "특정 프로그램이나 서비스에 담긴 사회복지실천의 목적 달성에 필요한 과정을 촉진시키는 방법을 사용할 수 있는 사회복지사의 능력(Smalley, 1967)" 혹은 "특정 시간에, 특정 목적을 위해, 특정 방식으로 사회복지사가 사용하는 일련의 행동 또는 과업(Henry, 1981)"이라고 정의되기도 한다.

위의 정의들에서 공통적으로 제시되고 있는 것은 어떠한 '구체적 행동이나 활동', '실천방법을 사용할 수 있는 능력'이다.

---

1) 『The Social Work Skills Workbook』의 저자

이 책에서는 실천기술을 사회복지사가 클라이언트 체계의 긍정적 변화를 목적으로 인지적 차원에서 자신의 지식을 행동적 차원의 구체적 활동이나 과업으로 전환시킬 수 있는 능력이라고 정의하고자 한다.

(2) 실천기술의 종류

실천기술은 사회복지실천의 상황에 따라 각각 별도로 활용되기도 하지만 통합적으로 혼합되어 사용되는 경우가 많다. 사회복지실천을 통해 긍정적인 결과를 얻어내기 위해서 사회복지사는 실천에 필요한 모든 기술을 익히고, 이 기술은 먼저 긍정적인 원조관계 형성이라는 일차적인 목표를 위해 사용해야 한다. 특히 원조관계 형성은 전체적인 실천과정의 기초를 다진다는 점에서 초기단계의 중요한 과정임을 명심해야 한다. 사회복지실천의 기초기술은 개략적으로 다음과 같이 나누어질 수 있다(엄명용 · 노충래 · 김용석, 2005 : 16).

〈표 1-1〉 실천기술의 종류

구 분	내 용
면접기술	의사소통 및 관여 기술
사정기술	① 개인과 환경의 상호작용 맥락에서 문제나 어려움 발견하는 기술이다. ② 전 단계에서 알아낸 클라이언트의 문제와 관련된 정보를 의미 있게 만들도록 노력해야 한다. ③ 사람과 상황이 문제에 어떻게 영향을 미치는지 또 그 역의 관계에 대해 이해해야 한다. ④ 사람과 환경 내의 강점과 자원을 이용하여 클라이언트의 문제가 어떻게 다루어질 수 있는지도 고려해야 한다(김인숙 · 김용석, 2002 : 235).
개입기술	① 문제나 어려움 해결 기술이다. ② 사회복지사가 클라이언트에게 영향력을 행사하며 의도적인 변화를 일으키도록 하는 기술이다. ③ 클라이언트는 직면한 자신의 문제를 해결하도록 하는 기술이다. ④ 클라이언트의 자신의 능력과 잠재력을 개발하도록 하는 기술이다(김기태 외, 2004 : 239).

팀워크 기술	문제해결을 위한 다른 전문직과 협력하는 기술
지지망 구축 기술	개입효과의 지속으로 클라이언트 자립 유도
협상기술	클라이언트의 복지와 관련된 주변 체계와의 협상기술
평가 및 종결 기술	클라이언트와 사회복지사와의 협력적 노력 결과를 평가하고 클라이언트의 자립생활을 위해 종결하는 기술

NASW에서는 사회복지실천을 위한 10가지 필수기술을 다음과 같이 제시하고 있다.

① 경청기술

이해와 목적을 가지고 다른 사람의 말을 잘 들을 수 있음

② 정보수집 기술

사회력(social history) 조사 및 사정을 통해 적절한 사실을 모으고 기록보고서를 작성할 수 있음

③ 관찰 및 해석 기술

언어적 · 비언어적 행동을 관찰하고, 성격이론과 진단적 방법에 관한 지식을 활용하여 해석할 수 있음

④ 신뢰관계 형성 기술

클라이언트의 신뢰를 얻고 이를 통해 자신의 문제를 해결하도록 이끌어 낼 수 있음

⑤ 면담기술

비위협적인 지지적 방식으로 민감한 정서적 주제를 토의할 수 있음

⑥ 종결기술

치료적 관계의 종결과 어떻게 종결할 것인가를 결정할 수 있음

⑦ 문헌 해석 기술

조사연구의 결과와 전문적 문헌을 해석할 수 있음

⑧ 협상기술

갈등하는 당사자들을 화해시키거나 중재할 수 있음

⑨ 조직 연계 기술

조직 간의 연락 서비스를 제공할 수 있음

⑩ 사회적 욕구 전달 기술

후원자, 시민, 법률가에게 사회적 욕구를 해석하고 전달할 수 있음

사회복지사가 가진 기술은 클라이언트와 사회복지사 간의 관계에 영향을 주며, 협력적 작업 관계를 이끌어 내고 원하는 성과를 가져올 수 있다. 슐만(Shulman, 1984)은 사회복지사가 갖춘 실천기술이 종합적으로 잘 활용될 때 긍정적인 원조관계가 형성되고, 긍정적인 원조관계는 사회복지실천의 결과에 영향을 미친다고 하였다.

사회복지실천은 앞서 살펴본 다양한 기술들을 사회복지사와 클라이언트 간의 전문적 관계 형성 속에서 통합적으로 적용하여 원하는 결과에 도달하는 과정이라고 할 수 있다.

2) 전문적 지식

사회복지실천의 기본 지식 중에서 많은 부분은 다른 사회과학과 행동과학 분야에서 차용해 왔지만 그러한 지식은 독특한 방식으로 조합되어 실천과정에서 절충적으로 활용되고 있다.

사회복지실천에서 사용되는 지식은 '사정에 필요한 지식(assessment knowledge)'과 '개입에 필요한 지식(intervention knowledge)'으로 구분되기도 한다(Siporin, 1975).

'사정에 필요한 지식'은 개인의 욕구와 문제, 상황 등을 이해하기 위한 지식으로, 사회복지사가 개입 이전에 클라이언트의 심리적 · 사회적 · 문화적 특징을 이해하고 클라이언트의 문제가 발생하는 상황적 맥락을 분석하는 데 필요하다.

'개입에 필요한 지식'은 사회복지사가 개인이나 집단, 지역사회를 돕기 위한 실천과정에서 활용하는 실천이론과 개입방법에 관한 지식을 포함한다.

전문적 지식의 차원은 사회복지사가 클라이언트 원조과정에서 실천에 영향을 주는 구체성의 정도에 따라 패러다임, 관점, 이론, 모델, 실천지혜로 구분된다. 다시 말해, 가장 광범위하고 추상적인 지식이 패러다임이라면 가장 구체적이고 세부적인 지식이 실천지혜이다. 또한 패러다임과 관점이 사정에 필요한 지식이라면, 이론, 모델, 실천지혜는 개입에 필요한 지식으로 볼 수 있다.

(1) 패러다임

패러다임의 사전적 의미는 "어떤 한 시대 사람들의 견해나 사고를 근본적으로 규정하고 있는 테두리로서 인식의 체계 또는 사물에 대한 이론적인 틀이나 체계"이다. 그러므로 시대나 사회에 따라 패러다임은 바뀔 수 있다. 사회복지실천의 패러다임은 과거의 의료적 패러다임에서 오늘날 생태체계적 패러다임으로 변화되어 왔다. 다시 말해, 1950년대까지 프로이트(Freud)의 정신역동 이론의 영향으로 의료적 패러다임이 지배적이었다면, 1970년대부터는 인간과 환경 전체를 포괄하는 생태적 패러다임을 보편적으로 수용하고 있다.

(2) 관점

관점(perspectives)의 사전적 의미는 "사물이나 현상을 관찰할 때 그 사람이 보고 생각하는 태도나 방향"을 의미한다. 사회복지실천에서의 관점은 실천에 대해 조망하는 방법으로 사회적 기능을 바라보는 개념적 렌즈이다. 카메라의 렌즈처럼 배경이 되는 현상과 특정 현상을 확대하거나 초점을 두게 한다. 이는 실천상황에서 무엇이 중요하게 고려되어야 하는지에 대한 지침을 제공한다(Sheafor & Horejsi, 2008, 김혜영 외, 2010 재인용). 사회복지실천 분야에서 대표적인 실천관점으로 생태체계 관점, 일반사회복지실천 관점 등이 있다. 최근에는 강점관점이 강조되고 있고, 그 밖에 다문화 관점, 페미니스트 관점 등 다양한 관점들이 있다.

(3) 이론

이론이란 관점보다 한 단계 더 구체화된 것으로서 특정 현상을 설명하기 위해 논리정연하게 일반화한 가설이나 개념을 의미한다. 사회복지실천에서의 이론은 어떤 행동이나 상황에 대한 설명을 제시하고 어떻게 그런 행동이나 상황을 변화시킬 수 있을지에 대한 지침을 제공한다.

개인이나 가족, 소집단을 대상으로 클라이언트의 심리사회적 문제해결을 위한 실천이론으로 정신역동 이론, 행동주의 이론, 인지행동 이론, 인본주의 이론 등 심리이론이 있다. 또한 최근에는 역량강화 이론(empowerment theory), 담론이론(discourse theory) 등 클라이언트 및 사회문제에 대한 새로운 시각을 제공하는 이론들이 등장하였다.

(4) 실천모델

이론이 추상적인 용어로 구성된 것에 비해 모델은 실천상황에서 사회복지사에게 보다 구체적인 실천방법을 알려주고 있다. 모델은 문제 분석에서부터 개입계획, 실천과정에 이르기까지 구체적인 방법을 제시한다. 사회복지실천 모델은 기초 심리이론에 기반을 둔 모델과 이론적 근거는 없지만 실천상황에서 적용할 수 있는 모델로 구분된다. 전자는 심리사회 모델, 행동수정 모델, 인지행동 모델 등이고, 후자는 과제중심 모델, 위기개입 모델, 생활모델, 문제해결 모델 등이다.

(5) 실천지혜, 직관/ 암묵적 지식

실천지혜 또는 직관/ 암묵적 지식도 실천현장에서 널리 활용되는 지식의 종류이다. 이들은 의식적으로 표현되거나 구체화될 수 없는 지식으로서 개인의 포괄적 가치체계와 개인적 경험으로부터 나온다. 다시 말해, 실천현장에서 귀납적으로 만들어진 지식의 종류로서 실천을 통한 앎, 경험적으로 얻게 되는 지식이다.

전문적 지식의 범주

(1) 인간행동과 사회환경

개인이 생활하는 사회체계(가족, 집단, 조직, 지역사회) 영역에 대한 인간의 생리-심리-사회적 발달에 대한 지식은 사회복지사로서 효과적으로 업무를 수행하기 위해 필요하다. 인간의 발달단계에 따라 강조되는 과업을 이해하고 각각의 발달시기에 관련된 욕구와 자원에 대해 알아야 한다.

(2) 사회복지 정책과 서비스

도움을 필요로 하는 대상자에게 서비스를 제공하는 전문가와 기관을 포함하여 전달체계에 관한 지식이 필요하다. 또한 사회정책이 변화해 온 역사적 맥락과 개인의 기능에 대한 사회정책의 영향력 및 사회정책을 발전시키기 위한 사회복지사의 역할 등에 관한 지식이 필요하다.

(3) 사회복지실천 방법

• 미시수준의 실천

이 수준에서 사회복지사가 서비스를 제공하는 대상집단은 개인, 부부, 가족 등 다양한 클라이언트 체계를 포함한다. 이 수준의 실천은 사회복지사가 클라이언트와 일대일로 접촉하면서 직접서비스를 전달하는 실천이다.

• 중범위 수준의 실천

가족생활보다는 덜 밀접하게 관련된 대인관계, 자조집단이나 치료집단의 구성원 관계를 포함한 학교나 직장, 이웃에서의 동료 간의 관계로 정의된다. 중범위 수준의 상황은 "개인과 그 개인에게 가장 가깝고 중요한 사람들의 만남이 이루어지는 접점이다. 중범위 수준에서 개입을 향상하는 것은 클라이언트에게 직접적 영향을 미치는 가족, 또래집단, 학급과 같은 체계를 변화시키는 것이다.

• 거시수준의 실천

서비스를 직접 전달하는 것과는 거리가 먼 것으로 거시적 실천은 사회계획과 지역사회조직 과정을 포함한다. 이 수준에서 사회복지사는 사회문제를 다루기 위해 개인, 집단, 조직으로 구성된 지역사회 행동체계를 원조하는 전문적인 변화매개자로서 역할을 한다. ① 지역사회 집단과 조직을 개발시키고 그들과 함께 일하기, ② 프로그램 계획과 개발, ③ 프로그램의 수행과 관리, 그리고 평가 등의 활동을 포함한다(Meenaghan, 1987).

(4) 조사 및 연구에 관한 지식

사회복지실천을 위한 지식의 형성과 실천현장에서의 서비스 전달을 평가하기 위해 과학적·분석적으로 접근하는 데 이해와 설명을 제공한다. 사회복지사는 조사연구에서 얻은 정보를 실천에 활용할 수 있어야 하는데 이를 위해서는 조사설계 지식과 경험적 자료에 기반을 둔 검증되지 않은 다른 결론을 구별하는 능력이 필요하다.

출처 : Hepworth, Rooney, & Larsen(2010).

3) 전문직 가치와 윤리

사회복지전문직의 가치는 다양한 형태로 설명되고 있다. 이 중 가장 많이 거론되는 가치는 ① 개인의 가치와 존엄성, ② 개인에 대한 존경, ③ 개인의 변화가능성에 대한 가치, ④ 클라이언트의 자기결정권, ⑤ 비밀보장과 사생활 보장, ⑥ 적절한 자원과 서비스 제공, ⑦ 클라이언트에게 권한 부여, ⑧ 동등한 기회의 보장, ⑨ 비차별성, ⑩ 다양성의 존중 등(양옥경 외, 2002 : 38)이다.

가치가 "인간과 사회의 바람직한 상태에 대한 믿음"이라면 윤리는 "어떤 행위의 옳고 그름에 대한 판단"이다. 사회복지사에게는 어려운 도덕적 또는 가치 개입적 판단이 요구되는 상황에서 올바른 방식으로 실천할 수 있는 지침, 즉 윤리강령이 필요하다. 윤리강령은 가치가 갖는 추상성을 해결하기 위해 행동강령으로 구체화된 것이다. 이것은 사회복지사가 수행하는 모든 일들을 전문가의 윤리와 책임이라는 관점에서 우선적으로 검토하도록 돕고, 윤리적인 결정을 내리는 데 지침을 제공해 준다.

그럼에도 불구하고 실천과정에서 발생하는 특정한 상황에 대해 명확한 해답을 제공하지 못하는 경우도 발생한다. 어떤 경우에는 두 가지 이상의 윤리적 원칙들이 서로 충돌하여 불가피하게 하나를 선택해야 할 경우가 있는데 이러한 상황을 '윤리적 딜레마'라 한다. 즉, 사회복지사들이 실천상황에서 윤리적 결정을 내리는 데 있어 내적 갈등과 모순을 경험하는 것을 의미한다.

사회복지사가 현재 다루고 있는 사례에서 윤리적 딜레마에 빠지게 된 경우 이를 최소화하기 위해서는 〈표 1-2〉에 제시한 것과 같이 그 사례에 해당하는 윤리적 이슈를 확인한다. 윤리적 의사결정에 의해 영향을 받을 수 있는 사람들을 확인하고, 이들의 잠재적 이익과 위험을 규명해야 한다. 그런 다음 특정한 사회복지현장이 가지고 있는 윤리적 원칙과 법적 의무규정 등을 살펴보고, 이에 관한 이론적 · 경험적 자료를 찾아보고, 가장 중요한 원칙들이 무엇인지를 생각하고, 그것의 이점과 위험요소에 대해서 살펴본 후에 윤리적 원칙들 간의 우선순위를 정하는 것이 필요하다.

이때 원칙들 간의 중요도에 따라 우선순위를 제시하고 있는 '윤리적 원칙 심사기준'을 활용할 수 있다. 돌고프 등(Dolgoff et al.)은 윤리적 의사결정의 우선순위를 '윤리적 원칙 심사기준(ethical principles screen)'이라고 부르고, 윤리적 원칙은 순서가 있고 그 우선순위에 따라 윤리적 의사결정을 할 것을 제안하고 있다(표 1-3).

마지막으로 상급자나 동료로부터 자문을 구하는 것도 필요하다. 윤리적 의사결정을 내린 후에는 근거서류를 첨부하는 것이 바람직하다.

〈표 1-2〉 **윤리적 의사결정 과정**

1단계	윤리적 이슈를 확인한다.
2단계	윤리적 결정에 의해 영향을 받을 가능성이 있는 개인이나 집단, 조직을 확인한다.
3단계	실행 가능한 모든 행동방침과 각각의 경우에 포함되는 참여자들, 각 경우에서 그들의 잠재적 이익과 위험을 살펴본다.
4단계	다음의 관련 사항을 고려하여 각각의 행동방침을 찬성 또는 반대하는 이유와 근거를 철저하게 검토한다. • 윤리강령, 법과 규정 • 사회복지실천 이론과 원칙 • 개인적 가치와 갈등되는 가치들
5단계	동료나 전문가와 상담한다.
6단계	결정을 내린 후 의사결정 증거서류를 첨부한다.

〈표 1-3〉 **윤리원칙 심사기준(ethical principles screen)**

윤리원칙 1 생명보호의 원칙

인간의 생명에 대한 보호가 어떤 다른 것들보다 최우선시되는 의무임을 말한다. 그러므로 클라이언트가 과거의 애인에게 복수하려는 사실을 안 사회복지사는 다른 윤리적 · 법적 의무를 수행하지 못하더라도 잠재적 희생자를 보호하는 조치를 취해야 한다.

윤리원칙 2 평등과 불평등의 원칙

능력이나 지위가 비슷한 사람은 '동일하게 취급받을 권리가 있고', 능력이나 지위에 차이가 나는 사람은 '다르게 취급받을 권리가 있음'을 나타낸다. 예를 들어, 성인과 아동, 일반인과 장애인 등 현격하게 능력이나 지위가 다를 경우 상대적으로 취약한 사람의 권리를 우선적으로 옹호해야 한다.

윤리원칙 3 자율성과 자유의 원칙

클라이언트가 그 자신의 자율성, 독립성, 자유를 촉진하는 결정을 내릴 수 있도록 돕는다. 다만, 자신이나 타인에게 상해를 가하는 등의 행위에 대해서는 자유가 허용될 수 없다.

윤리원칙 4 최소 손실의 원칙

사회복지사는 클라이언트를 위해 좋은 선택을 할 여지가 별로 없는 경우에는 클라이언트에게 해(害)가 최소화될 수 있도록 해야 한다.

윤리원칙 5 삶의 질 향상의 원칙

사회복지사는 클라이언트는 물론이고 모든 사람들의 삶의 질을 높일 수 있도록 해야 한다.

윤리원칙 6 사생활과 비밀보장의 원칙

사회복지사는 실천과정에서 관련되어 있는 사람들의 사생활을 보호하는 결정을 내려야 한다. 또한 클라이언트에게 서비스를 제공하는 과정에서 비밀을 지켜야 한다.

윤리원칙 7 진실성과 정보를 알 권리의 원칙

사회복지사는 클라이언트를 비롯한 다른 사람에게 진실해야 하며 필요한 정보에 대해서는 알려줄 의무가 있다.

2. 사회복지사의 자질과 자기인식

이 장에서는 효과적인 실천을 하기 위해 도움이 되는 사회복지사의 특징을 소개하고, 사회복지사가 클라이언트와의 관계성 속에서 전문적 자질을 개발하는 데 기초가 되는 자기인식에 관해 알아보기로 한다.

1) 효과적 실천을 하는 사회복지사의 특징

효과적 실천을 하기 위해 사회복지사에게 필요한 여러 자질들이 있다. 이는 성공적인 원조관계를 구축하는 데 유용한 자질이라고 경험적 · 이론적으로 밝혀진 것들로 감정 이입하기, 개방하기, 진실하기, 높은 수준의 내면성 갖기, 삶의 경험자 되기, 정서적으로 건강하기, 협력관계를 잘 맺는 사람 되기, 유능해지기 등이다(Neukrug, 2002; 손광훈 역, 2009).

(1) 감정 이입하기

감정에 이입하는 사람은 타인의 관점을 잘 이해한다. 로저스(Rogers, 1957)는 감정 이입하는 사람은 '마치 ~인 것처럼(as if)'이라는 느낌(feeling) 없이 자기 자신의 일처럼 클라이언트의 개인적 세계를 공감할 수 있다고 말했다. 원조관계에서 감정이입은 라포(rapport)를 형성하고 정보를 알아내며, 클라이언트가 용인됨을 느끼도록 도와주는 기술이다(Carkhuff, 2000; Egan, 2001).

공감을 잘 하는 사람은 ① 상황을 기술하는 사람보다 훨씬 더 적게 말하고, ② 질문을 적게 하고, ③ 거의 충고하지 않고, 말하는 사람을 판단하지 않고, ④ 타인의 상황을 분석하거나 해석하지 않고, ⑤ 타인의 말을 중단하지 않고 말하는 사람 스스로 말을 끝내도록 배려한다.

(2) 개방하기

타인에게 개방적인 사람은 타인을 수용하고 타인이 자신의 관점을 표현할 수 있도록 해준다. 이런 사람은 타인의 관점을 자신의 관점으로 바꾸려 하지 않는다. 즉, 그들이 자신의 가치와 신념을 표현하는 것에 대해 경청하고 이해해 준다. 타인에게 개방적인 사람은 비교적 편견으로부터 자유롭고 다른 문화적 유산, 가치, 신념체계에 관계없이 사람의 차이점을 수용할 수 있다. 타인에게 개방적인 사람은 좋은 경청자가 될 수 있는 반면, 개방성의 부족은 효과적으로 경청하는 것을 방해한다.

원조관계에서 타인의 경험에 개방적인 사람은 도움이 필요한 사람을 무조건적으로 수용할 수 있다. 로저스(Rogers, 1957)는 이를 무조건적 · 긍정적 인정이라고 하였다.

(3) 진실하기

사람은 일반적으로 상대방이 진실할 때 무엇인가를 말할 수 있다. 진실한 사람은 자신의 감정을 잘 알고 적당한 때, 자신의 생각과 행동을 통해 감정을 표출한다. 반면 거짓된 사람은 감정을 표현하지 않고, 그들이 느끼는 것을 말이나 행동으로 드러내지 않는다.

로저스는 진실성이 원조관계와 모든 삶의 관계에서 매우 중요한 요소라고 생각했다. 진실한 사람은 솔직하고 상대방에게 기꺼이 자신의 감정을 나타낸다(Greenberg, 1994; Jourard, 1971; Rogers, 1957). 클라이언트와의 관계에서 자신을 나타내지 못하는 사회복지사는 자신이 만든 장벽에 클라이언트가 어떻게 반응할지를 논해야 한다.

펙(Peck, 1998)은 클라이언트를 위해 진실의 중요성에 관해 이야기했는데, '작은 선의의 거짓말'이 눈덩이가 되고, 거짓된 삶의 방식이 되며, 마침내 악(惡)이 된다고 말했다. 심지어 그는 이러한 거짓된 삶의 방식이 자신의 삶을 지배할 수 있다고 생각했다. 대부분 사람은 거짓된 방식으로 사는 것이 건강하지 못하다고 생각한다. 진실한 사회복지사는 클라이언트가 진실성을 갖도록 도와주어야 한다.

(4) 높은 수준의 내면성 갖기

높은 수준의 내면성을 소유한 사람은 자신 내면의 생각과 신념에 중점을 두고 타인에 의해 잘 설득당하지 않는다. 하지만 그들이 의사결정을 하는 데 있어서 타인의 견해를 고려할 수 있다. 건강한 사람은 3:1의 비율로 자기 내적 규제와 외적 규제를 가진다(Shostrum, 1974). 즉, 대부분 자신의 의사결정에 의지하고 이를 자랑스럽게 여기며, 스스로에 대해 책임을 갖는 반면 타인의 입장도 생각한다는 것을 의미한다.

휴먼서비스 전문가는 높은 수준의 내면성을 가질수록 좋다. 그리고 대부분의 클라이언트가 높은 수준의 책임성과 통제력을 가질수록 좋다. 그러나 내면성은 특별히 서양의 가치이므로 서양이 아닌 환경체계에서는 클라이언트는 포함되지 않을 수도 있다(Pedersen, 2000; Sue, 1978; Yutrzenka, 1995). 예를 들어, 윗사람의 충고를 귀담아 듣는 가족 구성원은 내면적 통제력이 낮아질 수 있다.

(5) 삶의 경험자 되기

삶을 경험하고자 하는 사람은 서두르지 말고 천천히 즐길 시간을 갖는 것이 권장된다. 삶을 경험하는 사람은 순간의 자신의 감정과 생각을 이해할 수 있다. 삶을 경험하고자 하는 사회복지사는 자신과 클라이언트의 관계를 서서히 열어가는 것이 중요하다는 것을 안다. 반면에 서두른다면 원조관계는 망가지고 말 것이다. 클라이언트와 함께 일할 때 변화가 매우 더디게 일어날 수 있지만, 이러한 순간에 클라이언트를 너무 다급하게 재촉하지 않는 것이 중요하다.

너무 급하게 클라이언트의 변화를 추구하면 원조관계가 중단되어 버릴 수도 있다.

(6) 정서적으로 건강하기

사회복지사의 건강한 정서는 클라이언트의 긍정적 결과와 연관성이 있다(Lambert & bergin, 1983). 정서적으로 심하게 건강하지 못한 사회복지사는 클라이언트를 돕는 데 어려움이 있다.

따라서 사회복지사 역시 삶의 문제로 번민하기 때문에 자신의 정서적 건강을 돌볼 수 있는 방법에 대해 생각해 보아야 한다.

사회복지사 자신이 개인상담을 받았을 경우 클라이언트의 결과에 긍정적인 영향을 미치는 것으로 나타났다(Greenberg & Staller, 1981). 사회복지사가 개인상담을 받는 것은 성장에 많은 도움이 된다. 상담의 이점으로 첫째, 사회복지사 자신의 개인적 어려움을 해결함으로써 자신을 도울 수 있다. 둘째, 사회복지사는 가장 유익하게 생각되는 기술을 직접 경험해 볼 수 있다. 셋째, 상담받는 것은 사회복지사가 클라이언트의 위치에서 감정이입을 할 수 있도록 도와주고 클라이언트의 입장이 될 수 있도록 돕는다. 넷째, 개인상담은 자신에게 중요한 통찰력을 갖게 해준다. 이러한 통찰력은 원조관계에 긍정적 효과를 미친다. 마지막으로 개인상담 경험은 역전이(counter transference) 현상을 예방할 수 있다. 역전이는 어떤 상황에서 전문가가 지나치게 클라이언트와 동일시하고 과도하게 자신을 클라이언트 입장에 놓고 사회복지사 자신에게 필요한 것을 클라이언트를 통해 충족시키려는 것(Corey, 2001)을 말한다.

사회복지사의 정서적 건강을 도모하기 위해서 개인상담을 받는 것 말고도 명상, 운동, 일기쓰기 등이 도움이 된다.

(7) 협력관계를 잘 맺는 사람 되기

클라이언트와 협력자가 되는 것은 정서적 유대관계를 개발하고 목적을 달성하고자 노력하는 클라이언트와 사회복지사의 능력과 밀접한 관계가 있다(Bordin, 1979). 사회복지사와 클라이언트가 협력해 나가야 하는 것을 깨닫지 못할지라도, 협력관계는 실천과정 전반에 걸쳐 필요하다(Gelso & Carter, 1994).

모든 사회복지사는 클라이언트와 강한 협력관계를 구축하기 위한 정서적 인내를 가져야 한다. 또한 사회복지사는 이론적 틀 안에서 클라이언트와의 유대관계를 어떻게 형성할 것인지를 알아야 한다. 그리고 이러한 유대관계가 클라이언트와 함께하는 과정에서 얼마나 효과적으로 작용하는지 이해할 수 있어야 한다.

(8) 유능해지기

진정으로 유능한 사회복지사는 지식을 추구하고, 전문가로서의 능력과 지식이 밀접한 관계가 있다는 것을 알고 있다. 유능한 사회복지사는 어떤 클라이언트에게는 어떤 기술이 더 효과적이라는 것을 알고 있으며, 어떤 사람에게 무엇이 가장 좋은지를 알고자 노력한다(Kanfer & Goldstein, 1991; Whiston & Coker, 2000).

유능한 사회복지사는 교육을 평생 동안 지속해야 하는 과정이라고 생각하고, 사회복지사는 유능해야 할 윤리적이고 합법적인 책임이 있다고 믿는다(Corey, Corey, & Callanan, 1998). 휴먼서비스 전문가의 윤리적 기준[2)]은 사회복지사가 계속적으로 지식을 탐구하는 것과 다양한 방법으로 능력을 키워나가는 것이 중요하다고 제시하였다.

예를 들어, ① 사회복지사가 자신의 능력범위와 한계를 아는 것, ② 필요할 때 적절한 자문을 구하는 것, ③ 진행 중인 전문가의 발전활동에 참여하는 것, ④ 지속적으로 새롭고 더 나은 치료기법을 찾아보는 것 등이 있다.

2) 사회복지사의 자기인식

자기인식(self-awareness)은 '내가 누구이며 왜 내가 독특한 사람인지'를 알 수 있게 해준다. 자기인식은 자신의 신념, 태도, 개인적 행동 습관, 대인관계의 상호작용 유형 등을 면밀하게 인식하는 것이다. 이는 자기성찰적인 자세로 지속적으로 자기를 이해하려고 하고 자기를 탐구하려는 행동이 있을 때 가능하다. 사회복지사의 자기인식의 목적은 클라이언트와 함께 활동하는 것에 방해가 될 수 있는 것을 확인하고 효과적인 실천을 하기 위한 것이다. 다시 말해, 사회복지사는 자신의 개인적 강점, 문제와 취약한 영역, 욕구, 감정, 생각, 행동에 대한 자기인식을 발전시켜야만 비로소 클라이언트에 대해 객관성을 가지고 반응할 수 있다.

존슨과 얀카(Johnson & Yanka, 2004; 한인영 외 공역, 2006)는 사회복지사의 자기인식 증진을 목적으로 ① 나의 생활스타일과 인생철학에 대한 이해, ② 나의 도덕관념과 개인적 가치관 이해, ③ 나의 가족배경 및 문화배경 이해, ④ 나의 인생경험에 대한 이해, ⑤ 개인적 욕구에 대한 이해의 다섯 가지 사항을 스스로 점검해 보도록 권하고 있다.

(1) 나의 생활스타일과 인생철학에 대한 이해

사회복지사 자신의 생활스타일과 인생철학을 이해하기 위해서 성격, 결혼 및 가족, 일, 금전 등 기본적인 생활양식에 대한 자신의 신념체계가 어떠한지를 살펴볼 필요가 있다.

---

2) National Organization for Human Service Education; 한국사회복지사 윤리강령.

생활스타일은 자신의 욕구를 충족하기 위한 방식, 다른 사람과 상호작용하는 방식, 일하고 즐기며 휴식을 취하는 방식 등을 말한다.

인간은 유전적 요인과 환경적 차이, 살아온 인생경험에 의해 서로 다르다. 예컨대 어떤 사람들은 다정하고 공감능력이 많고, 또 다른 사람들은 논리적이고 냉철할 수 있다.

또한 성별, 사회경제적 상황, 신체적 · 정신적 장애의 유무, 문화 및 종교적 신념, 학습능력의 차이가 있다. 이러한 모든 차이점은 생활스타일에 영향을 미친다. 생활스타일은 있는 그대로 이해하는 것도 중요하지만, 특정한 생활스타일을 선호하는 이유를 파악하는 것이 필요하다.

생활스타일은 인생철학에 의해 영향을 받기 때문에 이 둘은 연관성이 깊다. 인생철학은 인생의 목적과 어떻게 살아야 하는지, 타인이나 사회를 어떻게 생각하고 있는지 등에 대한 것이다. 인생철학은 가족, 문화, 종교적 믿음 등에 의해 크게 영향을 받고, 인생 초기에 형성된 믿음이 어느 정도 유지되기도 하고, 성장하고 새로운 경험을 쌓아가면서 변화될 수도 있다.

인생철학을 알아보기 위한 질문

- ❑ 인간 속성에 대한 나의 관점은 어떠한가? 구체적 · 선천적으로 인간은 선하거나 혹은 악하다고 생각하는가?
- ❑ 남성과 여성의 관계는 어떠해야 한다고 믿는가?
- ❑ 개인의 삶에 있어 직업, 가족, 여가는 각각 어느 정도 비중을 차지하는가?
- ❑ 타인의 행복과 복지를 위해 개인이 갖는 책임은 어떤 것인가?
- ❑ 인간은 초월적 존재나 신과 어떤 관계 속에 있다고 생각하는가?
- ❑ 인간과 대자연의 관계는 어떠해야 한다고 생각하는가?

(2) 나의 도덕관념과 개인적 가치관 이해

도덕관념과 가치관은 인생철학과 밀접하게 연결되어 있다. 도덕관념은 행위의 옳고 그름에 대한 판단기준이다. 가치관은 무엇을 원하고 선호하는지에 관한 것으로 가치가 있다고 여기는 사물이나 행동에 순위를 매김으로써 가치체계가 형성된다.

클럭혼과 스트로드베크(Kluckholn & Strodtbeck)는 가치체계를 형성하는 다섯 가지 차원을 분류하였다. 즉, 인간 본성, 인간과 자연의 관계, 시간에 대한 태도, 활동, 관계성이다.

'인간 본성'에 대한 관점은 앞에서도 살펴본 바와 같이 선천적으로 '선한가', '악한가' 등에 대한 각 개인의 믿음이다. '인간과 자연의 관계'는 인간은 자연에의 순종, 아니면 자연을 정복, 또는 인간과 자연이 조화를 이루는 것 중에서 무엇을 선호하느냐에 대한 것이다. '시간에 대한 태도'는 과거 또는 현재나 미래 중 어디에 비중을 두느냐이다. '활동'에 대해서는 삶의 과정에 초점을 두는지, 아니면 행위 그 자체에 초점을 두는지이다. 결과에 연연하지 않고 삶의 모습 그 자체에 가치를 두는 사람들이 있는가 하면, 성과가 두드러지게 보이는 결과를 중요시하는 이들도 있다. 사람이 세상을 지각하는 또 하나의 차원은 '관계성'으로 이것은 서로 다른 사건이나 상황을 어떻게 연관을 맺는지에 관한 인식을 말한다. 원인과 결과의 상호 순환적 관계를 인식하는 사람들이 있는가 하면, 어떤 사람들은 인과관계를 단선적으로 보기 때문에 다른 상황이나 과거 또는 현재와의 복합적인 관계를 고려하지 않는다. 이는 서로 다른 가치관에서 비롯된 것이다.

(3) 나의 가족배경 및 문화배경 이해

자신의 가족 및 문화적 배경을 이해하기 위해서는 부모 및 조부모의 고향, 부모의 양육방식, 부모의 생활스타일 등에 대해 아는 것이 필요하다. 자신의 생활스타일, 인생철학, 도덕관념, 가치관을 생각해 보면 가족 및 문화적 배경이 얼마나 중요한지를 쉽게 알 수 있다. 가족은 개인의 심리적 · 사회적 · 행동적 특성에 매우 큰 영향을 미친다.

이와 같은 가족의 영향을 살펴보기 위해 유용한 방법으로 가계도를 활용하거나, 가족 구성원과 함께 중요한 가족사에 대한 이야기 나누기 등을 들 수 있다.

① 가계도(Genogram) 활용법

가계도를 그려보는 것은 사회복지사 자신의 가족을 이해하는 데 유용한 도구이다. 가계도를 살펴봄으로써 자신이 가족 내에서 차지하고 있는 위치뿐 아니라 자신이 어떻게 가족의 영향을 받았는지 알 수 있게 된다.

② 가족사(Family History) 대화 나누기

가족사에 대해 가족 구성원들과 함께 이야기해 보는 것은 가족과 그 기능에 대해 충분한 이해를 얻기 위한 효과적인 방법이다. 때로는 과거의 상처를 끄집어 내어 고통스러울 수도 있지만, 고통을 인식하고 해결하는 것은 다른 사람의 고통에 더욱 민감하고 좀 더 능숙하게 다른 사람을 도울 수 있는 사회복지사로 성장시킨다.

(4) 나의 인생경험에 대한 이해

가족 내에서의 경험뿐 아니라 교육경험, 습득한 지식, 배움에 대한 태도 등을 비롯한 다양한 경험들이 중요하다. 동료나 지역사회 주민, 이웃, 연령, 인종, 민족적 배경이 다른 사람, 신체적 · 정신적 장애가 있는 사람 등과의 만난 경험이 있다. 집단이나 종교 활동에 참여함으로써 얻었던 경험, 질병, 장애, 가난 또는 부유함으로 인해 얻은 경험 역시 중요하다.

개인적으로 큰 영향을 미쳤던 과거 경험을 찾아내는 것은 자신에 대한 지식을 확장시키는 중요한 방법이다. 이러한 경험이 다른 경험과 어떻게 관련되어 있고, 각 경험이 나의 생각, 감정, 행동에 어떻게 영향을 미쳤는지 평가하는 것이 도움이 된다. 또한 하나의 경험이 어떻게 과거 경험으로부터 유래되었는지 고려해 보는 것도 중요하다.

(5) 개인적 욕구에 대한 이해

나의 기본적 욕구, 성장욕구, 소속욕구, 다양성 인정 욕구 등에 대해 이해하는 것이다.

개인의 욕구를 이해하기 위해서는 첫째, 인간 공통의 욕구가 어떻게 충족되고, 또 충족시키는 방식이 적절한 것인지를 살펴볼 필요가 있다. 인간의 공통욕구는 의 · 식 · 주, 보살핌, 안전, 소속감, 성장과 배움의 기회 등에 대한 것이다. 둘째, 현재의 발달단계에 대해 알아보는 것이 필요하다. 개인의 심리사회적 욕구 충족은 발달과제를 완수하기 위한 활동들과 밀접한 관련이 있다. 셋째, 서로 다른 라이프 스타일에서 비롯된 욕구를 이해해야 하고, 이에 따르는 스트레스를 이해해야 한다. 마지막으로 개인적 욕구 리스트를 작성해 보는 것은 자신에 대한 지식을 깊게 하는 또 다른 방법이다.

개인의 욕구를 이해하게 되면 행동, 감정, 다양한 삶의 경험에 대한 반응을 자연스럽게 이해할 수 있다. 이는 자신의 심리사회적 측면뿐 아니라 생물학적 · 영적 측면까지도 이해할 수 있도록 해준다.

자기인식이 높은 사회복지사

- ❑ 자신의 개인적 감정을 확인하고 구분할 수 있다.
- ❑ 자신의 감정이 어떻게 시작되고 종결되는지, 그리고 클라이언트의 감정이 어디서 시작되고 종결되는지를 안다.
- ❑ 자신의 취약한 영역과 미해결된 이슈를 인식하고 받아들인다.
- ❑ 개인적인 가치와 상담관계에 대한 가치의 영향력을 이해한다.
- ❑ 내적인 대화를 인식하고 관리한다.
- ❑ 개인적인 방어기제를 이해하고 통제한다.
- ❑ 클라이언트가 언제, 어떻게 사회복지사의 스타일에 반응하고 있는지를 안다.
- ❑ 자신이 어떻게 결과에 영향을 미치는지 이해한다.
- ❑ 클라이언트의 반응에 기반하여 자신의 행동을 수정할 수 있다.
- ❑ 개인적인 강점과 약점에 기반하여 직업적인 목표를 설정할 수 있다.

출처 : 제석봉 외 공역(2006), p. 89.

PART 2

사회복지실천모델

CHAPTER 02

심리사회 모델

1. 주요 개념

심리사회 모델은 사회복지실천이 자리 잡아가는 과정에서 다양한 요소들이 직간접적으로 영향을 미치면서 생겨난 모델이다. 심리사회 모델의 기원은 1920년대에 자선조직협회와 모금에 대한 대중의 인식을 향상시키고 개별 사회사업가에 해당되는 '우애방문원'을 연수했던 미국의 사회복지 개척가 메리 리치몬드(Mary Richmond)의 활동이라고 알려져 있다. 심리사회라는 용어는 1930년대에 한킨스(Hankins)가 미국 사회사업학회에서 '사회학이 사회복지실천에 미친 영향'을 소개하는 자리에서 처음 사용하였고, 이것을 학문적인 용어로 처음 정착시킨 사람은 진단주의의 옹호자였던 고든 해밀턴(Gordon Hamilton)이었다. 이후 1960년대에 홀리스(Hollis)에 의해 개념이 정립되었지만, 그 심리사회적 기능이라는 것이 구체적으로 무엇을 말하는지에 대해서는 많은 논란이 이어져 왔다(Hollis, 1972). 홀리스는 1964년에 사회복지사들이 클라이언트의 문제를 심리사회적 관점으로 바라보아 사회복지적 개입이 갖는 '사회적 측면과 심리학적 측면' 모두에 주의를 기울여야 한다고 하였다. 저메인(Germain, 1979)은 사회적 환경에 적응하는 인간의 능력을 심리사회적 기능이라고 하였다. 개인과 환경 모두에 대한 균형적 접근이 사회복지의 공식적 이론과 실천에서 주목된 것은 1960년대이며, 심리사회 모델은 생태체계론, 정신분석학 이론, 역할이론, 의사소통 이론, 대상관계 이론 등 여러 가지 요소들이 영향을 미쳐서 생겨난 이론이라고 볼 수 있다.

심리사회 모델은 인간의 문제를 심리적 · 정서적 · 사회적인 문제로 이해하면서 클라이언트를 '상황 속의 인간(person in situation)'으로 바라본다. 또한 클라이언트와 사회복지사의 관계를 중시하며, 관계 형성을 위해 클라이언트를 수용하고, 개별화하고, 자기결정권을 존중하며, '클라이언트가 있는 곳에서 출발(start where the client is)'하는 실천원칙을 강조한다. 전통적인 실천방법과 마찬가지로 개인의 심리 내적 과정에 집중되어 있고, 그러면서도 개인을 둘러싼 사회환경이나 개인과 환경과의 상호작용에 개입한다. 클라이언트가 자신의 행동과 감정에 대해 이해하고 고찰함으로써 자신의 문제를 스스로 해결하는 능력을 높이도록 돕는 것을 강조하는 모델이다. 심리사회 이론은 인간의 심리적 요소와 그가 속한 사회환경, 그리고 개인과 환경과의 상호작용이라는 세 면에서 사정과 진단을 통해 문제의 원인을 찾고 해결하고자 하는 이론이다.

2. 개입 목표 및 과정

심리사회 모델은 클라이언트의 과거 경험이 지금 여기서의 심리적 · 사회적 기능에 영향을 미친다고 전제한다. 이에 따라 심리사회 모델은 클라이언트가 경험한 과거의 사건과 경험 또는 현재의 경험과 관련된 심리 내적 갈등과 어려움을 클라이언트 스스로 이해하고 통찰할 수 있도록 돕는 것을 개입의 목표로 삼는다. 또한 사회복지사가 클라이언트의 변화를 직접 이끄는 것이 아니라 클라이언트 스스로 자신과 환경을 변화시키려 노력하는 과정에 최대한 도움을 주되, 무엇보다 현실적 자원을 제공하고자 하는 것이다.

심리사회 모델 실천과정 중 초기단계에서 사회복지사는 면접을 통해서 클라이언트의 문제와 관련된 사실들을 수집한다. 문제, 문제의 원인, 클라이언트가 문제 해결을 위해 이미 시도했던 방법들, 클라이언트가 현재의 문제에 대해 노력한 것들, 문제와 관련된 클라이언트의 초기 발달과정과 어린 시절의 가족에 대한 정보 등을 수집해야 한다. 개입 초기에는 지지와 환기를 경험하도록 하고, 관계 형성이 되고 나면 클라이언트의 상황, 역동, 발달 등을 성찰하여 클라이언트의 내적 갈등을 이해하고 통찰하도록 원조한다.

심리사회 모델 실천과정 중 사정단계에서 사회복지사는 수집된 정보를 비판적으로 검토하며, 수집된 사실을 가지고 추론을 한다. 클라이언트와 클라이언트 주변의 환경이 어떻게 상호작용하고 있는지, 문제의 원인은 무엇인지, 어떻게 변화할 수 있는지 등을 파악하고자 노력한다. 이때 '가계도'와 '생태도' 등의 도구를 사용하기도 하며, 사회복지사는 실천과정 내내 클라이언트의 감정과 행동을 지지해야만 한다. 관심과 수용, 공감적 이해, 재보증, 격려를 극대화하는 언어적 · 비언어적 의사소통을 해야 하며, 클라이언트가 불안이나 취약한 자아상, 낮은 자존감 등을 회복할 수 있도록 도우면서 사회복지사와의 관계를 잘 형성할 수 있도록 해야 한다.

심리사회 모델 실천과정 중 개입단계에서 사회복지사는 개입목표와 방법을 수립한다. 사회복지사가 클라이언트의 자기결정권을 존중하면서 함께 목표와 방법을 정하는 것이다. 사회복지사는 문제해결에 직접적인 영향을 주어야 한다. 즉, 자신의 의견을 제시하여 특정 행동을 촉진시키는 것을 목적으로 하여 다양하고 주의 깊은 제안이나 충고를 제시해야 하는 것이다. 이를 위해서 사회복지사는 클라이언트의 욕구를 파악하고 존중하여 조언해야 하며 조언하기 전부터 충분히 경청을 해야만 한다. 사회복지사는 클라이언트의 감정을 탐색하고 기술하고 환기해야 한다. 이는 클라이언트가 자신과 상황에 대해 가지고 있는 견해를 이해하도록 돕고 감정을 표현하도록 원조하는 것을 의미한다. 환기는 사실과 관련된 감정을 끄집어 냄으로써 카타르시스를 경험하도록 원조하는 것이다. 사회복지사는 상황 속의 인간이라는 관점을 고려하여 클라이언트와 그를 둘러싸고 있는 환경, 주변 인물들과의 상호작용에 초점을 두고 클라이언트에게 자신과 환경의 상호작용과 관련된 인식, 사고와 감정을 잘 알 수 있도록 도와야 한다. 또한 사회복지사는 클라이언트의 성격과 행동 사이에서 그 역동성을 성찰해야 한다. 즉, 사건들에 대한 특정한 행동이나 사고방식을 이끄는 클라이언트의 행동 혹은 사고와 감정 유형, 방어기제 등을 성찰하는 것이며, 클라이언트의 행동과 사고 유형에 대한 스스로의 이해를 증진시키는 것이다. 사회복지사는 또한 클라이언트에 대해서 발달적 성찰을 해야 한다. 클라이언트가 과거와 관련해서 현재의 사건을 이해하도록 함으로써 과거의 문제가 현재의 문제에 어떤 영향을 미치는지를 파악하여 점진적인 변화를 증진시키도록 돕기 위해서이다.

이와 같이 직접적인 원조 외에도 클라이언트의 환경에 개입해야 할 필요가 있을 때에는 사회복지사가 자원동원, 자원개발, 조정, 옹호 등을 통해 간접적 개입을 해야 한다. 우즈와 홀리스(Wood & Hollis)는 사회복지사가 자원의 제공자, 자원의 발견자, 자원의 창출자 역할뿐만 아니라 클라이언트 주변인들이 클라이언트를 다르게 이해하고 행동하게 지원하는 해석자의 역할과 클라이언트 주변인들이 클라이언트의 인격, 욕구, 권리에 대해 바르게 이해하도록 옹호하는 중개자 역할, 클라이언트의 권리가 무시되거나 거부 또는 침해되었을 때 공격적으로 개입하는 역할까지도 한다는 것을 제시하였다. 사회복지사가 적극적으로 환경에 대처할 때에는 각기 다른 다양한 역할을 맡게 되는데, 이러한 역할과 관련하여 강조되어야 할 두 가지 중요한 사항은 비밀보장과 클라이언트의 책임성을 들 수 있다. 비밀보장은 활동과정에서 클라이언트의 신상에 대한 내용이 공개되지 않도록 유의하는 것을 의미하며, 클라이언트의 책임성은 환경에 대한 개입과 관련한 의사결정에 대해 사회복지사가 아닌 클라이언트가 책임을 진다는 것이다.

심리사회 모델 실천과정 중 종결단계는 클라이언트의 역량이 강화되고, 가족기능이 회복되며, 자원이 연계되어 개입의 목표가 어느 정도 달성되었을 때 이루어진다. 클라이언트와 사회복지사가 목표의 달성에 대해 함께 동의해야 하며,

동의했다고 해도 서로가 상실감을 느낄 수 있는 어려운 과정임을 주지해야 한다. 사회복지사는 클라이언트에게 종결의 준비가 되었는지에 대해서도 평가하여야 하고, 정서적 충격을 완충할 수 있도록 미리 노력을 기울여야 한다.

3. 개입기술

심리사회 모델에서는 클라이언트에게 직접적 개입 기법과 간접적 개입 기법을 사용할 수 있다. 직접적 개입으로는 지지, 직접적 영향, 탐색-기술-환기, 개인-상황과의 관계에 관한 반영, 유형-역동성에 대한 반영, 발달적 반영 등 클라이언트의 심리 내적 변화를 추구하는 기법이 있고, 간접적 개입으로는 클라이언트의 환경에 관련된 대인관계에 개입하거나 클라이언트와 사회환경의 변화를 추구하는 기법이 있다.

1) 지지(Sustainment)

사회복지사는 클라이언트의 감정과 행동을 지지해야 한다. 클라이언트의 불안을 감소시키고 동기화를 촉진시켜 원조관계를 수립하기 위해 사회복지사는 클라이언트를 수용하고 원조하고자 하는 의사를 표현한다. 그리고 문제해결능력에 대해 확신을 표현해서 클라이언트가 가지고 있는 불안을 줄이고 자기존중감을 증진시킨다. 지지는 언어적 · 비언어적 의사소통을 돕는다. 지지기법에는 경청, 수용, 격려가 있고, 불안이나 죄책감에 대한 재보증, 신뢰감의 표현, 선물주기 등이 있다. 예를 들어, 자녀양육에 어려움을 겪는 이혼남 클라이언트의 어려움을 충분히 듣고 이해해 주며 개선을 위해 노력하는 것들에 대해서 지속적인 격려를 줄 수 있다.

2) 직접적 영향(Direct Influence)

사회복지사는 문제 해결을 위해 직접적 영향을 주어야 한다. 클라이언트의 사회생활에 있어 장애가 되는 요인을 제거하고 클라이언트의 바람직한 동기와 행동을 강화하기 위해 사회복지사의 의견을 제시하면서, 클라이언트의 욕구에 따라 조언하거나 제안한다. 직접적 조언과 옹호적 행동은 클라이언트와 강한 신뢰관계가 수립되었을 때, 클라이언트에 대해 충분한 지식이 모아졌을 때 사용한다. 직접적 영향을 주기 위한 기법으로는 클라이언트 자신의 제안을 격려하고 강화하기, 현실적 제안 설정하기, 직접적 조언하기, 옹호적 행동하기 등이 있다. 예를 들어, 자녀양육에 어려움을 겪는 이혼남 클라이언트에게 직접적으로 육아정보를 주면서 육아를 도울 수 있는 비공식망을 연계하며 격려하는 원조는 직접적 영향을 주는 것이다.

3) 탐색-기술-환기(Exploration-Description-Ventilation)

사회복지사는 클라이언트 스스로 자신의 감정을 탐색하고, 기술하고, 환기할 수 있게 도와야 한다. 진단적 이해와 함께 환기에 의한 긴장완화를 시도하기 위하여 클라이언트가 자신의 상황과 자신과 주변 사회환경의 상호작용에 대한 사실과 그와 관련된 감정을 표출하여 감정정화를 경험하고 긴장이 완화되도록 도와주는 기법이다. 즉, 단순히 클라이언트 자신이 보는 그대로의 사실을 제공하게 하는 것이다. 환기는 사실과 관련된 감정을 끌어내는 것이다. 클라이언트는 이러한 과정에서 자연히 자신의 감정을 표현하고, 환기를 경험하는 것만으로도 문제를 해결하는 경우가 있다. 탐색-기술-환기는 병행되어야 하며 사회복지사는 탐색-기술 과정에서 드러나지 않고 있는 감정에 대해 민감해야 한다. 탐색-기술-환기를 위한 기법으로는 초점 잡아주기, 부분화하기, 화제 전환하기 등이 있다. 예를 들어, 속 깊은 이야기를 하는 것을 주저하는 클라이언트에게 '지금의 문제에 대해 좀 더 이야기를 해보세요. 당신이 가족과 함께 있을 때 어떤 일들이 일어나나요?'라고 더 깊이 물어볼 수 있다. 사회복지사는 이 기술을 통해서 클라이언트의 상황에 관한 사실들을 표면화하고 다른 감정을 표현하도록 함으로써 감정의 전환을 제공할 수 있다.

4) 개인-상황과의 관계에 관한 반영(Person-Situation Reflection)

사회복지사는 클라이언트를 상황 속의 인간이라는 관점에서 반영한다. 심리사회 모델의 핵심기법인 개인-상황과의 관계에 관한 반영을 통해서 문제를 보다 더 잘 이해하거나 행동의 변화를 이끌어 내기 위해 클라이언트가 잘못 이해하고 있는 내용들을 현실적으로 파악하게 할 수 있다. 사회복지사가 클라이언트를 도와 클라이언트 자신의 상황과 그 속에서 자신의 위치나 기능, 상황 속에서 경험한 생각이나 느낌, 감정 등에 대해 보다 잘 이해할 수 있도록 해준다. 반영에는 외부반영, 내부반영, 중간 정도의 반영이 있다. 외부반영은 다른 사람, 건강, 상황, 사건 등에 대한 클라이언트의 지각방식을 알아보는 것이고, 내부반영은 이것이 클라이언트 자신의 행위나 자신 또는 타인에게 어떤 영향을 주는가를 생각해 보게 하는 것이며, 중간 정도의 반영은 자신의 행동이 자신 또는 타인에게 어떤 영향을 주는가를 생각해 보게 하는 것이다. 개인-상황과의 관계에 관한 반영을 위한 기법으로는 논리적 토의 및 추론, 설명, 일반화, 행동시연, 역할극, 강화, 명확화, 직면, 요약, 옹호, 교육 등이 있다. 예를 들어, 클라이언트에게 '남편의 어떤 행동이 당신을 가장 화나게 하나요? 큰 아들이 그토록 무기력해지게 된 것이 무엇 때문인가요?' 등을 물어볼 수 있다.

5) 유형-역동성에 대한 반영(Person-Dynamic Reflection)

사회복지사는 클라이언트의 성격 혹은 행동의 유형과 원초아, 자아, 초자아의 심리 내적 역동에 대해 반영할 수 있다. 변화의 동기를 촉진시키면서 클라이언트 자신의 성격유형, 특징, 행동유형, 방어기제, 초자아와 자아의 기능수행 정도 등 심리 내적 역동에 대해 이해하도록 하기 위해서 클라이언트의 행동경향, 어떤 특정 행위에 이르도록 하는 생각이나 감정의 유형 또는 사건에 대한 생각을 스스로 찾아낼 수 있도록 도와주는 기법이다. 유형-역동성에 대한 반영을 위한 기법으로는 명확화, 해석, 통찰의 개발 등이 있다. 예를 들어, '당신이 지금의 아내에게 화를 낼 때 전 부인과 싸우는 것 같지는 않나요?'라고 물어볼 수 있다.

6) 발달적 반영(Developmental Reflection)

사회복지사는 클라이언트의 사회적 기능 수행에 영향을 주는 과거와 현재의 경험을 반영할 수 있다. 원가족에서의 경험 또는 유아기의 경험 등 주로 초기 생애주기의 경험과 이 경험이 현재 기능에 미치는 영향을 살피는 것이다. 심리사회 모델에서 역동적 또는 발달적 반영은 전의식(preconscious)과 관련되는 것으로서 의식과 무의식 사이에 존재하여 평소에는 잘 생각나지 않다가 어떤 계기에 의해 떠오르는 생각을 의미한다. 예를 들어, 이유 없이 아내를 끊임없이 의심하는 남편에게 어린 시절 자신을 외가에 맡기고 자주 찾아오지 않았던 엄마에 대한 감정과 현재 아내에 대해 느끼는 감정이 관련되어 있는 것은 아닌지 돌이켜 보도록 제안할 수 있다.

7) 클라이언트의 대인관계 개선

클라이언트의 긴장과 압박을 완화시키기 위하여 환경을 개선하고 상황을 증진시키는 간접적 개입방법을 사용할 수 있다. 클라이언트가 현재의 환경에 그대로 남아서는 해결이 잘 될 수 없다든지, 클라이언트가 스스로 자신의 환경을 바람직하게 조성해 나가지 못할 때에는 대인관계 개선을 사회복지사가 돕는 것이 필요하다. 가정은 클라이언트의 최근거리 환경으로서 클라이언트의 삶의 질에 큰 영향을 미치는 환경이다. 클라이언트의 부부관계, 부모자녀관계, 형제자매관계를 개선함으로써 간접적인 효과를 이끌어 낼 수 있다. 또한 클라이언트에게 다양한 공식적, 비공식적 지지체계를 연계하여 긍정적 지지 및 지원을 이끌어 낼 수가 있다.

8) 사회환경의 변화 모색

환경이 클라이언트에게 해가 되는 경우, 더 나은 환경으로 변화를 도모할 필요가 있다. 전학이나 이사 등이 하나의 예가 될 수 있는데, 역효과를 낼 수도 있으므로 숙고하여 권유하고 소통하여 사용한다. 그보다 간단하게는 조명, 화분, 액자, 소품, 가구배치 등을 통해서 새로운 환경을 조성하는 것도 좋은 간접 개입의 방법이 될 수 있다.

또한 클라이언트의 주변 지역사회는 삶의 터전이자 자원의 보고이므로 지역사회 기관을 적극적으로 활용하여 새로운 자원을 활용하는 것은 간접적이지만 효과적인 개입의 방법이 될 수 있다.

4. 모델의 적용

심리사회 모델은 인간의 심리 내적 부분과 환경 간의 상호작용을 강조하는 모델이므로 개인, 집단, 가족, 환경 등 다양한 영역에서 폭넓게 적용될 수 있다. 클라이언트 스스로 의사소통을 원활히 하여 도움을 받을 수 있는 사람들과 관계를 형성하도록 하고, 이를 통해서 적절한 자원을 다양하게 제공받을 수 있도록 원조할 필요가 있다. 심리사회 모델에서 사회복지사는 클라이언트를 위해 행동하고, 자원을 발견하고 연결하고 제공함으로써 클라이언트와 다른 사람들 사이의 중재자의 역할을 한다. 그러나 심리사회 모델이 인간과 환경 간의 상호작용을 강조하기는 하지만, 문제의 원인을 개인이나 가정에서 찾으려는 면이 강하므로 개인의 변화나 적응을 강조하고 중요시하여 사회적 · 구조적 변화나 혁신을 이끌어 내기에 부족함이 있다. 실제로 사회적 약자이거나 사회구조적 측면에서 개입해야 하는 클라이언트의 문제인 경우 피해자 비난(victim blame)이 될 수 있는 위험이 있음을 알고 적용해야 할 것이다. 특히 실제적으로 적용하고 개입하는 단계에서 심리사회 모델에 의한 사정은 실증적 부분이 부족하다는 단점이 드러날 수 있다. 효과를 알아보기 위한 평가는 예로부터 사례연구가 많이 사용되어 왔고, 최근 양적 연구방법과 질적 연구방법을 두루 사용한다고 해도 과학적으로 측정하기가 쉽지 않기 때문이다. 그러므로 심리사회 모델을 한 가지만을 적용하기보다는 다른 실증적 모델과 함께 사용하는 것이 권장된다.

5. 사 례

윤희는 고등학교 1학년에 재학 중인 여학생이다. 윤희가 6살 되던 해 윤희의 엄마가 미국으로 '언제 돌아올지 모르는' 유학을 가면서 부모님은 별거하셨고 그 후 이혼까지 하셨다. 윤희의 가족은 친할머니, 아빠, 언니, 윤희로 이루어져 있었는데, 윤희가 중학교 2학년일 때 아빠는 새엄마와 재혼을 하셨다. 윤희의 언니는 고등학교 3학년 수능을 앞두고 있어 새어머니와 아버지, 그리고 할머니의 관심은 언니의 입시에만 쏠리게 되었고, 윤희는 뒷전으로 밀려나게 되었다. 가정에서 소외감을 느낀 윤희는 집에 들어오는 시간이 점점 늦어졌고 가끔씩 같은 아파트에 사는 초등학교 동창의 돈을 빼앗아 PC방을 전전하기 시작했다. 자연스럽게 공부에 대한 관심이 사라져 성적도 떨어졌으며 가족과의 거리도 멀어지게 되었다. 윤희는 자신에게 미래가 없다고 느낀다.

1) 클라이언트의 문제

(1) 개인 차원

- 어린 시절 가정이 불안정해져 가족에 대한 정서적 안정감과 애정을 느끼지 못한다.
- 사회생활을 하는 데 있어서 어른들이나 친구들에 대한 태도가 바람직하지 못하다.
- 친하게 지냈던 친구에게도 폭력적인 언행을 하고, 불량친구들과 어울려 다니기 시작했다.
- 언니가 입시를 준비하기 시작하면서 그로 인해 애정을 더욱 박탈당한다고 느낀다.

(2) 가족 차원

- 어린 시절 클라이언트의 친부모 모두 자신의 학업과 일에만 관심을 가지고 자식의 심리적·정서적 안정감이나 애정에 대해서는 신경 쓰지 않았다.
- 어머니가 미국에 가신 이후로 친할머니께서 클라이언트의 가족을 챙기기 시작했지만

클라이언트에게는 이미 부모님에 대한 상처가 생긴 이후였다.

- 아버지가 새어머니와 재혼한 후에 새어머니는 아이들과의 거리감을 좁히기 위해 노력했지만 적극적이지 못했다. 클라이언트가 마음의 문을 열지 못한 상태로 언니는 고등학교 3학년이 되었고, 가족들의 관심이 언니에게로 집중되기 시작하면서 클라이언트의 비행행동은 점점 심해지기 시작했다.

(3) 지역사회 차원

- 어떤 상대에게든 마음을 쉽게 열지 못하며 애정을 느끼지 못한다. 따라서 친구들을 사귀는 것이 어려웠고, 그나마 친하게 지냈던 친구들에게도 폭력적인 언행을 보이기 시작했다. 그 후에 사귀는 친구들은 감정적인 교류보다는 주로 PC방을 함께 가는 것이 목적이었으며 정서적으로 의지할 상대는 어느 곳에도 없다.

(4) 문화 차원

- 가족의 중요성이 우선시되지 않고, 개인의 욕구와 성취와 미래를 중시하는 사회적 분위기로 인해서 클라이언트의 부모들도 자녀들에게 관심과 사랑을 표현하기보다 개인적인 욕구를 충족하려고 노력하게 되었다. 그래서 클라이언트의 부모도 학업 위주의 생각으로 자녀의 정서를 고려하지 않게 되었다.

2) 개입절차

(1) 초기단계

- 면담을 할 때 클라이언트가 안정감을 가질 수 있는 분위기를 제공한다.
- 지지와 환기를 통해서 클라이언트가 사회복지사에게 친밀한 라포를 형성할 수 있도록 한다.
- 클라이언트가 문제의 상황을 잘 이해할 수 있도록 탐색, 기술, 환기, 반영을 돕고 동시에 스스로 판단할 수 있는 자기결정권이 있음을 알려준다.
- 클라이언트의 가족에 대한 상담도 함께한다.

(2) 사정단계

- 클라이언트는 누군가에게도 의지할 수 없다는 생각을 하면서도 한편으로는 심리적인 안정감을 찾고자 하는 욕구를 동시에 가지고 있다고 판단한다.
- 가족에 대한 애정의 부족이 모든 사람들에 대한 경계로 확장된 것이라고 판단한다.

(3) 개입단계

- 목표

  클라이언트의 감정을 솔직하게 표현할 수 있도록 한다.
  클라이언트의 언어습관을 고치도록 한다.
  클라이언트와 부모 간의 관계를 향상 · 회복하도록 한다.

- 계획

  가족과의 관계를 회복하도록 한다.
  PC방을 출입하지 않도록 한다.
  친구들과 관계를 회복하도록 한다.

- 방법

  일기 등으로 자신의 감정을 표현한다.
  자신만의 건전한 스트레스 해소법을 찾는다.
  언어습관 개선 프로그램에 참여한다.
  가족 간에 서로에게 편지를 쓴다.
  가족 SNS, 문자메시지 등으로 연락이나 전화를 자주 한다.
  가족대화의 시간을 늘린다.
  가족이 함께 외식이나 활동을 한다.
  쉬는 시간마다 친구와 어울리며 대화를 나눈다.
  친구의 집에 놀러 가거나, 본인의 집에 친구를 초대한다.

(4) 종결단계

클라이언트가 가족의 진심을 이해하고 자신의 행복을 위해 노력하는 것을 믿게 되고 자신의 태도와 행동을 바꾸고자 노력하기 시작하였을 때, 가족의 기능이 회복되어 가고, 주변 친구들이 클라이언트의 어려움 개선의 노력을 돕고자 함께 나서기 시작하여 클라이언트도 어느 정도 역량이 강화되었다고 스스로 평가를 하면, 사회복지사는 클라이언트와 함께 동의하여 종결을 준비하고 실행한다. 가장 중요한 인물에 대한 상실을 경험한 클라이언트이므로 종결과정에서 사회복지사와의 분리가 상처가 되지 않도록 정서적인 완충에 각별히 유념한다. 종결을 전후하여 3~4차례에 걸쳐 전화로 격려를 하고, SNS에 격려와 관심을 표시하는 것도 하나의 방법이 될 수 있다.

CHAPTER 03

인지행동 모델

인지행동 모델은 인지이론과 행동주의 이론의 영향을 받아 통합된 모델이다. 인지행동 모델은 외부에서 주어지는 자극을 인간이 비합리적 사고방식으로 지각하여 해석하기 때문에 심리적 문제를 경험한다고 본다. 따라서 인간이 지닌 사고 · 감정 · 행동 중에서 사고에 초점을 두고, 인지를 변화시킴으로써 클라이언트의 심리적 문제를 변화시킬 수 있다고 본다. 인지행동 모델은 세 가지 기본 전제를 기초로 한다. 첫째, 사고는 행동에 영향을 미친다는 것, 둘째, 사고는 관찰되고 수정될 수 있다는 것, 셋째, 행동의 변화는 사고를 변화시킴으로써 획득된다는 것이다.

인지행동 모델은 여러 개별적 이론이 함께 묶인 이론의 집합체로 이해하는 것이 적절하다. 인지행동 접근에 12개 이상의 개별 이론이 포함되어 있는데, 인지행동 접근모델은 클라이언트의 인지를 변화시켜 심리적 어려움을 변화시킬 수 있다는 전제를 기본적으로 공유한다(Dobson & Dozois, 2021). 인지행동 모델은 클라이언트의 심리적 어려움을 해결하는 데 활용되는 구체적 절차와 강조하는 방식에 따라 세 가지로 분류될 수 있다.

첫째, 인지적 재구성에 초점을 둔 이론이다. 인지적 재구성이란 생각의 내용과 방식을 재구성, 즉 인지를 변화시킨다는 것을 의미한다. 우울, 불안과 같은 개인의 정서적 문제는 생각의 내용이나 방식이 잘못되어 비롯된 것이라 믿는다. 따라서 인지를 재구성하여 정서적 문제를 해결할 수 있음을 강조한다.

둘째, 문제 상황에 대처하는 직접적인 기술의 교육과 훈련을 강조하는 이론이다. 사람들이 부적응을 겪는 이유는 상황에 부적절한 방식으로 대처하기 때문이라고 본다. 따라서 상황을 대처할 수 있는 적절한 행동을 가르치고 훈련시킴으로써 심리적 부적응을 해결할 수 있다는 점이 이 이론의 핵심이다.

셋째, 문제해결 접근 이론이다. 이 이론은 인지적 재구성과 대처기술 훈련을 복합적으로 활용하여 클라이언트가 겪는 부적응을 해결하는 접근이다. 클라이언트가 부딪히는 문제 상황에서 적절한 행동을 하도록 대처 행동을 훈련시키고, 다른 한편으로 문제를 스스로 해결하도록 인지의 내용과 방식을 변화시키도록 개입한다.

이 장에서는 인지행동 모델 중에서 가장 대표적인 엘리스(Ellis)의 합리적 정서행동치료와 벡(Beck)의 인지치료를 중점적으로 살펴보고자 한다.

1. 엘리스의 합리적 정서행동치료

합리적 정서행동치료(REBT : Rational Emotive Behavior Therapy)는 인지행동 모델의 첫 번째 이론으로 간주된다. 정신분석 이론으로 훈련받고 경험을 쌓은 임상심리학자 엘리스(Ellis)는 정신분석 치료를 받는 일부 클라이언트들이 자유연상과 꿈 분석 등의 정신분석 치료기법에 저항하는 모습을 보며, 보다 능동적이고 직접적인 지시적 접근이 효율적이며 효과적임을 발견하면서 합리적 정서행동치료를 발전시켰다. 합리적 정서행동치료는 오늘날 실천현장에서도 자주 활용되는 인지행동 접근이다. 이론 정립 초기에 엘리스는 합리적 치료(RET : Rational Therapy, 1955)로 명명하였으나 1962년에 합리적 정서치료(RET : Rational Emotive Therapy, 1962)로 수정하였고, 최근에는 정서와 행동 모두를 중요시하는 기본 철학을 반영하여 합리적 정서행동치료로 불리고 있다(Ellis, 1999a).

1) 주요 개념

(1) 비합리적 신념

엘리스는 사람들이 정서적 문제(예 우울, 불안, 공포 등)를 겪는 이유가 구체적인 생활사건이 아니라 그 사건을 지각하고 받아들이는 방식이 비합리적 신념으로 인해 비롯된 것임을 강조하였다. 즉, 비합리적 신념이란 부적절하고 자기 패배적 정서를 일으키는 사고를 의미한다.

엘리스는 비합리적 신념의 바탕이 되는 세 가지 당위성으로 '자신의 당위성(I must)', '타인의 당위성(Other must)', '상황/ 조건의 당위성(Conditions must)'과 관련이 있다고 주장하였다. 엘리스는 사람들이 가지고 있는 열한 가지 비합리적 신념을 다음과 같이 제시하였다(Ellis, 1989). 엘리스는 이러한 비합리적 신념이 사람들의 부적응 행동과 심리적 장애의 원인이 된다고 보았다.

- 나는 내가 만나는 모든 사람에게 사랑이나 인정을 받아야 한다고 생각한다.
- 나는 완벽할 정도로 유능하고 합리적이며 가치 있고 성공한 사람으로 인식되어야 한다.
- 어떤 사람들은 나쁘고 사악하고 악랄하기 때문에 비난과 벌을 받아야 한다.
- 내가 원하는 대로 일이 되지 않는 것은 내 인생에서 큰 실패를 의미한다.
- 불행은 내가 통제할 수 없는 상황에 의해 발생한다.
- 위험하거나 두려운 일이 내게 일어나 큰 해를 끼칠 것이 항상 걱정된다.
- 어떤 난관이나 책임은 부딪혀 해결하려 하기보다 피하는 것이 더 쉽다.
- 나는 다른 사람들에게 어느 정도 의존해야 하며 나를 돌봐줄 수 있는 사람들이 주위에 있어야 한다.
- 과거의 영향은 결코 사라지지 않고, 과거의 경험과 사건들은 현재 나의 행동을 결정한다.
- 나는 다른 사람들의 문제나 고통을 나 자신의 일처럼 아파해야 한다.
- 모든 문제에는 완벽한 해결책이 있으므로 그 해결책을 찾아야 한다. 그렇지 않으면 결국 큰 혼란이 생길 것이다.

(2) 합리적 신념과 비합리적 신념 구분

사고가 합리적인지 비합리적인지를 구분하는 기준은 무엇일까? 사고의 합리성이나 비합리성을 구분하는 절대적인 기준이 존재하는 것은 아니다. 합리적 사고가 도덕적으로 완벽하고 규범적이며 논리적인 오류가 없음을 의미하는 것은 아니며, 비합리적 사고 역시 도덕적으로 불완전하고 규범에서 벗어났으며 비논리적인 사고와 동등한 것으로 간주하여서는 안 된다. 일반적으로 합리적 사고와 비합리적 사고를 구분하는 기준은 세 가지 기준이 적용된다(이장호 · 정남운 · 조성호, 2005).

첫째, 융통성이다. '모든', '항상', '반드시', '꼭', '결코', '당연히', '…이어야만' 등과 같은 단어가 들어가는 생각은 융통성이 없으므로 비합리적이다. 예를 들어, '나는 모든 사람에게 반드시 인정을 받아야 한다'는 생각은 비합리적이다. 이러한 생각은 어떠한 예외도 인정하지 않는 융통성이 부족하기 때문이다. 예외적 경험들이 개인의 생각과 기대를 충족시킬 수 없음을 받아들이지 못한다면 정서적 혼란을 겪게 된다.

둘째, 현실성이다. 사람들이 가진 어떤 생각들은 현실적으로 실현하는 것이 불가능하다. 예를 들어, 사람들은 '가치 있는 사람이 되기 위해서는 매사에 유능하고 완벽해야 한다'라고 생각한다. 그런데 사람들이 항상 모든 일을 유능하고 완벽하게 해내는 것은 불가능하다. 이러한 생각은 이상적으로 추구할 수는 있어도 실현될 수는 없다. 현실적이지 못한 생각들을 지니고 있어 봐야 심리적 좌절과 고통을 초래할 뿐 정신건강에는 도움이 되지 않는다. 이런 의미에서 현실성 없는 생각들은 비합리적이다.

셋째, 기능적 유용성이다. 이 기준은 사람들이 가진 생각이 현실을 행복하게 사는 데 얼마나 도움이 되는지와 관련된다. 아무리 그럴듯하고 바람직한 생각이라도 행복보다는 불행을, 기쁨보다는 슬픔을, 희망보다는 절망을, 성공보다는 좌절을 불러일으키는 것이라면 합리적이지 않다.

2) 개입 목표 및 과정

(1) 개입 목적과 목표

합리적 정서행동치료의 개입 목적은 첫째, 클라이언트가 핵심적인 자기 파괴적 생각을 최소화하여 삶에 관대하고 현실적인 철학을 지니는 것, 둘째, 삶에 바람직하지 못한 결과가 나왔을 경우 자기 자신이나 다른 사람에 대한 비난을 줄이는 것이다(Ellis, 1979). 즉, 합리적 정서행동치료의 목적은 클라이언트의 어떤 행동과 관련된 파괴적 생각을 줄여서 그 행동을 바람직하게 변화시키고, 그 행동 결과에 관하여 자신이나 다른 사람 또는 환경을 비난하지 않는 것을 넘어 자신의 성격과 인생철학을 변화시키는 것이다. 합리적 정서행동치료에서 사회복지사는 비교적 지시적인 역할을 담당하며 교사의 역할을 수행한다.

합리적 정서행동치료에서 사회복지사가 클라이언트와 함께 추구해야 할 상담목표의 예는 다음과 같다(Ellis & Dryden, 1997).

- **자기와 사회에 대한 관심**(self & social-interest) : 정서적으로 건강한 사람은 자기 자신 및 타인과의 소통에 관심을 가진다.
- **자기 지향**(self-direction) : 정서적으로 건강한 사람은 다른 사람의 지지를 좋아할 수는 있으나 이를 요구하지 않는다. 그들은 자기 삶에 책임을 지고 자신의 문제를 독립적으로 해결할 수 있다.
- **관용**(tolerance) : 성숙한 개인은 다른 사람의 실수를 수용할 줄 알고, 이를 경멸하지 않는다.
- **융통성**(flexibility) : 건강한 사람은 사고가 유연하고, 변화에 개방적이며 다른 사람들에 대해 고집스럽지 않은 관점을 가지고 있다.
- **자기수용**(self-acceptance) : 건전한 사람은 자기가 존재하기 때문에, 스스로 즐기고 행복과 기쁨을 창조할 수 있는 어느 정도의 힘을 가졌다는 사실 때문에 자신을 좋아한다. 클라이언트가 합리적이고 건전한 인생철학을 내면화하여 자신의 핵심적인 신념으로 대체한다면, 비로소 그의 병리적인 행동, 감정, 사고는 사라지고 자유로운 상태에 놓일 수 있다.

(2) 개입과정

엘리스는 개인의 심리적 문제의 발생과정을 ABCDE 모형으로 설명하였다. ABCDE 모형은 클라이언트의 감정과 사고, 행동 등을 이해할 수 있는 유용한 틀을 제공한다는 점에서 합리적 정서행동치료의 핵심이다(Wolfe, 2007). 합리적 정서행동치료는 클라이언트의 문제에 ABC 이론을 적용하여 비합리적 신념을 확인하고 논박을 통해 이를 합리적 신념으로 바꾼 후, 적절한 정서와 행동을 경험하도록 하는 과정이다(Corey, 2012).

ABCDE 모형에서 A는 클라이언트가 노출되었던 문제 장면이나 선행사건(Activating events)을 의미하며, B는 문제 장면에 대한 클라이언트의 사고체계 또는 신념체계(Belief system), C는 선행사건 A 때문에 생겨났다고 클라이언트가 보고하는 정서적 또는 행동적 결과(Consequence), D는 비합리적 신념에 대한 사회복지사의 적극적인 논박(Dispute), 그리고 E는 비합리적 신념을 논박 또는 직면한 결과(Effects)를 의미한다.

이 모형에서 핵심은 두 가지로 요약된다. 하나는 A-B-C 관계다. 클라이언트가 겪는 심리적 문제(C)는 선행사건(A) 때문이 아니라, 그 사건에 대해 클라이언트가 가지는 신념체계(B) 때문이라는 점이다. 다른 하나는 D-E 관계다. 개입과정에서 사회복지사는 클라이언트의 비합리적 신념(irrational Beliefs, irB)의 부적절성을 적극적으로 논박(D)하여 합리적 신념(rational Beliefs, rB)으로 변환하여 정서적 건강을 회복하는 효과(E)를 얻는다는 것이다. 이를 그림으로 제시하면 |그림 3-1|과 같다.

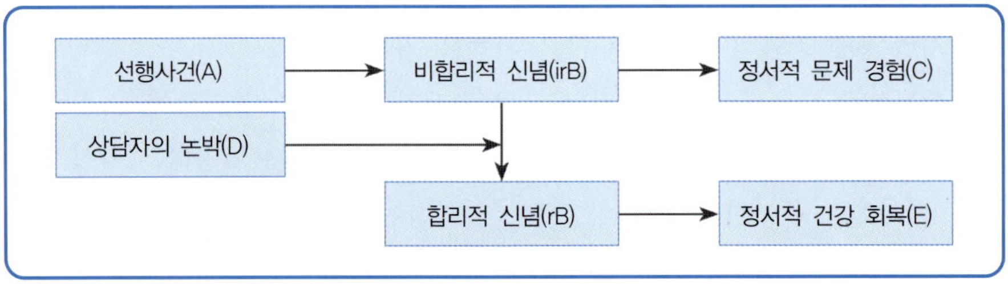

|그림 3-1| ABCDE 모형

ABCDE 모형에 근거한 합리적 정서행동치료의 개입과정은 다음과 같다(Ellis & Dryden, 1997; Dryden & DiGusppe, 1990).

① 1단계 : 상담관계 수립 및 REBT 소개

개입 초기에 사회복지사는 클라이언트가 자유롭게 이야기할 수 있도록 편안한 분위기를 마련하고, 클라이언트에게 무엇을 기대하는지를 물어본다. 합리적 정서행동치료를 간략하게 소개하면서, 이 접근은 클라이언트와 사회복지사가 서로 활발한 토론을 한다는 점을 안내한다.

② 2단계 : 클라이언트의 문제 진단 및 평가

클라이언트가 지닌 문제가 무엇이며 어느 정도 심각한지를 평가한다. 이 단계에서는 클라이언트의 과거사나 문제 배경에 대한 정보수집보다는 ABC 모형에 따라 클라이언트가 겪는 부적절한 정서 또는 자기 파괴적 행동(C)을 찾아내는 과정에 초점을 둔다. 클라이언트가 정서적 결과(C)부터 이야기를 시작하면 선행사건(A)에 대해 질문하고, 문제 장면(A)부터 이야기하면 그로 인해 야기되는 결과(C)가 무엇인지를 질문하면서 확인한다.

③ 3단계 : 비합리적 신념(irrational Beliefs) 탐색

클라이언트가 경험한 결과(C)가 선행사건(A)이 아닌 신념체계(B)에서 비롯되었음을 가르쳐 주면서, 비합리적 신념(irB)을 탐색한다. 이때 사회복지사는 클라이언트가 제기한 문제점을 경청하면서 그 문제 뒤에 숨어 있는 핵심적인 신념체계를 발견하여 연관성을 파악하도록 돕는다.

④ 4단계 : 논박의 단계

ABC가 밝혀지면 논박의 단계로 들어간다. 사회복지사가 치료적으로 접근하는 단계가 바로 논박단계이다. 이 단계는 내담자가 지적 통찰 및 정서적 통찰을 얻도록 돕는다.

⑤ 5단계 : 합리적 생각 적용 및 인생관 확립

클라이언트가 지녔던 비합리적 생각과 대치되는 합리적 생각을 자신의 언어로 짧은 문장을 구성하여 진술해 보도록 한다. 자기 논리로 비합리적 생각과 대치된 합리적 생각을 진술할 수 있게 되면 부적절한 정서나 행동을 유발하는 상황에서 자기 언어를 적용할 수 있도록 한다. 이러한 과정을 일반화하여 클라이언트가 자기의 삶을 살아가도록 돕는다.

A(선행사건)
엄마와 아빠가
이혼을 했다.

irB(신념체계)
부모님은 나를 버렸다.
나는 사랑받지 못하는 존재다.
나의 가족은 평범하지 않다.

C(결과)
우울하고 불안하다.
화가 자꾸 난다.

↓

D(논박)
평범하고 정상적인 것은 무엇인가?
부모님이 이혼하셨다고 부모-자녀 관계까지
무너진 것은 아니다.
부모님의 이혼은 내게 영향을 미치겠지만
그렇다고 내가 사랑받지 못하는 존재일까?

E(결과)
부모님 이혼으로 마음이 아프지만,
두 분의 이혼 결정을
내가 바꿀 수 있는 것은 아니다.
힘들지만 수용해야겠지?
이 상황을 잘 견딜 수 있을 거야.

|그림 3-2| ABCDE 모형 사례적용

3) 개입기술

합리적 정서행동치료자들은 다양한 인지적, 정서적, 행동적 기법들을 클라이언트에 따라 활용하지만(Kwee & Ellis, 1997), 정서적 기법보다는 인지적 기법과 행동적 기법을 강조한다. 엘리스가 기술한 주요한 기법을 간략하게 요약하면 다음과 같다(Ellis, 1999b; Ellis & Dryde, 1997; Ellis & MacLaren, 1998).

(1) 인지적 기법

① 비합리적 신념 논박하기

REBT에서 가장 많이 사용되는 인지적 기법으로, 클라이언트의 비합리적 신념을 적극적으로 논박하여 이 도전을 스스로 받아들이는 방법을 가르치는 것이다. 비합리적 신념을 약화 또는 제거할 수 있을 때까지 '~해야 한다', '~하지 않으면 안 된다', '당연히 해야 한다' 등의 당위를 검토한다.

② 인지 과제 부여하기

내면화된 비합리적 신념체계를 확인하도록 과제를 부여한다. 일상에서 부딪히는 문제들을 ABC 모형에 적용하여 비합리적 사고를 점검하도록 한다.

③ 클라이언트의 언어 변화시키기

REBT는 부정확한 언어가 왜곡된 사고 과정의 원인 중 하나라고 본다. '~해야 한다', '~하지 않으면 안 된다', '당연히 해야 한다' 등의 말을 '그렇게 되면 더 낫다', '~하면 좋겠다'로 대체하는 것이다. 즉, 무력하고 자책하는 언어를 새로운 자기 진술로 학습하는 것이다. 이처럼 새로운 자기 진술을 통해 클라이언트는 다르게 생각하고 행동하여 그 결과를 다르게 느끼기 시작한다.

(2) 정서적 기법

① 합리적 정서 상상

이 기법은 새로운 정서 패턴을 만드는 데 도움이 되도록 설계된 훈련이다. 클라이언트에게 눈을 감고 그들에게 일어날 수 있는 최악의 상황 중 하나를 상상하게 한다. 클라이언트가 문제 상황을 떠올리면 그때 느끼는 고통스러운 감정을 구체적으로 표현하게 한다. 사회복지사는 클라이언트에게 그 고통스럽고 부정적인 감정을 합리적 수준의 적절한 감정으로 바꾸도록 요청한다. 이러한 상태에 도달하면 현실로 돌아와 눈을 뜨게 하면서, 상황과 맞지 않는 부적절한 감정이 적절한 감정으로 어떻게 변화될 수 있었는지를 함께 탐색한다. 이 기법은 문제가 될 수 있는 대인관계 상황에 유용하게 적용될 수 있다.

② 부끄러움 제거 연습

엘리스는 심리적 문제의 중요한 감정으로 부끄러움 또는 자기 비난을 꼽았다. 이 기법은 클라이언트가 창피하거나 부끄럽게 느껴지는 행동을 해보도록 과제를 준다. 이 과제를 통해 클라이언트는 자신이 생각했던 것만큼 사람들이 다른 사람에게 관심을 두지 않는 것을 알고, 따라서 다른 사람의 비난에 과도하게 영향을 받을 필요가 없다는 것을 깨닫도록 한다.

③ 유머 사용하기

엘리스는 클라이언트가 문제를 일으키는 과장된 사고나 심각하게 생각하는 측면을 반박하기 위해 유머 사용을 강조한다. 유머는 클라이언트가 고집스럽게 유지하고 있는 생각들이 불합리하다는 것을 보여주고, 클라이언트가 자신을 덜 진지하게 생각하도록 돕는다.

(3) 행동적 기법

① 보상기법

바람직한 행동의 빈도를 증가시키는 자극(보상)은 바람직한 행동을 수반하게 된다. TV 시청, 수영하기 등과 같이 발생확률이 높은 행동은 공부하기, 논문 쓰기 등과 같이 일어날 확률이 낮은 행동을 발생시키기 위한 보상으로 사용한다.

② 역할연기

클라이언트가 스트레스 상황에서 무엇을, 어떻게 느끼는가를 알아보기 위해 그 행동을 시연하게 한다. 클라이언트가 자신의 말을 통해 스스로 혼란을 일으키는 것과 부적절한 감정을 적절한 감정으로 변화시킬 수 있다는 것을 보여주기 위해 사회복지사가 개입한다. 예를 들어, 어떤 학생이 면접에서 떨어질까 봐 취업 면접 응시를 미루고 있다고 하자. 시험에 떨어진다는 생각은 그 학생에게 '어리석음'이라는 감정을 불러일으켰다. 사회복지사는 취업 기관 담당자와의 면담을 역할 연기해 볼 수 있고, 그때의 불안과 비합리적인 신념을 확인해 보고, 반드시 합격해야 한다는 생각과 면접에 떨어질 것이라는 생각이 어리석고 무능한 인간임을 의미한다는 비합리적 신념에 도전한다.

2. 벡의 인지치료

벡(Beck)은 정신분석학으로 훈련받았지만, 정신분석 접근으로 잘 치료되지 않던 우울증 환자의 사고 패턴이 체계적으로 왜곡되어 있음을 발견하고 인지 모델 치료법을 발전시켰다. 『우울 : 원인과 치료』(1967)에서 우울증 및 기타 신경증에 대한 인지 모델 및 치료법을 설명하였고, 『인지치료 및 정서장애』(1976)에서 특정 인지 오류를 자세히 제시하면서 치료의 원리를 설명하였다. 벡의 인지치료는 그 설명개념이 구체적이고 정교하여 우울뿐만 아니라 불안이나 성격장애, 물질남용 등 다양한 장애에 적용되면서 정신병리를 과학적으로 연구하는 이론적 기틀이 되고 있다.

상당한 수준의 실증적 조사(Clark, Beck, & Alford, 1999; Ingram, Miranda, & Degal, 1998)에서 우울증 인지치료는 현재 약물치료를 대신할 수 있는 대안으로 평가되며, 불안장애에 대한 인지치료는 약물치료보다 우수한 효능이 있는 것으로 확인되고 있다(Cuijpers, 2017; Hollon, 2016).

1) 주요 개념

인지치료의 가장 핵심이 되는 개념은 자동적 사고, 역기능적 인지도식, 인지적 오류로 요약된다. 이 개념을 잘 이해하면 심리적 문제가 어떠한 과정을 거쳐 발생하는지 이해할 수 있다.

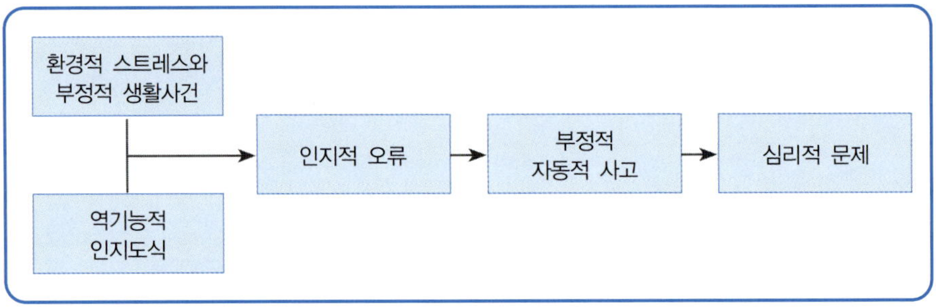

|그림 3-3| **인지치료 이론에 따른 심리적 문제의 발생 과정**

(1) 자동적 사고

자동적 사고는 우리가 어떤 일을 당했을 때 자기도 인식하지 못하는 사이에 즉각적으로 떠오르는 생각이나 심상을 말한다. 갑자기 닥쳐온 어려운 상황을 사람들은 어떻게 인식할까? 동일 사건에 대해서 어떤 사람은 긍정적으로 생각할 수도 있고(예 지금은 힘들지만, 이 기회를 통해 내가 좀 더 강해질 수 있을 거야), 어떤 사람은 부정적으로 생각할 수 있으며(예 내 인생은 늘 엉망이야), 중립적으로 생각할 수도 있다(예 누구에게나 일어나는 일이야). 자동적 사고는 순식간에 떠오르므로 그 상황에 대해 현실적으로 타당한지 검토하거나 합리적으로 판단하지 않으며, 자동적 사고가 부정적일 경우 개인의 심리적 문제에 직접적인 영향을 미칠 수 있다.

벡(Beck)이 '자동적 사고'를 알게 된 계기

1959년 어느 날, 그는 우울한 젊은 남자를 치료하고 있었다. 자유연상을 하는 동안, 그 환자는 화를 내면서 벡을 비난하기 시작했다. 그래서 벡은 그 환자에게 어떤 감정을 느끼고 있냐고 물었다. 그는 '죄책감을 느낀다'라고 말했다. 그가 벡에게 소리치며 화를 내는 동시에 '내가 이런 말을 해서는 안 되는데, 그를 비난하는 것은 잘못이야. 나는 나쁜 사람이야. 그는 나를 좋아하지 않을 거야'와 같은 자기 비판적 생각을 하고 있었기 때문이었다. 그가 언어로 표현한 생각에 이어서 이러한 두 번째 흐름의 사고가 분노 표출과 죄책감 사이의 연결고리 역할을 했다. 벡은 이러한 내면적 독백 현상이 다른 환자들에게도 있는지 조사하였으며, 이러한 생각을 '자동적 사고'라고 명명하였다.

출처 : Beck(2007), 유영달(2017) 재인용.

벡(1972; 1976)은 사람들이 경험하는 심리적 문제는 스트레스 사건을 경험했을 때 자동으로 떠오른 부정적인 생각으로 발생한다고 강조하면서, 우울한 사람의 특징적인 세 가지 부정적 사고(인지삼제, cognitive triad)를 제시하였다. 벡은 우울을 겪는 사람들은 자신의 의지와 상관없이 떠오르는 이러한 인지삼제로 인해 심리적 문제를 경험한다고 보았다.

- 자신에 관한 부정적 생각(예 나는 쓸모없는 사람이야)
- 세상에 대한 부정적 생각(예 인생은 불공평해)
- 미래에 관한 부정적 생각(예 앞으로 나의 앞날은 절망적이야)

(2) 역기능적 인지도식

인지도식(schema)은 핵심 신념을 둘러싼 '마음속 인지구조'로서 개인의 삶에서 자신과 세상을 이해하고 현실을 지각하는 사고의 틀을 의미한다. 인지도식은 생의 초기에 시작되어 생의 전반에 걸쳐 발달하는 전체적인 것으로, 초기 아동기 경험을 통해 긍정적 또는 역기능적 신념체계를 형성하게 된다.

도식은 긍정적이고 도움이 되는 것일 수도 있고, 부정적인 것이 될 수도 있다. 후자인 역기능적 인지도식은 '나는 실패할 거야', '나는 훌륭하지 않아', '나는 버림받게 될 거야' 등과 같이 현실 적응에 도움이 되지 않는 기본적인 생각의 틀과 내용을 의미한다(천성문 · 이영순 · 박명숙 · 이동훈 · 함경애, 2021). 이처럼 인지도식은 어린 시절의 경험을 통해 형성되지만, 잠복 상태로 있다가 특정한 사건에 의해 촉발되면 활성화된다. 이때 인지도식을 뒷받침하는 정보는 모두 수용하지만, 이와 관련되지 않는다고 판단한 정보를 간과하기도 한다.

(3) 인지적 오류

인지적 오류(cognitive errors)는 현실을 제대로 지각하지 못하거나 생활사건의 의미를 왜곡하여 받아들이는 것을 말한다. 인지적 오류는 인지 왜곡(cognitive thinking)으로도 불린다. 인지적 오류는 왜 일어나는 걸까? 인지적 오류는 인지도식과 어떤 관련이 있는 것일까? 어릴 때부터 타인으로부터 거부당한 경험이 있는 아동 A가 있다고 가정하자. A는 거부당할 때마다 상처를 입었고, 사람들이 자신을 좋아하지 않을 수 있다고 생각한다. A는 성인이 되어 이성 친구와 만나면서도 상대방이 자신을 언제 밀어낼지 거부하는 단서에 신경을 쏟을 수 있다. 이성 친구가 회사 회의에 갑자기 참석하게 되어 약속 시간에 늦었더라도, A는 그 상황을 있는 그대로 받아들이기보다 드디어 자신에게 싫증이 났다고 결론을 내릴 수 있다. 이는 A가 그동안 거부의 경험이 누적되어 부정적인 인지도식을 지녔기 때문이다. 이러한 인지적 오류로 인해 A는 불안이나 우울 등 심리적 고통을 겪을 가능성이 크다. 또한 인지적 오류는 자동적 사고로 연결되므로 인지적 오류를 검토하는 것은 자동적 사고를 변화시키는 데 효과적이다. 우리가 자주 사용하는 인지적 오류를 살펴보면 다음과 같다.

① **흑백논리**(이분법적 사고) : 어떤 사건의 의미를 두 개의 극단적 범주로 나누어 해석하는 오류(예 이번 시험을 망쳤으니 내 인생은 실패야)

② **개인화** : 자신과 관련 없는 외부 사건을 자기 자신과 관련 짓는 오류(예 친구에게 사고가 난 것을 자기 때문이라고 생각함).

③ **임의적 추론** : 어떤 결론을 지지하는 증거가 없음에도 성급하게 결론을 내리는 오류(예 메시지에 답을 보내지 않는 것을 보니 나를 피하는 것이 틀림없어)

④ **극대화/ 최소화** : 상황을 평가할 때 부정적인 것은 실제보다 극대화하고 긍정적인 것은 최소화하는 오류(예 시험에서 한 문제를 틀리고서 세상이 무너지고 모든 것을 다 포기하겠다고 하는 경우/ 시험에서 높은 점수를 받았지만, 본인의 성과를 별거 아닌 것처럼 취급하는 경우)

⑤ **과잉일반화** : 하나 또는 몇 개의 별개 사건에서 일반적인 결론을 내리고 이를 다른 장면에 부적절하게 적용하는 오류(예 한 명의 클라이언트를 상담하는 과정에서 어려움을 경험한 후, 모든 상담 분야에 소질이 없다고 결론을 내림)

⑥ **선택적 추상화**(선택적 추론) : 상황의 전체 그림을 보기보다는 세부적인 일부 정보에만 주의를 기울여 전체 상황을 해석하려는 오류(예 발표할 때 많은 학생이 긍정적으로 반응을 보였는데도 한두 명의 부정적 반응에만 선택적으로 주의를 기울여 본인이 발표를 잘하지 못했다고 단정함)

⑦ **파국화**(재앙화) : 어떤 사건에 대해 지나치게 염려하거나 두려워하는 오류(예 취직하지 못하면 나는 굶어 죽을 거야)

⑧ **독심술** : 타인과의 상호작용 관계에서 타인이 무슨 생각을 하는지 자신이 안다고 생각하는 오류(예 애들이 나를 어떻게 하면 괴롭힐까 생각하고 있겠지)

2) 개입 목표 및 과정

(1) 개입 원리

심리교육적 모델에 근거하고 있는 인지치료는 클라이언트 스스로 자신의 부정적 사고를 인식하여 변화시키는 역량을 키우는 데 주력한다. 인지치료는 특수한 학습과정으로서 클라이언트가 다음과 같은 심리적 기술을 배우게 한다(Beck, Rush, Shaw, & Emery, 1979).

- 자신의 부정적이고 자동적인 사고를 관찰하여 파악하기

- 인지 · 정서 · 행동 간의 관련성을 인식하기
- 자동적 사고의 지지 증거와 반대 증거를 검토하기
- 편향적인 인지를 좀 더 현실적인 대안적 사고로 대체하기
- 경험을 왜곡하게 만드는 역기능적 신념을 파악하고 수정하기

주디스 벡(Judith Beck)은 사회복지실천에서 사용되는 인지치료의 개입원칙을 다음 열 가지로 요약하여 제시하였다(Turner, 1996 : 102).

첫째, 인지치료는 클라이언트 및 클라이언트 문제에 관하여 인지적 용어로 전개한 계통적 설명에 기초를 두고 있다. 인지적 차원에서 지속적으로 변화하는 클라이언트의 문제에 초점을 둔다. 클라이언트와 그의 문제가 인지적으로 어떻게 형성되고 그의 감정과 사회관계에 영향을 미쳤는지를 꾸준히 따라가며 확인하고 목표 달성을 위해 활용한다.

둘째, 인지치료는 건전한 치료관계를 필요로 한다. 성격장애 클라이언트처럼 치료동맹이 매우 중요한 경우 외에도 늘 감정이입과 요약해 주기, 희망 주기, 피드백받기 등을 통해 치료적 동맹을 중요시 다룬다.

셋째, 인지치료는 사회복지사와 클라이언트의 협력과 적극적인 참여를 강조한다. 클라이언트와 치료자 간 팀워크를 강조하며, 처음에는 치료자가 세션을 주도적으로 진행하지만, 증상 완화에 따라 점차 클라이언트 스스로 주제 선택과 왜곡된 사고유형 확인하기, 과제 선정을 결정하도록 한다.

넷째, 인지치료는 문제에 초점을 두며 목표지향적이다. 클라이언트가 자신의 왜곡된 사고로 현재의 생활에 어떠한 불편함을 주는지 깨닫고 행동에 옮기도록 문제해결 지향적이다.

다섯째, 인지치료는 현재를 강조한다. 클라이언트를 가장 괴롭히는 문제로부터 시작하며, 어린 시절 등 과거 경험을 다룰 때에도 그것이 현재 신념, 사고와 어떠한 관련이 있는지 보기 위해서이다.

여섯째, 인지치료는 교육적이고 클라이언트 자신이 치료자가 되도록 가르치기를 바란다. 초기에 클라이언트가 지닌 문제의 특성, 인지치료 과정을 설명하

고 자신의 신념과 사고, 행동 변화를 계획하도록 교육한다.

일곱째, 인지치료는 시간에 제한을 둔다. 주로 4~14세션 정도를 진행하며 증상 완화와 주요 문제 해결, 재발방지 등을 위해 1주에 한 번으로 시작하여 점차 간격을 늘려가지만 시간제한적이다.

여덟째, 인지치료 면담은 구조화되어 있다. 클라이언트의 기분을 체크하고 지난주의 생활과 과제를 물어보고 그 세션의 주제와 피드백을 얻는 등 구조화된 세션을 진행한다.

아홉째, 인지치료는 클라이언트에게 자신의 역기능적 사고와 신념을 확인하고, 평가하면서 효과적으로 대응할 수 있도록 돕는다. 클라이언트 스스로 자신의 생각이 얼마나 타당한 것인지 평가해 보도록 하고 그 생각의 유용성과 의미를 탐색하도록 유도한다.

열째, 인지치료는 사고, 기분, 행동을 변화시킬 수 있는 다양한 기법을 활용한다. 소크라테스 질문법과 새로운 발견을 위한 지도법 외에도 행동주의와 행태주의 기법도 활용한다. 기법 활용은 개입 목표, 클라이언트의 동기나 치료적 동맹 여부, 상담 경험 등에 따라 정해진다.

(2) 개입목표

벡의 인지치료 개입목표는 클라이언트의 부정적 자동적 사고를 찾아내어 적절한 사고로 변화시키고, 인지적 오류를 찾아내어 수정하며, 역기능적 인지도식을 찾아내어 보다 융통성 있고 현실적으로 바꾸는 것이다. 인지행동 상담에서 처음에는 증상 완화를 다루지만, 궁극적인 목표를 인지적 오류를 제거하여 클라이언트가 효과적으로 기능하도록 돕는 것이다.

(3) 개입과정

인지치료 개입과정은 클라이언트의 머릿속을 순간순간 스치고 지나가는 자동적 사고에 주의를 기울이고 인식하는 데서 시작된다. 일반적으로 20회기 이 내의 단기치료로 다른 접근에 비해 매우 구조화되어 있어 시간 제한적이며 효율적이다. 인지행동 상담은 다음과 같은 과정에 의해 진행된다(권석만, 2021; 천성문 외, 2021).

① 초기단계

초기단계의 주요 활동은 다음과 같다(DeRuberis & Beck, 1988).

첫째, 사회복지사는 클라이언트가 호소하는 문제와 고통을 이해하고, 공감해주며, 신뢰하고 상호 존중하는 관계 형성에 노력한다. 다른 모델과 마찬가지로 클라이언트와의 관계 형성을 매우 중요하게 여긴다.

둘째, 클라이언트가 호소하는 문제를 구체적으로 탐색하여 명료화한다. 클라이언트의 사고와 증상에 대한 객관적 평가를 중시하여 다양한 심리검사를 활용한다. 인지치료에서 사용하는 검사로는 벡 우울척도(Beck Depression Inventory), 벡 불안척도(Beck Anxiety Inventory), 자동적 사고척도(Automatic Thought Questionaire), 역기능적 태도척도(Dysfuctional Attitude Scale), 자기개념검사(Self Concept Test) 등이 있다.

셋째, 클라이언트가 인지치료의 기본개념과 원리에 대해 익숙해지도록 노력한다. 이를 위해 사회복지사는 인지치료의 원리를 설명하기 위해 좋은 예나 그림, 책자를 준비하여 활용할 수 있다.

넷째, 치료에 대한 클라이언트의 기대를 탐색하고 구조화를 통해 구체적인 치료목표를 클라이언트와 합의하여 설정한다.

② 중간 및 후기 단계

치료가 진행될수록 사회복지사는 클라이언트의 주요 문제나 증상을 선택하여 사고 양식을 중심으로 치료를 진행한다. 상담 중간 및 후기 회기에서는 대개 행동적 기법보다는 인지적 기법을 더 많이 강조하며, 역기능적 사고는 흔히 행동 실험보다 논리적 분석으로 다룬다. 후기단계에서 클라이언트는 문제해결 방안을 강구하고 과제를 완수하는 데 책임감을 지니게 된다. 이때 클라이언트가 인지적 기법을 사용하여 문제를 해결하도록 사회복지사는 조언자 역할을 한다. 클라이언트가 자신의 역기능적 사고를 수용하면서 새로운 기술과 조망을 실행할 수 있다고 판단될 때 종결을 준비한다.

내담자 : 수학 시험을 망쳤어요. 전 결국 수학 시험을 패스하지 못할 거고, 좋은 대학에 들어갈 수 없을 거예요.

상담자 : 그 생각은 우리가 배운 '왜곡' 중에서 어느 것에 해당할까요?

내담자 : 다 잊어버렸어요. 상담 공책에 끼워 둔 목록을 봐도 되나요?

상담자 : 물론이죠. 목록을 보면 생각날 거예요. 목록을 자주 보면서 자신을 점검해 보고 그중에서 어떤 왜곡을 사용하는지 알아보면 됩니다.

내담자 : 아, 이건 제가 말도 안 되게 일을 부풀려서 생각하기 때문에 모든 게 나빠 보이는 바로 그 왜곡이네요. '파국화'일까요?

상담자 : 맞아요. 어려운 단어죠. 당신이 어떤 일에 대해 상당히 부풀려서 생각하기 때문에 모든 것이 나빠 보인다고 하는 뜻이죠. 이건 마치 당신이 앞으로 어떤 일이 생길지 생각해 보지 않고 정말로 운이 없다고 말하는 것과 같은 거랍니다.

내담자 : 제가 그런 생각을 많이 하는 거 알아요.

상담자 : 그런 예측을 할 때면 어떤 기분이 드나요?

내담자 : 안절부절못해요.

상담자 : 당신이 수학 시험을 잘 치지 못할 것이고, 좋은 대학에 들어갈 수 없을 거라고 한 말에 대해 어떻게 생각해요?

내담자 : 음, 전 학교 숙제를 잘 해온 것 같고요. 이건 그냥 작은 시험에 불과하다는 것, 따라서 성적이 많이 내려가지는 않을 거라는 거예요. 그리고 좋은 점수를 받을 기회가 항상 있어요.

출처 : Friedberg & McClure(2007). 아동과 청소년을 위한 인지치료. 정현희 · 김미리혜 공역, pp. 269-270.

③ 종결단계

개입의 종결 또는 체계적인 계획하에 이루어진다. 종결 회기에서 사회복지사는 클라이언트에게 구체적인 문제들이 개입과정에서 어떻게 다루어졌는지, 미래의 어려움을 어떻게 다룰 것인지에 관한 이야기를 나누며 종결에 앞서 인지적인 시연을 사용할 수 있다. 사회복지사는 개입이 종결된 후에도 추수 개입을 통해 지금까지 면담을 통해 얻은 긍정적인 경험을 정리하고, 클라이언트 스스로 새로운 기술을 채택하도록 돕는다.

3) 개입기술

(1) 인지적 기법

① 소크라테스식 대화법

소크라테스가 제자들에게 질문을 던져 제자들이 스스로 진리를 찾도록 도와주었던 대화법처럼 접근하는 기법이다. 클라이언트의 인지적 변화를 촉진하기 위해 사회복지사가 클라이언트의 생각이 잘못되었다고 직설적으로 표현하고 해결책을 제시하거나 클라이언트의 신념을 논박하는 것이 아니라 신중한 질문을 통해 클라이언트가 스스로 해결책을 찾도록 돕는 기법이다. 이러한 사회복지사의 질문을 통해 클라이언트는 덜 위협적으로 느끼면서 자신의 경험과 신념을 검토하게 된다. 사회복지사는 질문을 하고 대답을 들은 뒤 그 대답에 관해 다시 질문하는 방식을 취한다.

② 재정의

동일한 단어라 해도 개인의 자동적 사고와 인지도식에 따라 다르게 인식될 수 있다. 사회복지사는 클라이언트가 사용하는 단어와 그 의미가 무엇인지 구체적으로 질문하여 문제를 재정의하도록 돕는다. 우울한 클라이언트가 '실패한', '우울한', '죽고 싶은'과 같이 모호하고 부정적인 단어를 사용할 때, 이러한 단어를 사용한 맥락에 따라 '나는 잘 해내고 싶다', '나는 다른 사람의 관심과 돌봄이 필요하다'라고 문제를 재정의하도록 권한다. 문제를 재정의하는 것은 문제를 구체적이고 개인적으로 만들고 클라이언트 자신의 관점에서 말할 수 있도록 돕는다.

③ 재귀인

어떤 사건에 대하여 본인의 책임이 없음에도 불구하고 그 상황이나 사건에 대한 책임을 전적으로 자신에게 돌림으로써 죄책감과 우울감을 느끼는 클라이언트에게 사용한다. 재귀인은 클라이언트가 자신 때문에 그 사건이 발생했다고 생각할 때 떠올랐던 자동적 사고를 검증하여 사건에 대한 원인과 책임을 객관적으로 찾아서 클라이언트의 책임감에서 벗어나도록 돕는다.

④ 탈파국화

탈파국화는 일어날 가능성이 매우 낮은 결과를 지나치게 두려워하는 클라이언트에게 '만약 ~하면 어떤 일이 일어날까?(what ~if)' 질문을 통해 파국화에서 벗어나도록 돕는 기법이다. 예를 들어, '취직하지 못하면 굶어 죽는다'고 생각하는 학생에게 취직하지 못하면 구체적으로 어떤 일이 일어날 것 같은가를 물어서 그 결과가 파국은 아니며, 클라이언트의 염려, 두려움, 불안 등이 지나치게 확대되어 있었다는 것을 깨닫도록 한다.

⑤ 절대성에 도전하기

클라이언트들은 주로 '모든, 항상, 결코, 아무도'와 같이 극단적인 용어를 통해 자신의 고통을 표현하고 호소한다. 이러한 절대적 진술에 대해 사회복지사는 질문을 통해 구체적으로 표현하도록 돕고, 클라이언트에게 절대적인 일은 거의 없다는 점을 알려줄 수 있다.

⑥ 역기능적 사고기록

이 기법은 사람들이 경험하는 스트레스 사건과 그 결과 경험하는 정서적 결과 사이의 자동적 사고를 작성함으로써 왜곡되었거나 부정적인 생각이 무엇이었는지를 확인하는 방법이다. 문제 상황에서 겪었던 우울이나 분노 등의 불쾌한 감정이 자신의 자동적 사고 때문임을 확인하고, 대안적 사고를 하도록 돕는다. 역기능적 사고기록은 문제 상황 → 감정 → 자동적 사고 순으로 작성한다.

〈표 3-1〉 **역기능적 사고 기록지 1**

일 시	**문제 상황** 불쾌한 감정을 유발한 실제 사건, 기억 내용을 작성	**자동적 사고** 정서적 결과에 선행한 자동적 사고를 기록	**감정** 불쾌한 감정을 구체적으로 기록, 1~100 숫자로 평가

이와 같은 기법을 좀 더 확장하여 활용할 수도 있다. 문제 상황에 대한 정서적 결과, 그때 들었던 자동적 사고 외에 클라이언트가 가질 수 있는 합리적 생각이나 심상, 긍정적 또는 중립적 사고를 대안적 사고 칸에 작성하고, 이렇게 생각할 경우, 정서가 어떻게 변화될 수 있는지를 확인할 수 있다. 이러한 과정은 인지치료의 목표인 사고의 전환과 그에 따른 정서 체험의 교정을 효과적으로 달성할 수 있다.

〈표 3-2〉 **역기능적 사고 기록지 2**

일 시	문제 상황	자동적 사고	감 정	대안적 사고	정서 변화

(2) 행동적 기법

① 사고 중지

끊임없이 원하지 않는 생각이 떠오르고, 그 생각들이 계속 괴롭힐 때, 클라이언트는 '멈춰!'라고 말함으로써 부정적인 생각을 차단하는 기법이다. 이때 클라이언트에게 목소리를 내지 않고 속으로 말해도 되며, 더 나아가 부정적 생각을 보다 긍정적인 생각으로 대체하는 것까지 포함됨을 설명한다. 이러한 노력을 통해 클라이언트의 왜곡된 생각이나 감정의 빈도와 강도를 줄일 수 있다.

② 행동 실험

클라이언트가 지닌 생각을 직접 행동으로 해봄으로써 그 생각이 얼마나 타당한지를 검증하는 기법이다. 예를 들어, '발표할 때 말을 더듬으면 사람들은 나를 무시할 거야'라는 왜곡된 인지로 불안이 높은 클라이언트에게 특정한 시간과 장소에서 발표하도록 한다. 사회복지사는 청중들에게 클라이언트의 발표에 대한 설문지를 실시하고 그 결과를 클라이언트와 함께 검토한다. 이 과정에서 클라이언트가 지닌 왜곡된 생각이 실제 타당한지를 실험적 절차를 통해 확인하면서 인지적 오류를 수정한다.

4) 모델의 적용

인지행동 모델은 다양한 임상현장에서 효과성을 인정받으며 발전해 왔다. 인지행동 모델에서는 인간이 비합리적이며 왜곡된 생각을 할 수도 있는 존재이며, 합리적이며 올바른 생각을 할 수도 있는 존재로 바라본다. 따라서 인간이 겪는 심리적 문제에서 벗어나기 위해서는 인간의 사고에 초점을 맞추어 사고를 합리적으로 변화시키는 것에 관심을 둔다.

인지행동 모델의 유용성을 정리하면 다음과 같다. 첫째, 인지행동 모델은 인간의 다양한 문제에 적용할 수 있는 효과적인 개입기법을 가지고 있다. 인간의 사고 변화를 위한 구체적인 치료기법은 치료 절차에 따라 효과적으로 사용할 수 있다. 인지행동 모델 기법을 활용한 경험적 연구를 통해 개입의 효과 및 성과가 꾸준히 확인되고 있다. 둘째, 인지행동 모델은 인간이 호소하는 문제 해결에 초점을 맞추므로 상담 및 치료가 단기간으로 진행된다. 이론적 체계가 논리적이고 간결하며 상담과정이 구조화되어 있으므로 치료 기간이 짧아서 복잡한 사회를 살아가는 현대인에게 비교적 잘 맞는 모델로 평가받고 있다. 클라이언트는 치료가 끝난 뒤에도 개입기법을 일상생활에서 사용할 수 있다는 점에서 매우 긍정적으로 평가되고 있다.

이처럼 인지행동 모델은 다양한 증상에 효과적인 기법과 전략을 사용할 수 있어 실천현장에서 선호되고 있지만, 클라이언트에게 적용하는 데 몇 가지 한계점이 있다. 첫째, 인지행동 모델이 모든 클라이언트에게 효과적인 것은 아니다. 인지행동 모델 개입 시 클라이언트는 자신의 사고, 감정, 행동의 관계를 인식하고, 적용하고자 하는 기법을 이해하고 있어야 하므로 학습장애가 있거나 정신건강 문제를 지닌 클라이언트에게는 적합하지 않다. 둘째, 인지행동 모델의 특성상 지식적이거나 교육적인 부분이 개입되면서 사회복지사가 클라이언트의 행동을 통제한다는 윤리적인 비판도 있었다(Payne, 2005). 이러한 한계점을 보완하기 위하여 인지행동 모델에서도 사회복지사와 클라이언트의 상담 관계를 매우 중요하게 강조하고 있으며, 개입의 성공을 위해서 클라이언트와의 동의와 협력은 필수적으로 고려하고 있다. 최근 인지행동 모델은 증거기반 치료를 기반으로 전통적인 임상 접근에서 더 나아가 새로운 시도를 하고 있다. 이에 대한 정교한 연구와 검증과정을 통해 인지행동 모델은 더욱더 발전적으로 수정되며 보급될 것이다.

5) 인지행동 모델 사례

「젊은 조현병 환자의 사회복귀를 위한 인지행동치료 기반 집중사례관리 증례」(이가영 · 유혜영 · 전 민 · 윤진상 · 김성완, 2016) 논문에서 인지행동치료 기법을 활용한 내용을 중심으로 발췌하였다.

(1) 대상 및 주요 증상

이 사례의 대상자는 정신건강복지센터에 의뢰된 23세 여성 A씨로 지방에 있는 국립대학에 진학하면서 집을 떠나 기숙사 생활을 하였는데, 소수 종교단체에 몰입하면서 2010년 초기에 정신 증상이 시작되었다. 주 증상은 종교단체에서 만났던 사람들의 말소리가 들리는 환청과 이에 반응하는 행동, 그 사람들이 자신을 조종하거나 괴롭힌다는 망상이었다.

(2) 개입 방향

약물치료와 함께 정신건강복지센터의 인지행동적 사례관리를 통해 학교 복학과 적응을 돕고자 주 3회 집중사례관리가 이루어졌다.

(3) 인지행동 사례관리

A씨가 병원에 가기 위해 버스카드를 충전하려고 편의점에 갔는데, 평소에는 만 원 단위로 충전하던 것을 방학 기간이라 오천 원만 충전하고자 했다. 하지만 편의점 주인에게 만 원짜리 지폐를 내밀며 "만 원 충전해 주세요"라고 이야기했다. 그 순간 말이 자기 생각과 다르게 나오는 것이 생각(망상) 속 사람들이 앞으로 자신을 힘들게 만들려는 전조 증상이라는 느낌이 들어 불안해졌다. 병원 외래 진료실 앞에서 담당 사례관리자와 이 상황을 이야기하던 중 화제가 전환되어 다가올 설 명절에 관한 이야기로 옮겨갔는데, 담당 사례관리자가 실수로 "추석에 친척들이 많이 모여요?"라고 질문하였다. A씨는 "추석이 아니라 설 아니에요?"라도 되물었고 담당 사례관리자는 "'설'이라고 생각했는데 말은 '추석'으로 잘못 나왔어요"라고 대답했다. 이 상황을 통해 A씨는 자신뿐만 아니라 다른 사람도 생각과 다르게 말이 나올 수 있다는 것을 인지하게 되면서 이를 집단인지행동치료에서 배웠던 생각 기록지에 적고, 자동사고에 대한 증거 찾기와 대안 찾기 과정을 통해 불안을 조절할 수 있었다. A씨가 작성한 역기능적 사고 기록지는 다음과 같다.

〈표 3-3〉 역기능적 사고 기록지(사례)

사고(생각) 기록지		
상 황	최근 일주일 내에 부정적인 자동적 사고가 들었던 일이나 상황은? 버스카드를 충전하려 편의점에 들어갔는데 오천 원만 충전해야겠다고 생각했지만 "만 원 충전해 주세요"라고 의도와 달리 말이 나왔다.	
자동적 사고	위에 적은 상황에서 마음속에 스쳐간 부정적인 생각은 무엇입니까? 내가 왜 그랬지? 생각 속의 사람들이 내가 잘못 말하게 조정하는 것이 다시 시작된 것 같다.	
감 정	당황스러움	70점 (100점 만점)
지지 근거 (증거 찾기)	그렇게 생각하는 증거는 무엇인가요? 생각 속의 사람들이 내 생각의 방향을 조종해서 점점 스스로 생각하는 힘을 잃어 가는 느낌이 들었다. (하지만 실제로 나를 조종한 사람은 없었다)	
반대 근거 (대안 찾기)	생각에 반대되는 증거는 무엇인가요? 누구나 생각과 다르게 말했던 경험이 있다. 선생님도 설을 생각했지만, 추석이라고 말했다.	
합리적 생각	반대 근거를 참고하여 자동적 사고를 새로운 관점으로 바꾸어 보세요. 평소 버스카드를 만 원씩 충전했으므로 습관이 돼서 그렇게 말했을 것이다. 습관에 의한 단순한 실수이다.	
감정 재평가	합리적인 생각을 바탕으로 앞서 느낀 감정을 다시 평가해 보세요,	
	약간 안심	30점 (100점 만점)

출처 : 이가영 외(2017), p. 35.

CHAPTER 04

과제중심 모델

1. 주요 개념

1) 과제중심 모델의 이론적 배경

과제중심 모델은 클라이언트가 자신에게 주어진 행동적 과업을 통하여 스스로 문제를 해결할 수 있도록 도와주는 사회복지의 대표적인 실천방법이라고 할 수 있다. 즉, 과제중심 모델은 경험에 기초한 지식을 바탕으로 하여, 계획적이고 의도적인 과정을 통해 클라이언트의 문제를 구체적인 과제로 해결해 나가려는 것인데, 어떤 특정한 이론이나 개입방법에 고정되지 않는다. 오히려 일반체계 이론, 의사소통 이론, 인지이론과 정신분석 이론 그리고 학습이론의 기본 원칙들을 종합하여 절충주의적인 접근을 시도하고 있다(Reid, 1978).

과제중심 모델은 단기 심리 · 사회적 접근의 테크닉을 이용하여 클라이언트가 자신들의 문제를 완화하기 위한 과제나 활동을 고안하고 수행하되 시간제한을 두는 구조를 이용하고 있다.

과제중심 모델은 경험에 기초한 지식을 일반화하고 있는데, 예를 들면 과제중심 모델이 창안되기 이전까지의 심리치료나 사회복지상담에서 발견된 사실들, 즉 단기의 시간제한적 치료를 받은 사람들이 장기치료를 받은 사람들과 효과 면에서 별 차이가 없었다든가, 의도된 기간과 상관없이 비교적 짧은 시간 안에 효과를 볼 수 있었다든가 하는 발견들이 이 모델의 밑받침이 되었다. 과제중심 모델은 서로 다른 클라이언트와 서로 다른 환경적 장(場)에서 개인의, 개인 간의, 그리고 상황적인 다양한 문제들에 적용할 수 있다(Reid, 1992).

2) 기본 개념 및 정의

과제중심의 케이스워크는 문제해결에 대한 단기적 치료접근으로 리드와 엡스타인(Reid & Epstein)에 의해 개발되었다. 첫째, 장기간의 치료기간 중 일부를 생략한 치료는 전 과정을 모두 거친 장기간의 치료만큼이나 효과적이었다는 것이고, 이는 전혀 예상 밖의 결과였다. 둘째, 계획된 단기치료가 효과적이었다는 것이고, 셋째, 그 결과를 토대로 하여 고안된 과제중심 실천모델도 효과적이었다는 것이다. 이 접근법은 정해진 시간 내에 수행해야 할 특정한 과제를 선택한다는 점을 강조한다. 문제해결을 위한 시간제한을 두는 것은 빠뜨릴 수 없는 중요한 치료요소이다. 시간제한을 둠으로써 클라이언트는 자신의 관심과 에너지를 문제해결에 집중하게 되고, 문제해결을 위한 과제를 신속히 채택할 수 있게 된다. 과제중심의 접근은 클라이언트가 문제를 신속히 의미 있게 파악하고 대응하며 행동을 취하게 하도록 고안된 행위모델이다(Doel & Marsh, 1992).

3) 과제중심 모델의 이론적 특성

클라이언트의 문제해결 활동은 그가 수행하고자 동의한 과제를 중심으로 조직되며 조사에 근거한 경험적 자료가 서비스 진행과정과 그 수정의 기초가 된다. 이 모델에서 다루는 문제의 영역은 심리적 · 사회적 문제 등 포괄적인 것으로서 크게 일곱 가지로 나누고 있다. 이렇게 클라이언트의 문제를 규정할 때 몇 가지 원칙을 근거로 한다.

첫째, 클라이언트가 인정하는 문제를 대상으로 한다는 점이다. 즉, 워커가 아닌 클라이언트 자신이 문제로 보는 것에서부터 개입을 시작하여야 한다는 것이다.

둘째, 클라이언트 자신의 노력을 통해서 해결될 수 있는 문제를 선정한다.

셋째, 구체적이고 특정적인 문제여야 한다는 점이다. 즉, 막연하게 문제를 언급할 때에는 문제를 구체화하여 되도록 관찰 가능한 행동으로 세분화해야 한다는 것이다.

문제를 결정하고 나면, 그 해결책을 강구하기 위해서 문제분석을 한다. 문제분석은 문제를 이루고 있는 것이 무엇인가 하는 것을 이해하기 위한 것으로 과제선정의 기초가 된다(Epstein, 1992).

4) 과제중심 모델의 특징

이 모델의 특징은 시간제한적이고 문제지향적이며, 과제중심적이고 또한 조사에 기반을 둔다는 점이다. 즉, 단기간 내에 계획적이며 의도적인 과정을 통해서 클라이언트의 문제를 구체적인 과제로서 해결해 나가고자 하는 것이 이 모델의 목표이다. 이러한 특징을 좀 더 구체적으로 살펴보면 다음과 같이 여덟 가지로 나타낼 수 있다(김혜란, 1996; 장인협, 1998).

첫째, 과제중심 모델은 시간제한적인 단기치료이다. 단기란 6~12회 정도의 면접횟수를 말한다. 단기모델은 성장이나 향상보다는 치료목적을 더 중시하기 때문에 목적이 더 현실적이다.

둘째, 계약한 구체적인 문제들을 해결하는 데 개입의 초점을 둔다.

셋째, 클라이언트가 수행하고자 동의한 과제를 중심으로 조직된다.

넷째, 문제지향적이며 과제중심적이다.

다섯째, 표적문제 해결에 유효·적절한 기법을 선택한 후 그것을 클라이언트 스스로 실행할 수 있는 과제로 대치하여 수행할 수 있게 한다.

여섯째, 표적이 되는 문제는 클라이언트 자신이 직접 행동할 수 있는 문제들이거나 사회복지사를 통해 간접적으로 행동할 수 있는 문제들이다.

일곱째, 한 가지 문제해결 이론(정신분석학이나 학습이론)에 의존하지 않고, 가능한 한 다양한 이론 중에서 문제해결에 도움이 되는 이론을 선택 · 활용한다. 이때 선택의 기준은 경험적 조사 자료에 의존한다.

여덟째, 소위 '진단과정'이 뚜렷이 존재하지 않는다는 점이다. 사회복지사는 지속적으로 클라이언트의 활동을 유도하고 그의 행동에 따라 진단적 판단도 내린다.

5) 과제중심 모델의 문제와 과제

(1) 표적문제

이 모델은 클라이언트가 직면하고 있는 문제 중 당장 해결해야 되는 문제를 확인하는 데서부터 출발한다. 과제중심 모델에서 다룰 수 있는 문제는 심리적 · 사회적 문제를 포괄하는 넓은 대상이 되는데, 표적문제란 클라이언트와 사회복지사가 변화시키기로 계약한 문제, 즉 어려움을 말하며, 클라이언트가 자신의 고통을 덜기 위해 해결하려는 문제를 의미한다. 표적문제는 일반적 기준과 추가적 기준에 의해 선정하게 된다.

과제중심 모델 이론가들은 표적문제를 유형화하였다. 그들은 생활상 경험하게 되는 대표적인 표적문제로 대인관계 갈등, 사회관계에서의 불만, 조직체와의 상호작용의 어려움, 사회적 역할 수행의 어려움, 사회적 지위 · 역할 · 상황의 변화에 따른 문제, 정서적 문제, 스트레스 문제 그리고 자원부족 문제를 들었다(Epstein, 1992; Reid & Epstein, 1972).

〈표 4-1〉 **과제중심 개입에 적합한 문제**

• 대인 간의 갈등 • 사회관계에서의 불만족 • 공식적 조직과의 문제 • 역할 수행에서의 어려움 • 결정문제 • 반응적인 정서적 스트레스 • 불충분한 자원 • 다른 곳에서는 포함되지 않았지만, 모델에서 일반적으로 문제라고 정의되는 조건을 충족시키는 기타 심리적이고 행동적인 문제

출처 : Reid(1978).

(2) 과제

스텃(Studt)은 과제를 '사회복지사와 클라이언트가 공통 목표를 달성하고 클라이언트의 문제를 해결하기 위한 계획에 동의한 것'이라고 정의하였다. 이와 같이 과제는 클라이언트 자신의 문제해결 노력과 의도가 구체적으로 표현된 것으로, 클라이언트가 자신의 문제를 감소시키기 위해 어떤 일을 수행하는 것을 의미하며, 문제를 해결 · 완화하기 위해 클라이언트와 사회복지사 사이에 당장 취하기로 합의한 활동목표 및 과제이다. 과제는 클라이언트가 추구하는 직접적인 이익뿐 아니라 더 큰 문제 해결이라는 목적을 달성하기 위한 수단이기도 하다(Epstein, 1992; Reid & Epstein, 1972).

■ 과제 형성의 고려사항

먼저 클라이언트의 동기화 정도를 파악하는 것이 중요하다(Epstein, 1992).

첫째, 클라이언트가 자신의 문제에 대해 무엇을 하고자 하며 그 문제의 해결을 어느 정도 희망하고 있는가 하는 점을 고려해야 한다.

둘째, 워커는 클라이언트의 행동, 지적 능력, 감정처리 방식, 타인과의 관계 형성 등의 관찰을 통해 클라이언트가 설정된 과제를 실행할 수 있는가에 대한 가능성을 살펴본다.

셋째, 그 과제가 과연 바람직한가 하는 점이다. 만일 특정 과제가 클라이언트 자신이나 다른 사람에게 부정적인 결과를 초래할 경우라면 의문을 제기해야 하는 것이다.

넷째, 과제에는 하위과제와 복수과제가 있다. 가장 단순하게는 단 한 가지의 표적문제와 한 가지의 하위과제가 있을 수 있으나, 하나의 과제에서도 하위과제들이 있을 수 있으며, 하나의 문제에 대해서 두 개 이상의 복수과제도 생길 수 있다.

다섯째, 과제는 자연적인 종결시점이 없는 개방과제와 종결점이 있는 폐쇄과제로 나누어 볼 수 있다.

2. 개입 목표 및 과정

과제중심 모델은 단기간에 치료효과를 거둔다고 하는 특징을 지니고 있으므로 진행과정에서의 계획성을 중시한다. 케이스의 접수에서 종결까지의 진행과정은 다른 모델의 과정과 마찬가지로 초기 · 중기 · 종결기의 3단계로 구성된다. 특히 개입의 책임성을 높이기 위해서 구조화된 개입을 하는 것이 중요하다. 개입과정은 다음과 같다.

1) 시작하기

시작은 타 기관으로부터의 의뢰 혹은 자발적인 클라이언트의 신청에 의해 이루어진다. 클라이언트가 자발적으로 지원한 경우에는 다음 단계인 초기단계로 바로 넘어간다. 클라이언트가 다른 기관으로부터 의뢰된 경우에는 먼저 의뢰기관에서 제시하는 클라이언트의 문제들과 개입의 목표들이 무엇인지, 클라이언트가 제시하는 문제들, 목표들과 일치하는지 알아본다. 클라이언트와 의뢰기관이 서로 일치하지 않는 경우에는 클라이언트와 의뢰기관, 그리고 의뢰를 받은 기관은 표적문제 규정과 목표 사이의 불일치를 협상해야 하며, 가능하면 클라이언트에게 제공되어야 하고 제공할 수 있는 자원을 계약해야 한다. 또 법정명령으로 위임된 목표가 있는 경우에는 클라이언트의 이해를 구하여야 한다. 더 나아가 사회복지사는 의뢰기관에서 클라이언트에게 제공할 수 있는 자원이 있는지 알아보고 활용할 수 있다(Epstein, 1992).

2) 초기단계 : 문제 확인과 계약

과제중심 모델의 첫 단계에서는 클라이언트에 의해 문제가 규정되고, 클라이언트 또는 의뢰기관의 표적문제 우선순위가 결정되어 초기 사정이 신속히 이루어져야 한다(Reid, 1992; Epstein, 1992).

(1) 문제 확인 단계

① 문제 규정

과제중심 모델은 클라이언트가 인식하고 있고 사회복지사가 전문적 판단에 의해 수용할 수 있다고 여기는 표적문제의 규정에 주의를 집중하게 된다. 표적문제는 클라이언트가 변화를 원하는 문제여야 한다. 즉, 클라이언트의 이익에 합치되어야 한다는 것이며 문제는 클라이언트 자신이 말로 표현하는 것이 좋다. 그 이유는 과제중심 모델은 클라이언트의 독립성, 자신의 일에 대한 선택권 그리고 자신의 삶에 대한 스스로의 통제권을 존중한다는 윤리적 토대 위에 서 있기 때문이다. 하지만 클라이언트가 말하는 그대로를 반드시 받아들여야 한다는 것은 아니다. 클라이언트가 말하는 문제는 사회복지사의 전문지식과 경험에 의해 확인되는 과정을 거쳐야 한다. 과제중심 모델의 전체 과정에서 문제의 규정은 가장 핵심적인 작업이다(Epstein, 1980; 엄명용 외, 2006).

② 표적문제의 우선순위 결정

표적문제 선정은 클라이언트의 문제가 어느 영역에 속하는 것인지를 알고 나면 개입의 대상이 될 문제를 선정하는 것이다. 과제중심 모델의 표적문제 선정 기준은 첫째, 클라이언트가 인정하는 문제, 둘째, 자신의 노력으로 해결 가능한 문제, 셋째, 구체적인 문제이다. 표적문제가 결정되면 개입의 우선순위를 정할 차례이다.

클라이언트는 자신의 문제를 확인하는 과정에서 그 수와 심각성에 압도당하여 개입에 참여할 동기를 상실할 수도 있다. 사회복지사의 입장에서도 확인된 여러 가지 문제를 한 차례의 개입에서 다 다룰 수는 없으므로 가장 중요하다고 생각되는 문제를 중심으로 우선순위를 정해야 한다. 우선순위는 대개 세 가지로 한정하는 것이 보통인데, 우선순위의 결정주체는 물론 클라이언트여야 한다(Reid, 1992).

③ 표적문제의 확인 및 분석

표적문제의 확인은 이 모델의 적용에 필수적인 단계이며, 과제 선택의 기초가 된다. 사회복지사와 클라이언트가 표적문제에 대해 일치하게 되면 문제를 분석하게 된다. 표적문제의 분석은 사회복지사와 클라이언트의 공동 작업이며, 사회복지사의 질문에 의해 주도된다. 표적문제의 확인 및 분석 과정은 다음과 같이 진행된다(Reid, 1992).

가. 클라이언트가 현재 관심을 보이는 여러 문제들을 이끌어 낸다.
나. 각각의 문제들을 분명하고 구체적인 행동용어로 규정한다.
다. 클라이언트가 중시하는 순으로 우선순위를 정한다.
라. 클라이언트와 협의하에 임시로 표적문제를 결정한다.
마. 사회복지사가 표적문제를 분류하여 세분화한다.
바. 표적문제에 대한 탐색을 계속함으로써 더욱 명확히 한다.

④ 신속한 초기사정

표적문제의 확인 및 분석이 끝나면 이에 기초하여 신속한 초기사정이 이루어지게 되는데, 이는 개입 초기에 수행하는 평가로 치료과정으로 신속하게 이행하기 위한 과정이다. 사정이란 말은 면접, 관찰, 지도 · 감독과 자문, 전문적인 심사숙고를 거쳐 수집되고 정리된 정보를 조직하여 전문적이고 체계적인 진술로 나타낸 것이다. 사정은 현존하는 문제, 문제를 가진 사람, 문제가 발견된 문제상황에 대한 설명을 제공하는 해석이고 판단이며 가설이라고 할 수 있다. 사정이 개입계획을 결정하는 데 있어 가장 중요한 단계임은 틀림없으나 실제 실천상황에서 사정은 신속히 이루어지는 것이 좋다. 그 이유는 고통받는 클라이언트에게 가능하면 빨리 고통을 덜어줄 수 있는 행동을 취하는 것이 인간적이기 때문이고, 기관이나 지역사회도 가능하면 일들이 신속히 이루어지기를 요구하는 것이 현실이기 때문이다(Epstein, 1992; 엄명용 외, 2006).

(2) 계약단계

과제가 선택되면 클라이언트와 사회복지사 사이에 서비스 목표, 기관, 접촉빈도, 참가자, 비용 등에 대하여 합의하고 구두 또는 문서로 계약을 맺게 된다. 이때 비자발적인 클라이언트는 계약을 체결하는 과정에서 특수한 문제를 야기하기도 한다. 쉽게 충격을 받거나 별 생각 없이 계약에 동의하기도 한다. 클라이언트 스스로 계약을 체결할 수 없는 경우에는 보호자와 계약을 체결하도록 한다. 계약이란 전통적인 사회복지실천에서 개입의 가장 기초적인 요소인 클라이언트와 사회복지사 간의 동의를 현대적인 형태로 나타낸 것이다. 계약을 하는 이유는 개입에 대한 동의가 클라이언트의 자기결정에 의한 것임을 강조하기 위해서이다. 계약의 기본 정신은 계약 당사자(클라이언트)가 개입과정에 참여하겠다는 동의인 것이다(Reid, 1992; Epstein, 1992).

① 계약의 장점과 단점

서면계약을 하게 되면 클라이언트가 개입의 내용이나 결과에 대해 잘못 이해하는 것을 예방할 수 있고, 클라이언트의 책임을 분명히 할 수 있다. 서면계약은 서비스의 질과 클라이언트, 사회복지사를 통제할 수 있게 해준다. 계약은 초기에 결성되지만, 개입과정 중에 중대한 문제와 상황의 변화가 생기게 되면 이를 클라이언트와 상의하여 변경, 수정할 수 있다.

계약서에 포함되어야 할 내용들은 표적문제 우선순위, 사회복지사도 수용한 클라이언트의 구체적 목표, 클라이언트의 과제, 사회복지사의 과제, 개입계획, 면접스케줄, 개입스케줄, 개입에 참여할 다른 사람들이다.

② 표적문제 우선순위 결정과 목적 진술

계약단계에서는 개입의 초기과정에서 클라이언트의 문제들을 규정한 가운데 설정한 세 가지 정도의 표적문제 중에서 우선순위를 결정하게 된다. 우선순위를 결정하는 방법은 클라이언트의 관심이나 욕구가 가장 많고 현 상태를 개선시키는 데에 많은 기여를 할 수 있다고 생각되는 문제를 고르는 것인데, 이때에는 클라이언트와 사회복지사 상호 간의 합의에 의해 정하는 것이 좋다. 계약에서 문제를 표현할 때에는 간명한 문장으로 하되, 주어, 술어, 목적어를 명확히 하여 누가 무엇을 어떻게 한다는 것이 분명히 드러나도록 한다.

③ 개입계획의 진술

개입을 계획하는 것도 계약과정의 일부이다. 개입을 계획하고 선택, 조직하는 데에는 전문적 의견과 기술이 필요하므로 사회복지사의 책임이 돋보이는 부분이다. 사회복지사는 개입의 타당성을 클라이언트가 이해하고 수긍할 수 있도록 설명해야 하고, 클라이언트의 동의를 얻을 수 있는 계획을 제시해야 한다.

④ 과제의 계획과 진술

과제는 과제중심 모델에서의 문제를 해결하기 위한 중심활동이다. 과제를 계획하는 것은 표적문제를 명확히 한 다음이다. 과제는 표적문제와 목표달성을 연결하는 중간고리이며 수단인 것이다.

⑤ 개입계획

개입은 순간적인 통찰에 의해서가 아니라 초기, 중기, 종결의 전통적인 순서에 따른 조직적인 방식으로 계획되어야 한다. 개입계획에서 가장 중요한 것은 각 단계마다 어떤 개입이 필요하고, 어떤 효과를 기대할 수 있는지, 그리고 개입이 언제쯤 끝날지에 대해 클라이언트와 다른 중요한 참여자들의 합의된 결정이 포함되어야 한다는 것이다.

⑥ 개입의 구조적 측면

계약서에는 면접에 대한 계획이 포함되어야 한다. 면접시간, 빈도를 분명히 해야 하고 지속기간이나 시간제한을 두는 것도 중요하다. 대개 과제중심 모델을 이용한 개입은 6~12회의 면접이 3~4개월 안에 이루어지는 것이 보통이다. 시간제한을 표시함으로써 클라이언트와 사회복지사는 목표달성을 위해 에너지를 조직화할 수 있고, 클라이언트의 불필요한 의존을 막을 수 있다. 구조적 측면의 또 다른 요소로는 참여자들을 결정하는 것도 있다.

3) 중기단계 : 수행

과제중심 모델에서는 중간단계가 매우 중요하다. 이 단계는 과제수행을 통해 문제가 감소되고 해결되는 과정이기 때문이다. 이 단계는 사정, 문제해결, 개입전략의 개선 등이 주요한 과업이 된다. 가능한 한 최상의 과제를 개발하여 본격적으로 수행하는 과정으로, 과제개발 · 과제수행에 대한 점검과 지원이 이루어진다(Reid, 1992; Epstein, 1992).

(1) 과제의 개발과 수립

과제를 선택 · 결정하기 위한 사회복지사와 클라이언트 사이의 토론을 의미하며, 과제계획의 우선적 목적은 클라이언트로 하여금 그가 수행할 수 있는 활동 및 과제를 계획하도록 돕는 데 있다. 클라이언트가 아무것도 제안할 수 없을 때 실천가가 과제 가능성을 제시하거나 과제를 지시할 수 있지만, 중요한 것은 클라이언트의 문제해결능력을 자극해야 한다는 것이다.

가장 좋은 과제는 클라이언트와 실천가의 긴밀한 협동으로 만들어진 것이다. 과제는 자세히 구체적으로 묘사되어야 클라이언트의 문제 해결에 도움을 준다. 어떤 경우에는 누가, 무엇을, 언제, 어떻게 등 아주 자세한 계획을 세울 것이 요구되기도 한다. 만일 문제가 경제문제로 인한 부부갈등으로 정의되면 그들에게 주어질 과제는 '예산 함께 세우기'일 수도 있다. 대인관계 갈등에서의 문제는 두 사람이 문제를 공유하기 때문에 '서로 상대에게 적합한 방식으로 행동하기'를 과제로 요구할 수 있다.

또한 과제계획은 개방적이고 융통성 있게 진행하는 것이 바람직하다. 클라이언트가 과제계획의 성격과 합리성을 이해하고, 이를 수행하려는 의지를 표현하는 것이 중요하다. 따라서 사회복지사는 클라이언트가 과제에 대해 회의적일 때 일방적인 지시를 내리지 않도록 해야 한다. 과제가 낯설고 불안을 유발할 경우에는 역할극이나 시연 등을 통한 지도과정을 거친 다음 실천하게 하거나, 과제 수행에 사용할 수 있다. 과제 수행상 있음직한 방해물을 예측하고 이를 피할 방법을 계획하는 것 또한 유용한 수단이 된다.

과제계획은 계약체결 과정에서부터 시작되며 이후에도 지속적으로 이루어진다. 표적문제는 동일하지만 과제는 수시로 변경될 수 있다. 과제를 선택할 때는 클라이언트의 동기화 정도, 실행 가능성, 사회규범적 차원에서 바람직할 것 등을 기준으로 선택하게 된다.

(2) 수행단계에서의 사정

초기단계에서의 사정을 보다 정교화하는 과정으로 기초선 설정, 사회적 맥락에 대한 사정, 인지 · 정서적 상황에 대한 사정이 이루어진다. 기초선의 설정은 문제상황을 세밀하게 이해하고, 관련된 개입방법을 설계하는 데 필요한 전략으로 행동주의에서 나온 것이다.

수행단계에서는 사회적 맥락도 사정하는데 사회적 맥락은 클라이언트의 물리적 환경, 사회적 관계망, 사회경제적 조건, 문화, 지역사회 등을 말하는 것으로 이런 사회적 맥락이 클라이언트의 문제를 촉진하고 유지시키는 역할을 할 수도 있기 때문에 중요하다. 이런 영향력을 규명하고 이해하게 되면 클라이언트의 조건을 향상시키기 위한 변화를 가져올 수 있는 특정한 영역들을 정확하게 이해하게 됨으로써 개입의 효과성을 높일 수 있다. 효과적인 개입을 위해서는 클라이언트의 인지적 · 정서적 상황에 대한 사정이 필요하다. 심리검사나 정신의학적 조사는 이를 사정하는 데 유용하며, 이를 통해 사회복지사는 클라이언트의 성격, 특징, 생활방식, 대인관계 양상, 문제해결, 인지능력 등이 문제에 어떤 영향을 미치는지, 그리고 클라이언트의 잠재력과 한계는 어떠한지를 이해하는 데 도움을 얻게 된다(Payne, 1991).

(3) 과제의 수행

여러 대안적 과제를 클라이언트와 함께 수립한 다음 어떤 과제를 수행할 것인지에 대한 세부사항을 클라이언트와 명시적으로 합의하게 된다. 일단 과제에 대한 동의가 이루어지면 사회복지사의 기술은 클라이언트가 그것을 수행할 수 있도록 원조하는 데 모든 것이 집중된다.

과제 수행 행동에 집중하는 것은 단기치료의 성공의 열쇠이기도 하다. 사회복지사는 사회복지사대로 최대의 노력을 기울이고 클라이언트는 클라이언트대로 최선의 노력을 집중하게 된다. 이때 사회복지사는 클라이언트의 행동이나 상황 변화에 대한 방해요인들을 재빨리 완화시킬 수 있도록 노력해야 한다.

클라이언트의 과제 수행 노력을 강화해 주고, 과제의 실행을 계획하며, 과제 실행을 방해하는 요인을 분석하여 다음 과제계획에 반영할 수 있어야 한다. 클라이언트가 어려워하거나 저항하는 과제 수행의 경우 모델링이나 연습 등을 시도함으로써 도움을 줄 수 있어야 하며, 실행한 내용을 요약 · 평가하도록 한다.

(4) 문제해결 과정

사회복지사와 클라이언트는 결정한 과제들을 수행해 나가는 과정에서 문제가 해결되거나 감소되는 것을 경험하게 된다. 또 이 단계에서는 클라이언트와 사회복지사뿐만 아니라 다른 사람이나 조직과도 적극적으로 협의하여 과제 수행에 도움이 되게 하여야 한다. 사회복지사는 먼저 클라이언트로 하여금 과제를 이해하고 동의하게 하여야 하는데, 이를 위해 과제의 이론적 근거와 과제 수행의 이유를 이해하게 한 후 과제 수행 계획을 세우도록 하고, 클라이언트의 과제 수행을 지지한다.

과제 수행을 위한 15가지 지침

1. 클라이언트의 과제에 대한 이해와 동의를 확인하기 위해 충분히 토론한다.
2. 클라이언트의 적극적 참여를 강조한다.
3. 클라이언트의 질문에 적절한 조언과 지침을 제공한다.
4. 과제 수행 동기의 중요성을 강조한다.
5. 과제 수행의 타당성 있는 근거를 제시한다.
6. 예상되는 문제를 현실성에 따라 분류한다.
7. 과제에 대해 정기적으로 요약한다.
8. 과제 수행에 필요한 세부계획을 수립한다.
9. 자원의 특성에 대한 설명과 적절한 서비스를 제공한다.
10. 교육, 모의실험, 실연 등을 통한 과제 수행 방법을 제시한다.
11. 점진적으로 달성해 간다.
12. 과제 수행 계획을 수시로 요약한다.
13. 과제 수행 정도를 점검한다.
14. 남은 치료기간을 검토한다.
15. 난관 극복 방법을 제시한다.

과제 수행의 가능성을 증가시키기 위해서는 클라이언트가 과제를 잘 이해하도록 충분한 토의를 하고 동기를 유발해야 한다. 왜냐하면 과제를 제안하는 것은 사회복지사이지만 이를 실천하여야 하는 것은 클라이언트이기 때문이다. 이 과정에서 왜 특정한 과제가 필요한지에 대한 이론적 설명도 필요하고, 과제를 수행하는 동안 직면할 수 있는 장애요인을 예견하여 미리 클라이언트와 토론함으로써 두려움을 경감시키는 작업도 필요하다. 과제 수행을 지지하기 위해서는 적절한 지역사회 자원을 선택하여 클라이언트와 연결하여 이용하도록 하며, 과제 수행을 어떻게 하는 것인지 시범을 보여주고, 과제 수행에 방해가 되는 장애요인을 찾아서 수정하고, 인지적인 장애요인이 있다면 완화시키려는 일들을 해야 한다.

과제 수행이 예상대로 진전되지 않을 때에 사회복지사는 첫째, 클라이언트의 사회적 환경, 둘째, 대인관계상의 상호작용, 셋째, 클라이언트의 내적 · 심리적 상태의 세 가지 측면을 살펴볼 필요가 있다. 클라이언트가 과제 수행을 하는 데 필요한 자원(예 돈, 의료적 서비스, 적절한 주거, 직장, 학교 등)이 부족하지는 않은지, 스트레스 수준이 높지는 않은지를 점검해야 하고, 대인관계에서 친밀감이나 안정감 또는 가족이나 동료들로부터의 적절한 강화가 결핍된 것은 아닌지 점검해 본다. 또는 클라이언트 스스로가 과제 수행에 대해 상반적인 신념을 가지고 있어 과제 수행의 효과를 믿지 않거나 또는 과제 수행의 방법을 모르거나 기술이나 능력이 부족해서 지체될 수도 있다는 것을 이해해야 한다. 때로는 사회복지사가 편견을 가지고 있거나 과제 부여와 수행을 돕는 과정에서 기술이 부족한 것이 원인일 수도 있다.

과제 수행이 제대로 되고 있는지, 그리고 효과를 보이고 있는지 주기적으로 점검하는 것도 이 단계에서 해야 할 일이다. 모니터링에서 다루는 것은 과제가 수행되고 있는지, 문제의 현 상태는 어떠하고 변화의 조짐이 있는지, 그리고 새로운 문제가 나타나고 있는 것은 아닌지 등이다. 사회복지사는 개입으로 인해 금방 많은 변화가 있으리라고 기대해서는 안 된다. 오히려 아무런 변화가 없더라도 초조해하지 말아야 한다. 모니터링을 통해 잘 수행되지 않는 과제나 또는 최소한도로만 수행된 과제들에 대해서는 장애요인이 있는지를 살펴보아야 한다. 개입과정 중에 만일 문제를 재정의하고 새로운 계약을 맺어야 할 만큼 문제의 양상이 변화한다면 개입의 수정이 필요하다.

4) 종결단계

종결은 치료의 목표가 달성된 경우에 이루어진다. 과제중심 모델은 계획적인 단기치료이므로 초기단계의 계약에서 명시한 종결시기에 따라 종결이 이루어진다. 따라서 종결에 따른 클라이언트의 심리적 불안을 최소화할 수 있는 장점이 있다. 이 단계는 치료의 목표와 클라이언트가 수행한 그동안의 과업을 평가하면서 종결 이후의 계획을 세우는 것이 중요하다. 이때 사회복지사는 클라이언트가 종결 이후에도 스스로 문제를 해결할 수 있도록 그동안 습득한 기술이나 방법을 강화해 주어야 하며 필요한 경우에는 계약을 연장하거나 타 기관에 의뢰하기도 한다.

계획되지 않은 중단은 클라이언트가 면접에 오기를 포기하거나, 과제를 전혀 수행하지 않는다거나, 개입이 효과가 없을 것이라고 사회복지사가 판단할 때에 발생한다. 시간제한상 종결시점이 도래했으나 클라이언트가 종결에 대해 만족하지 못할 때, 개입의 효과를 높이기 위해 시간이 필요하다고 판단할 때에는 종결이 연장될 수도 있다(Reid, 1992; Epstein, 1992).

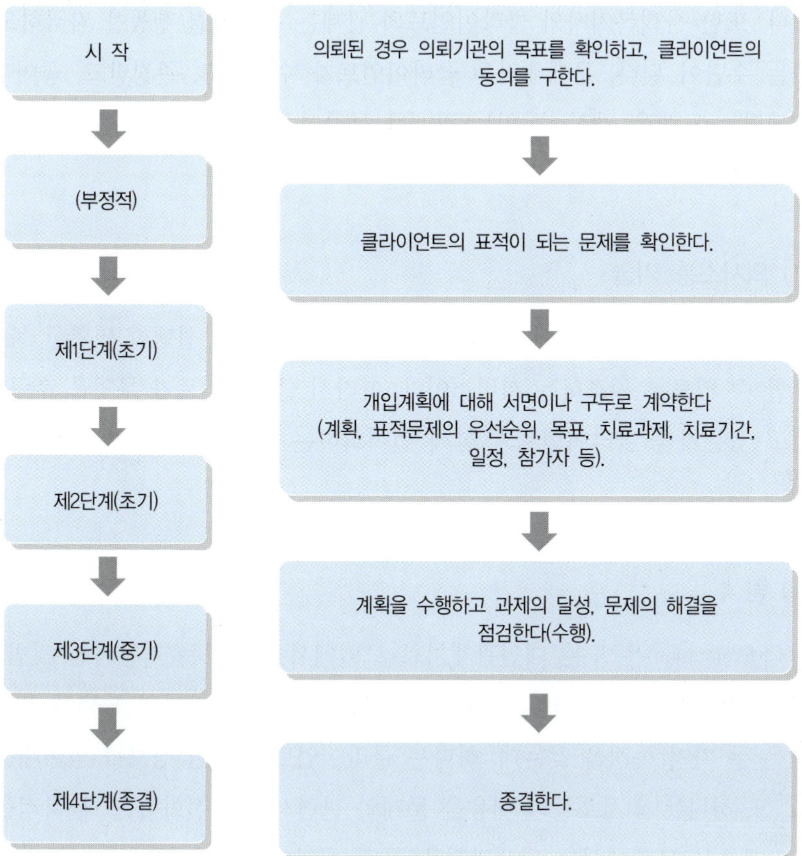

|그림 4-1| **과제중심 모델의 개입과정**

출처 : Epstein(1988).

3. 개입기술

1) 간접적 행동변화 기법

변화는 기본적으로 문제해결 행동이나 과제를 통해서 이루어진다. 과제중심 체계의 중심적이고 독특한 전략은 그것이 문제해결 수단인 과제에 의존한다는 점이다. 또한 사회복지사와 클라이언트의 관계는 문제해결 행동을 자극하고 촉진하는 수단이 된다. 문제해결은 클라이언트가 수용되고, 존경받고, 좋아지고, 이해된다는 느낌을 가질 수 있는 관계를 통하여 촉진될 수 있는 것이다(Reid & Epstein, 1972).

(1) 의사소통 기술

과제중심 접근은 단기 계약기간 동안에 클라이언트가 선택한 명확한 목표를 성취할 수 있도록 원조하는 서비스이다. 따라서 클라이언트가 무엇을 추구하고 바라고 있는가를 클라이언트와 함께 언어화하는 것이 이 모델에서 가장 중요하다.

(2) 탐색

탐색(Exploration)은 모든 대인관계치료 모델에서 사용하는 기본적인 기법으로 클라이언트로부터 자료 및 정보를 이끌어 내려는 실천가들의 노력을 말한다. 탐색은 두 가지 목적을 갖는데, 하나는 클라이언트에 관한 정보를 얻어내는 것이고, 또 하나는 의사소통의 내용을 문제와 관련시켜 초점화하는 데 목적을 둔다. 과제중심 모델에서는 탐색과정을 통해 클라이언트의 문제를 이끌어 내고 이를 명료화하며, 과제의 방향과 가능성을 검토하게 된다.

(3) 구조화

클라이언트와의 상호작용 구조와 방향에 대한 사회복지사의 의사소통으로 구성된다. 구조화의 첫 단계는 치료 개시기에 시행했던, 치료의 성격과 목적, 치료의 조직화와 관련된 문제 · 과제 · 시간제한, 과제와 관련 있는 내용에 대한 명확한 의사소통 반응들에 대해 클라이언트에게 다시 들려주는 작업으로부터 시작된다. 사회복지사는 또한 클라이언트가 받고 있는 단기 과제중심 모델의 성격 및 특성에 대해 알려줌으로써 과제중심 모델에 대해 이해를 시켜야 한다.

클라이언트의 협력은 과제중심 모델에서 성공의 필수조건이기 때문에 충분한 설명이 필요한 것이다.

구조화의 두 번째 단계는 클라이언트를 위한 특별치료 계획을 구체화하는 사회복지사의 노력으로 구성된다. 구조화의 세 번째 단계는 위 두 단계가 제대로 수행되었다면 훨씬 쉽게 수행할 수 있는 것으로, 사회복지사가 클라이언트의 의사소통에 대한 명확한 지침을 제공하는 것 등과 같이 조작적 과제들을 구조화하는 작업들로 구성된다.

(4) 상황분석

문제의 상황은 문제를 유지시키는 원인(즉, 문제해결의 장애물)과 문제를 다룰 때 동원될 수 있는 자원으로 구성된다. 상황요인은 물리적, 인지적, 가족, 지역사회 체계가 포함된 다차원적 틀 속에서 이루어지며 표적문제와 관련하여 검토된다.

상황분석에서 실천가는 클라이언트로 하여금 자원을 찾아내고 활용할 뿐 아니라 장애물을 확인하여 해결하도록 돕는다. 과제와 문제를 검토하는 동안, 실천가는 과제성취의 방해물을 확인하고 클라이언트의 생활상에서 나타나는 문제의 변화를 확인한다. 방해물은 향상을 차단하고, 자원은 향상을 촉진시키기 때문이다. 보통 자원은 클라이언트 개인의 능력과 힘, 가족 내의 충성과 애정의 유대, 외부체계에서 제공하는 유형 · 무형의 지지 등에서 찾아볼 수 있다. 실천가는 또한 클라이언트의 왜곡된 지각, 비현실적 기대를 수정하도록 돕고 비기능적 상호작용이나 행동유형을 지적한다. 외부체계와 관련된 방해물을 명확히 하거나 체계 내에서 자원을 찾을 수도 있다. 과제중심 모델의 근본 목적은 비교적 단순하고 직접적인 과제를 통해 표적문제를 완화하는 데 있고, 상황변화는 우연히 · 부수적으로 얻어지는 것이다.

2) 직접적 행동변화 기법

앞에서 설명한 탐색과 구조화가 잠재적이며 간접적인 변화기능을 갖는 반면에, 이 기법은 보다 직접적으로 변화를 추구하는 기반을 마련해 준다. 특히 인식 증진(awareness-enhancement), 격려(encouragement) 및 지시(direction)는 클라이언트의 지각, 태도, 감정 및 행동에 수정을 가하도록 계획되는 것들이다(Reid & Epstein, 1972).

(1) 인식 증진

과제중심 모델의 개입목적은 크게 다른 사람과 클라이언트의 상황에 대한 인식 증진과 클라이언트 자신의 행동이나 다른 사람과의 상호작용의 성질 및 역동에 대한 인식 증진에 있다. 사회복지사가 사용하는 인식 증진 기술은 과제 성취에 장애가 되는 요인들을 제거하거나 극복할 수 있도록 클라이언트를 지원하는 과정에서 드러난다. 클라이언트의 인식 증진을 원조하기 위해서는 개별화된 교육적 노력이 필요하며, 특수한 기능과 상황에서의 인식 증진에 대한 사회복지사의 집중적 노력이 요구된다. 인식 증진은 클라이언트로 하여금 과제를 수행할 수 있도록 지원하는 데도 큰 도움을 준다. 이는 인지적 왜곡이 과제 성취의 장애가 되고 있는 상황에서는 특히 중요한 기술이다.

(2) 격려

클라이언트가 세운 계획이나, 실행하려는 계획, 수행한 행동에 대해 찬성을 표하거나 긍정적 반응을 표현하는 것을 말한다. 격려는 진솔하고 정성된 마음으로 표현해야 한다. 격려는 과제 추진을 도울 것이라 기대되는 클라이언트의 행동을 강화하고 자극하기 위해, 사회복지사가 클라이언트나 그 행동에 대해 선택적으로 활용한다. 따라서 어떤 행동이 격려받아야 하며 어떻게 격려하는 것이 좋을지 유의하여 사용해야 한다.

(3) 지시

사회복지사가 과제와 관련된 가능한 행동에 대해 클라이언트에게 조언 · 충고를 하는 것을 말한다. 지시는 격려와 달리 클라이언트가 생각하지 못했던 가능한 행동을 제안하거나 클라이언트가 생각하고 있는 내용에 대한 조언으로 이루어진다. 그러나 지시는 클라이언트의 의존성을 조장할 우려가 있기 때문에 무차별적으로 이유 없이 제공해서는 안 된다. 과제가 설정되면 지시는 클라이언트의 과제의 진보를 촉진할 목적으로 사용된다.

4. 모델의 적용

1) 유용성

과제중심 모델은 단기치료이기 때문에 클라이언트의 모든 문제에 관심을 갖기보다는 클라이언트가 인식하고 동의한 표적문제에 초점을 두고 이를 집중적으로 도와주는 특징이 있다. 따라서 개입의 내용도 클라이언트가 변화를 원하는 구체적이며 한정적인 문제를 해결할 수 있도록 과제를 수행할 수 있게 도와주는 것이 사회복지사의 역할이다. 즉, 과제중심 모델은 문제를 가진 개인이나 가족을 돕는 데 있어서 비교적 단기간에 효과를 볼 수 있는 체계적이고 종합적인 모델로서 목적을 달성하기 위해 과제를 부여하고 이 과제의 수행과정을 통해 문제해결에 도달하려는 방법이다.

이 관점은 클라이언트의 문제해결능력과 동기화를 강조하는 것이며, 사회복지사와 클라이언트 간의 협조적인 관계를 중시하는 것이다. 또한 이 모델은 클라이언트의 문제를 사회심리적인 관점과 현재 상황의 맥락에서 이해하기 때문에 문제의 원인을 상황변화에 따른 대처기능의 일시적인 결함으로 해석한다. 그러므로 과제중심 모델은 클라이언트를 중심으로 범주화하기보다는 클라이언트가 표현하는 문제를 일대일 대인관계의 갈등, 자원의 결핍, 역할 수행의 어려움 등으로 범주화해서 클라이언트의 낙인화를 방지한다(신성자 외, 2007).

과제중심 모델은 제한된 표적문제에 초점을 두는 계획된 단기치료이기 때문에 사회복지실천의 효율적인 실천방법으로 인식되어 왔으며, 치료의 효과성을 검증하는 객관적인 실천방법으로 자주 활용되기도 한다. 또한 과제중심 모델은 특정한 이론적 배경보다는 실천경험과 행동적 과제를 강조하기 때문에 가족치료나 인지치료와 같은 다양한 이론을 융통성 있게 통합할 수 있으며, 그동안 부부갈등, 청소년 비행, 학교부적응, 재가노인 문제 등 사회복지의 다양한 실천분야에서 활용되어 왔다. 즉, 과제중심 모델은 간결성과 단기접근법으로 인하여 의료기관이나 정신병원, 공립학교, 교정, 주거보호를 포함한 노인에 대한 서비스, 아동상담소, 공공복지, 가족서비스, 아동복지 그리고 근로자 지원 프로그램 등에서 사용되고 있다. 이 모델은 특히 비용효과성 때문에 더 큰 매력이 있다(Doel & Marsh, 1992).

2) 한계점

과제중심 모델은 다양한 문제와 클라이언트에게 성공적으로 적용되고 있지만, 아직 어떤 사례에 활용해야 할지 또는 무엇이 단기적 특성인지에 대한 의문이 제기된다. 과제중심 모델은 문제가 청소년의 중증상태의 만성적 과다행동과 관련된 경우에는 성공하기 어렵다. 특히 문제가 지역사회 내의 반사회적 행동이나 부모-자녀 간의 갈등 혹은 부모 간의 갈등일 경우 더욱 그러하다. 또한 과제가 변화를 가져오는 도구라는 증거가 상당히 있기는 하지만, 어떤 문제와 클라이언트에게 어떤 과제가 가장 좋은지에 대해서는 아직 연구가 더 필요하다(신성자 외, 2007). 또한 이 모델의 성과는 서비스 기간의 제한을 얼마나 효과적으로 활용하느냐에 따라 달라진다. 많은 연구들에서 단기적 · 시간제한적 치료가 적어도 장기적 · 개방적 치료만큼 효과가 있다는 것이 입증되었다.

과제중심 모델의 핵심은 클라이언트가 인정하고 이해하고 있으며 주의를 기울이고자 하는 특정한 구체적 표적문제를 완화시키려는 기술이며, 단기 과제중심으로 진행되기 때문에 대부분의 사회복지실천현장에서 사용할 수 있지만, 클라이언트가 문제해결의 책임을 지고 개입이 진행되는 것이므로 동기화가 잘 되어 있는 클라이언트와 일할 때 더욱 효과적일 것이라고 할 수 있다(Doel & Marsh, 1992; 신성자 외, 2007).

5. 사 례

클라이언트명	박 ○ ○	성별 및 연령	여 / 76세

1) 사례요약

1947년 북한에서 태어났으며, 3살쯤에 남한으로 내려온 실향민 출신이다. 그러나 집안이 부유하여 일본과 미국을 유학하였으며, 미국의 캘리포니아대학교 로스앤젤레스 캠퍼스에서 산학교수로 재임하였다. 미국에서 생활을 하다 한국 서울로 내려와 사업을 했는데 크게 부도 및 사기를 당하면서 재산 대부분을 잃었다. 이후 몸이 급격히 나빠지면서, 현재 집에 거주하게 된다. 집에서 김치와 밥으로 간단하게 식사를 하며, 월 35만 원의 기초수급자급여를 받으며 생활하고 있다. 현재 연립주택 반지하 1층에 월세로 혼자 살고 있으며, 심장협심증, 당뇨병, 고혈압 등의 질병으로 매월 종합병원에 진단 및 치료를 받으러 간다. 병원비가 많이 나와 부담스러워하고 있다. 그리고 예전에는 거동을 할 수 있어 교회 및 복지관의 경로식당, 탁구 및 서예 수업을 들으러 갈 수 있었으나, 지금은 거동이 불편해 복지관과 교회에 방문하기가 힘들다. 거동이 불편하다면서 하루에 한 끼만 챙겨먹어 건강이 더 악화되고 있는 실정이다.

2) 표적문제

① 생계유지를 위한 자원이 부족
② 복합질병으로 인한 건강 악화
③ 거동이 불편하여 대인관계가 단절

3) 목표와 일반적 과제

① 지역자원을 발굴하여 연계해 준다.
② 건강을 회복하기 위해 끼니를 거르지 않는다.
③ 교회 사람들 및 친구가 집으로 놀러올 수 있도록 한다.

4) 클라이언트의 과제

① 건강한 생활을 위해 매일 한 끼 이상 거르지 않는다.

② 매일 일정한 시간에 식사를 할 수 있도록 한다.

5) 사회복지사의 과제 및 역할

① 복지관 도시락 사업의 수혜자가 될 수 있도록 연계를 한다.

② 집에 필요한 생활용품을 지원할 방안을 모색한다.

③ 필요한 내적·외적 자원을 활용하고 필요한 정보를 제공한다.

④ 과제를 재구성하고 새로운 과제를 추가한다.

6) 개입계획

- 20ㅇㅇ년 1월 2일 ~ 20ㅇㅇ년 2월 27일(8주간)
- 매주 월요일/ 주 1회 면담
- 면담장소 : 클라이언트가 거주하고 있는 집

CHAPTER 05

위기개입 모델

위기개입 모델은 개인이나 가족의 기능이 개인적 손실 혹은 비극으로 인해 갑작스럽고 심각하게 충격을 받았을 때 적용된다. 이 모델은 위기가 발생한 사건 직후부터 4주 내지 6주 정도 기간에 활용된다.

위기개입은 일반적 상담과 구분된다. 일반적인 단기치료가 지속적인 정서적 문제를 재조정하는 것인 반면, 위기개입은 위기에 처한 사람이 외상적 사건으로 인해 발생한 정서적 · 행동적 · 인지적 왜곡을 인식하고 교정하도록 돕는 것이다. 해결중심적 모델과 같은 다른 단기치료와 위기개입의 차이는 클라이언트가 문제를 얼마나 과도하게 느끼는지, 정서적 불평형을 얼마나 많이 느끼는지에 달려있다.

사건에 대한 심각한 정서적 혼란과 불균형은 개인을 위기에 이르게 한다. 이러한 위기를 스스로 극복하고 위기 이전 상태로 회복되기도 하지만, 경우에 따라서는 이러한 불평형 상태가 오래 지속되면서 신체적 · 정신적 건강을 위협할 수 있다. 외상 후 스트레스 장애(Post Traumatic Stress Disorder)를 비롯한 심리적 장애뿐 아니라 신체적 질병에도 취약하게 된다. 따라서 위기개입에서는 위기상황에 처해 있는 클라이언트의 심각한 정서적 · 인지적 · 행동적 불평형에 대해 사정하는 것이 매우 중요하고 이에 따라 위기개입의 방향이 결정된다.

1. 주요 개념

1) 위기의 개념

위기는 개인의 현재 자원과 대처기제로는 감당하기 어려운 사건이나 상황을 지각하거나 경험하는 것이다. 다시 말해, 위기는 이에 대처하기 위해 많은 노력을 기울였음에도 불구하고 과거에 사용해 왔던 대처방법들이 별로 효력이 없는 상태를 의미한다. 위기라는 용어는 일반적으로 붕괴 그 자체가 아니라 붕괴에 대한 공포, 충격, 고통의 감정을 말하는 것이다. 다시 말해, 위기는 사건 자체보다는 사건에 대한 개인의 주관적 반응에 따라 결과가 달라질 수 있다(James & Gilliland, 2001).

위기는 위험과 동시에 기회의 시기이기도 하다. 위기상황에서 개인은 심각한 병리적 상태에 빠질 수 있으므로 위기는 명백한 위험이다. 위기가 건설적으로 해결되지 않으면 위기가 발생하기 이전에 비해 기능수준이 낮아진 상태로 고착될 위험이 있다. 반면 고통을 경험하고 극복하는 과정에서 자각과 자기성장을 하게 된다. 새로운 대처기술을 배울 수 있고 기능수준을 한층 더 향상시키는 생활의 변화를 갖는 기회가 되기도 한다.

위기는 모든 사람들의 생활경험의 한 부분이다. 위기에 처한 클라이언트를 대하는 사회복지사들은 그들이 위기사건 전에는 적절하게 기능하고 있었다고 가정해야 하며, 사회복지사의 역할을 치료라기보다는 원래 수준으로 클라이언트의 기능을 회복시킨다는 관점으로 생각해야 한다(Johnson & Yanca, 2004).

2) 위기 특성

① 위기는 위기를 경험하는 개인에게 위험과 기회를 준다.

② 위기는 일반적으로 시간제한적이지만 일련의 반복적인 전환 위기 시점으로 발달될 수 있다.

③ 위기는 복잡하며 해결하기가 어렵다.
④ 위기개입전문가의 삶의 경험이 위기개입의 효과성을 높일 수 있다.
⑤ 위기는 성장과 변화의 원동력이 될 수도 있다.
⑥ 위기에는 만병통치약이나 빠른 해결책이 적용되지 않는다.
⑦ 위기에서는 무엇을 할 것인가에 대한 선택이 필요하다.
⑧ 위기는 정서적 불균형을 동반한다.
⑨ 위기의 해결과 위기개입전문가의 개인적 특성은 서로 관련이 있다.

3) 위기의 영역

위기상황의 내용은 다양하다. 따라서 위기개입전문가는 위기에 처한 개인과 갑작스러운 위기사건을 독특한 것으로 여기고 다룰 수 있어야 한다(James & Gilland, 2001, 한인영 외 공역, 2002 재인용).

(1) 상황적 위기

상황적 위기는 사람이 예견하거나 통제할 수 없는 드물고도 극히 이례적인 사건이 발생할 때 나타난다.

상황적 위기는 개인이나 가까운 가족의 질병, 사망, 별거나 이혼, 생활양식의 변화, 실직 등에 의한 것이다. 이러한 사건들은 새로운 역할과 책임을 맡게 하고, 타인들과의 관계에서도 과거의 방식과는 다른 변화를 요구한다.

(2) 발달적 위기

발달적 위기는 인간 발달단계의 한 단계에서 그 다음 단계로 옮겨갈 때 생길 수 있는 불안정감이나 스트레스에 의해 발생한다. 발달단계 변화는 개인에게 새로운 방식의 기능을 요구한다. 예컨대 청소년기는 스트레스의 시기이며, 새로운 걱정거리들이 생기고 욕구가 충족되지 않는 때이기도 한다. 이들은 진로를 결정하고 부모와 새로운 관계를 발전시키는 방법을 배워야 하며 성적 충동을 절제해야 하는데, 이러한 문제에 압도되어 위기가 생겨날 수 있다. 가족들 또한 발달단계를 옮겨 갈 때 위기를 경험한다. 첫아이의 탄생은 새로운 사회적 기능을 요구하므로 스트레스가 발생하고 때로 위기상황이 되기도 한다.

(3) 실존적 위기

실존적 위기는 목적이나 책임감, 독립성, 자유, 책임 수행과 같은 중요한 인간적 이슈에 동반되는 갈등과 불안을 포함한다. 실존적 위기의 예를 들면, 40세의 어떤 사람이 자신이 어떤 특정 전문직이나 조직에 중요한 영향력이 없음을 깨달으면서 경험하게 되는 위기일 수도 있다. 또 결혼을 하지 않고 부모와 함께 사는 것을 선택한 사람이 50세에 자신이 진정으로 독립적인 삶을 꾸리지 못하였고 완전히 행복하고도 가치 있는 인간이 될 기회를 놓쳤다는 후회일 수도 있다. 어떤 사람은 자신의 삶이 의미가 없고, 의미 있게 삶을 충족시킬 수 없다고 느끼는 공허감일 수도 있다.

(4) 환경적 위기

환경적 위기는 개인이나 집단에 자연이나 인간이 일으킨 재해가 갑자기 덮쳤을 때 발생한다. 이는 자신들에게 책임이 없는 잘못이나 행동으로 인하여 같은 환경에 사는 사람들에게 사건의 여파가 미친다. 이러한 위기는 태풍이나 홍수, 지진, 화산폭발, 회오리바람, 눈보라, 산불과 같은 자연재해일 수도 있으며, 전염병이나 기름 유출과 같은 생물학적으로 파생된 위기일 수도 있다. 전쟁이나 민족말살 등 난민이 경험하는 정치적인 문제일 수도 있다. 또는 심리적 우울과 반대되는 심각한 경제적 우울일 수도 있다.

2. 개입 목표 및 과정

1) 위기개입의 목표

위기개입의 목표는 다음의 여섯 가지로 정리된다(Rapoport, 1970). 첫째에서 넷째 목표까지는 적어도 달성되어야 한다. 다섯째, 여섯째 목표는 클라이언트의 상황이나 여건이 허락될 때 달성 가능한 목표이다.

첫째, 위기로 인한 증상을 제거한다.

둘째, 위기 이전의 기능수준으로 회복한다.

셋째, 불균형 상태로 만든 촉발사건에 대해 어느 정도 이해한다.

넷째, 클라이언트나 가족이 사용하거나 지역사회 자원에서 이용할 수 있는 치료기제에 대해 규명한다.

다섯째, 현재의 스트레스를 과거의 생애경험, 갈등과 연결한다.

여섯째, 새로운 인식, 사고, 정서 양식을 개발하고 위기상황 이후에도 사용할 수 있는 새로운 적응적 대처기제를 개발한다.

2) 위기개입 모델의 실천과정

인간이 겪는 위기는 단순하지 않지만, 가능하면 간단하고 효과적인 개입모델을 사용하는 것이 바람직하다. 위기개입 모델은 여러 학자들에 의해 그 특징과 단계별 실천과정이 설명되고 있다(표 5-1 참조).

〈표 5-1〉 위기개입 모델의 단계별 실천과정

학자명	Golan (1986)	Aguilera & Messick (1998)	James & Gilliland (2001)	Westerfield & Heckman-Stone (2003)	Roberts (2005)	Kanel ABC모델 (2007)
특징	• 초기 : 위기상황 • 중기 : 문제탐색 • 종결 : 내담자 저항	• 위기 이해 • 자원 양/ 질 고려 • 과거 동일경험	• 6단계 전 과정 지속적으로 사정	• 위기/ 문제 상황평가를 중요 단계로 설정	• 위기/ 문제 상황평가를 중요 단계로 설정	• 위기/ 문제 상황평가를 중요 단계로 설정
단계	① 초기단계 • 관계형성 • 위기 여부 • 위기상황 파악 • 개입계약 수립 ② 중기단계 • 과업확인/ 실행 • 부적절 과업 수정 • 새 대처방안 습득 • 본격 개입실행 ③ 종결단계 • 개입상황 검토 • 종결과업 수행 • 새 자원 결속 강화 • 개발된 대처 유형 • 성취확인 • 사후계획	① 사정 • 촉진적 사건초점 • 자살/ 타살 가능성 • 생활상태 확인 ② 계획 • 기능손상 확인 • 회복목표 • 주변 자원반응 • 행동계획 수립 ③ 개입 • 위기이해 • 힘든 감정 표현 • 대처기제 탐색 • 사회적 활동 재개 ④ 위기대비 계획 • 대처기제 강화	사정 ① 문제정의 • 내담자 관점 ② 안전확보 • 자해/ 타해 신체/ 심리적 위험 최소화 ③ 지지하기 활동 ④ 대안탐색 • 적절/ 가능 ⑤ 계획수립 • 자원확인 • 대처기제 ⑥ 참여유도	① 라포형성 ② 안전확인 • 자살/ 자해/ 신변위협 ③ 문제상황 평가 ④ 위기상담 목표 수립 ⑤ 다양한 대안 탐색 ⑥ 대안실효성 탐색 ⑦ 최적대안 선택 ⑧ 대안실행 ⑨ 성과평가 ⑩ 추후개입	① 계획/ 실행 • 심리사회적 평가 ② 라포형성 • 심리적 접촉 • 신속한 관계설정 ③ 문제상황 파악 • 태도/ 감정 다각적 탐색 ④ 가능 대안 탐색 • 이전 대처 시도 탐색/ 평가 ⑤ 실행계획을 통해 인지 기능 회복 ⑥ Follow-up	① 라포형성 • 적극적 경청 • 재진술 • 감정탐색 ② 문제상황 평가 • 촉발사건확인 • 인지/ 윤리적 • 정서적 호소 • 행동/ 사회적 기능 • 위기이전기능 • 약물사용여부 • 치료적 개입 실시 ③ 대처 측면 • 대처기능 • 대안적 책략 탐색 • 대처방법제시 • 추후 개입

출처 : 최수찬 · 이은해(2016), pp. 292-293.

이 책에서는 위기개입 모델의 개입과정을 6단계(James & Gilliland, 2001)로 구분하고 단계별로 사회복지사가 해야 할 역할에 대해 다음과 같이 설명하였다.

(1) 1단계 : 문제 정의하기

위기개입의 1단계는 클라이언트 관점에서 문제를 정의하고 이해하는 것이다. 사회복지사가 위기상황을 클라이언트 관점에서 보지 못한다면, 사회복지사는 개입전략과 절차에서 중요한 사항을 놓치게 되고 클라이언트에게 이 과정은 전혀 가치 없는 것이 될 것이다.

(2) 2단계 : 클라이언트의 안전을 확보하기

클라이언트의 안전을 지속적으로 확보하는 것은 필수적이다. 클라이언트의 안전이란 자신과 타인에게 신체적 · 심리적 위험을 최소화하는 것으로 정의할 수 있다. 클라이언트의 안전은 2단계에서 제시하고 있지만, 개입의 전체 과정에서 최우선으로 고려해야 하는 사항이다.

(3) 3단계 : 지지하기

위기개입 3단계에서는 사회복지사가 클라이언트를 돌볼 것이라고 알려주어야 한다. '지지하기'에서는 클라이언트에게 "당신에게 진정한 관심을 가진 사람이 여기 있다"는 사실을 확신시켜야 한다. 클라이언트를 무조건적이고 긍정적으로 수용할 수 있어야 한다. 사회복지사는 아무도 수용하지 않고 인정하지 않는 클라이언트를 수용하고 가치 있게 바라볼 수 있어야 한다.

(4) 4단계 : 대안을 탐색하기

클라이언트에게 적절하고 가능한 선택사항을 폭넓게 찾아보는 것인데, 이는 클라이언트나 사회복지사가 별로 중요하지 않게 여겨온 부분일 수도 있다. 위기에 처한 클라이언트는 자신이 선택할 것이 별로 없다고 생각한다. 효과적인 사회복지사는 클라이언트에게 많은 대안이 있으며 더 나은 선택사항이 있음을 인식하도록 돕는다. 다시 말해, 현 상황에서 지지자와 대처기제를 찾아내고, 긍정적 사고를 할 수 있도록 촉진해야 한다. ① 상황적 지지자는 현재나 과정부터 클라이언트를 알던 사람으로 클라이언트에게 발생한 일을 돌볼 수 있는 사람이다. ② 대처기제는 클라이언트가 현재의 위기를 극복하는 데 사용할 수 있는 행동이나 환경적 자원이다. ③ 긍정적이고 건설적인 사고패턴은 클라이언트의 스트레스와 불안수준을 경감시키는 사고방식으로 클라이언트가 문제를 바라보는 관점을 바꿀 수 있다. 위기개입전문가는 이러한 세 가지 시각을 가지고 많은 대안을 객관적으로 검토함으로써 위기감에 사로잡혀 선택의 여지가 없다고 무기력하게 느끼는 클라이언트에게 많은 도움을 줄 수 있다.

위기에 처한 클라이언트의 경우 많은 대안을 필요로 하기보다는 자신의 상황에 현실적으로 적절한 선택을 해야 한다. 따라서 효과적인 위기개입전문가는 많은 대안들 중에서 몇 가지만 추려서 클라이언트와 의논한다.

(5) 5단계 : 계획 세우기

위기개입의 다섯 번째 단계인 계획 세우기는 4단계와 직접적으로 관련된다. 계획은 ① 즉각적으로 지지를 제공해 줄 수 있는 사람, 집단, 다른 의뢰자원을 명확히 해야 하고, ② 대처기제-클라이언트가 지금 할 수 있을 정도로 구체적이며 긍정적이고 클라이언트가 자기 것으로 만들 수 있고 이해할 수 있는 명확한 행동단계-를 제시해야 한다.

계획은 클라이언트의 체계적인 문제해결에 초점을 두어야 하고 클라이언트의 대처능력을 고려하여 현실적인 것이어야 한다.

계획 세우기에서 중요한 것은 클라이언트가 자신의 능력, 독립심, 자기존중을 잃지 않게 하는 것이다. 클라이언트가 계획 세우기에 참여해야 하는 이유는 자율성과 상황에 대한 통제력을 유지하고 사회복지사나 지지자에게 지나치게 의존하지 않도록 하려는 것이다.

(6) 6단계 : 참여시키기

계획 세우기 단계가 효과적으로 수행되면 참여단계는 수월해진다. 참여단계는 클라이언트에게 계획한 내용을 요약해 보게 하는 것으로 진행된다. "지금까지 우리는 당신이 화날 때 어떻게 할 것인지 계획해 보았는데, 침착성을 유지하면서 다른 위기로 확대되는 것을 예방하기 위해 무엇을 할 것인지 얘기해 보시겠습니까?" 클라이언트가 협력하는 데 동의했다면, 위기개입전문가는 이 단계에서 계획 중 클라이언트가 수행해야 하는 부분에 대한 책임감을 갖도록 해야 한다. 6단계의 목표는 클라이언트가 위기 이전의 평형을 되찾을 수 있도록 하기 위해 계획된 행동을 수행하도록 참여시키는 것이다.

3. 개입기술

1) 사정하기

사정하기는 위기개입 6단계 전 과정에 걸쳐 수행해야 하는 기술이다. 위기개입 모델에서 사용하는 위기분류 사정양식(TAF : Triage Assessment Form; Myer et al., 1991)은 긴박한 위기상황에서 클라이언트의 정서 · 행동 · 인지적 영역의 현재 기능을 빠르게 파악할 수 있도록 만들어진 도구이다.

■ 정서상태

현재 보이는 정서적 반응이 상황을 부인하거나 회피하는가?
정상적인 것인가? 충동적 상태 혹은 충격적 상태를 나타내는가?
분노와 적의감, 두려움과 불안, 슬픔과 침울함 정서를 보이는가?

■ 행동기능

클라이언트의 행동양상이 접근적인가? 회피적인가? 무력한가?

행동이 접근적이라는 것은 언뜻 보기에 회피하는 것과 상반되는 것처럼 보이지만 그렇지 않다. '접근적'은 클라이언트가 매우 동기가 강한 것으로 보이지만 특정 목표를 구분하지 않은 채 닥치는 대로 비적응적으로 행동할 수 있다. '회피적'이라는 것은 클라이언트가 자신의 안녕에 즉각적인 위협이 주어진다 하더라도 가능한 한 가장 빠른 수단으로 유해한 사건에서 달아나려고 하는 것을 의미한다. 클라이언트는 행동하기 이전에 상황을 정확히 평가하는 것이 최선의 방법임에도 불구하고 즉각적인 위험에 직면하여 달아나거나 혹은 싸우려는 욕구에 사로잡힌다. 많은 에너지가 소모되고 클라이언트가 집중하는 것으로 보인다 하더라도 위기가 의미 있고 목적지향적인 방법으로 대처할 클라이언트의 역량을 넘어선다면 비유동성(immobility)을 갖게 된다.

■ 인지상태

클라이언트의 생각이 얼마나 현실적이고 일관성이 있는가?

위기를 악화시키는 부분적 사실을 과장해서 믿고 있거나 합리화하고 있지는 않은가?

음식, 주거와 같은 물리적 측면, 자아개념, 정체감 등 심리적 측면, 가족, 친구와 같은 사회적 측면, 가치, 신념체계와 같은 영적 측면에서 어떻게 손상 정도를 인지하고 있는지를 측정한다.

위기개입은 이 세 가지 영역에서의 클라이언트 상태를 제시된 전형적 반응양식에 따라 분류하고 클라이언트의 현재 기능수준을 수치화한다. 즉, 1~10점으로 구분하여 1점 : 손상 없음, 2~3점 : 극소의 손상, 4~5점 : 경미한 손상, 6~7점 : 중등도의 손상, 8~9점 : 현저한 손상, 10점 : 심각한 손상으로 분류한다. 세 영역을 합하면 3점에서 30점까지 점수가 산출된다. 이때 점수가 높을수록 클라이언트는 불평형 및 비유동적[1] 상태에 있음을 의미한다. 클라이언트가 비

1) • 평형(equilibrium) : 유기체의 정신적 혹은 정서적 안정, 균형 혹은 평정의 상태
• 불평형(disequilibrium) : 유기체의 정서적 안정, 균형, 평정의 부족 혹은 파괴

유동적 상태에 있을수록 지시적 개입이 필요하며, 유동적 상태에 있을수록 비지시적 개입을 하도록 한다.

2) 경 청

위기개입의 1, 2, 3단계에서 주로 활용하는 기술이 경청(listening)이다. 이 기술은 클라이언트에 대한 감정이입, 진실성, 수용, 비심판적이고 긍정적인 관심 기울이기, 이해하기, 반응하기 등의 기법을 포함하고 있다.

3) 활 동

위기개입의 4, 5, 6단계에서 주로 활용하는 기술은 활동(acting)이다. 이 기술은 클라이언트로부터 사정된 욕구와 이용 가능한 환경적 지지 정도에 따라 비지시적 · 협력적 · 지시적 수준에서 개입하는 것이다.

- 비유동성(immobility) : 다양한 기분, 느낌, 정서, 욕구, 조건, 영향에 대해 반응할 때 즉각적이고 자율적으로 변화하고 대처하지 못하는 상태, 물리적이고 사회적인 상황에 즉각적으로 적응하지 못하는 것
- 유동성(mobility) : 다양한 기분, 느낌, 정서, 욕구, 조건, 영향에 대해 반응할 때 즉각적이고 자율적으로 변화하고 대처할 수 있는 상태, 물리적이고 사회적인 상황에 융통성 있고 적응적으로 되는 것

위기개입의 지침

사회복지사는 클라이언트의 사례관리를 진행하는 과정 중에도 그들의 위기상황을 경험하게 될 수 있다. 이때 위기개입 모델을 적용하여 즉각적이고도 신속하게 대처한다면 위기로 인한 손실을 최소화할 수 있을 것이다.

(1) 적극적인 경청과 정서적 지지를 제공한다.

클라이언트는 매우 두렵거나 우울한 상태에 있으며 자신이 대처할 수 없을 것이라는 것 때문에 심한 좌절감을 느낀다. 클라이언트가 대안을 고려하고, 의사결정하거나 문제를 해결하기 위한 방법을 계획하기 전에 사회복지사나 중요한 주변 인물로부터 정서적인 지지가 매우 많이 필요하다.

(2) 원조과정에 다른 사람들을 포함시킨다.

위기에 처한 사람들은 때때로 자신들이 알고 신뢰하는 사람들이 제공하는 지지에 대해 매우 호의적이다. 예를 들면, 가족, 친구, 고용주, 성직자, 이웃 사람들이다. 클라이언트가 다른 사람들과 만나도록 격려하고 클라이언트가 허락하면 이러한 의미 있는 다른 사람과 접촉해서 클라이언트를 대신하여 원조를 구한다.

(3) 클라이언트가 감정을 표현하도록 한다.

계속적으로 정서적 지지와 수용을 제공하면서 클라이언트가 울거나 두려움, 분노의 감정을 표현하도록 한다. 클라이언트의 격한 감정은 시간이 지남에 따라 누그러질 것이다.

(4) 희망에 관해 대화한다.

희망적인 태도는 위기의 클라이언트를 대할 때 중요한 요소이다. 만약 당신이 클라이언트의 대처능력을 신뢰한다고 말한다면 그는 두려움이 감소되고 자기 확신을 얻게 될 것이다.

(5) 위기에 처한 대부분의 사람들은 자신의 고통과 문제에 사로잡혀 있다.

이들은 편협한 시각을 갖게 되므로 다른 것에 대해서는 거의 생각할 수 없다. 결과적으로 자신의 상황을 객관적으로 분석하거나 회고할 수 없다. 당신은 세부적인 상황에 대해 이들이 보다 명료하게 생각해 보도록 돕기 위한 방식으로 질문하고 적극적으로 점검할 필요가 있을 것이다.

(6) 부분화(partialization)를 활용한다.

위기에 처한 사람들은 자신의 문제가 너무나 거대해서 전혀 다룰 수 없는 것처럼 느낀다. 그러므로 문제를 몇 개의 조금 더 작은 부분으로 나누어 한 번에 한 가지씩 확인해 나가면 클라이언트는 통제력을 회복하는 것에 대해 희망을 갖게 된다.

(7) 사실적인 정보를 제공한다.

위기는 종종 자신의 상황에 대해 오해하거나 현실을 왜곡하므로 일어난다. 예를 들면, "나는 실직하게 될 거야" 혹은 "나같이 휠체어에 앉아 있는 사람들을 고용하는 회사는 없다는 것이 증명될 거야" 등의 인식이다. 사람들의 관심사와 관련된 사실적인 정보들을 제공한다. 즉, "나는 당신이 고용되지 않은 이유가 당신이 휠체어를 타기 때문이라고 생각하지 않습니다", "만약 그렇다면 그러한 차별을 반대하는 법이 있습니다"라는 식으로 정보를 제공한다. 적절하다면 오해를 수정하는 데 필요한 정직한 피드백을 주어라. 예를 들면, "OO 씨가 나에게 당신이 면접 중에 공격적이고, 빈정거렸기 때문에 고용할 수 없다고 말했습니다"와 같은 방식으로 전달할 수 있다.

(8) 구체적인 방향을 제시한다.

위기상황에 있는 사람들은 의사를 결정하고 자신의 행동결과를 예측하는 것이 어렵다. 그러므로 특정한 행동과정을 취할 때 일어나게 될 일이나 해야 할 필요가 있는 것과 같은 매우 구체적인 방향을 제시할 필요가 있다. 특히 파괴적인 행동의 결과를 예측하게 돕는 것이 중요하다. 즉, "당신이 통제력을 상실하고 다시 아이에게 해를 입힌다면 아이는 위탁가정에 들어가게 될 것입니다"가 그 예이다.

(9) 적응행동을 강화한다.

과거의 어떤 종류의 대처행동들을 했는지를 확인하도록 돕고, 현재 문제와 관련된 유사한 행동을 취하도록 격려한다. 클라이언트가 다시 자신의 능력에 대한 신념과 믿음을 가질 수 있는 행동을 하도록 격려하는 것이 위기개입의 중요한 부분이다.

(10) 행동계약을 사용한다.

클라이언트에게 구조와 방향을 제공하는 방법으로 행동계약을 사용할 것을 고려한다. 클라이언트의 내적인 자원을 동원하도록 돕고, 위기해결에 필요한 단계들을 수행하는 클라이언트의 능력을 신뢰한다는 메시지를 전한다.

출처 : Sheafor & Horejsi(2008).

4. 모델의 적용

위기개입 모델은 재난피해에 대응하기 위한 개입방법으로 활용되고 있고 최근에는 그 대상이 다양화되고 있다. 신혜종(2000)은 실직자를 위한 위기개입 프로그램을 개발하면서, '1단계 당면한 상황 이해', '2단계 가족사랑 확인', '3단계 문제해결을 위한 계획 · 기술 준비', '4단계 지지체계 형성' 등 단계별 접근법을 제안하였다. 또한 김유진(2011)은 질적 내용분석 방법을 통해 노인전문기관 종사자가 위기 노인에게 개입할 수 있는 방법을 제안하였으며, 박미라(2015)는 집단상담을 통해 청소년 자살 위험에 대한 위기개입 사례를 폭넓게 제시하였다. 이 외에도 긴급하고 통합적 지원이 필요한 특성을 가진 재난 피해의 경우, 심리적 치료부터 지원체계 구축을 위한 다양한 연구가 있고, 각 재난 유형별 매뉴얼이 존재하는데 대부분 위기개입 이론이 적용된 사례들이다(소방방재청, 2009).

사람들은 문제가 위기로 커질 때까지 전문가에게 문제를 알리지 않거나 예측할 수 없는 위기로 끝나는 상황적 딜레마에 빠진다. 위기개입전문가는 일차적 예방 프로그램을 효과적으로 마련하여 위기개입이 필요하지 않게 하는 것을 목적으로 한다. 하지만 사람들은 신체적 건강에 대한 것처럼 심리적 건강에 대한 예방법을 신속하게 받아들이지 않는 편이다. 실제로 위기개입전략은 위기상황만이 아니라 모든 상담과 심리치료에 병행하여 적용할 수 있다고 생각한다(James, R. K., & Gilliland, B. E., 2001, 한인영 외 공역, 2002).

5. 사 례

앞 절에서 학습한 6단계 위기개입 모델을 다음 미숙의 사례에 적용해 보자.

1) 사례개요

미숙은 35세로 사업을 하는 여성이다. 고등학교를 마친 후 직업훈련원을 졸업하였고 자동차 정비 자격증을 가지고 있다. 그녀는 상담가를 만나본 적이 없으나 친한 친구인 학교 상담가의 권유로 위기개입전문가에게 오게 되었다. 미숙은 자동차 정비 및 서비스 업체를 소유하고 있다. 그녀는 매우 열심히 일하고 근무시간이 길지만 매니저를 고용하여 어느 정도 유연하게 생활하고 있다. 미숙의 남편은 대졸 회계사이다. 이들에게는 13세 딸과 8세 아들이 있다.

2) 가정생활과 문제력

미숙의 문제는 복잡하다. 그녀는 언제나 우울하고 만족스러워하지 못한다. 관심받기를 원하지만 정상적인 방법으로 얻지를 못한다. 변화를 위해 댄스를 한 주에 3일 연습하고 금요일이나 토요일 저녁에 자주 공연하는 댄스 모임에 참여한다. 미숙과 남편, 아이들은 주말을 대개 집에서 한 시간 거리인 호수 옆 별장에서 보낸다. 그들의 친구들은 대부분 호수 주변의 이웃들이다.

미숙의 결혼생활은 내리막이었다. 그녀는 회사일로 만나게 된 정국이라는 부유한 중고차 도매업자와 성적 관계를 맺게 되었다. 정국과의 사업상 계약이 미숙의 사업을 성공적일 수 있게 하였다. 미숙은 정국과의 사랑에 푹 빠져있다고 하고 남편에게는 더 이상 사랑이 없다. 정국 또한 불행한 결혼생활 중이며 정국과 그의 아내 사이에 2명의 어린 자녀가 있다. 미숙은 정국과 결혼하고 싶지만 그녀의 두 아이들에게 이혼을 겪게 하고 싶지 않고 이혼 신청을 했을 때 친정어머니가 크게 화낼 것이 두렵다고 한다. 정국은 그의 아내와 이혼하고 미숙에게로 가면 아내가 자신을 빈털터리로 만들 것을 두려워한다. 정국은 미숙과의 서비스 계약을 매우 비싸게 지불하여 그녀의 사업을 번창하게 해주었다.

미숙의 남편은 정국과 미숙의 사업의 세부사항에 대해 자세히 모르지만 혼란스러워하고 질투하고 충동적이고 폭력적으로 되었다. 최근 몇 개월 동안 남편은 미숙을 수차례 구타하였다. 어젯밤 그는 그 언제보다도 심하게 그녀를 때렸다. 미숙은 몸, 다리, 팔에 여러 개의 멍이 들었는데 이것은 바지를 입으면 보이지는 않는다.

미숙은 자신의 문제를 학교 상담가 친구에게만 이야기했다. 미숙은 남자친구가 이런 구타에 대해 알게 되면 남편을 가만 놔두지 않을 것이라고 두려워한다. 그녀는 멍이 나을 때까지 댄스 모임에 갈 수 없어서 좌절하고 있다. 또한 죄책감을 가지면서 우울해하고 있다. 미숙은 남편에 대해 분노와 증오를 느끼고 있고 낮아진 자존감으로 괴로워하고 있다. 그녀는 아이들, 어머니, 남편, 심지어 정국이 그녀와 더 많은 시간을 함께 보내기 원하는 것에도 스트레스와 압력을 느끼고 있다. 최근 미숙과 정국은 더 위험하게 만나기 시작했고 그녀의 우울증은 그런 것에 신경 쓰지 않는 단계까지 이르렀다.

미숙은 혼수상태(정서적 비유동성 상태)로 위기개입전문가를 찾아왔다. 미숙은 더 이상 어찌할 바를 모르고 있고, 목사, 의사 또는 다른 사람에게는 도저히 이야기할 수 없어서 자신의 이야기를 위기개입전문가에게 모두 털어놓기로 했다. 미숙은 위기개입전문가를 만난 적이 없고 낯선 사람에게 모든 것을 털어놓기가 불편하다고 느끼지만 그래도 이것이 최선의 접근이라 생각한다.

3) 위기개입 모델을 적용한 실천과정

첫째, 미숙의 문제를 그녀의 관점에서 찾고 정의해 보자. 적극적 경청기법을 사용하고 폐쇄형 질문은 피할 것이다. 미숙은 여러 상황으로 인해 갇힌 느낌을 받고 있다. 결혼 생활, 정국과의 관계, 자신의 만족스럽지 못한 활동들, 남편의 구타, 위기개입전문가로서 이 위기를 촉진시킨 하나의 영역을 확인하고 즉시 이에 집중할 것이다. 미숙의 이야기를 완전히 검토한 후 "미숙 씨, 당신이 나를 만나러 온 이유를 한 가지만 대라면 무엇입니까?"라고 이야기할 수 있을 것이다. 나는 그 한 가지 사건이나 스트레스 요인에서 시작할 것이다.

둘째, 미숙의 안전을 보장하기 위한 모든 조치를 취할 것이다. 수집된 자료에 의하면 남편은 아이들을 구타하지는 않았지만 그럴 가능성은 있다. 미숙이 절박한 위험에 처해 있다면 그녀를 가정폭력 서비스 기관에 의뢰하고 그녀에게 피할 수 있는 장소의 선택사항을 이야기할 것이다. 미숙과 아이들의 안전을 위해 미숙과 의논하여 다른 안전한 곳을 찾을 수도 있다.

셋째, 나는 자신을 미숙의 즉각적인 지지자로 제공할 것이다. 또한 상담과정 중 특히 응급 시 기댈 수 있는 다른 지지자를 발견하도록 시도할 것이다. 미숙의 학교 상담가 친구가 긍정적인 지지자일 수 있다고 생각되며 미숙에게 그와의 관계를 유지하는 동시에 다른 사람도 찾으라고 격려할 것이다.

넷째, 미숙에게 자신이 이용할 수 있는 다양한 대안을 찾아보라고 격려할 것이다. 미숙이 위기 전 평형 상태로 돌아가도록 직접적 영향을 미치고 미숙 자신이 가진 자원으로 할 수 있는 것과 직접 할 수 있는 선택사항에 대해 특별히 주의를 기울여야 한다.

다섯째, 미숙이 주체가 될 수 있고 위기 전 상태로 돌아갈 수 있는 긍정적인 행동계획을 발견하도록 돕는다. 계획은 구체적이고 긍정적이며 현실적이고 위기 완화를 명확하게 지향할 것이다. 그녀의 스트레스가 심하다면 스트레스와 불안 상황을 견뎌낼 수 있는 이완요법을 즉시 사용할 것이다. 이것은 앞으로 미숙이 맞게 될 스트레스 상황을 다루는 방법을 배우는 것이다.

여섯째, 미숙과의 상담 세션이 끝나기 전에 그녀에게서 긍정적이고 평형을 되찾을 수 있거나 적어도 그 방향으로 나아가는 행동을 취하겠다는 참여 약속을 얻어낼 필요가 있다. 상담자로서 나는 목표를 확고하게 하고 목표 달성을 위한 동기를 부여하기 위해 미숙에게 참여내용을 요약해 보라고 할 것이다. 또한 미숙에게 지지와 격려를 하면서 그녀의 치료과정을 추적하기 위해 서로 확인하는 방법을 마련할 것이다.

나는 문제해결 면에서 미숙의 이야기를 듣고 반응하면서 두 가지를 브레인스토밍하게 할 것이다 : (1) 상황별로 적절한 지지를 위한 목록을 마음속에 만들어 둔다. (2) 적절한 대처기제에 관한 목록을 마음속에 만들어 둔다.

이것을 미숙에게 공개하지는 않을 것이다. 마음속의 사항은 의뢰 또는 미숙이 사용 가능한 대안을 발견하는 데 적절한 개방형 질문을 할 때 활용할 수 있을 것이다. 나는 나 자신의 해답이나 대안, 계획을 미숙에게 강요하지 않도록 유의할 것이다.

위기개입 세션 동안 위기분류사정양식(TAF)을 포함한, 앞 절에서 기술한 다양한 기준을 사용하여 미숙의 상황을 사정할 것이다. 미숙의 정서평가척도는 7–8점(화가 나 있고 우울하며 혼수상태이다); 행동평가척도에서 4–5점(자신의 행동을 솔직하게 묘사할 만큼 유동적이다); 인지평가척도에서는 2–4점(사고는 비교적 명확하며 현실감이 있다). 전체 TAF점수는 약 13–16점으로 중–하 영역에 속하게 된다.

상담 과정에서 경청, 안전 확보와 지지를 제공하는 동안 미숙에게 적극적으로 대할 것이다. 나의 활동 정도는 미숙 행동의 유동성 또는 비유동성의 사정에 따를 것이다. 즉, 미숙이 비유동적이라고 사정된다면 지시적일 것이며, 부분적으로 유동적이라면 협력적으로 접근할 것이다. 반면 완전히 유동적이라면 비지시적으로 대할 것이다.[2)]

현재 미숙의 행동은 유동적이므로 폐쇄형 질문을 피하고 개방형 질문으로 계속 미숙의 상황에 초점을 맞추어 그녀가 원하는 것에 집중하도록 할 것이다. 즉, 나는 대안에 집중할 것이다. 그녀가 가능한 한 많은 현실적 대안을 고려하기를 바라면서 이런 대안을 발견하도록 하기 위해 브레인스토밍 하는 것을 도울 것이다. 나의 상담 첫 목표는 현재 위기를 조절 가능하도록 돕고 독립적으로 그녀의 삶을 주장할 수 있을 정도의 유동성을 향해 작업하는 것이다. 사례에서 알게 된 지지자 명단으로부터 출발할 것이다. 미숙의 경우 지지자들은 위기개입전문가, 학교상담가 친구, 자녀들, 댄스모임의 참여자들, 호숫가의 친구들, 사업체 매니저와 직원들이다. 또 다른 지지자로는 어머니, 주치의, 다른 가족원 등이 포함될 수 있다. 이들은 위기개입전문가가 미숙에게 고려 가능한 적절한 지지자로 지명하고 기억할 수 있는 사람들이다. 보통 여러 명이 아닌 한번에 한두 명의 지지자를 사용할 것을 추천한다. 나는 미숙에게 한두 명의 지지자를 선택하고 접촉하라고 격려할 것이다.

위기개입전문가의 마음속에 준비된 미숙에게 도움을 줄 적절한 대처기제는 다음과 같다.

- 남편이 다시 구타할 때는 그를 떠나는 것
- 정국과의 관계를 단절하는 것
- 각종 활동에 할애하는 시간에 우선순위를 매기는 것
- 그녀가 필요할 때 긍정적 관심을 끌어내는 더 나은 방법을 고안하는 것
- 전화로 지지자에게 연락하는 것
- 위기센터나 가정폭력 서비스 기관에 전화하는 것
- 위기개입전문가에게 전화하는 것
- 법적 충고를 위해 변호사의 자문을 구하는 것
- 신체검사, 진단과 조언을 위해 주치의에게 자문을 구하는 것
- 남편이 동의하면 결혼 상담을 시작하는 것
- 정국이 동의하면 그와 커플 상담을 시작하는 것
- 학교 상담원 친구와 시간을 보내고 활동을 할 계획을 세우는 것
- 지속적으로 개인상담을 받는 것
- 자존감을 증진시키고 대처 행동을 개선하기 위해 자기주장훈련 프로그램에 등록하는 것
- 멍이 나을 때까진 댄스모임에 타이즈나 색깔 있는 스타킹을 신고 가는 것
- 이런 고통에서 벗어날 수 있도록 그녀가 즐길 수 있는 혁신적이고 창조적인 것을 생각해 내는 것 등

위기개입 모델 6단계를 적용하여 미숙을 돕는 과정에서 그녀가 원하는 대안, 계획, 지지자들 및 대처기제의 우선순위를 정하는 데 참여시킬 것이다. 선택한 대안이 미숙 자신의 우선순위가 반영된다면 활동단계에서 성공 가능성이 매우 높아질 것이다. 마지막으로 가장 중요한 것으로 내가 미숙과 협력하여 개발해 낸 계획에 그녀가 참여하는 것을 다시 한번 강조할 것이다. 참여과정에서 미숙이 나의 지지를 느끼지만 의존적으로 되지 않도록 반응할 것이다. 그녀가 확실하게 동기를 부여받고 성공하기를 바란다.

출처 : James & Gilliland(2001), 한인영 외 공역, pp. 79-86 각색 및 발췌.

2) • 지시적 상담 : 상담자가 클라이언트의 행동을 지시하고 앞장서거나 인도한다.
• 협력적 상담 : 상담자는 클라이언트가 즉각적 행동을 계획하는 단계에서 촉매자 역할을 한다.
• 비지시적 상담 : 클라이언트 스스로 행동을 실행할 수 있는 단계에서는 지시를 하기보다는 적극적 경청과 개방형 질문을 사용하여 클라이언트가 스스로 원하는 것을 명료화하도록 지지한다.

CHAPTER 06

임파워먼트(Empowerment) 모델

현대의 사회복지실천의 특징은 개인과 환경 간의 균형에 대한 강조, 강점중심의 접근, 클라이언트의 자기결정의 존중, 권익옹호자로서의 역할 강조, 클라이언트의 임파워먼트(empowerment)에 대한 강조, 현존 지역사회에서의 다양한 지원의 확보와 유지 등을 강조하는 것이다.

특히 강점관점은 모든 사람이 강점을 가지고 있고 본래부터 배우고 성장하고 변화할 수 있는 능력이 있다고 보는 것인데, 강점관점에 기반한 실천이란 모든 개인과 집단, 가족, 지역사회는 강점을 가지고 있다는 것을 실천가가 믿고, 이것에 관심을 가지고 귀 기울이고 그들의 열망을 진지하게 다루어야 한다는 것이다.

이처럼 강점관점은 임파워먼트 모델보다 좀 더 포괄적인 개념으로서 임파워먼트라는 구체적인 모델에 철학적 기반을 제공한다. 또한 클라이언트를 보는 전체적인 시각을 형성하여 준다. 임파워먼트는 무력감을 갖는 개인이나 가족 혹은 지역사회가 힘을 가질 수 있게 해주는 것인데, 클라이언트는 이미 문제를 해결할 수 있는 잠재적인 힘과 능력이 있다는 사실을 전제로 한다. 즉, 강점관점을 도입해서 보는 것이다. 이런 강점관점으로 클라이언트를 보았을 때 클라이언트에 대해 과거와는 전혀 다른 새로운 존재로 볼 수 있게 된다.

이러한 변화추세와 더불어 강점관점에 기반하여 실천되고 있는 모델들로는 임파워먼트 모델, 레질리언스 모델, 해결중심 모델 등을 들 수 있다. 특히 임파워먼트 모델은 클라이언트를 문제중심이 아니라 강점중심으로 봄으로써 클라이언트의 잠재력 및 자원을 인정하고 클라이언트가 건강한 삶을 결정할 수 있도록 권한 혹은 힘을 부여하고자 하는 것인데 이 장에서는 이러한 임파워먼트 모델에 대해서 살펴보고자 한다.

〈표 6-1〉 **전통적 문제해결 과정과 역량강화 과정의 비교**

전통적인 문제해결 과정	역량강화 과정
1. 문제(욕구, 결함, 증상, 병리)중심	1. 강점(소망, 열망, 재능, 기술, 지식)중심
2. 문제를 부정적으로 인식	2. 문제를 도전과 기회로 적극적으로 인식
3. 분석적	3. 총체적
4. 전문가적 관점 중심, 질문식 인터뷰	4. 클라이언트 자신의 관점에서 정보 수집, 민속지학적, 대화적, 목적적
5. 초점 : 과거와 현재 중심	5. 초점 : 지금 여기에 두며 미래중심
6. 전문가 중심	6. 협력적 동반자 관계 중심
7. 클라이언트를 수동적 수혜자로 인식, 전문가에 의해 통제됨	7. 클라이언트를 적극적 권리 행사자, 소비자, 서비스 이용자로 인식
8. 최종 목적 : 문제해결	8. 최종 목적 : 삶의 질 향상

출처 : 장인협(2005).

1. 주요 개념

1) 임파워먼트 모델의 등장배경

임파워먼트라는 용어는 사회적, 조직적 환경에 관한 클라이언트의 통제력을 증가시키고자 하는 과정, 개입, 기술을 의미한다. 1957년 펄만(Perlman)은 사회복지실천을 위한 모델로서 '문제해결과정'을 제시하여 최초로 일반사회복지모델을 개념화함으로써, 문제해결 모델이 사회복지실천의 주류를 이루게 되었다. 문제해결 모델은 사회복지사와 클라이언트에게 '문제해결을 위한 협상, 계획, 행동전략'을 제시함으로써 오랫동안 사회복지실천에서 많은 사회복지사들에 의해 논리적, 실제적인 개입 준거 틀로 활용되었다(Miley et al., 1995).

1970년대에는 일반체계이론과 생태학이론이 사회복지의 주요 이론 틀로서 활용되면서, 생태체계 관점에 근거한 강점지향 혹은 해결중심 접근의 중요성이 대두되었고, 이는 체스탕, 솔로몬, 핀더허그 등의 학자들에 의해 1970년대 중반에 권한부여 모델로서 새롭게 나타나게 되었다(김동배 · 권중돈, 1998). 따라서 이 모델은 완전히 새로운 것이 아니라 일반사회복지에 오랫동안 내재되어 있는 강점중심 개입의 재부상이라고 할 수 있다. 즉, 클라이언트를 문제중심으로 보는 것이 아니라 강점중심으로 봄으로써 클라이언트의 잠재 역량 및 자원을 인정하고 클라이언트 내외에 탄력성이 있음을 전제하여, 클라이언트가 자신의 삶을 통제할 수 있도록 권한 혹은 힘을 부여하고자 하는 것이다. 그러므로 이 모델에서 클라이언트와 사회복지사는 협력적인 파트너십을 기반으로 문제해결과정에 함께 참여한다.

임파워먼트 접근은 다양한 인구집단에 효과적인 것으로 나타나고 있는데, 특히 최근의 연구에서는 에이즈 집단, 수용시설 거주자, 청소년 집단 등에 효과적인 것으로 나타나고 있다. 또한 이 접근은 특히 여성들에게 매우 효과적인 전략으로 제시되기도 하는데, 재취업 여성, 인종차별에 처해 있는 여성, 이혼 여성, 학대받는 여성 집단에 매우 유용한 것으로 나타났다. 최근에는 노인집단, 장애인 집단, 노숙자 등에까지 접근의 폭을 더욱 넓히는 추세여서 임상사회복지실천에 매우 유용한 접근방법으로서 활용되고 있다.

2) 임파워먼트 모델의 주요 개념들

임파워먼트 모델은 1970년대 이후 사회복지에서 일반체계이론과 생태체계적 관점을 활용하게 되면서 나타난 일반사회복지실천에서 오랫동안 존재해 왔던 강점관점의 실천모델이라고 할 수 있다.

사회복지실천에서 임파워먼트를 어떻게 활용하는지 이해하기 위해서는 강점관점, 임파워먼트 과정, 역량 강화에 대한 충분한 이해가 있어야 하며, 이들이 서로 분리된 것이 아니라 연속적인 일련의 과정으로서 상호 밀접한 연관성을 가진다는 것을 알아야 한다. 이러한 세 차원을 역동적인 상호작용 관계 안에서 살펴볼 때, 강점관점은 임파워먼트 과정을 활용하여 클라이언트의 역량을 향상시키고자 하는 사회복지사에게 중요한 준거틀이 된다.

이들의 관계를 도식화하면 |그림 6-1|과 같다.

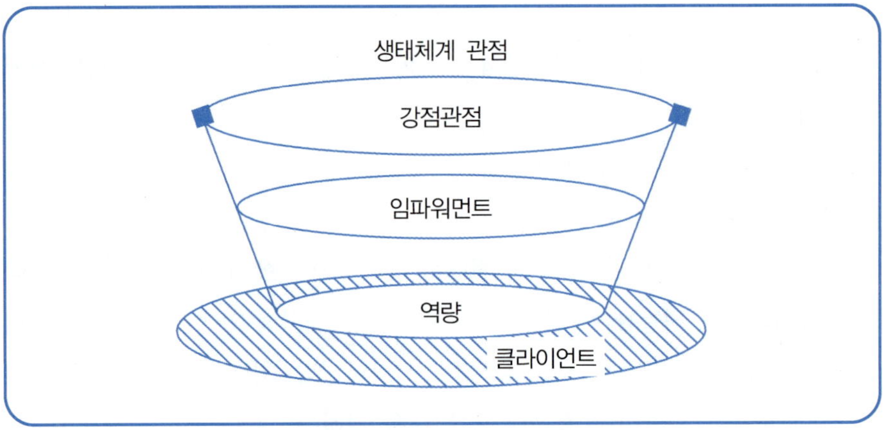

|그림 6-1| 강점관점-임파워먼트-역량 강화의 관계

출처 : 양옥경 · 김미옥(1999). 사회복지실천에서의 권한부여모델에 대한 고찰. 〈사회복지〉 겨울호, p. 160.

(1) 권한부여

임파워먼트는 클라이언트 상황을 환경 안에서 이해하며 자원과 강점을 찾고자 하는 것이다. 임파워먼트 모델에서는 클라이언트 욕구를 하나의 도전으로 보며 병리학적 진단기준이 아닌 전인적인 관점에서 클라이언트의 결점에 대한 진단보다는 스스로 문제를 해결할 수 있는 귀한 존재라는 인식으로 스스로가 임파워먼트를 기반으로 해결책을 찾아내는 데 역점을 둔다.

권한부여는 전통적인 힘, 통제력 소유 또는 다른 사람에 대한 영향력, 법적 또는 행정적 권위, 삶의 능력과 권위, 물리적인 힘에 대한 개념으로 다른 사람 등에 대한 통제력, 인간으로서의 권위, 영향력의 소유일 뿐 아니라 스스로의 삶에 대한 통제력을 갖는 것을 의미한다. 특히 개인의 자기 확신, 변화의 가능성 향상, 개인의 진전과 같은 심리학적 경험 등을 강조한다.

권한부여는 개인, 대인관계, 구조적 차원 등 모든 사회체계 수준에 적용 가능하며, 클라이언트에게 임파워먼트를 하고자 하는 사회복지사는 클라이언트의 낮은 지능수준이 문제가 아니라 자원의 부족, 자원에 대한 정보의 부족, 사회구조의 문제에 불과하다는 인식이 필요하다.

① **개인 차원** : 개인 차원의 임파워먼트는 개인의 역량, 지배감, 변화능력을 포함하며 이성, 의지, 동기에서 자신의 삶에 대한 통제감이며, 자기 가치에 대해 외부체계와 차별화할 수 있는 수준, 영적인 것을 추구하는 수준까지도 포함하는 전인성을 나타낸다.

② **대인관계 차원** : 대인관계 차원의 임파워먼트란 다른 사람에 관한 영향력으로 상호 교환하는 평형관계를 형성하는 것을 의미한다.

③ **구조적 차원** : 구조적 차원에서의 임파워먼트는 사회구조와 관계를 의미하는데, 정치적 · 사회적 상황 같은 사회구조를 바꿈으로써, 사회적 수준에서 자원을 창출하는 것은 그 사회의 모든 개인에게 힘을 부여한다.

(2) 전문적 관계에 대한 시각 : 협력과 파트너십

임파워먼트 모델에서 클라이언트는 전문적인 파트너로서 변화과정에 능동적으로 참여하며, 자신이 처한 환경과 능력을 가장 잘 알고 있는 사람으로 간주된다. 이는 사회복지사와 클라이언트 간의 전문적인 파트너십을 형성케 한다. 이러한 협력은 클라이언트와 전문가가 서로의 자원을 상호 협력하여 활용하기 때문에 문제 해결을 위한 자원의 범위가 활성화되며 변화 책임에 대한 전문가의 부담을 경감시키면서 성장을 촉진시킨다.

(3) 클라이언트에 대한 시각 : 소비자

프리드버그(Freedberg, 1989)는 사회복지사가 매일의 일상 속에서 자기결정권 보장이라는 딜레마에 부딪힌다고 한다. 이러한 문제에 대한 해결책이 바로 클라이언트를 소비자로 보는 접근이다(Gummer, 1983).

클라이언트를 소비자로 보는 개념을 가장 잘 반영하는 것이 바로 임파워먼트 접근이다. 임파워먼트 접근은 클라이언트와 사회복지사의 관계를 협력과 파트너십을 강조한 수평적인 파트너로서 보고 있기 때문이다. 즉, 클라이언트를 개입의 객체가 아니라 주체로 보기 때문에 자기결정권은 가장 잘 보호되고 반영될 수 있다. 따라서 임파워먼트 접근은 클라이언트에 대한 시각을 변화시킨다. 즉, 클라이언트는 기존의 수혜자, 환자, 도움을 받는 사람들이라는 낙인으로부터 소비자라는 개념으로 전환된다(Miley et al., 1995).

(4) 역량

역량(competence)은 인간체계의 구성원을 돌보는 기능을 수행할 수 있으며, 다른 체계와 효율적으로 상호작용하고, 사회적 · 물리적 환경의 자원체계에 기여할 수 있는 능력이다. 임파워먼트 모델에 근거한 사회복지사는 개인의 문제를 클라이언트 체계의 결점으로 보기보다는 개인적 역량과 환경적 요구 사이의 불일치로 인하여 발생한다고 본다.

〈표 6-2〉 학자에 따른 임파워먼트에 대한 개념정의

학자	개념정의
Lee(2001)	• 임파워먼트는 개인적 : 정치적(personal : political) 개념으로서 정의로운 사회가 이루어질 수 있도록 하기 위해 개인이 자신의 잠재력을 최대한 발휘하도록 돕는 과정이며, 임상적 : 지역사회 중심적인 개념이다. • 임파워먼트는 개인 내 · 외적 자원(심리적, 물질적 자원 모두 포함)을 획득하고, 지식 및 기술을 획득하는 힘을 통해 개인의 삶과 지역사회의 질적 향상을 추구하게 된다.
Parson(1991)	• 오랜 기간 동안 소외되고 권리를 박탈당한 억압된 개인이나 집단을 대상으로 문제해결능력을 증가시키고 자신과 환경에 대한 통제력을 갖도록 자원, 서비스, 기회, 정보 등을 연결시키려는 노력이다.
Adams(2003)	• 개인 · 집단 · 지역사회가 자신들의 환경에 대한 통제력을 갖는 것이며, 자신들의 목표를 성취함으로써 자신들뿐만 아니라 타인들의 삶의 질을 극대화할 수 있도록 돕는 것을 의미한다. 나아가 임파워먼트는 탈바꿈을 위한 활동이다.
Thomas & Pierson (1995)	• 일반적으로 서비스 이용자가 서비스에 참여하는 것과 자조집단을 의미하는데, 자조집단은 제도적으로 제공되는 서비스와는 독립적으로 혹은 상호협조적으로 자신들을 위한 행동을 취하는 것을 의미한다.
Gamble & Weil(1995)	• 개인이 자신의 주변 환경을 이해하고, 선택을 하며, 자신의 삶의 선택에 대해 책임을 지고, 조직과 권익활동을 통해 자신의 삶의 여건에 영향을 주는 것을 의미한다. 나아가 임파워먼트는 사회 내 다양한 집단 간에 자원과 권력이 균등하게 배분되는 것을 말한다.
Simon(1990)	• 반영적 활동(reflexive activity)이며, 권한이나 자기결정권을 찾는 사람만이 시작하고 유지할 수 있는 과정이다. 임파워먼트는 자신의 삶과 지역사회의 운명을 결정할 수 있는 실제 권한과 그렇게 할 수 있다는 인식을 의미한다.
Solomon(1976)	• 임파워먼트는 사회복지사가 클라이언트와 함께 일련의 활동에 참여하는 과정을 의미한다. 이 과정에서는 특정 집단에 부여된 부정적인 평가로 인해 그 집단의 구성원이 느끼는 무기력감을 줄이는 것을 목표로 하고 있다. 또한 임파워먼트는 이러한 문제에 영향력을 미치는 권력의 장애물을 파악할 뿐만 아니라 권력의 장애물이 주는 직 · 간접적인 영향을 감소시키려는 목적으로 구체적인 전략을 개발 · 수행하는 것이다.

출처 : 김성이 외(2004).

2. 개입 목표 및 과정

임파워먼트 모델에서 사회복지사는 생태체계 관점과 강점지향적 실천을 적용한다. 먼저 사회복지사가 클라이언트의 상황과 환경을 고려하여 클라이언트의 강점과 환경적 자원을 찾고, 그들의 고정된 문제보다 일시적으로 변화되는 욕구를 표현하도록 한다. 그리고 사회복지사는 여러 다양한 체계수준의 해결을 위한 기술을 이끌어 내어 상호 관련시켜야 한다. 또한 사회복지사는 변화과정의 동반자로서 클라이언트와 협력하여야 한다. 임파워먼트는 개인, 가족, 그리고 지역사회가 그들의 상황을 개선하는 행동을 수행함으로써 개인, 개인 상호 간, 또는 정치적인 힘을 증가시키는 과정을 포함한다. 그러므로 클라이언트는 사회복지사와 협력적 관계를 가지면서 목표나 방향설정에 있어서도 스스로 통제력을 가지게 된다. 이러한 역량강화의 실천 과정은 대화단계, 발견단계, 발전단계로 구성되어 있다(Miley. K. K., O'Melia, M., & Dubois, B., 2001).

〈표 6-3〉 임파워먼트 모델의 실천단계와 과정 및 활동내용

단 계	과 정	활동내용
대화단계 (Dialogue Phase)	파트너십 형성	• 역량강화의 관계 수립 • 클라이언트의 고유능력 인식 • 사회복지사와 클라이언트 각각의 독창성 존중
	현재 상황의 명확화	• 클라이언트가 겪고 있는 도전적 상황 확인 • 여러 교류적 차원 추가 • 목적 탐색
	방향 설정	• 관계형성을 위한 예비 목적 결정 • 클라이언트의 동기 활성화 • 적절한 자원 탐색의 지도
발견단계 (Discovery Phase)	강점의 확인	• 클라이언트의 강점 탐색 • 도전적 상황과 문화적 정체성에 대처 • 역경의 극복
	자원의 역량 사정	클라이언트의 다양한 교류관계(환경, 가족과 사회집단, 조직, 지역사회 제도)의 자원 탐색
	해결방안 수립	클라이언트와 환경 자원을 활용하고 원하는 목적으로 이끌어 줄 달성 가능한 행동계획 수립

발전단계 (Development Phase)	자원 활성화	자문, 자원 운영과 교육을 통하여 이용 가능한 자원을 가동함으로써 행동계획을 이행
	동맹관계 창출	클라이언트의 본래 원조망과 서비스 전달체계 내부에서 클라이언트 상호 간 역량강화적 동맹관계 수립
	기회의 확대	프로그램 개발과 지역사회 조직, 사회 행동을 통한 새로운 기회와 자원 개발
	성공의 확인	성취를 확인하고 지속되는 행위를 알리기 위한 변화노력의 성공 평가
	성과의 집대성	성공을 축하하고 긍정적 변화를 정착시키는 방식으로 변화과정을 종결

출처 : Miley et al.(2001), p. 99.

1) 대화단계(Dialogue phase)

(1) 대화단계의 의미

- 사회복지의 성공은 클라이언트와 함께 그들의 현 상황과 목적 및 강점에 대한 지속적인 대화를 요구한다. 이러한 대화를 통하여, 클라이언트와 실천가 모두가 공헌할 협력적 파트너십으로 정의된다.
- 대화단계에서 사회복지사와 클라이언트는 그들 관계의 목적을 명확히 하고 협력적인 작업을 위한 예비 초점을 규정한다.

(2) 대화단계의 주요 내용

- 수용과 존중과 신뢰에 기반한 파트너십을 수립
- 클라이언트와 실천가 각각의 역할 규정
- 클라이언트의 경험과 도전되는 상황을 토의
- 협력 작업의 목적을 규정
- 변화를 위하여 클라이언트의 동기 촉진
- 위기에 필요한 사항에 역점

(3) 대화단계의 주요 과제

- **파트너십 형성**(동반자 관계 형성) : 사회복지사와 클라이언트 체계가 사회복지사의 목적과 윤리규칙의 규범을 반영하는 여러 방식에 따라 그들의 관계를 규정하는 과정이다. 사회복지사와 클라이언트는 상황을 이해하고 변화를 이루기 위하여 동업하는 협력자이다.
- **현재 상황의 명확화**(도전들을 설명) : 클라이언트가 사회복지의 원조를 받는 것을 촉진시키기 위하여 사회복지사와 클라이언트의 상호 이해를 발전시키는 과정이다. 이를 위하여, 사회복지사는 클라이언트의 말을 적극적으로 경청하고 그 메시지에 담겨있는 정보와 감정에 반응해야 한다.
- **방향 설정** : 실천가와 클라이언트는 특정 목적을 위하여 함께 나아갈 방향을 정한다. 이러한 구체적인 방향 감각은 클라이언트가 직면하는 여러 도전을 적절하게 만들어 주고, 문제 해결책을 만드는 데 유용한 자원과 강점이 무엇인지 결정하게 해준다. 여러 가지 방향을 설정함으로써 목적의식이 구체화되고 클라이언트의 참여를 동기화한다.

2) 발견단계(Discovery phase)

(1) 발견단계의 의미

- 클라이언트와 사회복지사는 해결책을 위한 자원을 체계적으로 수립하면서 계속하여 사정한다. 이 자원은 클라이언트체계 내부 혹은 외부의 사회, 물리적 환경에 존재할 수 있다.
- 사회복지사와 클라이언트가 파트너로서 협력함으로써 변화 계획을 발달시키기 위해 수집된 정보를 조직한다.

(2) 발견단계의 주요 내용

- 변화를 위한 자원인 클라이언트의 강점을 탐색한다.

- 클라이언트의 환경에 있는 자원의 여러 가능성을 검토함으로써 교류의 관점을 이행한다.
- 부차적인 자원에서 관련 정보를 수집한다.
- 가능한 자원체계의 역량을 사정한다.
- 도출된 목적을 규명하고 세부 목표들을 구체화한다.
- 행동 계획을 세운다. 변화를 위한 계약을 맺는다.

(3) 발견단계의 주요 과제

- 강점확인 : 발견단계에는 클라이언트의 강점이 변화의 초석임을 전제하고, 이를 초기에 자주 주목해야 한다. 강점을 자세히 조사함으로써 클라이언트와 사회복지사는 여러 예외 상황들을 탐색하게 되고 여러 가능성을 발견하게 된다. 클라이언트가 도전 상황을 기술하는 것을 세심히 경청함으로써 사회복지사는 클라이언트의 대인관계와 문화와 조직 네트워크, 그리고 지역사회에서 발견되는 능력과 풍부한 자원, 창조성은 물론 강점을 발견하게 된다.
- 자원의 역량 사정 : 이 과정은 클라이언트 상황의 이해에 여러 교류의 차원을 덧붙인다. 사회복지사와 클라이언트는 연합하여 개인과 대인, 가족과 집단, 조직과 지역사회, 사회와 정치체계를 사정함으로써 클라이언트체계와 환경의 교류라는 긍정적이며 광범위한 관점을 상술하게 된다. 강점지향의 사정을 통하여, 사회복지사와 클라이언트는 변화노력에 기여할 수 있음을 발견하게 되고 그들이 원하는 결과를 탐색하기 위하여 활성화할 수 있는 자원체계가 무엇인지 예측하게 된다.
- 해결방안 수립 : 이 과정에서 사회복지사와 클라이언트는 여러 행동계획을 발전시킨다. 행동계획에는 클라이언트가 달성하려는 희망사항에 관한 진술은 물론 여러 목적과 그에 따른 세부 목표의 성취를 위한 전략수립이 포함된다. 이러한 폭넓은 계획을 발전시키는 것은 현상의 이해에서부터 정보

에 기초한 행동으로의 전이를 나타내고, 이로써 클라이언트가 갈망하는 변화를 이루게 된다.

3) 발전단계(Development phase)

(1) 발전단계의 의미

- 발전단계에서 실천가와 클라이언트는 대인관계적 자원과 제도적 자원을 활성화하기 위하여 조정하고, 다른 체계와 동맹을 창출하며, 자원개발을 통해 여러 기회를 확대한다. 이러한 접근은 클라이언트의 고유 역량과 환경자원을 강화하게 해준다.
- 클라이언트체계와 환경체계에서 이루어진 변화를 견고히 한다.

(2) 발전단계의 주요 내용

- 행동계획을 시행한다.
- 클라이언트체계 내에 역량의 경험을 증가시킨다.
- 목표 달성에 필수적인 자원을 사정한다.
- 계획 완수를 위해 개인과 조직의 동맹관계를 창출한다.
- 추가 자원을 창조함으로써 기회와 선택권을 향상시킨다.
- 진행과정과 결과를 평가한다.
- 전문적 관계를 종결한다.

(3) 발전단계의 주요 과제

- **자원 활성화** : 사회복지사와 클라이언트는 약속한 계획을 수행하기 위하여 협력한다. 클라이언트는 필요한 대인관계 및 제도적 자원에 연결되고, 새로운 행동방식과 상호작용을 실험하며, 사회복지사와의 만남에서 발전된 의무를 수행한다. 사회복지사는 개입활동을 조직하고 모니터하며, 클라이

언트에게 도움이 될 만한 피드백을 제공한다.

- **동맹관계 창출** : 동맹은 변화를 부추기기 위한 새로운 자원을 생성한다. 동맹관계를 창출함으로써 사회복지사와 클라이언트는 역량강화 집단 내의 여러 클라이언트의 노력과 제휴하고, 또한 원래의 원조망 내부에 있는 클라이언트의 기능을 강화하며, 서비스 전달망을 조직한다. 사회복지사 자신이 지원을 받는다고 느끼고 자신의 역량을 경험할 때 대부분 클라이언트에게도 같은 느낌이 생기는 경향이 있다.
- **기회의 확대** : 일반 사회복지사들은 모든 체계에서 자원을 발달시켜야 할 필요를 느껴, 사회자원을 확대하고 클라이언트와 연합한다. 사회복지사와 클라이언트는 사회적 부당함을 시정할 자원을 창출한다. 기존의 사회서비스에 대한 사정을 개선하고 새로운 프로그램을 창출하는 것은 물론, 서비스 전달망의 변화 가능성이 포함된다.
- **성공의 확인** : 모든 효과적인 행동계획은 평가절차를 포함한다. 이 과정은 목적 달성을 측정하는 많은 방법들을 드러나게 하여 서비스 효율성을 평가한다. 결과의 평가는 클라이언트체계와 실천세팅에 대한 사회복지사의 책무를 보장하고, 클라이언트가 성공에 공헌하는 것을 신뢰하게 하며, 전문적 관계를 종결하기 위한 과정으로서 기능한다. 성공을 측정함으로써 클라이언트와 사회복지사 각각이 직면하게 될 다른 상황에 대처하기 위해 현재의 각자의 성공 노력을 일반화시킨다.
- **성과의 집대성** : 마지막 과정인 성과의 집대성은 클라이언트가 사회복지사와의 노력 끝에 성장하고 발전하고 변화한다는 것을 강조한다. 클라이언트의 독립성과 성공의 지속을 격려하기 위하여 사회복지사는 종결과정을 쉽게 함으로써 클라이언트에게 지난 과정을 검토하도록 도우며, 종결에 대한 클라이언트의 의견과 느낌을 표현하게 하고, 또한 이 과정의 결과를 비슷한 다른 문제의 처리에도 적용할 수 있도록 한다.

3. 모델의 평가 및 적용

1) 평 가

임파워먼트 실천을 평가한다는 것은 매우 복잡한 일이다.

첫째, 평가라는 것은 어느 고정된 시점에서 이루어지는 것인 반면 임파워먼트 실천은 과정이면서 결과라는 개념을 갖기 때문이다. 즉, 임파워먼트 과정을 중시하는 속성은 지속적인 클라이언트의 변화를 목적으로 하기 때문에 어느 시점에서 평가를 할 것인지 애매하다.

둘째, 평가를 통해 클라이언트의 변화 자체를 보여줄 수는 있지만 임파워먼트 실천의 가치를 반영하는 변화의 정신을 보여줄 수는 없다는 것이다.

임파워먼트의 평가는 차별받는 집단이 중요하다고 생각하는 문제에 초점을 두며, 이들의 삶의 경험과 삶의 과정을 이해하는 것을 중시한다. 그렇기 때문에 임파워먼트 연구방법에서는 연구참여자들이 조사설계, 조사분석, 평가의 모든 과정에 적극적으로 참여하는 것을 중요하게 여긴다.

단일사례설계, 목적달성 척도, 표준화된 측정도구, 집단의 구조와 과정들에 대한 측정, 환경적 변화를 측정하는 도구들은 모두 임파워먼트 실천의 효과성을 평가하는 데 유용할 수 있다.

임파워먼트의 성과를 평가할 때에는 클라이언트의 세 가지 차원에서, 즉 개인적, 대인관계적, 정치적 권력을 획득했는가에 대한 것이 포함되어야 한다. 개인적 수준에서의 성과는 클라이언트의 선택할 수 있는 능력에 대한 클라이언트 자신의 인식이 포함될 수 있다. 대인관계적 측면에서는 사회적으로 용인될 수 있는 방식으로 클라이언트가 타인에게 영향을 미칠 수 있는가를 측정할 수 있다. 정치적 권력에서의 성과는 서로 도움을 주는 집단, 이웃, 정치적 활동에의 클라이언트의 참여가 증가했는가를 바탕으로 평가할 수 있다.

〈표 6-4〉 임파워먼트 모델의 결과 및 평가

개인 내적 임파워먼트	대인관계 임파워먼트	지역사회/ 정치적 임파워먼트
• 자기인식 • 자기수용 • 자아에 대한 믿음 • 자기존중감 • 권리를 가졌다는 느낌 • 자아효능감 • 비판 분석적 생각	• 지식/ 기술 • 자기주장 • 주는 것에 대한 한계 설정 • 도움을 구함 • 문제해결 • 새 기술을 활용 • 자원의 파악 및 활용	• 정치적 행동과 참여 • 다른 사람을 돕는 것으로 보상 • 기여하기 • 통제감

출처 : Gutierrez et al.(1998); 김성이 외(2004).

2) 한계점

이 모델의 한계점은 첫째, 클라이언트를 변화 가능한 존재로 지속적으로 간주하는 것이 쉬운 일이 아니라는 것이다. 둘째, 강점관점이 지나치게 낙관적이어서 클라이언트 집단이 얼마나 조작적이고, 위험하고, 파괴적인지를 인정하지 않는 경향을 보인다는 것이다. 셋째, 강점관점은 실제 문제를 무시하거나 경시하는 경향이 있으며, 따라서 실제 실무에서 완전히 강점에 기초한 개입을 하기에는 한계가 있다는 것이다.

이와 같은 많은 학자들의 비판에도 불구하고, 임파워먼트 모델은 실천모델로서 갖는 여러 가지 장점으로 인하여 1990년대 이후 더욱 활발하게 연구되고 있다. 특히 생태체계 관점에 근거하여 전체적이고 통합적인 개입 틀을 제시해 주고 있어 최근 임상실제에서 그 활용이 점점 증가하고 있는 추세이다. 따라서 우리 현실에 맞는 실천모델의 정립 및 활용, 효과검증이 활발히 이루어져야 할 것이다.

4. 사 례

1) 내담경위

병숙 님은 현재 76세로 28살에 남편과 사별하고 아들 둘을 키우며 살았는데 지금은 고2 때 지적장애 2등급을 받은 큰아들과 살고 있다. 작은아들은 54세로 운전을 하며 클라이언트 집 근처 시내에서 재혼하여 살고 있다. 요즘 부쩍 허리가 아파서 큰아들의 식사준비나 일상생활 등에 어려움을 겪고 있으며, 교회도 누군가의 도움을 받아 근근이 나갔었는데, 지금은 거의 누워있는 형편이라 못 나가고 있다. 그동안은 산에서 산나물도 채취하고, 된장 등을 만들어 팔아서 생활을 했는데, 지금은 수입이 없어서 큰아들의 수급비로 근근이 살고 있고, 작은아들도 지금까지 생활이 어려워 클라이언트가 생활비를 보태주어 살고 있다. 장애인인 아들을 돌봐줄 사람도 없고 아픈 몸으로 모아놓은 돈도 없는데, 어떻게 살아가야 할지 모르겠다며 매우 절망적인 상태로 무력감을 호소하였다. 몸이 조금만 회복되면 교회에 가고 싶다고 했다.

2) 주 호소 문제

- 신체적 문제 : 허리를 다쳐서 거동이 자유롭지 못함
- 사회적 문제 : 가사일 및 큰아들(지적장애 2등급)을 케어할 사람이 없음
- 경제적 문제 : 수입중단으로 인한 재정적인 어려움 있음
- 정서적 문제 : 우울증세와 무기력감에 빠져있음

3) 개입목표

첫째, 신체적(허리) 건강 회복
둘째, 경제적 어려움 감소
셋째, 일상생활 지원 및 장애도우미 연결
넷째, 우울감 감소

4) 개입과정별 과업 및 개입기법

1단계 : 대화단계 – 공유하기〈문제해결과제의 구체화〉

개입 과정	활동	전략/ 기법	실 천
대화단계	공유하기	파트너십 형성	상담을 통해 클라이언트의 상황이 매우 힘든 상황임을 인정하고 일단 클라이언트를 지지하고 정서적으로 감정 이입
		도전 · 탐색	문제 상황이 역설적으로 잠재능력을 드러낼 수 있는 하나의 도전이 된다고 봄(문제는 곧 도전)
		강점 구체화	• 외상적인 상황을 6개월 동안 별 도움 없이 잘 견뎌왔음(클라이언트의 강점임) • 큰아들의 장애가 호전되어 약을 줄임(가족의 강점) • 작은아들이 재정적인 요구를 하지 않음(가족의 강점) • 클라이언트는 변화에 대한 동기가 강함
		방향설정	• 건강이 회복되기를 원함 • 재정지원이 필요함 • 회복될 때까지 장애인인 큰아들 장애도우미 지원 원함 • 클라이언트의 바람을 개입의 목표로 설정하고, 함께 해 나가기로 함

2단계 : 발견단계 – 찾기〈사정, 분석, 목표설정 및 계획〉

개입 과정	활동	전략/ 기법	실 천
발견단계	찾기	지원체계 탐색	초점체계 구체화 • 개인체계 : 개인, 가족 큰아들은 많이 아프냐며 어머니를 걱정했고, 클라이언트에 대해 진정한 관심과 보호를 해왔음을 인정함. 작은아들은 재정적인 지원을 요구하지 않음 • 외부체계 : 이웃사람, 교회, 여동생 2명 • 지지체계의 잠재력이 존재하지만, 현재 완전히 활성화되어 있지는 못하다고 봄. 따라서 지지프로그램, 즉 병숙 님은 요양보호서비스를 건강공단에 신청을 하였고, 경수 씨는 사회복지시설과 연결시켜 줌. 재정적인 부분은 여동생 2명과 작은아들에게 함께 협조를 구함

		자원능력 분석	**내외부의 체계를 어떻게 연결시킬 것인가** • 병숙 님의 사고로 인하여 외부환경으로부터 고립되었다고 봄 • 외부세계와 단절을 가져왔지만, 아직 이 모자에게는 외부와의 재연결을 시도할 수 있는 잠재적인 힘이 있다고 봄 • 병숙 님으로부터 수집한 정보에 의하면, 과거에 삶의 예기된 변화에 잘 협상하고 적응해 왔음. 이러한 적응능력을 아직 발견되지 않은 병숙 님의 강점으로 봄 **사회복지사와 클라이언트 모자는 '함께' 수집한 정보를 분석** 경수 씨의 건강이 클라이언트에게 매우 중요한 요소임을 인정함. 또한 건강회복이 되지 않아서 재정적인 어려움을 겪고 있으며, 친척들과 이웃들의 지지가 그들 관계에 미치는 영향, 사회적 서비스에 접근이 부족함을 인정함. 이러한 모든 동의된 사항은 변화를 위한 전략으로서 초점이 맞추어짐
		해결점 형성	• 사회복지사는 이 모자와 함께 일할 수 있도록 안내하는 구체적인 목표를 세울 수 있도록 도움 • 종합사회복지관을 연계하여 후원자를 1인 연결함으로써 재정적인 어려움이 감소하였음. 또한 이전에 병숙 님이 이웃과 교회에 온정을 베풀며 살아왔기 때문에 교회와 이웃에서도 요양보호사가 파견되기 전까지 돌아가며 방문하여 가사일을 돌봐주기로 서비스망을 조정함 이러한 전 과정에서 사회복지사는 병숙 님과 함께 일함으로써 목적 달성을 위한 활동을 하고, 구체적인 목표를 만들어 나갔음

3단계 : 발달단계 – 강화하기〈실행, 평가, 종결〉

개입 과정	활동	전략/ 기법	실 천
		자원활성화	• 클라이언트는 상호 협력하는 파트너로서 함께 행동함. 사회복지사는 이용 가능한 자원에 대한 정보를 제공하였고, 이 모자는 그들이 선택한 서비스 이용에 대한 책임감을 가짐 • 목적 중 재정적인 지원이 가장 힘들었지만 이웃에 의해 클라이언트가 친정어머니를 9년간 지극정성으로 수발한 정보를 입수하고, 사회복지사는 클라이언트와 여동생과 함께 오빠에게 재정지원 협조를 요청함

발달단계	강화하기	기회확대	• 클라이언트는 요양 3등급 판정을 받아 재가방문 요양보호서비스를 통하여 하루에 4시간씩 요양보호사의 가사서비스를 받고 있음 • 교회의 집사님이 운영하는 정형외과에서 일주일에 한 번씩 물리치료를 받으며 회복단계에 있고 이동 시 차량은 교회에서 운행해 주고 있음 • 허리가 완전히 치료되지 않았지만 요양보호사의 교류와 외부와의 재연결을 통하여 다시 활력을 찾고 있으며, 요양보호사의 도움으로 교회에도 가끔씩 나갈 수 있게 되어 우울증세도 감소하고 있음. 재정지원도 친정오빠의 지원으로 재가급여의 개인부담금을 지속적으로 지원받기로 확답을 받음 • 경수 씨도 센터차량을 이용하여 지역의 사회복귀시설까지 교육을 받으러 나갈 수 있게 되었음
		성공인정	계획이 진행되는 동안 사회복지사와 클라이언트는 그들이 함께 만들어 낸 '진전'을 점검함. 그들의 지속적인 평가는 무엇이 일어났으며, 지속되어야만 하는지, 그리고 변화되지 않은 것은 무엇인지를 알 수 있도록 함. 이러한 평가를 통하여 사회복지사는 클라이언트가 경험한 성공을 인정함. 예전의 건강한 모습으로 돌아가지는 못했지만 우울증세도 감소하였고, 사회복지사의 만남에서 더 이상 도움을 요청하기보다는 변화된 경수 씨의 모습과 클라이언트의 안정을 보고함. 또 삶이 변화되는 과정을 겪는 동안 그들은 많은 장애물을 극복하였고, 그들 자신을 유지할 수 있는 힘을 갖게 되었음
		달성통합	공식적 · 비공식적 자원의 연결과 사회제도의 이용지원을 통하여 두 모자가 함께 긍정적인 변화를 보여 다 같이 해낸 기쁜 마음으로 종결하게 됨

CHAPTER 07

해결중심 모델

1. 주요 개념

1) 가족치료 패러다임의 변화

1980년대 포스트모더니즘(postmodernism)의 등장으로 가족치료는 문학, 예술 분야와 함께 패러다임의 변화를 겪게 되었다. 포스트모더니즘은 절대적 · 객관적 사실을 강조한 모더니즘에 대한 반응으로 생겨났다. 모더니즘이 본질주의, 보편주의, 이분법적 사고를 강조한다면, 포스트모더니즘은 다양성, 차이, 비본질적 주의를 강조한다(정문자 외, 2007). 포스트모더니즘은 현실이 개인의 관점에 따라 다르게 구성된다는 사회구성주의(social constructivism)와도 일맥상통한다. 이전까지 가족치료를 지배했던 체계론적 사고가 가족치료에서 구조적 · 객관적 측면에 초점을 맞춘 것과는 달리, 포스트모더니즘과 사회구성주의의 영향을 받은 후기 가족치료는 내담자의 주관적 현실세계와 언어적 상호작용에 따라 실재가 달라질 수 있음을 강조한다. 패러다임의 변화와 함께 후기 가족치료 모델로 등장한 것이 해결중심단기치료, 이야기치료 그리고 협동적 접근이다(정문자 외, 2008).

2) 해결중심단기치료의 발달

해결중심단기치료는 효과적인 치료기술이 무엇이며 치료회기에서 무엇을 해야 하는지를 알고자 했던 드 세이저(de Shazer), 버그(Berg) 그리고 동료들이 일방경 뒤에서 치료자의 기술을 관찰하고, 치료과정에 대해 관찰팀과 의논하면서 내담자가 도움이 된다고 한 것들을 탐색하고 발견하는 귀납적 과정을 통해 발전되었다(정문자 외, 2008).

일반적으로 전통적인 치료모델들은 내담자가 고통을 계속 겪고 있음에도 불구하고 내담자의 문제의 원인을 분석하고 설명하는 데 많은 노력과 시간을 들였다. 이 점에서 회의를 느낀 단기가족치료센터의 치료팀은 문제란 항상 일어나는 것이 아니고 적게 일어나거나 일어나지 않을 때도 있음에 관심을 두기 시작하였다. 그리하여 드 세이저와 버그, 동료들은 내담자의 문제를 발견하는 데 초점을 두기보다는 문제가 되지 않는 예외상황을 발견하는 데 더 주의를 기울이게 되었다(de Shazer, 1985).

연구팀은 내담자가 문제가 없었거나 적었던 경험을 잊어버렸거나 중요시하지 않음을 알게 되었다. 따라서 내담자들이 그들이 성공적 경험을 자각하고 이 경험을 더 많이 하도록 하여 더욱 행복하고 성공적인 삶을 살도록 돕기 시작하였다. 그뿐 아니라 이러한 해결책은 이미 내담자 자신들이 소유하고 있는 것이어서 이를 발견하여 반복적으로 사용하게 하는 것이 전혀 새로운 행동양식을 학습하게 하는 것보다 더 효과적이라는 것도 발견하게 되었다. 이런 방법은 노력이 적게 들 뿐 아니라 성공적인 행동을 반복하려는 마음을 더 갖게 하여, 결과적으로 짧은 시간 안에 행동이 변화하게 되므로 '단기'라는 이름을 붙이게 되었다(정문자 외, 2008).

3) 해결중심 모델의 기본 가정

해결중심 모델은 문제해결 과정에 있어 다음과 같은 몇 가지 기본 가정을 제시하고 있다(엄명용 외, 2005).

첫째, 기존 상담은 어떠한 문제에 대해 유일한 해결책이 존재한다고 보고 문제의 진단과 평가의 틀을 중시한다. 또한 문제에 대한 정보가 많을수록 유익하다고 보고 개인적 · 사회적 조사에 많은 시간을 들인다. 반면 해결중심 상담은 하나 이상의 해결책이 존재한다고 본다. 또한 내담자의 강점이나 예외상황에 대한 탐색이 문제해결능력을 향상시킨다고 보고 문제에 대한 조사는 최소화한다. 이처럼 해결중심 이론을 기반으로 한 개입과정에서는 문제내용 자체보다는 문제해결 방안과 새로운 행동유형을 시작하는 데 초점을 둔다. 즉, 문제의 원인과 문제의 발전과정에 관심을 두기보다는 해결방안 구축 과정에 초점을 둔다. 클라이언트가 문제원인에 대한 통찰력을 가질 필요는 없다.

둘째, 기존 상담에서는 상담자를 전문가로 보고, 전문가의 준거 틀과 내담자의 저항을 중시한다. 반면 해결중심 상담은 내담자 지향적인 접근방법으로 내담자를 자신의 문제에 대한 전문가로 보고, 내담자의 준거 틀을 중시하며 내담자의 저항이라는 개념 자체를 부정한다. 즉, 클라이언트는 자신이 무엇을 원하고 삶에서 어떤 변화가 일어나기 바라는지를 가장 잘 알고 있는 전문가(expert)이다. 클라이언트의 문제해결능력을 인정하고, 이를 중요시할 필요가 있다. 치료의 목적은 클라이언트가 원하는 것이어야 한다. 또한 해결중심 이론은 클라이언트의 잠재적인 변화욕구를 인정하고 중요시한다. 특히 이 이론에서는 클라이언트가 변화과정에서 저항을 보일 것이라고 간주하지 않는다. 클라이언트의 저항은 사회복지사의 해석이나 개입이 클라이언트에게 적합하지 않다고 생각하기 때문이다.

셋째, 해결중심 이론을 활용하는 사회복지사는 클라이언트를 변화시키는 전문가가 아니라 클라이언트의 변화에 도움을 주는 자문가(consultant)의 역할을 한다. 클라이언트와 함께 문제의 해결 가능성 및 기회를 파악하고, 탐색하며, 이를 공동의 노력으로 해결하도록 한다. 즉, 사회복지사의 역할은 클라이언트가 문제 해결을 위한 열쇠를 사용하도록 돕는 데 있으며, 자신이 이미 알고 있는 문제해결 방안을 생각해 내도록 돕는 역할을 한다. 사회복지사와 클라이언트의 관계는 협력적인 동료관계이다.

해결중심 모델의 기본 가정은 임파워먼트(empowerment)의 개념을 많이 내포하고 있으면서 강점에 초점을 두고 있다. 클라이언트의 자기결정권을 존중하며, 클라이언트의 잠재력 향상과 독특성을 인정한다(장인협 외, 2001).

4) 해결중심 모델의 주요 원리

해결중심 모델은 이론중심적이며 이론에 얽매이는 것은 거부하지만 해결중심적인 접근을 위한 7개의 원칙을 중요시한다(송성자, 1995).

(1) 병리적인 것 대신 건강한 것에 초점을 둔다

해결중심단기치료는 병리적인 것 대신 성공한 것과 성공하게 된 구체적인 방법을 발견하는 데 관심을 둔다. 내담자가 자기 문제를 다루는 데 있어서 내담자의 경험, 강점과 자원 그리고 능력에 일차적인 초점을 두며, 결함이나 장애는 되도록 다루지 않는다.

(2) 내담자의 강점, 자원, 심지어 증상까지도 발견하여 치료에 활용한다

잘못된 것이나 과거의 실패를 고치려고 노력하기보다는 과거의 성공이나 장점을 찾아내어 그것을 활용하고 확대시키는 것이 더 수월하다. 즉, 내담자가 바라는 결과를 성취하기 위해 내담자가 이미 가지고 있는 자원, 지식, 믿음, 행동, 사회적 관계망, 개인과 환경적 특성은 물론 내담자의 증상까지도 활용한다.

(3) 탈이론적 · 비규범적이며 내담자의 견해를 존중한다

경직된 사고의 틀과 이론은 상대방을 있는 그대로 이해하고 수용하는 데 걸림돌이 되기 때문이다. 또 다른 이유는 이론에 매이지 않는 학생들이 상담을 더 잘하며 해결중심단기치료를 더 잘 배우는 경향을 보이기 때문이다.

해결중심 모델은 내담자가 호소하는 불평과 내담자의 특성에 기초하여 개별화된 해결책을 발견한다. 이처럼 내담자의 의견과 관점이 액면 그대로 수용되므로 진정한 내담자 중심의 치료적 접근이 가능하다.

(4) 간단하고 단순한 방법을 일차적으로 사용한다

치료목표를 달성하기 위해 치료방법의 경제성을 추구한다. 내담자의 불평을 그대로 수용하고, 가장 단순하고 최소한으로 개입한다. 또한 문제가 복잡하기 때문에 해결방법도 복잡해야 한다는 가정은 잘못된 것으로 본다.

(5) 변화는 불가피하다

인간의 삶 속에서 변화는 끊임없이 일어나고 있는 하나의 연속적인 과정이며 안정은 착각에 불과하므로, 치료에서는 자연스럽게 일어나는 변화를 확인하고 그 변화를 해결책으로 활용할 필요가 있다.

(6) 현재에 초점을 맞추며 미래지향적이다

내담자의 과거를 깊이 연구하여 병리적인 면을 찾기보다는 내담자로 하여금 현재의 상황에 적응하며 변화의 가능성이 있는 미래에 관심을 두게 한다.

(7) 내담자와의 협력관계를 중요시한다

진정한 협력적인 치료관계는 내담자가 치료자에게 협력할 때뿐 아니라 치료자도 내담자에게 협력할 때 이루어진다고 믿기 때문에 치료자는 내담자가 치료에 협력할 수 있도록 의식적인 노력을 기울인다.

2. 개입 목표 및 과정

1) 내담자와의 관계 형성

치료상황에서의 관계란 일반적으로 치료자와 내담자의 관계를 의미한다. 내담자와 치료자와의 좋은 관계 속에서 내담자는 치료자와 함께 목표를 향해 협동적인 노력을 하게 된다. 이와 같은 치료자와 내담자의 상호작용이야말로 치료에서 실천노력의 핵심이며, 이에 관련된 지식기반은 치료과정의 전 영역에서 활용된다(이영분 외, 2001).

치료자와 내담자의 관계유형은 다음과 같다(Berg, 1989; de Shazer, 1988; Miller & Berg, 1991).

(1) 방문형

이 유형은 변화와 해결에 대한 기대나 소원이 적은 비자발적 유형이다. 이들은 자기가 치료자에게 와야 할 이유가 없다고 생각한다. 치료자에게 보내는 사람들은 선생님, 보호관찰사, 법원, 부모, 배우자 등이 있다. 문제 해결의 동기가 약하고 상담목표를 합의하기 어렵다. 상담사는 이들이 상담소에 찾아온 것 자체를 칭찬하고 따뜻하게 대하며, 이들의 어려움을 충분히 이해하고 있다는 것을 알린다. 드 세이저는 방문객에게 문제해결을 위해 어떠한 것을 하도록 요구해서는 절대로 안 되며, 방문객에게 많은 칭찬을 해주는 것이 클라이언트와 함께 계속 일하도록 하는 데 도움이 된다고 한다.

과 제 칭찬만 하고 과제를 주지 않는다.

(2) 불평형

문제행동을 보이는 다른 사람 때문에 자신이 희생되었다고 생각하고 자신의 힘든 점을 상담자에게 이해받기를 원한다. 즉, 문제로 인해 고통받고 있지만 해결책을 찾는 단계에서는 수동적이고 불분명한 반응을 보이는 것이 특징이다. 따라서 상담자는 내담자를 문제 해결을 위한 자원으로 간주하고, 이들이 자신의 역할을 변화시킬 수 있도록 유도한다. 방문형과 같이 많은 칭찬을 해주어야 하며, 방문형과는 달리 클라이언트가 쉽게 할 수 있는 간단한 관찰의 과제를 내어주는 것이 도움이 된다. 치료자는 불평이나 목표를 클라이언트와 함께 탐구하기로 협의하고, 그렇게 하기 위해서 의도적으로 해결책을 가져올 수 있는 새로운 관점을 찾아보도록 유도한다.

과 제 무언가를 관찰하라는 과제가 적당하다. 자신이 변화해야 한다는 의지는 적지만 다른 가족에게 기대하는 부분은 많으므로 많은 관찰을 하도록 한다.

(3) 고객형

클라이언트 중에 불평거리나 문제가 있음을 인정할 뿐만 아니라 그 문제나 불평거리를 해결하기 위해 어떠한 일이든지 하고자 하는 사람을 말한다. 이들은 어떠한 과제를 줄지라도 문제가 해결될 수만 있다면 기꺼이 수행하겠다는 의지가 있다. 클라이언트가 자기 자신과 관련되어 있는 치료목표를 표현하고, 자신의 행동을 변화시키기 위한 많은 방법을 제시한다. 고객형 클라이언트의 비율은 상대적으로 낮으며, 고객형 클라이언트가 되는 데에는 단계적인 과정이 필요하다. 자발적 유형으로 상담동기가 높아 쉽게 협력적 관계로 발전할 수 있다.

과 제 변화를 향해 행동으로 옮길 수 있는 과제를 준다. 해결책을 모색하고 그것을 수행하는 데 있어 적극적인 역할을 수행하게 되므로 자기결정을 증진시키기 위해서 과제에 충실할 것이다.

초기 관계 형성을 위한 질문의 예

① 일반적인 질문내용 : 이름, 가족관계, 직업, 사는 지역, 교통편 등에 관한 질문과 관심 표현
② 긍정적이고 성공적으로 성취한 것에 관한 질문과 관심 표현
- 학교에서 좋아하는 학과목, 친구관계, 취미, 관심을 가지고 있는 것 등
- 성공적으로 성취한 것, 보람이 있었던 것

③ 원하는 것과 상담에 대한 기대

출처 : 정문자 외(2008).

2) 첫 회 상담 구성과 치료적 과업

일반적으로 처음 내담자가 치료에 오게 되면 상담실에서 준비된 접수지에 기록을 하게 된다. 그 후에 치료자가 내담자에게 치료의 진행방법과 절차에 대해 설명하는 것으로 치료는 시작된다(de Shazer et al., 1986).

① **상담 구조와 절차 소개** : 내담자에게 상담과정과 일방경 뒤의 자문팀에 대한 간단한 설명 후 녹음이나 비디오 녹화에 대해 허락을 구한다(여건이 되는 경우). 치료자는 내담자에 대한 선입견을 최소화하기 위해 최소한의 정보만을 얻는다.

② **문제 진술** : 내담자가 겪는 어려움에 대해서 구체적이고 상세하게 질문한다. 이는 내담자의 문제를 파헤치려는 것이 아니고 문제를 근거로 어떤 도움을 줄 수 있는가를 알아보기 위한 것이다. 이는 내담자의 문제 진술을 목표로 전환할 수 있는 기회가 되기도 한다.

③ **예외 탐색** : 문제가 일어나지 않을 때 어떤 일이 일어나는지, 가족이 어떻게 예외가 일어나게 하는지를 찾는다. 내담자가 효과적인 무엇인가를 하고 있다는 것을 알게 되면 문제 해결을 위한 개입계획을 세울 수 있다.

④ **치료목표 설정** : 치료의 목표를 구체적으로 설정하는 일은 내담자의 성장과 변화, 즉 치료의 효과성을 측정할 수 있는 기초를 준비하는 것이다.

⑤ 해결책 정의 : 치료자는 내담자에게 문제가 해결되었는지를 어떻게 알 수 있는지에 대해 이야기하는 것이 바람직하다. 치료목표는 상호 간의 대화를 통해 문제가 없는 상황에 초점을 두는 것이다.

3) 목표설정

해결중심 이론을 활용하는 치료자는 상담의 목표를 잘 정의하는 것이 중요하다. 목적이 잘 정의되어 있다는 것은 치료자와 내담자가 내담자의 목표를 달성하기 위해 노력하는 것을 의미하고 상담의 종결시기를 알 수 있도록 하며 그 결과를 측정할 수 있도록 한다. 잘 정의된 목표는 긍정적이고 과정의 형태로 이루어지며 지금-여기(here and now)에 초점을 맞추고 가능한 한 구체적이다. 목표의 설정 과정은 상담을 문제-해결의 구조에서 내담자의 삶이 문제에서 벗어난 가설적인 이야기로 전환시킨다. 목표설정은 내담자가 이전과 다르고 좀 더 바람직한 방향으로 자신의 삶을 경험할 수 있도록 하는 의미를 포함하고 그 가능성을 높이는 과정이다.

목표의 설정 과정에서 치료자는 네 가지 영역을 다루는데 ① 내담자가 상담을 통하여 원하는 것이 무엇이라고 말하는가?, ② 내담자가 원하는 것이 그들에게 어떻게 변화를 줄 수 있는가?, ③ 내담자가 자신이 원하는 것을 위해 노력하고 있다는 것을 어떻게 알 수 있는가?, ④ 내담자는 그들이 지금 원하는 것을 어떻게 경험하고 있는가?가 이에 포함된다(Peller & Walter, 1998). 이러한 목표 설정은 특히 내담자에게 중요한 것을 목표로 설정하고 작고 구체적이며 행동적인 것을 목표로 설정할 필요가 있다. 나아가 내담자가 가지고 있지 않은 것보다 가지고 있는 것에 관심을 둘 필요가 있으며 목표를 문제해결 과정의 마지막이라고 보기보다는 시작으로 간주하는 것이다(송성자, 1995).

목표설정의 원칙은 다음과 같다.

① 클라이언트에게 중요한 것을 목표로 하기

치료목표가 클라이언트에게 중요할 때 목표를 성취하기 위해 더 노력하게 된다. 클라이언트에게 중요한 것과 치료에서 성취하기를 원하는 것을 분명히 하는 것은 치료자가 목표설정을 명확히 하는 데 도움이 된다.

② 작은 것을 목표로 하기

목표를 성취하는 것은 클라이언트에게 성공하고 있다는 감정을 주고 희망을 갖게 하며, 변화하고자 하는 동기를 증가시킨다.

③ 구체적이고 명확하며, 행동적인 것을 목표로 하기

애매모호한 목표 설정의 문제는 치료과정이 이루어졌는지를 파악하기가 불가능하다. 분명하게 설정된 목표는 클라이언트가 목표를 성취하기 위하여 좀 더 필요한 것을 파악하는 데 도움이 된다.

④ 없는 것보다는 있는 것에 관심을 두고 긍정적으로 표현하기

목표는 클라이언트가 하지 말아야 하는 것 대신에 해야 하는 것에 관하여 긍정적이고 보호적으로 설정되어야 한다.

⑤ 목표를 중시하기보다는 시작으로 간주하기

치료자는 클라이언트의 목표를 수용하면서 원하는 결과를 성취하기 위하여 처음 단계에서 필요한 것을 명확하고 구체적으로 설명해야 한다.

⑥ 클라이언트가 성취 가능한 현실적인 것을 목표로 하기

대부분의 클라이언트는 치료를 위해 자신의 목표가 성취 불가능한 것을 이미 알고 있거나 재조정하고, 좀 더 현실적인 것으로 바꾸기 위해 협상하기도 한다.

⑦ 목표 수행을 힘든 것으로 인식시키기

목표를 성취하는 것이 어렵다는 말은 클라이언트가 성취할 수 없는 상황에서 클라이언트의 존엄성을 보호해 주는 것이다.

4) 메시지 작성과 전달, 과제 부여

해결중심 이론에서 치료자는 상담을 잠시 중단하고 뒤편으로 물러나 짧은 시간을 이용하여 메시지를 준비한다. 이는 치료자가 내담자에게 즉각적으로 반응하는 것으로부터 벗어나 객관적인 사고를 통해 상담과정에서 내담자와 치료자가 나눈 이야기를 정리하고 내담자가 치료자의 메시지를 수용할 수 있는 방법으로 내담자의 상황 변화에 도움을 줄 수 있는 메시지를 준비하는 것이다. 치료자가 함께 일하는 치료팀이 없는 경우에도 치료자는 상담시간 도중에 잠시 중단하고 치료과정을 검토하면서 적절한 메시지와 과제를 준비하는 것이 효과적이다(엄명용 외, 2005).

(1) 메시지 작성과 전달

치료자는 메모지에 기록한 내용을 천천히 신중하게 읽고 설명하면서 전달한다. 이때 치료자는 메시지 내용이 내담자에게 도움이 되고 좋은 것임을 알게 해야 하고 칭찬을 할 때에는 관계성과 근거를 가지고 해야 한다. 치료자는 내담자의 목표에 동의하고 긍정적인 방법으로 말한다. 또한 치료자는 내담자가 적절한 시기에 치료를 받으러 왔음을 강조하고 목표를 성취하는 것이 매우 힘든 것이라는 점을 지적한다. 나아가 치료자는 내담자에게 잠재적인 능력과 가능성이 있음을 강조한다. 메시지를 작성, 전달하는 방법에는 ① 내담자가 이미 실시하고 있는 것이 내담자에게 도움이 되고 좋은 것임을 알게 하고, ② 가능한 한 내담자가 사용한 단어를 사용하여 내담자의 협조를 증가시키며, ③ 치료자는 내담자의 목표에 동의하고, ④ 적절한 시기에 도움을 받으러 왔으며 목표 성취가 어려울 것이라는 점을 인식할 수 있도록 도우며, ⑤ 명확하게 하고, 가장 변화 가능한 가족원을 중심으로 실시하도록 과제를 줄 것 등이 포함된다(송성자, 2003).

메시지 전달의 예

- ❑ 자녀를 다루는 방법을 알고 있다. 매우 좋습니다. 굉장하네요. 어머나! 와!
- ❑ 잔소리하지 않고 소리 지르지 않는 것은 매우 힘든 일이지만 매우 중요한 일입니다. 그리고 그와 같은 노력은 본인은 물론 모든 가정에게 도움이 되는 일입니다. 다행히도 당신은 남편과 자녀들을 사랑하고 가족을 위해 도움이 되는 것은 무엇이든 하려고 합니다.
- ❑ 당신은 치료를 받아 변화하고 있다는 것을 남편이 알도록 하였고, 남편의 좋은 반응을 잘 관찰하였고, 남편에게 긍정적인 반응을 하였다는 것은 실천력과 예리한 관찰력을 가지고 있다고 볼 수 있습니다.
- ❑ "아주 좋습니다"라고 말하는 대신에 "그것이 좋다는 것을 어떻게 알았습니까?", "아들에게 도움이 될 것이라는 것을 어떻게 파악하였습니까?"라고 질문한다.
- ❑ "우리는 오늘 하신 말씀에 공감을 합니다. 문제가 매우 심각하고 어려운 일이기 때문에…", "한편으로는 실제 행동을 해야 할 것 같고, 다른 한편으로는 좀 더 깊게 생각해야 할 것 같습니다."

(2) 과제 부여

치료자는 내담자에게 생각, 관찰, 확인, 작은 것 행동하기 등과 같은 과제를 줄 수 있다. 이때 과제는 항상 잠재적인 문제나 해결해야 하는 문제가 해결되는 방향으로 이끄는 것이 좋다.

관찰과제의 예

"오늘부터 우리가 다시 만날 때까지 상황이 보다 나아졌을 때를 잘 살펴보십시오. 특히 그런 때는 무엇이 다른지, 그러한 상황이 어떻게 일어나는지, 다시 말해서 그러한 상황이 일어나도록 하기 위해 누가 무엇을 하는지 잘 살펴보시고 다음에 저에게 말씀해 주시기 바랍니다."

행동과제의 예

"어머니께서는 어떻게 해야 딸을 이해시킬지를 잘 아시고 대화하셨군요. 지혜가 많으신 분입니다. 다음에 오실 때까지 어머니께서 어떻게 하면 딸이 엄마를 인정해 줄지를 잘 생각해 보시고 혹시 그중 하나라도 할 수 있으면 해보시고 오세요."

5) 첫 회기 이후의 상담

긍정적인 변화를 확인하고 이를 유지 · 확장시키는 데 초점을 둔다. 개선된 것들과 긍정적 변화를 확인하기 위한 질문과 지지와 격려, 과제 주기 등의 전략을 사용한다. 변화를 추적해 나가기 위한 질문은 다음과 같다.

① 지난번 치료 이후 변화한 것을 질문한다(변화 끌어내기).
② 긍정적인 변화에 대해 자세하고 구체적으로 질문(언제, 누가, 어디에서, 무엇을, 어떻게)한다.
③ 긍정적인 변화에 대해 언어적 · 비언어적으로 인정해 주고 가치를 확인하고 칭찬한다.
④ 자신감, 동기, 진행과정, 희망, 변화, 개선의 정도에 대해 질문하고 계속 실현 가능한지 질문한다.

악화되는 경우에는

- 나빠진 상황과 대처방법에 관하여 질문하고 작은 성공경험과 해결책을 발견한다.
- 치료간격을 늘려 극복시간을 주거나 시간을 바꿔본다.
- 가족과의 관계유형과 치료목표를 검토하고 고객형 관계로 발전시킨다.
- 개선된 점, 달라진 점, 예외상황, 노력방법, 배운 점 등을 확인한다.

3. 개입기술

1) 치료자의 '알지 못함'의 자세

'알지 못함'의 자세란 치료자가 내담자에 대해 아는 바가 없기 때문에 내담자에게 알려 달라는 것으로, 불확실성의 태도로 치료적 질문과 새로운 생각을 내담자에게 제공하는 것을 말한다.

그러므로 치료자는 진실한 호기심을 가져야 하고 내담자가 변화되어야 한다고 생각하거나 기대하기보다 내담자의 행동과 말에 대해 보다 많이 알고 싶어 하는 의향을 보여야 한다. 치료자는 내담자로부터 항상 '더 많은 정보를 얻고자 하는' 자세를 취하는 것이 중요하다. '알지 못함'의 자세에서 나오는 대화적 질문은 가족이 '아직 말하지 못한 것'을 말해도 괜찮겠다고 안전하게 느끼는 시작점을 만들 수 있으며, 정서적 · 내면적 차원의 억압을 제거할 수 있도록 돕는다. 일단 이와 같은 가족의 억압이 제거되면 새로운 의미와 새로운 이야기들이 만들어질 수 있고, 이러한 것들이 가족으로 하여금 극적인 변화를 가져오게 할 수 있다(De Jong & Berg, 2001; 노혜련 · 허남순 공역, 2004).

2) 기본적인 면접기술

〈표 7-1〉 기본적인 면접기술

경 청	치료자가 내담자의 이야기를 주의 깊게 들으면서 내담자가 중요하게 여기는 사람은 누구이며 내담자가 원하는 것이 무엇인지를 알아내는 기술이다.
치료자의 비언어적 행동	내담자는 치료자의 언어적 반응뿐 아니라 비언어적 행동을 보고 치료자가 자신의 말을 진지하고 주의 깊게 들으며 자신을 존중해 주는지를 판단한다. 일반적으로 비언어적인 행동이 언어보다도 의사소통의 전달력이 크므로 치료자는 자신의 언어와 비언어를 일치시키도록 한다.
내담자가 사용하는 핵심 용어의 반복	내담자는 자신의 준거 틀을 전달하기 위해 일차적으로 언어를 사용한다. 그러므로 내담자가 사용하는 용어에 대한 경청과 탐색은 내담자의 준거 틀을 알 수 있게 할 뿐 아니라 해결책 구축에도 결정적인 역할을 한다.

	내담자가 "내 생활은 엉망진창입니다"라고 말할 때 그 의미를 좀 더 알고 싶다면 치료자가 "엉망진창?" 하며 그대로 모방하여 말할 수도 있고, "엉망진창이라고 하신 말이 무슨 의미이지요?"라고 물어볼 수도 있다. 이때 대부분의 내담자는 그러한 용어를 사용해야 했던 자신의 생활사에 대해 좀 더 이야기할 수 있다는 신호로 받아들인다.
개방형 질문의 사용	개방형 질문은 내담자의 인지영역을 확대시켜 주며 내담자의 태도, 사고, 느낌에 대해 이야기하게 하는 반면, 폐쇄형 질문은 내담자의 초점을 한정시키고 사실에 대한 답만을 요구하는 경향이 있다. 또한 개방형 질문은 내담자의 준거 틀을 보다 많이 반영하나, 폐쇄형 질문은 치료자의 준거 틀을 더 반영한다. 〈개방형 질문〉 • ㅇㅇ씨는 부모님의 어떤 점들이 마음에 드십니까? • 만약 ㅇㅇ씨가 부모님과의 관계가 좋아진다면 무엇이 어떻게 달라질까요? 〈폐쇄형 질문〉 • ㅇㅇ씨는 부모님이 ㅇㅇ씨와 대화하는 방식이 마음에 드십니까? • ㅇㅇ씨는 부모님과 관계가 좋아질 것으로 봅니까?
요 약	요약은 치료자가 내담자의 이야기를 주의 깊게 경청하고 있을 뿐 아니라 내담자의 말을 정확하게 듣고 있다는 것을 확인시켜 준다.
쉽고 간략한 설명	내담자의 견해를 축약시키고 명료화함으로써 이야기된 내용의 본질을 내담자에게 피드백하는 것이다. 쉽고 간략한 설명은 요약보다 간결하나 요약처럼 내담자의 핵심용어를 사용하는 것이 중요하다. "선생님은 요즘 부모님과의 관계에서 생기는 일들이 마음에 들지 않아서 무언가를 좀 하시고 싶은 건가요?"
침묵의 사용	내담자의 침묵의 의미는 다양하다. 때로는 내담자가 자신의 생각을 정리하고 있는 중이기 때문에, 때로는 자신이 설명한 상황에 대해 혼란스럽거나 화가 나 있기 때문에, 때로는 치료과정에서 잠깐 '휴식'을 취하고 있기 때문일 것이다. 따라서 치료자는 내담자의 침묵을 존중하여 기다려 주는 것이 중요하다.
내담자의 비언어적 행동에 대한 주목	내담자도 치료자와 마찬가지로 비언어적인 의사소통을 사용하기 때문에 치료자는 내담자의 미소, 의자에 축 늘어져 있는 자세, 깊은 한숨, 어조의 변화 등의 변화에 주의를 기울여야 한다.
치료자의 자기 개방	해결중심적 접근에서는 치료자가 내담자에게 자신의 경험을 이야기하는 것을 권장하지 않는데, 내담자가 자신의 고유한 해결책을 구축해 나가는 데 방해가 된다고 보기 때문이다. 해결책을 찾기 위해서는 가능한 한 내담자의 준거 틀과 과거 경험을 알아보는 것이 필요하다고 본다. 그러나 상담에 대한 내담자의 경험을 이해하고 내담자의 자기 삶에 대한 지각을 명료화하는 데 도움이 되는 경우 치료자의 견해를 내담자에게 말하는 것이 필요할 수도 있다.

'과정'에 대한 주목	과정이란 내담자가 정보를 표출하는 방법으로 내담자가 이야기할 때 보여주는 감정이나 표정 등을 말한다. 때때로 내담자의 내용과 과정이 일치되지 않는 경우가 있는데, 이 경우 요약이나 치료자의 자기 개방을 통해 지적할 수 있다.
칭 찬	칭찬은 내담자에게 친절하거나 잘해주기 위해 하는 것이 아니며, 내담자가 말이나 '과정'을 통해 전달한 것을 근거로 해야 하며 '현실에 기초한 것'이어야 한다.
내담자의 지각에 대한 확인	치료자는 내담자 문제의 성격, 문제해결을 위해 시도한 노력, 자신의 삶 속에서 달라지기를 원하는 것, 문제해결을 위해 효과가 있었거나 없었던 것 등에 대해 내담자가 가지고 있는 '지각'에 관해 물어볼 필요가 있다.
공 감	치료자가 내담자와 의사소통하는 것을 인지적으로 이해하는 것에 그치는 것이 아니라 내담자의 감정과 사고를 가슴으로 '이해'하는 것을 의미한다.
내담자에게 초점 돌리기	치료자는 무기력한 내담자를 북돋워 주기 위해 그가 자신의 상황이나 다른 사람에 대해 가지고 있는 불평에 대해 '이 상황에서 무엇이 달라지기를 원하는지' 그리고 '그 자신은 그 해결책에 어떻게 참여할 것인지'를 질문함으로써 내담자의 시각을 전환하도록 한다. 드 세이저는 이러한 과정을 '문제중심적 대화에서 해결중심적 대화로의 전환'이라고 하였다.
'해결중심적 대화'의 확대	'해결중심적 대화'란 치료자와 내담자가 자신의 생활에서 달라지기를 원하는 것과 그러한 일이 일어날 가능성에 초점을 두는 것이다. 해결중심적 대화의 확대를 위해서 상담 초기에 내담자의 문제가 무엇인가, 내담자가 바라는 것이 무엇인가, 그러한 일이 일어난 적이 있는가, 그리고 그러한 일이 일어날 가능성은 어떠한가에 대해서 자세하게 이야기할 때, 내담자는 더욱 희망을 갖게 되고 문제해결의 가능성에 대해 자신감을 갖게 된다.

출처 : 정문자 외(2008).

3) 해결중심으로 이끄는 질문

해결중심 모델에서 상담자와 내담자는 상호 신뢰와 협동에 근거한 치료적 단위로 간주된다. 면담에서 문제에 대한 내담자의 견해나 잠재적 해결능력이 변화할 수 있으므로, 문제를 보는 내담자의 시각에 영향을 주어 해결로 이끄는 유용한 질문들이 개발되어 왔다(De Jong & Berg, 2001; 노혜련 · 허남순 공역, 2004; 정문자 외, 2008).

(1) 첫 상담 이전의 변화에 대한 질문

여러 연구에 의하면, 내담자가 치료약속을 한 후 치료를 받으러 오기 전에 문제상황에 중대한 변화가 생긴다는 것이다. 그러나 그런 변화를 내담자가 직접 보고하는 경우가 드물기 때문에 상담자는 어떤 변화가 있었는지에 관해 질문할 필요가 있다.

면담 전에 긍정적인 변화가 일어났다면 내담자가 보여준 해결능력이 무엇인지 파악하여 인정하고 지지함으로써 강화한다.

첫 상담 이전의 변화에 대한 질문 예

① 전화로 약속하고 오늘 여기 오기까지 어떤 변화가 조금이라도 있었습니까?
② 말씀을 들으니 변화가 있었는데 어떻게 그렇게 했습니까?
③ 그런 방법을 계속 사용하면 무엇이 달라질까요?

(2) 예외질문(Exception-finding Question)

해결중심적 접근에서는 한두 번의 중요한 예외를 찾아내서 계속 그것을 강조하면서 내담자의 성공을 확대하고 강화시켜 준다. 예외적인 상황을 찾아내어 그것을 밝히고 내담자가 가지고 있는 자원을 활용하여 내담자의 자아존중감을 강화하는 것이다. 예외질문법은 문제에 대한 예외를 찾아내고 무엇이 다른가를 발견하고 예외를 치료목표와 연관시켜 예외를 구성할 수 있다(Berg, 1994).

예외질문의 예

① 문제가 발생하지 않은 것은 언제였습니까?
② 어머니의 강점과 자원은 무엇입니까?
③ 문제가 발생하는 상황과 발생하지 않는 상황에 어떠한 차이점이 있습니까?
④ 문제가 발생하지 않을 때 무엇을 하십니까?
⑤ 남편의 강점은 무엇입니까?
⑥ 최근에 보람된 일이 있었다면 무엇입니까?
⑦ 문제를 성공적으로 극복한 경험에 대해 말씀해 주시겠습니까?

(3) 기적질문(Miracle Question)

문제를 감소하거나 제거하기보다는 문제가 해결된 상태를 떠올려 봄으로써 내담자가 바꾸고 싶어 하는 상황을 스스로 표현하게 하여 문제에 대한 몰두에서 탈피하도록 한다. 이로써 내담자는 문제중심 영역으로부터 해결중심 영역으로 들어가고, 바뀐 현실을 상상하며 희망을 갖게 된다(De Jong & Berg, 2001).

기적질문의 예

밤에 잠자는 동안에 기적이 일어나 지금 상담목표로 하는 문제가 해결되었다고 상상합시다. 그러나 잠자는 동안에 기적이 발생하여 무슨 일이 생겼는지 아무도 모릅니다. 아침에 눈을 떴을 때 남편이 당신의 어떤 모습을 보면 지난밤 동안 기적이 발생했다고 생각하겠습니까?

① 어머니는 처음에 무엇을 보면 기적이 일어났다고 생각하시겠습니까?

② 가족에게 기적이 일어나 아주 행복해진 모습을 상상해서 설명해 주십시오.
모든 가족들이 함께 있을 수 있는 시간에 각자가 무엇을 어떻게 하고 있을 것인지 구체적으로 설명해 주십시오.

③ 기적이 일어나서 모든 문제가 해결되었을 때 어머님은 무엇이 달라질 것이라 생각하십니까?

④ 어머니가 변화한 것을 다른 가족들은 무엇을 보고 알 수 있습니까?

⑤ 최근에 언제 부인을 도우셨습니까? 얼마나 자주 부인을 돕습니까?

⑥ 그러한 행동을 계속해서 하려면 어떻게 해야 합니까?

(4) 척도질문(Scale Question)

내담자에게 자아존중감, 치료에 대한 확신 등을 수치로서 표현할 수 있도록 한다. 척도질문을 통해서 내담자가 느끼는 정도가 어느 정도인지 보다 정확하게 파악 가능하고 구체적인 정보를 얻을 수 있다. 다만, 초점을 과거에 두기보다 현재와 미래에 두는 것이 좋다(Berg & Dolan, 2001).

척도질문의 예

① 문제해결의 전망과 관련된 척도질문
- 1점부터 10점까지 있는 척도에서 10점은 문제가 해결되었다고 확신하는 것을 말하고 1점은 문제가 가장 심각할 때를 말합니다. 오늘은 몇 점에 해당합니까?
- 문제가 해결될 가능성은 몇 점이라고 생각하십니까?
- 오늘의 상태가 4점이라고 했는데 무엇이 달라지면 5점이 될 것 같습니까?
- 남편이 여기 있다면 이 문제가 해결될 가능성을 몇 점이라고 하겠습니까?
- 목표가 7점이라고 했는데 7점의 상태는 어떤 것입니까?

② 동기에 관련된 척도질문
- 최선을 다해 노력하는 것을 10점, 노력하지 않은 것을 1점으로 할 때에 문제해결을 위해 몇 점쯤 노력할 수 있겠습니까?
- 남편은 당신이 몇 점 정도 노력할 것이라고 말하겠습니까?
- 1점을 높이기 위해 무엇을 다르게 행동하겠습니까?
- 어머니는 당신이 1점 높이기 위해 무엇이 필요하다고 말씀하실까요?
- 어머니는 무엇을 보면 당신이 1점 향상되었다고 생각하실까요?

③ 자기존중 감정에 관련된 척도질문
- 10점을 당신이 이상적으로 생각하는 상태라고 하고 1점을 최악의 상태라고 한다면 지금 당신의 상태는 어느 정도입니까?
- 1점이 향상되었을 때 어머니는 당신에게서 무엇이 달라졌다고 하실까요?
- 당신이 1점 향상된 것을 어머니가 아신다면 어떻게 다르게 반응하실까요?

④ 진전상태를 평가하는 척도질문
- 10점을 상담목표가 성취된 상태라고 하고, 1점을 상담받으러 왔을 당시의 상태라고 한다면 오늘의 상태는 몇 점이겠습니까?
- 1점을 높이기 위해 무엇을 다르게 행동해야 하겠습니까?
- 1점이 올라간다면 누가 변화를 가장 먼저 알 수 있겠습니까?
- 어머니가 당신의 변화를 안다면 당신에게 어떻게 다르게 행동하실까요?

⑤ 관계를 평가하는 척도질문
- 당신은 결혼을 지속하길 원하는 정도가 몇 점입니까?
- 남편은 결혼생활을 지속하고 싶은 정도가 몇 점이라고 생각하겠습니까?
- 남편은 당신이 결혼을 지속하길 원하는 정도가 몇 점이라고 말하겠습니까?
- 결혼생활을 유지하기 위해 노력한 것은 몇 점 정도입니까?
- 현재의 관계를 4점 정도라고 한다면 무엇이 달라지면 1점이 올라가겠습니까?

(5) 대처질문(Coping Question)

자신의 미래에 대해 아무런 희망이 없는 부정적인 상황으로 인식하는 내담자에게 주로 사용한다. 이 질문은 내담자에게 위기상황에서 대처해 온 방법을 알게 하고, 그것을 강화·확대함으로써 자신이 문제상황에 대처할 수 있는 능력이 있다는 것을 느끼게 하고 힘과 용기를 가지도록 한다.

대처질문의 예

① 어머니 말씀대로 아주 힘든 상황 속에서 그렇게 고생을 하면서도 자녀들이 건강하게 성장할 수 있도록 잘 돌보았는데 어떻게 그렇게 하실 수 있으셨습니까?
② 그와 같이 대처하면 도움이 될 것이라는 사실을 어떻게 아셨습니까?
③ 어머니는 대단한 의지력과 강한 책임감이 있고 극한상황에 대처할 수 있는 지혜가 많습니다. 이러한 것을 누구에게서 배우셨습니까?
④ 역경을 극복한 경험이 자신과 자녀들에게 어떻게 도움이 될 것 같으십니까?
⑤ 어떻게 모든 것을 포기하지 않고 오늘까지 지탱해 오셨습니까?
⑥ 자살을 시도한 것이 어떻게 도움이 되셨습니까?
⑦ 계속 술을 마시는 것이 어떻게 도움이 되셨습니까?
⑧ 지금까지 지탱하도록 한 힘은 무엇입니까?
⑨ 지금까지 해온 것을 유지하기 위해 무엇을 해야 합니까?

(6) 관계성 질문(Relationship Question)

내담자와 관계를 맺고 있는 사람들에 대한 질문이다. 자신에게 중요한 누군가가 자신을 어떻게 보고 있을까 생각하게 함으로써, 타인의 관점으로 자신을 보게 한다. 내담자는 자신의 희망, 힘, 한계, 가능성을 지각하여 이전에는 없었던 가능성을 만들어 낼 수 있다.

관계성 질문의 예

① 남편이 여기에 있다면 부부관계에서 어떠한 점이 변화되면 부부관계가 회복되는 데 도움이 될 것이라고 말을 하시겠습니까?
② 남편의 입장에서는 결혼생활을 지속하려는 의지가 몇 점이라고 할 수 있습니까?
③ 어머니가 아들에게 잔소리하는 대신에 조금이라도 노력하고 변화한 것을 관찰하여 지적하고 칭찬한다면 어떻게 반응하시겠습니까?
④ 아들이 아침에 일찍 일어난다면 어머니는 어떻게 반응하시겠습니까?
⑤ 남편은 아들이 상담을 통하여 무엇이 가장 변화되었다고 말을 하십니까?
⑥ 부인은 부부관계가 5점으로 회복되었다고 보는데 남편은 몇 점으로 회복되었다고 보십니까?
⑦ 남편은 무엇을 근거로 7점으로 설정한 목표가 성취되었다고 보십니까?

(7) 악몽질문

해결중심 치료에서는 유일하게 부정적이며 문제중심적인 질문이다. 단, 면담 전 변화에 대한 질문, 예외질문, 기적질문 등이 효과가 없어서 내담자에게 더 나쁜 일이 일어나야만 자신이 스스로 문제해결을 위해 노력을 할 거라 믿고 있음이 판단될 때 사용한다(정문자 외, 2008).

악몽질문의 예

① 오늘 밤에 잠자리에 들었다고 가정해 봅시다. 한밤중에 악몽을 꾸었어요. 오늘 여기에 가져온 모든 문제들이 갑자기 더 많이 나빠진 거예요. 그것이 바로 악몽이에요. 그런데 이 악몽이 실제로 생긴 거예요. 내일 아침에 무엇을 보면 악몽 같은 인생을 살고 있다는 것을 알 수 있겠습니까?
② 어떻게 더 나빠지지 않았습니까?
③ 더 나빠지지 않도록 무엇을 했습니까?
④ 그렇게 하는 것이 도움이 될 것이라고 어떻게 아셨습니까?
⑤ 상황이 어떻게 변화되기를 원하십니까?

(8) 간접적인 칭찬

"어떻게 그렇게 하실 수 있으셨어요?"라는 식으로 말함으로써 질문이 아니라 간접적으로 칭찬을 하는 것이다. 내담자의 긍정적인 측면이나 강점, 자원을 스스로 발견하도록 함으로써 직접적인 칭찬보다 더욱 효과가 있다.

간접적인 칭찬 질문의 예

① 어떻게 아들을 그렇게 건강하게 키울 수 있었습니까?
② 만약 제가 이런 질문을 자녀들에게 한다면 무엇이라고 대답하겠습니까?
"너의 엄마가 좋은 엄마가 되기 위해 어떻게 한 것 같니?", "엄마가 지금까지 희생적으로 가정을 지킨 것에 대하여 너희들은 어떻게 생각하니?"
③ 자녀가 충동적으로 행동할 때 흥분을 가라앉힌 이후에 조용히 이야기하는 것이 서로에게 도움이 된다는 것을 어떻게 알 수 있었습니까?

(9) "그 외에 또 무엇이 있습니까?"

내담자의 장점, 자원, 성공적 경험 등 긍정적인 측면에서 예외를 더 찾아내는 질문이다.

'그 외에 또 무엇이 있습니까?' 질문의 예

① 지난번 상담 이후 아주 조금이라도 변화한 것이 또 무엇이 있었습니까?
② 또 다른 좋은 생각이 없습니까?
③ 이전에 말한 것과 연결시켜서 또 다른 변화로는 무엇이 있습니까?

4. 모델의 적용

1) 유용성

해결중심 모델은 인간에 대한 긍정적인 철학을 가지고 있으며, 근본적으로 모든 클라이언트는 자신의 문제를 해결할 수 있는 능력을 가지고 있다는 사실을 믿는 신념을 가지고 있다.

해결중심 모델은 개인과 가족 모두에게 사용되며, 비자발적인 클라이언트와의 활동에도 적용될 수 있다. 해결중심 모델은 단기치료의 접근방법이면서 장기치료와 비슷한 치료의 효과가 있다. 단시간에 더 효과적인 문제해결을 할 수 있으며 내담자 중심의 관계 및 협조를 활용하고 내담자의 장점을 파악한다는 점에서 유용성을 지닌다. 내담자의 과거와 문제에 얽매이는 것이 아닌 내담자의 미래와 가능성에 초점을 두는 것은 내담자의 자신감 부여에 도움이 될 수 있다.

사회복지사가 느끼는 책임감과 부담감이 상대적으로 적고, 클라이언트가 후퇴하거나 악화되어도 노력 부족으로 생각하고 좀 더 노력하거나 다른 방법을 시도하도록 돕기 때문에 사회복지사와 클라이언트가 다시 노력할 가능성이 많다(송성자, 1995).

1990년대에는 지역사회의 정신건강센터, 개인상담소, 정신병원을 비롯하여 전통적인 정신건강치료를 하는 다양한 환경에서 해결중심 모델을 적용하게 되었고, 근래에는 왕따문제, 역기능 가정문제, 재난이나 외상 문제 등 학교의 다양한 임상문제에 해결중심 모델이 적용되고 있다. 또 해결중심 모델의 특징인 '장점중심 원리'를 적용하여 기업들에서도 많이 이용하고 있다.

이처럼 해결중심 모델은 국내 상황에 적합한 대안적 모델로 볼 수 있다. 특히 지금까지 가족치료가 이루어진 곳은 주로 정신장애인 가족을 대상으로 병원 내에서 이루어졌으나, 해결중심단기가족치료는 사회복지관에서도 실천할 수 있다는 점이다.

2) 한계점

해결중심 이론에 근거한 접근방법은 치료자가 내담자와 대화를 나누는 철학적인 접근방법으로 보아야 한다. 그러나 치료자 중에는 여러 기법의 배합 혹은 절충주의적 접근으로 보는 경향이 있다. 일부 치료자들은 해결중심 이론에 기초한 접근방법을 문제의 원인을 해결하기 위한 기법보다는 임시대응적인 응급기법으로 여기기도 한다.

단시간에 효과적인 문제해결을 가져올 수 있을 거라 생각되지만 치료자들은 이 모델을 적용하는 데 많은 시간과 노력이 필요하며, 내담자의 과거에 초점을 두지 않는다고는 하지만 내담자에 대한 이해가 필요하기에 내담자에 대하여 사정하고 진단할 필요가 있다. 이 모델에서 중요한 내담자와 치료자의 협력이 쉽지 않아 문제가 될 수 있다.

마지막으로 내담자가 추후상담과 종결을 결정하기 때문에 내담자에 따라 상담하러 오는 시간간격이 다르므로 치료자의 업무일정을 계획하고 실행하는 데 어려움을 경험할 수 있다(Peller & Walter, 1998; 손광훈, 2009).

5. 사 례

1) 주요 문제

고등학교 1학년 딸이 나쁜 친구들과 어울리고 담배를 피우는 등 행동과 말투가 거칠어 가족 상담을 하게 됨

2) 가족배경

아버지, 어머니, 소정(고1), 남동생(중2)

3) 상담목표

갈등상태의 어머니와 딸의 입장을 양쪽에서 공평하게 보고 가족문제를 펼쳐놓고 한 방향으로 구체적으로 가족과 상담자가 함께 해결방안을 구축

4) 상담축어록

상담자 1 : 아버지 하시는 일은? 어머니는? 몇학년이죠?
아버지 : ~~~
어머니 : ~~~
딸 : ~~~
상담자 2 : 아버지 바쁘신데 오시고 어머니도… 소정이는 잘하는 게 뭐죠?
딸 : 잘하는 게 아무것도 없으니까 이런 데 오지요.
어머니 : 어렸을 때부터 공부를 잘하고 과외도 하고 피아노를 가르쳤어요. 지금은 속 썩여 답답해요.
상담자 3 : 음악에 재주가 있나요?
딸 : 못해요. 엄만 돈 들인 게 아까울 거예요.

〈목표설정을 위한 질문〉
상담자 4 : 우리가 상담을 통해 무엇을 하면 보람이 있을까요?
어머니 : 애가 하도 하는 행동이 마음에 안 들어 아빠와 소지품을 뒤지다가 일기장을 보았는데 친구하고 마음속의 내용을 적은 것 같은데 남자친구가 있었는데 본드도 마시고 하다가 죽었다는 그런 걸 보았어요. 다른 딸처럼 학교 잘 다니고 전문대라도 가고 시집이라도 잘 갔으면 좋겠는데 요즈음 하는 것을 보면 걱정이 돼서… 엄마를 엄마로 생각하지 않고…
딸 : 엄마도 딸 취급하지 않잖아. 엄마는 왜 그래 매일 구박하고 잔소리하고 그러잖아.

〈문제진술을 해결진술로 전환〉

상담자 5 : 뭐가 오늘 이 시간 이후 조금 바뀌면 좋을까?

딸 : ……

상담자 6 : 뭐가 아무 조금이라도 바뀌면?

딸 : 엄마가 변했으면 좋겠어요.

상담자 7 : 엄마가 변한다면?

딸 : 엄마를 바꾸고 싶어요. 엄마가 딸 취급 안 하잖아요. 일기장 보고 그러는 게 싫어요. 고등학생인데 일기장을 뒤지고.

어머니 : 네가 뭐 하는지 모르니까 그러지.

딸 : 엄마가 딸 취급 안 하니까 나를 모르지.

상담자 8 : 아버지는 뭐가 변하면?

아버지 : 변하길 바라는 것은 없다. 집사람이 자꾸 오자고 해서 온 거지.

상담자 9 : 엄마와 딸이 어떻게 달라져야 할까요?

아버지 : 둘 사이를 보면 모녀 사이가 아니라 매일 싸워요. 딸도 순종해야 하고 엄마도 좋은 말도 해주고 해야 할 텐데 친구처럼 매일 싸워요.

상담자 10 : 달라지면 어떻게?

아버지 : 말투가 우선 달라지겠지요. 엄마와 딸이 지금은 모녀관계라고 볼 수가 없어요.

상담자 11 : 가족에서는 전체적으로 뭐가 달라질까요?

아버지 : 전체적으로 활기가 생겼으면 좋겠어요.

상담자 12 : 그런 문제가 쉬운 일은 아닙니다만 걱정을 했었나요?

아버지 : 걱정을 안 할 수 없지요. 집에 오면 매일 시끄럽지, 작은 놈은 작은 놈대로 걱정입니다.

〈가상질문〉

상담자 13 : 혹시 엄마도 변하고 아빠도 변한다면 넌 뭐가 달라질까 어떻게 달라질까?

딸 : 변할 수 있을지 모르겠어요.

상담자 14 : 혹시 변한다면?

딸 : 엄마가 이해해 주었으면 좋겠어요.

상담자 15 : 무엇을 이해?

딸 : 엄마가 딸처럼 해주었으면 좋겠어요.

상담자 16 : 어떻게 하면 엄마가 딸처럼 인정해 주는 것이 되나?

딸 : 머리부터 발끝까지 불평불만인데 불평 안 했으면 좋겠어요. 열 받아요. 잔소리 안 하고 가만히 있었으면 좋겠어요. 아빠가 엄마하고 싸운다고 하는데 엄마가 얼마나 점잖은가 보세요. 나만 나쁜 사람 되고 열 받아요.

상담자 17 : 나쁜 사람이 아닌데…

딸 : 못한다고 구박하고 참견하고 이해를 못해요. 나도 이제 16살인데.

어머니 : 너 말 잘했다. 내가 너를 이해할 수 있겠니?

상담자 18 : 엄마가 딸처럼 인정하려면 무엇을 인정해야 할까?

딸 : 어려워요. 모르겠어요.

〈기적질문〉

상담자 19 : 오늘 저녁 할 일 다 하고 잤어요. 자고 일어나면 어떤 일이…

상담자 20 : 내일 아침에 천천히 깨어서 밤중에 뭔가가 일이 해결되었어요. 무엇으로 문제가 해결되었다는 것을 알 수 있을까요?

어머니 : 기분 좋게 아침을 먹고 싶어요. 부담 없이 아침을 먹어보았으면 하네요. 아침 먹고 나면 가슴이 내려와요. 내 딸이라도… 이러다 죽어버리고 싶기도 하고.

상담자 21 : 어떻게 달라졌을까요?

어머니 : 사는 게 너무 힘들고… 애는… 엄마로서 다정하게 대해주고 싶지요. 하지만 애를 보면 그 마음이 사라져요.

〈관계성 질문〉

상담자 22 : 혹시 달라져서 아이가 엄마한테 어떻게…

어머니 : 단지 엄마에게 다정하게 안녕히 주무셨어요 하겠지요.

상담자 23 : 그럼 소정이는 혹시 달라져서 내일 아침 엄마 안녕히 주무셨어요 하고 인사한다면 엄마 태도가 어떨까?

딸 : 비웃을 것 같아요.

상담자 24 : 뭐가 엄마하고 딸하고 달라졌으면?

딸 : 엄마가 웃었으면 좋겠어요.

아버지 : 너무 갑자기 달라진 소정이가 웃는 얼굴을 보고 싶어요. 친구 잘못 사귀어서 그런 것 같아요.

상담자 25 : 소정이가 웃는 얼굴이면 뭐가 달라질까요?

아버지 : 엄마가 원하는 대로 바뀔 거예요. 이 사람은 밖에서 좋은 사람이라고들 하는데 집에서는 웃는 얼굴을 못 보겠어요.

어머니 : 얘가 친구들하고 중 3 때부터 담배를 피우고 말은 거칠고… 속 이야기를 했으면 좋겠어요. 딸이 엄마 속마음을 알아주었으면 좋겠어요.

〈목표를 구체화하기 위한 질문〉

상담자 26 : 말씨가 고분고분하게 바뀌면 뭐가 달라질까요?

어머니 : 저 혼자 힘들고 잘해주어야겠다 하면서도 얼굴 보면 화가 나요.

상담자 27 : 소정이가 어떻게?

어머니 : 딸이 조금만 엄마를 이해할 수 있다면 엄마가 말하는데 문 쿵 닫지 말고 그것만 달라져도 다행입니다.

상담자 28 : 엄마가 잔소리도 줄고 달라진다면 소정이는 엄마한테 어떻게 할까요?

어머니 : 학교에서 있었던 일 이야기하고 책가방도 챙기고

상담자 29 : 혹시 소정이가 달라진다면 엄마는 어떻게 하실까?

딸 : 용돈을 많이 주겠지요.

어머니 : 아빠가 자상하지 않고 말 안 들으면 때리고 소정이도 힘들었을 거예요.

〈가상질문〉

상담자 30 : 혹시 엄마처럼 딸처럼 대하면 뭐가 달라질까?

딸 : 엄마 태도 때문에 더 화가 나요. 엄마가 나 무시하는 걸로 알았지 나하고 얘기하고 싶어 하는 줄 몰랐어요.

상담자 31 : 조금만 어떻게 해주면 엄마가 부드러워질까?

딸 : 우리 엄마는 부드러워 탈이에요. 내가 욕을 해도 나만 나쁜 사람 돼요. 같이 싸운다고 하지만 나만 소리 지르지 엄마는…

상담자 32 : 이후로 뭐가 조금만 달라진다면?

어머니 : 얘기하는데 문 닫고 나가고 얘기가 안 돼요. 그것만 달라져도 제 마음이…

상담자 33 : 엄마가 원하는 대로 달라지면 엄마는 뭐가 달라질까?

딸 : 잔소리가 줄겠지요. 엄마는 나하고 얘기하고 싶어 하는 줄 몰랐어요.

어머니 : 딸 이해하고 싶어요.

상담자 34 : 아빠는 아셨나요?

아버지 : 소정이가 어렸을 때는 엄마를 무척 좋아했어요.

〈메시지〉

상담자 35 : 바쁘신데도 아빠가 와주셔서 고맙고 엄마, 소정이도 하기 힘든 이야기했고.

어머니 : 속상한 말 사실 다른 사람한테 어렵고 여기 온다는 것도 자존심이 허락하지 않았지만 소정이를 위해서라면…

상담자 36 : 부모가 걱정하는 것은 당연하지요. 서로 자기생각만 많이 하고 화난 게 많은 것 같네요. 마음속에 있는 것 표현하기 힘들어하는데 다시 한번만 더 상담을 권하고 싶어요. 괜찮다면 아빠는 언제가? 엄마는? 소정이는? 그럼 다음주에 다시 한번만 더 만납시다.

〈팀의 논의〉

A : 질문의 유형이 같은 듯하면서 조금씩 다르게 반복적으로 여유 있게 하면서 해결책으로 자연스럽게 이끌어 가는 게 놀랍다. 처음보다 점차 새로운 각도에서의 질문기법이 노련하다.

B : 복잡한 문제는 축소되고 구체적으로 축약시켜 가는 게 보인다.

C : 내담자들이 변하는 게 없다면 하면 상담자는 좌절하곤 하는데 좌절하지 않고 끌어가는 것이 좋았다. 내담자들이 어떤 모습으로 될 수만 있다면 하는 식으로 변할 수 있다는 해결점을 향해 긍정적으로 가는 모습으로 이끌어 갔다.

D : 혹시 혹시 하면서 문제 중심에서 해결 중심으로 넘어가는 게 보인다. 해결중심의 신념이 보여 다음 상담도 기대된다.

출처 : 한국단기가족치료연구소(2006).

접수기록지
접수자 : 접수일 :
이 름 : (남, 여) 생년월일 : 년 월 일(만 세) 전화번호 : H.P. : 주 소 : 상담의뢰기관(자) : 이전 상담경험 : 유, 무 상담받은 기관 :
호소문제
접수 후 처리사항(○, ×표)

내담자 인적사항

1. 인적사항

이 름		생년월일	년 월 일		
주 소					
직 업		나 이		학 력	
전화번호		휴 대 폰			

2–1. 가족사항

관 계	이 름	(만)나이	동거여부 (○, X)	직 업	학 력	기 타

2–2. 가계도

치료기록지(Progress Report) 1회

내담자 :

날 짜 : 년 월 일 ( ) 오전/ 오후 시 분 ~ 시 분

참석자 : ____________________ 치료자 : ____________________

1. 주요 문제 및 증상

2. 문제의 배경

3. 치료목표

4. 치료 과정 및 기법

5. 메시지 : 칭찬, 과제, 제안, 교육

치료기록지(Progress Report) ____회

내담자 :

날 짜 : 년 월 일 ( ) 오전/ 오후 시 분 ~ 시 분

참석자 : ____________________ 치료자 : ____________________

1. 계획(목표설정)

2. 치료과정

3. 메시지 : 칭찬, 과제, 제안, 교육

4. 내담자의 Progress를 매회 ✓로 반드시 기록할 것

1	2	3	4	5	6	7	8	9	10
(부정적)									(긍정적)

PART 3

대상별 사회복지실천기술 적용

CHAPTER 08

개인대상 사회복지실천

1. 복합적 욕구를 가진 클라이언트

1) 개 요

인간에게 고통은 꾸러미로 다가오는 경우가 많다. 실직을 하자 가족과의 관계가 나빠지고, 이로 인해 알코올에 의존하다가 건강을 잃는다든지, 경제문제로 부부가 다투게 되고 부부갈등 가운데에서 자녀의 학교부적응이 심화되는 등 어려움은 다양하게 발생한다. 이렇게 원인이 다면적이고 상황이 복잡한 클라이언트는 가지고 있는 욕구 또한 복합적이다.

따라서 사회복지사는 클라이언트의 특성과 사정에 대한 이해를 바탕으로 복합적인 욕구를 가진 클라이언트에 대한 개입기법을 배우며, 체계적인 사례관리 방안을 익힐 필요가 있다. 사례관리는 아동복지, 정신건강, 신체건강, 노화, 발달장애, 기타 사회 서비스 등 모든 인간 서비스 분야에서의 실천양식이다. 이는 클라이언트의 욕구를 충족시키기 위해 서비스를 평가, 계획, 구현, 조정, 모니터링, 평가하는 협업의 과정이며, 말이나 글을 통한 커뮤니케이션, 자원관리, 옹호, 비용 효율적인 개입의 실천이기도 하다(한미경, 2017).

복합적인 문제를 가진 개인을 대상으로 할 때는 심층적이며 집중적인 개입과 동시에 포괄적이며 통합적으로 대응하기 위한 접근이 필요하다(김혜란 · 홍선미 · 공계순 · 박현선, 2022).

사례관리의 과정에서, 환경 속의 인간에 기초한 인식 틀은 사회적 기능에 영향을 주는 다양한 사회체계와의 상호작용을 강조하며 문제를 상황적 맥락에서 분석하고 개입하는 데 도움을 준다. 문제의 초점과 원인에 대한 임상적 시각에서 벗어나 클라이언트의 문제 상황을 포괄적으로 이해하고 환경적 맥락을 인식하여 강점시각을 갖는 것도 중요하다. 또한 복합적인 욕구나 문제에 대응하기 위해서는 미시부터 중범위, 거시 차원의 다차원적 개입에 관심을 가지고 실천의 개입 범위를 확대하는 것이 필요하다. 다주체 간 협력적 팀 방식을 기반으로 지역사회 내 기관이나 비공식적인 지지망의 지지체계를 활성화하며 간접적인 서비스 기능도 활용하는 것이 좋다(김혜란 외, 2022).

2) 클라이언트의 특성

(1) 주요 가정

사회복지사는 알코올중독자, 비자발적인 클라이언트, 복합적인 클라이언트들이 나타내는 문제의 부인, 최소화 등을 이해하고 이들과 일하기 위한 공감, 적극적 경청 등을 활용한 관계형성에 대해 이해해야 한다. 복합적 욕구를 가진 클라이언트에 대한 중장기적 개입은 전문가적인 이해를 바탕으로 사례관리를 통해 이루어진다. 기존 서비스에서는 클라이언트가 기관의 서비스에 맞춰야 하는 경우가 많다면, 사례관리는 클라이언트의 자발적 참여를 강조하고, 클라이언트 중심의 개별화된 접근으로, 클라이언트의 욕구에 기관의 서비스를 맞춘다는 차이가 있고, 무엇보다 클라이언트의 기능 회복에 초점을 맞추는 것이 그 특징이다. 정신장애나 만성질환 등 고치기 어려운 복합적 욕구에도 잘 맞는다(남미애, 2018).

사례관리가 적용되는 곳은 전반적이지만, 노인복지, 장애인복지, 아동복지,

가족복지, 정신건강 등을 꼽을 수 있다. 노인의 수명 연장으로 보호에 대한 가족의 부담이 증가되면서 사례관리는 지속적이고 전문적인 보호를 필요로 하는 노인복지 분야에 적합하다. 지역사회 중심 재활 서비스에 관한 관심이 증가함에 따라 생활시설에서 재활 · 보호서비스를 받고 있던 신체장애인들이 가족과 자신이 속한 지역사회에서 사례관리를 필요로 하게 되었다. 가정해체, 아동학대 및 가정폭력의 증가로 사회의 지속적 관심과 보호를 필요로 하는 아동의 수가 매년 증가하고 있다. 이에 아동 · 가족복지 분야에서 사례관리의 필요성이 증가하였다. 향정신성 의약품의 출현과 탈시설화의 영향으로 만성 정신장애인들이 지역사회에서 독자적 생활이 가능하게 되었다. 이들을 지역사회 내에서 적정하게 보호, 관리하기 위해서 사례관리의 필요성이 강조되고 있다(김혜숙 · 나임순 · 김현경, 2022).

훌륭한 사례관리의 핵심은 역량, 협업, 헌신(3Cs : Capacity, Collaboration, Commitment)이다. 그 누구보다 유능하고 전문적인 사례관리자가 필요하고, 실천영역에서 늘 그 역량을 유지해야 한다. 또한 정부, 비영리기관, 지역사회기관, 각 분야의 동료들 간 관계는 물론 파트너십과 제휴를 통한 협업이 잘 이루어져야 한다. 정부의 리더십과 비전의 공유가 중요하며, 서비스 전달 인프라에 가장 좋은 실천을 통합하는 헌신도 필요하다(한경미, 2017).

복합적 욕구를 가진 클라이언트를 위한 사례관리는 지역 사회복지관의 재가복지센터를 비롯한 다양한 사회복지서비스 기관에서 널리 사용되고 있는 서비스 전달 방법으로 정착되고 있다.

(2) 클라이언트의 특성

복합적이고 만성적인 욕구가 충족되지 못한 상태를 경험하며, 통합적이고 지속적인 사회적 지원이 필요한 클라이언트는 잠재적 사례관리대상자이다. 개별기관의 기존 서비스를 그대로 제공하면서 필요한 경우 사례관리대상자로 진입할 수 있게 계속적으로 점검을 해야 한다. 잠재적 사례관리대상자 중 기관의 사례관리 운영지침이 정한 선정기준에 부합하는 클라이언트는 사례관리 참여를 승인한다는 동의서를 작성하고 사례관리 매뉴얼 및 지침에 따른 사례관리를 한다. 이때 이용자의 사례관리 동의서 작성은 필수사항이다. 이보다 더 심각한 위기상태여서 긴급한 사회적 지원이 없으면 신체, 심리, 정서적 안정상의 위험에 노출된 경우에는 긴급지원이나 위기개입 서비스를 제공한다. 심각한 위기상태를 지나 어느 정도 안정화 단계에 있는 경우 필요시 사례관리대상자로 등록이 가능하다. 심각한 위기 상황에 있는 경우에는 바로 사례관리대상자로 선정하지 않고 위기관리를 넘긴 후 사례관리 대상에 포함시키도록 한다(남미애, 2018).

(3) 사례관리

사례관리는 클라이언트의 근본적인 문제해결에 초점을 두는 것이 아니라, 기존의 문제는 여전히 존재하는 가운데에서도 이전보다 조금 더 나은 사회적 기능을 회복하고 일상생활의 삶의 질이 조금 더 나아지도록 돕는 데 초점을 둔다. 근본적인 문제 해결이 된다면 가장 바람직하겠지만, 쉽게 이루어지기가 여간 어려운 것이 아니므로, 지역사회 기반에 근거하여 사례관리를 통해 지역주민과 시설 간 교류가 일어나도록 하는 것이다. 따라서 지역사회기관과의 협력이 관건이다. 사례관리과정을 통해 지역사회 역량을 강화하고 나아가 클라이언트가 살기 좋은 환경을 만들 수 있도록 한다. 이때 사회복지사는 직접적 개입과 간접적 개입을 모두 활용하게 되며, 충분한 사정과 개입계획이 선행되어야 한다. 기존 사회복지실천의 인테이크, 사정, 실행, 종결의 과정 이외에도 전담사례관리자, 사례관리팀, 통합사례관리 운영팀, 통합사례관리지원단, 솔루션 회의 등 다양한 사례관리 운영체계가 구축되어야 한다(남미애 · 윤숙자, 2020).

복합적 욕구를 가졌다거나 클라이언트가 사례관리를 원한다고 해서 다 사례관리가 행해지는 것은 아니다. 기관 내적으로 운영지침은 물론, 구성원 간의 합의와 이해 등이 우선되어야 하고, 지역 내 통합사례관리회의, 통합사례관리지원단, 솔루션 회의 등 외부 시스템도 구축되어야 한다. 위기집단, 기존 사회복지서비스 이용자, 각종 서비스 사각지대에 있는 사람 중에서 복합적이고 만성적인 어려움을 가지고 있어 사례관리가 필요하다고 판단되는 사람들을 발견, 발굴하기 위해 노력해야 하고, 자원을 목록화하며 지역사회 협력기관과의 협약 등을 통해 관계 구축을 하는 것도 중요하다. 한편으로는 지역사회 내에 산재한 다양한 자원을 파악하고, 이를 목록화하며, 3개월을 넘지 않도록 주기적으로 자료를 관리해야 한다(남미애, 2020).

3) 개입기술 및 지침

(1) 개입원칙

사례관리에 있어서 서비스는 클라이언트 하나하나에 맞게 개별화되어야 하고, 반면 서비스 제공은 포괄적이어야 하며, 클라이언트의 자율성이 극대화될 수 있도록 해야 한다. 서비스의 지속성, 연계성, 접근성 또한 사례관리개입의 주요 원칙이다(김혜숙, 2022).

개별 클라이언트라고 하더라도 복합적 욕구를 가진 클라이언트의 경우 개인 및 가족 상담, 교육, 고용과 훈련, 주거, 건강, 공공복지 등이 동시다발적이고 지속적으로 지원되어야 할 경우가 많다. 그러나 하나의 기관이 이 모든 서비스를 제공하지 않을 뿐만 아니라 이런 지원은 기존 개별 기관의 노력만으로는 이루어지기 어렵다. 빈곤, 정신건강, 알코올 및 약물 중독, 아동학대, 성매매 등과 같은 어려움은 다양하고 복합적인 환경적 요인이 오랫동안 지속적으로 작용해서 발생, 유지, 재발하는 영역이다. 이 과정에서 복합적인 어려움을 가진 클라이언트는 빈약한 사회적 지지와 사회적 배제 등으로 인해 제때 적절한 도움을 받지 못하고 급기야는 공적 시스템에서도 소외될 우려가 있다. 만성질환, 폭력문제, 장애문제, 성매매피해문제, 중독문제 등은 단시간에 해결되는 것이 아니라 오랜 시간과 엄청난 노력을 필요로 한다. 당사자들은 변화를 위한 많은 노력을 하고 있지만 이들에게 완치나 장애를 극복하라고 요구하는 것은 무리다. 그러나 어떤 클라이언트는 근본적인 변화가 힘들거나 불가능한 경우도 있고, 어떤 클라이언트는 이런 만성질환이나 장애를 가지고도 만족스러운 삶을 유지하기도 하므로, 이들에게는 근본적인 문제해결 이상으로 지금 현재 조금 더 나은 생활을 하는 것도 중요하다. 클라이언트들은 즉각적인 지원과 도움이 필요하지만, 자신이 이용할 수 있는 서비스가 무엇인지 잘 알지 못한다. 특히 클라이언트가 필요한 욕구와 기관에서 제공할 수 있는 서비스가 일치되지 않는 경우가 많아 통합적 포괄적 접근인 사례관리가 필요하다(남미애, 2018).

보다 유능하고 효과적이며 문화적으로 민감한 사례 관리를 다양한 수준의 고객에게 제공하기 위해서는 교육과 훈련이 중요하다(한미경, 2017). 또한 복합적 욕구를 가진 클라이언트와의 실천기술로는 지역사회보호(community care) 차원에서 구체적인 방법으로 맞춤형 주거 지원 인프라 구축, 찾아가는 방문건강 및 방문의료 실시, 재가 장기요양 및 돌봄서비스 확충, 사람 중심의 민관 서비스 연계 및 통합 제공이 강조된다(김정진, 2022).

(2) 사례관리 과정

사례관리 과정의 첫 번째 단계는 사례발견과 접수이다. 사회복지 전담공무원, 통장, 반장 등을 통해 접수되거나 아웃리치, 타 기관으로부터의 의뢰, 지역사회 주요 정보 제공자로부터의 연계, 기관의 홍보활동 등을 통한 방법들이 있다. 사례를 발견하고 나면 적격심사를 하게 된다. 사례관리 적격심사에는 ① 시설보호에 대한 욕구, ② 배우자나 중요한 타자의 상실로 인한 고통, ③ 복합적인 욕구와 문제, ④ 일상생활 과업에 대한 원조에 있어 비공식적 지원체계의 원조 불충분성, ⑤ 기관에 대한 원조의 회수, ⑥ 원조를 제공할 수 있는 장소, ⑦ 진료기록의 유무, ⑧ 이상행동과 같은 행동적 특성, ⑨ 보호자나 후견인의 유무, ⑩ 자기보호의 능력 등이 포함된다.

사례관리의 두 번째 단계는 사정이다. 사정은 대상자의 문제와 상황을 검토하기 위한 절차이다. 서비스 계획을 위한 자료와 정보를 체계화하는 과정으로, 대상자 및 그의 사회적 · 물리적인 환경의 욕구와 강점을 정확히 평가하여 서비스의 내용과 수준 등을 결정하는 것을 목표로 하며, 가계도, 생태도, 성격유형 검사, 지능검사 등을 사용하여 클라이언트의 욕구와 능력, 지원체계의 능력 등을 사정한다.

세 번째 단계는 사례관리 계획 수립이다. 세부 내용은 클라이언트에 대한 장단기 목표, 개별적인 보호계획 수립, 서비스 제공을 위한 세부목표와 우선순위 설정, 서비스의 개발과 계획 등이다. 사례관리의 목표 수립할 때는 사정과정에서 확인된 욕구를 바탕으로 클라이언트별 세부 목표를 세운다. 클라이언트의 생활환경 개선, 클라이언트의 개인적인 능력의 향상, 클라이언트를 위한 지원망 개발과 강화, 성취하고자 하는 목표를 포함한다. 이때 목표는 클라이언트 스스로 성취하고자 하는 것이어야 하고 현실적으로 실현 가능한 것을 포함해야 한다.

네 번째 단계는 사례관리 개입이다. 서비스 계획을 확립된 절차에 따라서 실행하는 단계로 이전 단계에서 수립한 서비스 계획을 복합적이고 지속적인 대상자의 욕구에 따라 개입하는 것이다. 이때 클라이언트는 물론, 가족, 친척, 친구, 이웃, 자원봉사자 등의 비공식적인 지지체계와 행정, 사회복지법인, 제도화된 자조단체, 지역의 유상 서비스 제공단체 등 공식적인 서비스체계가 함께 활용되어야 한다.

다섯 번째 단계로는 점검과정이 있다. 서비스 계획과 지원계획이 잘 실행되고 있는가를 점검하는 것으로, 서비스 계획의 이행 정도와 성취 정도를 파악하는 단계이다. 서비스와 자원이 적절하게 달성되고 있는지, 서비스나 자원계획이 적절한지, 대상자의 욕구에 변화가 있는지를 지속적으로 점검해야 한다.

여섯 번째 단계는 사례관리 과정과 활동이 대상자에게 얼마나 효과를 나타냈는지를 판단하는 것이다. ① 대상자에 대한 서비스와 자원계획에 대한 평가, ② 목적달성에 대한 평가, ③ 사례관리서비스의 전반적인 효과성에 대한 평가, ④ 대상자의 만족도에 대한 평가 등이 이루어진다. 평가에서 가장 중요한 것은 클라이언트의 인간관계 및 문제해결 기술이 확장되었는지, 클라이언트가 혼자서 자신의 삶을 영위할 수 있도록 임파워먼트 되었는지 여부이다(남미애, 2018).

마지막 단계는 사례종결의 단계이다. 사례의 목표가 달성되었거나, 서비스가 클라이언트의 복지를 위해 불필요하다고 판단될 때, 클라이언트의 중대한 변화로 인해 케이스 매니지먼트 과정을 계속 수행할 수 없을 경우 사례관리를 종결한다. 사례를 종결할 때는 클라이언트의 욕구를 충족을 시키는 데 필요한 능력의 강화 정도와 독립성의 향상 정도, 원조망의 효과적인 활용 정도를 고려하고, 의사소통의 통로를 지속적으로 유지하도록 하면서 마무리한다(김혜숙 외, 2022).

(3) 사례관리의 실천모델

- **'중개' 사례관리 모델** : 클라이언트가 자신의 필요를 파악하고 고객에게 서비스를 연결하는 데 도움이 된다. 고객이 자발적으로 필요한 서비스를 사용한다고 가정한다.
- **작업 중심 모델** : 정신역학적 관행을 기반으로 하며 일반적으로 고객의 욕구를 해결하고 현존하는 문제를 해결하기 위해 간단한 '문제 해결' 접근을 사용한다.
- **'강점 기반 임상' 사례관리 모델** : 사례관리자의 독특한 목표는 서비스 평가를 넘어서고 사례관리자는 고객과 그 가족에게 권한을 부여하는 데 중점을 둔다.
- **'적극적인' 사례관리 모델** : 때로는 독단적인 지역사회 치료라고도 하며 더 나은 결과를 보장하기 위한 구현에 대한 명시적인 기준을 가지고 있다(한미경, 2017).

2. 변화동기가 적은 클라이언트와 일하기

1) 비자발적 클라이언트와 일하기

(1) 개념

비자발적 클라이언트란 대부분 다른 사람들에 의해 오게 된 클라이언트로 전문적인 도움을 받도록 요구받거나 강제로 사회복지사에게 맡겨진 사람들을 말한다. 사회복지사와 접촉하도록 한 외부강제력은 판사, 보호관찰관, 혹은 아동보호기관과 같은 법적 직권일 수도 있고 가족 구성원 혹은 고용주일 경우도 있다.

(2) 주요 특성

비자발적 클라이언트는 사회복지사를 만나기를 원해서 오게 된 사람이 아니기 때문에 본인에게 누군가 관여하는 것을 원치 않으며 자기 인생에 개입하지 말라고 할 수도 있다. 이들은 분노하고 화를 내며 때로는 공격적이다.

비자발적 클라이언트를 포함한 대부분의 경우에서 사회복지사는 어느 정도 공식적 권한을 가지고 있다. 예를 들어, 아동보호, 보호관찰, 가석방 기관에 소속된 사회복지사는 클라이언트에게 특정한 조치를 취할 수 있는 법적 권한을 가진다. 하지만 많은 사회복지사는 이러한 권한을 불편해하고 권한 행사를 피한다. 반면 일부 사회복지사는 합법적 권한을 오용하거나 남용하기도 한다. 사회복지사는 이러한 권한을 목적에 맞게 사려 깊게 사용해야 한다(Sheafor & Horejsi, 2015, 남기철 외, 2020 재인용).

(3) 개입기술 및 지침

① 자신이 원하지 않는 일을 강제로 하게 될 때의 기분이 어떠할지를 생각해 보고 클라이언트가 어떤 반응을 보일지 예견하면서 만남을 준비한다. 클라이언트가 부정적 감정을 가질 수 있음을 인정하고 적대감, 분노, 수치

심, 두려움, 당혹감, 그리고 수많은 방어적 반응에 직면할 수 있다는 것을 받아들인다. 이러한 감정들을 회피하거나 무시하지 말고 수용하며 공감해 준다. 클라이언트의 적대감에 분노나 위협으로 대응하지 말고 감정을 절제한다. 이렇게 하지 않는다면 더 큰 저항이 일어날 것이다. 클라이언트가 자신의 관점을 분명히 표현하고 그의 입장에서 이야기할 수 있도록 적극적 경청 기술을 사용할 필요가 있다.

② 클라이언트를 처음 만날 때 그가 기관의 특정 서비스를 받아야 하는 이유에 대해 사실적인 정보를 알려주어야 한다. 클라이언트에게 자기 입장에서 이야기해 보도록 하고 오해라고 여겨지는 것은 바로잡아야 한다. 오해가 있는 부분을 해결하기 위해 기록을 확인할 것이고 사실을 조회하여 클라이언트가 언급했던 사람들과 이야기해 보겠다고 말해둘 필요가 있다. 전문적 도움을 받아야 하는 이유에 대해 의뢰한 사람으로 부터 들었던 것과 클라이언트가 말한 것 사이에 중대한 차이가 있다면 의뢰처에 확인하여 명확하게 밝혀야 한다.

③ 사회복지사의 역할과 책임, 클라이언트에 대한 사회복지사와 기관의 기대를 분명하고 솔직하게 설명하고 비밀보장 원칙의 적용범위와 한계에 대해서도 말해둔다. 예를 들어, 법원에 제출할 보고서를 작성해야 한다면 클라이언트 자신이 말한 것이 보고서가 되어 재판에서 판사와 변호사들에 의해 검토된다는 사실을 알 권리가 있다.

④ 클라이언트가 협조하지 않을 때 발생할 수 있는 부정적인 결과에 대해 알려주어야 한다. 하지만 서비스를 받지 않고 부정적 선택을 할 수 있는 클라이언트의 권리도 존중해야 한다. 협조하지 않겠다고 결정한 클라이언트에게는 결과에 영향을 미칠 수 있는 권한을 사실상 스스로 포기한 것임을 상기시킨다.

⑤ 클라이언트의 진실성을 시험하려는 의도로 해석될 수 있는 질문은 하지 않는다. 다음과 같이 설명하여 클라이언트가 거짓말하지 않기를 바란다는 것을 분명히 전한다.

당신이 저와 이야기해야 하는 것이 비참한 일이며 화가 난다는 것을 알고 있고 이해할 수 있어요. 또한 저는 상담 중에 당신이 여러 차례 거짓말을 할 수도 있다는 것을 이해할 수 있습니다. 다른 어떤 것보다도 당신이 거짓말하지 않기를 바랍니다. 거짓말을 한다면 당신은 죄책감을 느끼거나 제가 그 거짓말을 알아차리면 어쩌나 걱정하게 되겠지요. 이러한 상황은 당신에게 좋지 않고 시간을 낭비하게 됩니다. 거짓말을 하기보다는 질문에 답하고 싶지 않다고 말해주길 바랍니다. 동의할 수 있습니까?

⑥ 클라이언트에게 부여된 법적 제약과 한계 내에서 클라이언트에게 가능한 한 많은 선택권을 준다. 클라이언트가 선택할 수 있고 사소한 것에라도 어느 정도의 통제권을 갖게 되면 클라이언트의 저항은 대개 감소할 것이다. 예를 들어, "이후 6주 동안 매주 수요일에 만나야 합니다. 우리는 오후 2시 혹은 4시에 만날 수 있습니다. 어떤 것을 선택하겠습니까?"라고 묻는다.

⑦ 클라이언트와 관계를 맺고 초보적 수준의 협력을 확립하기 위한 노력이 실패하면 '거래' 전략의 사용을 고려한다. 이 접근에서 사회복지사는 클라이언트가 특정한 과업을 완수하거나 협조한 대가로 클라이언트의 불편을 줄여주거나 클라이언트가 원하는 것(단, 합법적이고 정당한 것)을 얻도록 돕는 것에 동의한다. 이러한 접근의 예는 다음과 같다.

○○ 씨, 저는 당신이 여기에서의 상담을 원하지 않는다는 것을 압니다. 그러나 당신과 저 우리 둘 다 보호관찰관이 당신의 '분노 문제'에 관해 도움을 받아야 한다고 주장했다는 것을 압니다. 보호관찰관이 원하는 일을 하지 않는다면 그가 당신의 삶을 더 어렵게 만들 수도 있습니다. 이렇게 하면 어떨까요? 1시간짜리 회기에 다섯 번 와서 제 질문에 대답하고 당신 아내와 자녀와의 관계에 관해 솔직하게 말해준다면, 그 대가로 보호관찰관에게 편지를 쓰겠습니다. 다른 사람들이 분노 문제라고 부르는 것을 살펴보기 위해 상담을 활용하는데, 당신이 성실하게 노력하고 있다고 말하겠습니다.

⑧ 비자발적 클라이언트는 동기가 부족하다는 낙인이 찍히기 쉬운데, 이는 바람직하지 않으며 사회복지사가 클라이언트에게 바라는 것과 클라이언

트가 원하는 것이 다르다는 것을 인정하는 것에 불과하다.

위임된 클라이언트와 성공적인 관계를 형성하기 위해 클라이언트의 욕구와 바라는 것에 보조를 맞추고, 클라이언트의 희망, 선호하는 것에 부분적이나마 일치하는 개입 목표를 세워야 한다. 사회복지사와 클라이언트 둘 다 동의한 것, 그러면서 정당한 목적이나 바람직한 행동방침이 되는 것을 찾기 위해 노력할 필요가 있다.

예를 들어, "우리 둘 다 당신이 보호관찰에서 벗어나 우리가 매주 만날 필요가 없기를 바랍니다. 이런 목적을 달성하기 위해 우리가 함께 협력할 수 있는 방법으로 무엇이 있다고 생각합니까?" 클라이언트가 이러한 목적에 동의한다면 문제해결에 더욱 쉽게 참여시킬 수 있다.

⑨ 클라이언트의 이전 경험, 특히 사회복지사, 상담자 혹은 다른 원조 전문가에 대해 갖는 선입견이나 사회서비스 체계에 관한 부정적인 경험에 대해 이야기 나누는 것이 도움이 될 수 있다. 또한 클라이언트의 문화적 배경이나 차별경험을 이해한다. 그리고 이러한 경험이 클라이언트로 하여금 사회제도로부터 소외되고 이용당했다는 느낌을 어떻게 가중시키는지에 대해서도 이해해야 한다.

2) 가정폭력을 경험한 클라이언트

(1) 개요

가정폭력을 경험한 여성이란 배우자나 친밀한 파트너에게 신체적 · 성적 · 정서적으로 학대를 받은 성인 여성을 의미한다. 이와 같은 학대는 낯선 사람보다 자신의 배우자나 연인에게 신체적으로 공격받아 부상을 입거나 성폭력을 당하거나 급기야 살해당할 위험이 높으며 대부분의 가해자는 남성으로 알려져 있다. 폭력의 유형은 신체적 폭력, 정서적 학대, 고립시키기, 경제적 억압, 위협, 아동을 이용하는 것 등이다. 이처럼 폭력은 여러 가지 형태로 나타나지만 모두 여성을 지배하고자 하는 하나의 목적이 있다.

가정폭력의 주기는 다음의 세 단계로 구분되며 주기가 불과 며칠 정도인 경우가 있는가 하면 몇 달에 걸칠 수도 있다.

- 1단계 : 긴장고조단계−두 사람 사이의 긴장이 높아지기 시작한다. 가끔 폭발할 때도 있지만 두 사람 다 이 폭발들을 최소화하고 이성적인 행동으로 대처한다. 여성은 전형적으로 자신을 보호하기 위해 협력적으로 행동하고 분노를 누르는 것으로 현 상황에 대한 영향력을 잃지 않으려고 노력한다.
- 2단계 : 폭발단계−폭력 가해자가 마침내 폭발한다. 극도의 언어학대, 신체적 폭력, 성폭행 등으로 분노를 표출시킨다.
- 3단계 : 피해복구단계(허니문)−가해자는 자신이 저지른 행동을 슬퍼한다. 또한 여성이 떠날까 봐 두려워하여 이를 방지하기 위해 매우 자상하고 애정으로 넘치고 사려 깊은 사람이 된다. 이 애정이 깃든 모습이 그의 이전 행동과는 전혀 다르기 때문에 여성은 혼란스러워하며 자신의 인지력과 정신을 의심한다. 여성은 이전의 학대는 보통 일어나는 일이 아니며 또 남편답지 않은 행동이었다고 믿고 싶을 것이다. 자신이 학대의 원인이라고 결론짓고 '만약 내가 제대로 행동했다면 그는 화내지 않았을 것이야'라고 생각한다. 이 시기 가해자의 착한 행실은 마침내 끝나고 결국 폭력의 주기는 다시 시작된다.

(2) 클라이언트 특성에 대한 이해

① 가정폭력 피해여성의 특성

가정폭력 피해여성의 심리적 특성을 살펴보면 피해여성은 낮은 자아존중감과 소외감, 수치심을 느끼게 되고 사고력과 에너지를 모두 소모시킬 정도의 공포를 경험하며 약물과 알코올 남용, 자살기도, 신체 질환을 겪는다. 워렌과 래닝(Warren & Lanning, 1992)은 가정폭력 피해여성들이 느끼는 다양한 정서에 대해 폭력 관계로부터 지금까지 떠나지 않은 것에 대해 자신을 비난하는 등 낮은 자아상을 형성하게 되며 반복된 구타와 낮은 자아개념은 여성이 자신에게 발생한

폭력을 통제할 수 없도록 느낀다고 하였다. 또한 그 환경 속에서 '자신을 보호할 수 없다'라고 느끼게 되며 폭력에 적극적으로 대처하는 노력을 방해한다고 하였다. 가정폭력 피해여성들에게 반복되는 폭력으로 인해 나타나는 것은 낮은 자아존중감, 패배감, 혼란된 감정, 조절감의 상실, 외로움, 무가치함, 죄책감 등의 다양한 심리적 · 신체적 손상이다. 다시 말해 부정적인 자아상과 낮은 자존감, 무기력함에 길들여지는 것을 알 수 있다(유해선 · 변상해, 2015).

이러한 많은 피해에도 불구하고 학대받은 여성들이 학대적인 관계를 끝내지 못하거나 잠깐 동안의 이별 후 결국 가해자에게 돌아오게 되는 이유는 다음의 여러 가지가 있다.

- 복수나 더 심한 폭력에 대한 두려움
- 금전 부족 문제, 주거 문제
- 자녀, 집, 소유물 그리고 경제적 안정을 잃을 것에 대한 두려움
- 자신에 대한 의심, 낮은 자신감, 수치심, 다른 사람들에 대한 불신
- 다른 사람들이 자신을 믿지 않을 것이라는 공포, 그리고 자신에게 학대 원인 제공자라는 낙인이 찍힐 것에 대한 두려움
- 결혼을 유지할 것을 강조하는 종교적인 믿음과 도덕
- 자녀를 위해 가정을 유지하려는 욕구
- 학대가 멈출 것이라고 믿고 싶은 욕구나 학대의 심각성을 부정하거나 축소하려는 경향
- 애정을 의존과 동일시하려는 경향

② 가해자의 특성

가정폭력을 유발하는 가장 중요한 요인으로 가해자의 개인적 특성을 들 수 있다. 가정폭력 재발 요인으로 반사회적 성향, 정신병리, 물질 남용과 학대 경험들이 있다(최근화, 2018).

가정폭력 가해자들은 대체로 의사소통 기술이 상당히 부족하기 때문에 대화

를 할 때 상대방의 약점을 건드리는 말을 하거나 상대방의 말을 왜곡해서 받아들이는 경향이 짙고 결과적으로 폭력으로 이어지기 쉽다(권진숙 외, 2001).

술을 매개로 한 폭력 습관은 상당히 고착화된 특성을 보이는데 이러한 폭력성은 피해자로 하여금 항시적인 불안과 공포를 야기할 수 있다(한인섭, 1996). 음주문제를 가지고 있는 가정폭력 가해자들은 음주 후 폭력행동을 음주의 탓으로 돌리고 폭력을 정당화하며 행위를 부정하는 특성을 보이기도 한다(장수미, 2003).

개인의 생애 스트레스 사건이 가정폭력과 밀접한 관련성을 갖기도 하는데 생애 스트레스 사건이 결혼 만족도와 우울과 깊은 관련성이 있는 것으로 보고되고 있다. 가정폭력 가해자들은 반복적으로 범행을 시도할 뿐만 아니라 부인(denial)이나 합리화로 자신의 폭력을 정당화하려고 할수록 재사회화 과정이 더딜 수 있다(Cane & Vivian, 2001). 가정폭력 가해자의 구체적인 특성은 다음과 같다.

- 여성을 향한 극단적이고 비이성적인 질투와 소유욕, 여성이 다른 남성에게 관심이 있을 거라는 정당화되기 힘든 믿음과 함께 나타난다.
- 여성을 통제하고 그녀를 친구와 가족들로부터 떼어놓으려는 욕구가 있다. "우리 둘만 있으면 돼. 다른 사람은 필요 없어"와 같은 말을 사용한다.
- 화를 내기 쉬우며 욱하는 성질이 있다.
- 기분과 행동이 친절하고 부드러운 것과 폭력적이고 비열한 것 사이의 변화가 있다.
- 자신의 '폭발'과 가학적인 행동을 부정하거나 합리화한다. 무엇이든 잘못되는 것이 있으면 타인, 특히 여성을 탓한다.
- 아동이었을 때 학대당했거나 가정폭력을 지켜본 경험이 있다.
- 폭력과 관련된 위법의 경험이 있다.

(3) 개입목표 및 지침

■ 가정폭력 피해 여성에 대한 개입

빈번하고 심한 폭력이 나타나거나 폭력 가해자와 피해 여성이 약물이나 알코올을 사용하는 경우, 여성이나 자녀가 목숨에 위협을 받았을 경우, 가해자가 치명적인 흉기를 쓸 수 있는 경우, 가해자나 피해자가 정신적인 문제가 있는 경우, 가해자에게 범죄 전과가 있는 경우, 학대가 강요된 성관계로 나타난 경우, 가해자가 자살하겠다고 위협한 경우, 가해자가 극단적인 행동을 할 수 있다는 것을 보여주기 위해 동물을 고문하거나 죽인 경우, 그리고 여성이 자살시도를 한 경우에 학대 상황은 특별히 더욱 위험한 것으로 판단되어야 한다.

① 개입목표

- 여성과 자녀에게 안전하고 보호받는다는 믿음을 갖게 한다.
- 여성에게 폭력의 사이클과 성격을 이해시키고 자신과 자녀들을 안전하게 지킬 수 있는 방법들이 있다는 것을 알려준다.
- 여성이 결정을 내리고 계획을 세우는 것, 미래의 안전을 위해 필요한 서비스를 제공받는 것을 돕는다.
- 여성과 그 자녀가 학대의 심리적인 영향에서 치유되도록 돕고 개인적인 경계심을 가지도록 돕는다.

② 개입기술 및 지침

가정폭력 피해여성과 직접 일하는 사회복지사는 다음의 사항을 기억해야 한다.

- 신체적 안전, 음식, 주거, 건강보호, 교통, 자녀돌봄, 법률상담 등과 같은 기본적 욕구에 즉각적인 주의를 기울여야 한다. 처음 클라이언트를 만나는 경우, 학대를 당한 여성이 이성적 관계에 있을 것으로 바로 가정하지 않는다. 가해자의 성(性)을 알게 될 때까지 가해자를 “파트너”로 지칭한다.

- 학대받은 여성의 강점에 초점을 두고 그 강점에 주목할 수 있도록 한다. 강점은 도움을 요청해야겠다는 결정일 수도 있고 자녀를 보호하기 위한 노력일 수도 있으며 여성을 살아남게 한 결정과 행동일 수도 있다. 여성이 자신의 생존 기술을 확인할 수 있도록 도와서 의심이나 무력감에 대처할 수 있게 한다.
- 여성이 가해자와 함께 있겠다거나 돌아가겠다고 결정하면, 위험 시 탈출 계획을 세우도록 도와 다시 위협을 받았을 때 바로 대응할 수 있도록 한다. 이 계획에는 돈, 옷가지, 개인 물품, 그리고 여성과 자녀가 가해자와 떨어져 사는 데 필요한 법적 서류 등이 담긴 가방을 준비하고, 가해자 모르게 숨기는 것 등을 포함한다.
- 가정폭력 피해 여성이 심하게 동요되어 관계를 끝내지 못할 수 있음을 예측한다. 특히 여성이 불안정하고 혼란스러워할 때는 가해자와 대화하지 않도록 한다. 이럴 때 여성은 가해자의 조종에 취약하며 위험을 고려하지 않은 채 그에게로 돌아갈 수 있다.
- 자녀들이 어머니가 학대받는 것을 목격했다면 그들도 공포에 질려 있고 혼란스러워하며 상담이 필요하다는 것을 알아야 한다.
- 학대받은 여성의 근본적인 감정적인 욕구나 문제 때문에 학대 관계를 시작하거나 학대 관계를 유지할 것이라 가정하지 않는다. 그러나 현재 지속적인 학대에 대한 반응으로 알코올이나 약물 남용, 우울증, 불안, 외상 후 스트레스 장애 등의 문제가 실제로 나타날 수 있다.
- 가해자가 치료나 훈련 프로그램에 스스로 참여하지 않는 이상 학대는 끝나지 않을 것임을 피해 여성이 확신하게 될 때까지, 가해자에게 여러 번 돌아갔다가 떠나는 과정을 반복한다는 것을 예상하고 이해해야 한다. 당사자 둘을 동시에 참여시키는 부부상담은 적절한 개입방법이 아니다. 왜냐하면 학대받은 여성은 가해자 앞에서 솔직하게 말하는 것을 두려워할 수 있고 가해자는 일반적으로 여성이 과장하거나 거짓말을 한다고 비난하기 때문이다.

• 학대받은 여성이 가해자와의 관계를 끝낸 후 정서적으로 회복하고 두려움, 불안, 우울을 덜 느끼게 되려면 2년에서 4년 정도 걸릴 수 있다. 어머니가 얻어맞고 협박당하는 장면을 목격한 아동도 이와 같다.

■ 가정폭력 가해자에 대한 개입

집행유예 조건으로 수강명령이 부과되기 시작하면서부터 점진적으로 치료적 개입이 포함되어 최근에는 가정폭력 가해자를 위한 프로그램 중 상담위탁 보호처분이 가장 많이 활용되고 있다. 이들은 대부분 비자발적 클라이언트이기 때문에 앞서 살펴본 비자발적 클라이언트에 대한 개입기술과 지침을 참고하자.

가정폭력 치료 프로그램 매뉴얼은 가정폭력에 대한 이해, 가정폭력 상황 탐색, 분노조절 방법 이해, 효과적인 의사소통 방법, 스트레스 관리 등으로 구성되어 있는데 이들의 인지나 행동을 수정하는 심리치료 방법이다(법무부, 2010). 이러한 상담 프로그램은 가해자들의 폭력 인식을 개선시키고 폭력 재발률을 감소시킬 수 있다(박소현, 2013a). 가해자들의 폭력 행동과 공격성의 감소, 자존감 향상(강은희 외, 2015)과 함께 알코올 의존, 분노, 스트레스 등을 감소시키는 효과를 보이고 있다(장희숙, 2012).

(4) 가정폭력 사례

A씨는 34세의 여성으로 결혼한 지 10년이 되었다. 자녀가 세 명 있는데 9세, 6세, 2세 등 모두 10세 미만이다. 남편은 대형 로펌에서 근무하는 유능한 변호사이다. 가족은 중산계층의 이상적인 모습으로 아름다운 도시 근교에 살고 있다. 가족은 교회, 클럽, 다른 사회단체에서 매우 활동적이다. A씨는 몇 개의 자선단체, 시민단체의 성원으로 활동하고 있다. 그녀가 처음으로 상담소에 전화를 했을 때는 경계하는 태도로 모호하게 말하였다. 그녀는 "다른 여성"을 위해 물어볼 것이 있다고 관심을 표현했다. 첫 번째 전화를 받은 1주일 후에 다시 전화가 왔다. A씨는 남편에게 심하게 구타를 당하고 난 후였다. 다음은 그 대화의 한 부분이다.

상담자 : 가정폭력상담센터입니다. 무엇을 도와드릴까요?

A씨 : 여러 번 전화를 한 사람이네, 나는 지금 끔찍해요. 지금 바로 도움을 받았으면 좋겠어요. (흐느껴 운다)

상담자 : 좋아요. 무슨 일이 있었는지 말씀해 보세요.

A씨 : 글쎄요. 어젯밤에 다른 때보다 심하게 나를 때렸어요. 이번에는 정말로 나를 죽이려나 보다 생각했죠. 지난 몇 주 동안 계속되어 왔어요. 나와 아이들을 점점 자주 때려요. 그게 그의 일이에요. 그가 어제 밤에 늦게 들어왔어요. 저녁식사가 전부 식었죠. 식사하러 나가자고 제안했는데, 내 생각에는 그게 내 잘못이에요. 늦게 들어온 것에 대해 내가 불평을 했고 그가 화를 냈죠. 큰 소리를 지르면서 나를 가르치기 시작했어요. 주먹으로 나를 때리기 시작했어요. 나를 때려눕히고 발로 차기 시작했어요. 나는 일어나서 욕실로 뛰어 들어갔죠. 아이들이 그만두라고 아빠에게 소리를 지르자 그가 아이 뺨을 찰싹 때렸어요. 맙소사, 무서워요. (잠시 동안 흐느껴 운다. 사회복지사는 기다린다) 미안해요. 나 자신을 어쩔 수가 없네요.

A씨를 원조하는 과정에서 위기개입 모델을 적용한 역할극과 집단토론을 진행한다. 5~6명 정도의 소집단을 구성하여 한 사람은 A씨 역할을 하고 다른 한 사람은 위기개입전문가의 역할을 하도록 한다. 나머지 사람들은 관찰자 역할을 맡는다. 가능하다면 A씨의 동의를 구하는 과정부터 위기개입 모델 6단계를 적용한다. 개입이 끝나면 관찰자들은 위기개입전문가와 클라이언트에게 피드백을 줄 것이다. 역할극을 마친 후 토론할 때 필요한 질문은 다음과 같다.

- 위기개입전문가는 피해자가 말하는 언어적 · 비언어적 메시지를 적극적으로 경청하였는가?
- 위기개입전문가는 클라이언트의 안전의 욕구를 위해 무엇을 했는가?
- 클라이언트가 현실적인 대안을 이해했고, 대안을 가지고 있다고 보여주는 증거는 무엇인가?

- 피해자에게 나타나는 전형적인 심리적 역동은 무엇인가? 부인, 죄의식, 공포, 합리화, 철회 등을 위기개입전문가가 어떻게 다루었나?
- 위기개입전문가는 A씨에게 해결책과 대안을 제공하기 위한 시도를 하였는가?

위 질문에 대해 토론한 후에 A씨 역할을 한 성원은 가상의 역할에서 자신을 분리시켜야 한다. 역할극을 한 성원은 자신과 A씨의 다른 점이라고 생각한 것을 집단성원들에게 설명한다. 그리고 집단성원들은 역할극을 한 성원들에게 박수를 쳐준다.

3) 자살 위험이 있는 클라이언트

가정폭력피해자, 우울증, 알코올중독증 등의 정신건강 문제를 겪고 있거나 다양한 위기에 직면한 사람들은 자살 위험이 있다. 또한 현대사회는 모든 연령층에서 자살률이 증가하는 추세이다. 사회복지사는 자살 위험이 있는 10대 청소년, 성인, 노인 클라이언트를 만나게 될 것이다.

(1) 개요

자살 위험의 경고 신호에는 우울증, 죽음과 고통에 대한 집착, 아끼는 소유물을 나누어 주는 것, 행동패턴의 설명하기 어려운 변화, 갑작스러운 약물과 알코올 사용의 증가, 충동적인 행동 등이 있다

의학적 자료에 의하면 대부분 자살하는 사람은 자살시도 6개월 이내 의사와 상담한 적이 있다고 한다. 우울증이 자살과 밀접한 관련이 있다는 것은 잘 알려진 사실이다. 우울증 증상에는 지나친 슬픔, 절망감, 평소에 즐겼던 활동들에 대한 무관심, 집중력 저하, 자살생각, 이유 없는 신체적 아픔, 피로감과 안절부절못함, 식욕과 수면패턴의 심한 변화, 타인들로부터 움츠러듦, 쉽게 화를 냄, 이유 없이 우는 것 등이 있다.

사회복지사는 모든 정당한 방법을 동원하여 클라이언트의 자살을 막아야 한다. 상담을 비롯하여 위험하다고 판단되는 상황에서 클라이언트와 함께 지내기, 필요하다면 경찰을 부르고 병원에 입원을 시키는 것 등이다.

(2) 특성

자살을 생각하는 사람이 다음의 특징을 보인다면 자살위험률이 높다.

① 예전에 자살시도를 한 경험이 있는 경우
② 갈수록 악화되는 괴롭고 고통스러운 상황에 놓여 있는 경우
③ 명확한 자살계획을 세워 놓고 자살수단을 어떻게 얻을 것인가도 계획해 둔 경우
④ 대화 중 자살을 자주 언급하고 근심스러워하던 클라이언트가 갑자기 여유롭고 안심한 듯한 모습을 보이는 경우
⑤ 지지해 주고 응원해 주던 사람과의 접촉이 끊겼을 경우

(3) 자살 상담과 위기개입

상담은 접수 면접을 하는 순간부터 시작된다고 볼 수 있다. 따라서 접수 시 긴급한 위기상황인지를 확인하는 것이 필요하다. 자살예방을 위해 상담자가 내담자를 평가할 때 주의해야 할 점은 자살에 대한 내담자의 생각이 막연히 생각 차원에 머물러 있는 단계인지 아니면 실행에 옮길 계획을 이미 세운 단계인지를 구분하는 것이다. 상담자는 내담자에게 자살하려는 이유, 방법, 시기, 과거의 자살시도력, 지지체계, 유서는 썼는지, 지금 당장 실행하지 않는 이유는 무엇인지 등에 대해 질문함으로써 평가할 수 있다. 내담자가 생각단계라면 상담자는 주의 깊게 관찰하며 상담을 진행해도 되지만, 실행단계라면 즉각적으로 위기개입을 해야 한다.

자살예방을 위해서는 어떤 요인이든지 간과하지 않고 중요하게 생각하는 것

이 효과적이다. 많은 자살예방교육에서 자살 위험징후와 같은 신호를 알려주는 이유는 비록 그러한 징후를 보이는 사람이 반드시 자살을 한다고 할 수는 없지만 그러한 징후를 목격했을 때 간과하지 않기를 바라는 요청이라고 할 수 있다(장창민 외, 2012).

욥(Jobes, 2011)은 자살위험이 있는 내담자에게 협력적 자살사정과 관리(CAMS : The Collaborative Assessment and Management of Suicidality)를 활용하도록 권하였는데, 그 핵심은 자살을 생각하고 있는 사람의 입장에서 자살을 조망하는 것이다. 특히 내담자와 정면으로 마주보고 앉은 상태에서 내담자를 면접하는 것이 아니라 내담자 옆에 나란히 앉은 상태에서 진행하는 것이 내담자와 상담자가 함께 협력하는 과정임을 상징적으로 보여준다. 자살을 생각하고 있는 내담자에게 상담자가 나란히 앉아 있다는 것은 상담자가 내담자와 함께하겠다는 상징적인 의미를 전달할 수 있다.

자살의 위험도를 평가하기 위하여 질문을 할 때에는 머뭇거리거나 조심스럽게 질문하기보다는 차분하고 안정적인 태도와 말투로 묻는 것이 좋다. 자살가능성에 대하여 질문을 할 때에는 명료하고 구체적으로 현재 자살생각을 가지고 있는지 묻는 것이 중요하다. 상담자가 조심스럽게 질문하면 이런 이야기를 해도 되는지에 대해 내담자는 안심할 수가 없다. 오히려 안정된 분위기에서 자연스럽게 이야기를 할 수 있어야만 자살에 관하여 그 누구와도 이야기를 하지 못했던 내담자가 구체적인 이야기를 나누며 자살에 대한 자신의 마음을 털어놓을 수 있게 된다. 자살예방에서 중요한 것은 그 사람의 문제를 해결해 주는 것이 아니라 그 사람이 문제에 대해서 이야기할 수 있도록 도와주는 것이다.

(4) 자살 위험 클라이언트에 대한 대응 지침

다음의 지침들은 사회복지사가 클라이언트의 자살 가능성을 평가하고 자살을 할 위험이 있는 클라이언트에게 대응할 수 있도록 도와준다(Sheafor & Horejsi, 2015, 남기철 외, 2020 재인용).

① 자살에 대한 모든 메시지를 심각하게 받아들여야 한다.

② 클라이언트가 자살할 위험이 있다고 판단되면 다른 전문가들과 어떻게 할지 논의한다.

③ 간접적으로 자살을 암시하는 말들을 찾아본다. “이제는 살아야 할 이유가 없어요” 등

④ 자살을 생각 중인 개인은 양가감정, 즉 살고자 하는 욕구와 죽음을 통해서라도 고통에서 도망치고자 하는 욕구를 동시에 강하게 겪는다.

⑤ 자살위험이 있는 클라이언트와 의사소통할 때는 간단하고 직접적인 질문을 사용한다. “자살을 생각합니까?”, “왜 자살을 해답이라고 생각하는지 말씀해 주시겠어요?”

⑥ 클라이언트에게 왜 삶이 그토록 고통스럽고 쓸모없게 비춰지는지 이해하려고 노력한다.

⑦ 클라이언트가 구체적인 자살계획을 세워 놓았는지 알아본다.

⑧ 클라이언트가 구체적인 방법(흉기, 목 매달기, 약물 등)을 골랐는지, 그 방법에 필요한 물건을 입수할 수 있는지 알아본다. 그렇다면 자살 가능성이 높다.

⑨ 방법의 치명도를 살펴본다. 매우 치명적 방법은 총쏘기, 투신, 목 매달기, 익사, 일산화탄소 중독, 교통사고, 수면제, 아스피린 과용이 있다. 덜 치명적인 방법에는 손목 긋기, 가스 열어두기, 진정제나 처방전 없이 살 수 있는 약이 있다. 치명적인 방법일수록 자살 가능성이 높다.

⑩ 클라이언트가 과거에 자살을 시도한 경험이 있는지 질문을 한다. 과거의 자살시도 경험은 위험성을 높인다.

⑪ 최근 일어난 일들 중 어떤 사건이 클라이언트가 더욱더 자살에 대해 생각하도록 만들었는가? “지난주에 일어난 일들 중 무엇이 당신을 더 좌절하게 만들었습니까?” 이 사건이 클라이언트에게는 어떻게 비춰지는지를 알아본다. 즉, 클라이언트가 현실적으로 지각하고 있는가? 아니면 너무 속상해서 상황을 제대로 이해할 수 없는 상태인가?

⑫ 대부분의 자살위험 클라이언트들은 편협한 시야(tunnel vision)를 가지고 있어 자신의 고통과 좌절만을 볼 수 있다. 상황에 대처하기 위한 자살 이외의 다른 방안을 찾도록 그들을 도와주는 것이 중요하다.

⑬ 자살위험이 있는 클라이언트가 위기상황에 의지할 만한 사람이 있는지 알아본다. 클라이언트에게 중요한 사람이 지지해 주는 것이 도움이 된다.

⑭ 클라이언트에게 자살 대신 즉각적으로 상담을 받아보겠느냐고 권한다. 클라이언트에게 일정 기간(예 2주) 동안 자살을 하지 않겠다는 서약서를 쓰도록 한다든가, 최소한 다음 번 상담을 하기 전까지는 자살하지 않겠다는 약속을 받는다.

⑮ 어떤 방법도 소용이 없는 극단적인 상황에서는 클라이언트에게 자신의 시체가 발견된 후에는 무슨 일이 일어날 것인지를 토론하려고 노력한다. 간혹 이 방법이 클라이언트를 동요시켜 자살의 결과에 대해 더 명료하게 생각해 볼 수 있도록 해준다. 예를 들어, 어떤 방식의 장례식을 원하며, 누가 클라이언트의 죽음을 통보받을 것인지? 특정한 방식으로 클라이언트의 사망을 통보받을 사람들에게 접근하거나 말을 걸어야 하는지? 그들에게 접촉해서 클라이언트의 장례식에 초대할 사람들의 목록을 만들 수 있는지? 누가 클라이언트의 가장 소중한 소유물을 물려받을 것인지? 조문에는 어떤 내용이 쓰여지기를 바라는지? 등에 대해서이다.

⑯ 진짜 자살을 하려고 마음을 먹은 사람의 자살은 방지할 수 없을 수도 있다는 것을 알아야 한다. 상담, 감시, 병원 수용은 자살을 늦출 수는 있어도 항상 막을 수 있는 것은 아니다.

(5) 자살 상담 사례

자살에 관한 구체적인 계획을 세운 남자 대학생 내담자의 사례를 다음에서 살펴보도록 하자(최지영, 2014).

상담자 : 상담신청서에 '최근 죽고 싶은 생각을 한 적이 있다'는 항목에 체크를 하셨네요. 너무나 힘드신 거 같은데, 언제 그런 생각을 하셨나요?

내담자 : 맨날이요.

상담자 : 그럼 혹시 구체적으로 생각을 하고 있는 건가요? 방법이라든가….

내담자 : 네.

상담자 : 어떤 방법이요?

내담자 : 옥상에서 뛰어내릴까 했어요.

상담자 : 아, 정말 그럴 생각을 할 정도로 힘드시네요. 저도 마음이 너무 아프네요. 혹시 언제쯤 뛰어내려야겠다 그런 생각도 해보셨나요?

내담자 : 그게… 사실은 어제도 그제도 집에 가는 길에 옥상에 올라갔었어요. 제가 고소공포증이 있어서 높은 데선 창가에도 가지 않는데… 핸드폰을 떨어뜨려 볼까 했어요. 그러다가 차마….

위의 내담자의 경우는 우선 내담자에게 공감과 함께 도움을 주고 싶은 마음을 전하고 왜 죽고 싶은지, 이러한 사실을 누가 알고 있는지, 이전에 시도한 적은 있는지 등을 물어보며 자살 위험을 평가한다. 내담자가 상담자의 도움으로 자살충동이 억제된 상황이라고 판단이 되면 내담자에게 상담 비밀유지의 예외규정을 이야기하고 자살을 하지 않겠다는 서약서를 받은 후 상담을 진행할 수 있겠지만, 그렇지 않을 경우 즉각적으로 위기개입을 해야 한다. 상담센터 내 위기개입 체계에 근거하여 부모님과 지도교수에게 연락을 하여 내담자의 자살생각을 알리고 내담자 혼자 집에 가지 않도록 보호자가 데리러 오도록 하든지 혹은 내담자를 보호자에게 데려다줄 수 있는 사람을 찾아야 한다. 핸드폰을 떨어뜨려 보는 행위는 자살예행 연습에 해당한다. 내담자뿐만 아니라 부모님과 지도교수에게도 자살위기개입 기관에 대한 안내를 하고 자살예방을 위해 필요한 교육도 한다. 상담자는 이러한 갑작스러운 일로 인한 그들의 염려와 혼란스러운 심리상태에 대한 돌봄을 제공한다.

CHAPTER 09

집단대상 실천에 대한 이해

집단사회복지실천은 사회복지현장에서 많이 활용하는 실천방법이다. 프로그램 개발과 평가에서 주로 집단 프로그램의 기획부터 평가까지를 다루고 있으며, 집단사회복지실천에서는 집단의 특성에 대한 이해를 바탕으로 집단대상 개입방법을 학습한다. 실천현장에서 사회복지사는 집단을 활용하여 교육과 상담, 성장과 여가 등 활동중심 참여 프로그램 등을 다수 진행하고 있다.

이 장에서는 집단의 개념과 유형에 대한 이해를 기초로 집단대상 실천모델과 원칙, 집단역동성과 발달과정을 살펴보고 집단의 사정방법에 대해 다루고자 한다.

1. 집단에 대한 이해

1) 집단의 개념과 특성

(1) 집단의 개념

사회복지실천에서 집단이란 서로 상호작용하는 2~3명 이상의 사람들이 서로가 동일한 집단에 소속되어 있다는 집단의식과 공통의 관심사가 있으며, 성원들의 욕구 충족이나 문제 해결을 위한 목표를 달성하고자 참여하는 모임을 말한다.

집단은 집단 성원들의 초기 모집과정에서 활동 종결까지의 발달과정을 거쳐 지속적으로 변화하며, 그 안에서 집단문화와 규범이 형성되고 집단적 행동유형과 참가자들의 상호작용을 통해 형성된 상호 영향력을 체험하게 된다(이화여자대학교 사회사업학과 편, 1993 : 222-223).

(2) 집단의 특성

첫째, 서로 함께 시간을 보내는 사람들의 모임으로 성원 스스로가 자신을 집단 성원으로 인식함은 물론, 다른 사람들도 그를 집단에 속한 사람이라고 인식하고 인정한다. 집단에는 사회복지사에 의해 새로 형성된 집단과 이미 형성되어 있는 기존 집단이 포함된다.

둘째, 성원들은 지속적으로 만나도록 기대하기도 하고 그렇지 않을 수도 있다. 일정한 기간 동안 시간을 정해 고정된 시간에 모임을 갖기도 하고 모임의 길이를 목적의 진척에 따라 결정하는 집단도 있다.

셋째, 집단 내에서 성원들은 상호 의존하고, 직간접적 상호작용 · 교환을 하므로 집단의 크기를 제한하게 된다.

넷째, 집단은 한 가지 이상의 목적을 위해 형성된다. 이 목적을 성원들이 공유함으로써 집단 내에서 상호작용을 하고 자신을 투자하며 일체감을 갖게 된다. 집단목표 달성 수단에 대한 상호 동의와 기대는 집단 기능과 성원들의 만족도 및 동기에 긍정적인 영향을 준다. 그러나 집단 성원들의 집단목표에 대한 동의는 집단의 초기단계에서는 쉽게 이루어지지 않는 경우가 많다. 치료집단의 경우 비자발적으로 강제로 집단에 오게 된 성원들은 집단목표에 대한 다른 주장을 펴거나 사회복지사의 목적과 다른 의견을 주장할 수 있다.

다섯째, 사회복지사가 상호작용하는 집단은 그들을 고용하는 기관에 대한 견해나 기능에 일치할 수도 일치하지 않을 수도 있다. 이때 사회복지사는 조직과 동료들에게 적합하고 새로운 아이디어나 기획 등을 제안하기도 하고, 그들 조직에 대한 전통적 방법과 태도를 변화시키기 위한 운동을 전개하기도 한다.

이를 종합해 보면, 집단은 적어도 두 사람 이상이 공통의 목표나 비슷한 인지적 · 정서적 · 사회적 흥미나 관심을 가지고 반복적으로 모여 서로에게 영향을 주며 함께 기능할 수 있는 규범을 만들고 목표와 응집력을 발달시키는 모임이라고 할 수 있다.

2) 집단 실천의 원칙과 효과

(1) 집단 실천의 원칙

① 개별화의 원칙

집단 실천의 개별화 원칙이란 개별 실천과 마찬가지이지만, 상황 설정에서 다르다. 이는 집단 안에서 집단관계를 통한 개인으로서의 입장을 명확히 하고 개인의 욕구에 대응하는 것이 원칙이며, 집단 그 자체를 하나의 유기체로서 다루는 것을 말한다. 이때 사회복지사는 집단 전체가 가진 욕구, 집단의식을 증진시킴과 동시에 집단 성원 개개인의 존재의식을 명확히 하고 성원의 일원으로서 자각을 할 수 있도록 원조하는 것이 중요하다.

집단 내 개별화를 위해서는 성원 개개인의 가정적 · 사회적 배경, 집단활동의 경험 유무 등을 파악하고, 이를 전제로 그들의 집단 내 태도, 행동을 이해할 수 있어야 한다. 성원 각자의 개성을 존중하고 집단 성원 상호 간의 관계를 존중해야 한다. 생득적 조건이 다른 성원 한 사람 한 사람이 집단 안에서의 상호관계를 통해 그 이상의 힘을 만들어 갈 수 있도록 원조하는 데 개별화의 의미가 있다.

이를 위해 ① 성원 각자의 개성을 최대한 발휘하게 하고 잠재력을 실현하게 한다. ② 개개인의 사회적 적응능력을 함양한다. ③ 성숙한 집단 발달이 개인 발달의 촉진으로 연결되지만, 집단 속의 개인을 자각하고 이에 기초하여 집단의 성장을 생각하도록 한다.

② 수용의 원칙

수용이란 집단 성원 각자가 여러 태도 · 행동 · 감정을 표현하고 어떤 가치관을 가졌다 하더라도 그 사람을 있는 그대로 인정하고 받아들이는 것이다. 수용은 반사회적 · 파괴적 행위를 인정하는 것이 아니라 행위 그 자체는 바르게 평가하되, 그 사람이 그 같은 행위를 할 수밖에 없었던 배경을 이해하고 감정을 충분히 받아들이는 것이다.

수용은 우선 사회복지사 자신이 자신을 진솔하게 수용할 수 있는가와 관련된다. 자신을 이해하기 위한 부단한 노력이 다른 사람을 받아들일 수 있는 여유 있는 태도를 만들어 내기 때문이다. 그러므로 사회복지사는 자신의 가치관으로 성원들의 태도나 행동을 판단하기 쉽다는 점을 인정하는 데서 시작하는 것이 집단 성원과의 관계에서 매우 중요하다. 표현된 태도나 언어, 감정에 대한 수용도 중요하지만, 구성원 개개인을 전체로서 이해하는 것도 매우 중요하다. 전체로서의 인간에 대한 이해를 위한 노력, 이를 위한 사회복지사의 수용적 태도야말로 성원들의 성장을 촉진하게 된다.

③ 참가의 원칙

집단사회복지실천 과정에서 참가의 원칙은 매우 중요하다. 집단 성원의 참가가 없다면 집단은 의미가 없다. 그러므로 개인 성원 각자의 참가의욕을 갖게 하는 단계에서부터 사회복지사의 역할이 요구된다. 이때 집단 성원들끼리 서로 참가동기를 부여하고 서로를 소중히 여기도록 상호 주체적 관계를 만들어 가는 것은 매우 의미 있는 과정이다.

참가를 촉진하기 위해 집단 성원의 흥미와 욕구를 반영할 필요가 있는데, 여기서 프로그램은 중요한 역할을 한다. 프로그램을 통해 개인적 욕구 및 흥미에 의한 집단 참가로부터 사회 참가로 확대해 갈 것이 요구된다. 자신에게 긍정적이고 도움이 된다고 실감할 때 참가는 촉진되는 것이다. 사회복지사가 어떻게 개입하고 지지하느냐도 중요한 역할을 한다.

집단 성원의 참가를 저해하는 요인으로는 다음의 몇 가지를 들 수 있다.

첫째, 집단 성원의 불안감으로, 지식 부족에서 오는 불안, 스스로 집단 내에 존재감을 가질 수 없다고 느끼거나 다른 집단 성원에 대한 중압감 · 구속감을 느끼는 경우이다.

둘째, 책임감의 정도로, 역할분담이 과중하다고 느낄 때 그것을 도저히 감당할 수 없다고 생각되어 도피하고 싶은 심리를 느끼는 경우이다.

셋째, 집단의 크기가 너무 크거나 작을 때로, 상호관계를 유지할 수 있는 범위를 넘으면 집단 성원 간에 거리감을 느끼게 된다. 반대로 집단의 크기가 너무 작으면 자신들의 존재 자체에 중압감을 느끼게 된다.

넷째, 집단 성원 간의 이전의 친분 정도로, 과거에 특별히 좋지 않은 관계였을 경우이다.

다섯째, 사회복지사의 개입방법과 성원들의 수용태도 등이 집단 성원의 참가를 방해하는 요인으로 작용한다.

④ 체험의 원칙

집단의 장점 중 하나는 집단과정에서 일어나는 여러 문제 및 과제 해결 능력을 키우는 데 있다. 집단 성원들은 그때그때 상황을 잘 파악하고, 적절한 시기에 각자의 문제 및 과제를 스스로 해결할 수 있다는 느낌을 체험할 수 있어야 한다.

집단활동을 통해 인간관계를 형성하고 목표를 달성하기 위해 많은 인내를 경험하면서, 과거의 생활 속에서는 맛보지 못했던 협력체험의 성취감, 자기 발견 등 내적 실감을 하게 되며, 이를 통해 성장하게 되는 것이다. 이러한 체험이야말로 사회생활의 기본적 태도를 기르는 내적 · 심리적 체험이 된다.

⑤ 갈등해결의 원칙

집단 내 갈등이 생겼을 때 갈등으로부터 도피하지 않고, 직면하여 문제를 해결하기 위해 노력하는 과정을 중시하는 것이 갈등해결의 원칙이다. 이를 위해 사회복지사는 항상 집단 전체의 움직임에 관심을 기울이고, 집단을 구성하고 있는 개개인의 집단의식화 과정을 관찰함으로써, 개개인의 갈등해결을 원조할 수 있어야 한다. 그러나 갈등해결은 성원 자신이 적극적 · 구체적으로 할 수 있게 해야 하며 사회복지사에게 의존하게 하는 것은 바람직하지 않다.

집단 자체의 갈등도 고려해야 한다. 집단 내 성원들 간에 하위집단이 발생하고 하위집단 간 상호관계가 원활하지 못할 때, 사회복지사는 적극 개입하여 갈등으로부터 벗어나도록 지원해야 한다. 개인적인 원인이 되는 갈등, 개인적 내면 심층에의 동향이 보이는 병적인 상황을 발견했을 때에는 전문가에게 의뢰하도록 한다.

⑥ 규범의 원칙

집단 성원들은 집단 내에서 개인적 욕구가 충족되지 않은 경우, 다른 성원의 방해 때문이라고 착각하거나, 다른 성원에게 그 원인을 전가하는 자폐적 태도를 갖기도 한다. 이러한 무의식적 행동이 많은 사람들에게 때로는 상처를 주기도 하고 활동을 저해하기도 한다. 그러므로 집단활동 과정에서 최소한의 규칙 · 규범 · 기본적 태도에 대한 규정은 필수적이다.

사회복지사는 규범을 통한 제한으로 집단 성원들이 공통된 체험을 할 수 있도록 원조하는 역할을 하게 된다. 집단 성원의 제한은 우선 집단활동을 하기 위해 출석해야 할 책임을 갖는 것이다. 어쩔 수 없이 결석하게 될 때는 다른 성원들에게 양해를 구하고 그 이유를 통보하는 책임 있는 태도가 요구된다. 집단에 대한 소속의식, 책임 등도 개인에게는 하나의 제한이 된다. 이때 사회복지사는 집단 성원 개개인에게 이 같은 제한을 자각시킴과 동시에, 오히려 이 제한을 활용하여 극복할 수 있도록 원조할 수 있어야 한다.

⑦ 계속 평가의 원칙

집단목적의 하나는 집단에 참가하여 체험과 경험을 키우고 이를 통해 개인의 성장과 집단 자체의 성장을 가져오는 것이다. 그것은 계속적인 활동을 통해 가능하며, 단발적인 프로그램 활동만으로는 불가능하다. 따라서 계속적 · 연속적으로 집단과정을 분석 · 평가하고 그 평가에 기초하여 다음 단계로 이행하는 것이 중요하다(신성자 · 홍금자 외, 2000 : 151-155).

(2) 집단 실천의 효과

사회복지실천 현장에서 다양한 종류의 집단프로그램이 널리 활용되고 있는 이유는 집단 실천이 가지고 있는 장점이 뚜렷하기 때문이다. 여러 학자들이 공통적으로 제시하는 집단 실천을 통한 기대효과는 다음과 같다.

① **상호지지** : 집단 성원 간에 서로 지지해 줌으로써 성원들 간에 도움을 주고 받는 것이 가능하다.

② **일반화** : 집단 성원들이 문제로 인해 소외되고 자신을 이해해 주지 못하는 사람들이 많다고 생각하기 때문에 어려움을 겪게 되지만, 집단 내에서 서로 공통된 관심사로 인해 이를 일반화시킬 수 있고, 하나의 공동체라는 느낌을 가질 수 있다.

③ **희망증진** : 집단 성원들이 여러 가지 문제에 봉착되어 있는 한계를 느낄 때 집단을 통해 문제의 해결점을 찾아갈 수 있고 자신들에게 문제를 해결할 수 있는 능력이 있음을 깨닫게 된다.

④ **이타성 향상** : 자기중심적 관점과 상황에서 벗어나 타인을 위해 도움을 주는 이타심을 기를 수 있고, 이로 인해 타인에게 의존해 있던 자신을 보다 독립적인 자신으로 성장시킬 수 있다.

⑤ **새로운 지식과 정보의 습득** : 집단 내에서 서로 간에 금기시되어 왔던 주제나 문제 혹은 잘못된 정보를 다룰 수 있게 되므로 이에 대한 올바른 정보를 공유하거나 금기시된 주제를 보다 안전하다고 생각되는 집단 내에서 편안하게 공유할 수 있는 장점도 내포하고 있다. 따라서 서로 간에 새 정보의 교환이 가능하고 새로운 사회적 기술을 실험해 볼 수 있는 기회도 제공해 준다.

⑥ **집단의 성장 및 소속감** : 집단 성원 모두에게 동등한 기회를 제공하고, 비슷한 문제를 공유하며, 다른 사람들이 집단의 성장을 위해 기여하게 되어 집단이 훌륭한 집단으로 성장할 수 있는 기회를 제공한다.

⑦ **정화의 기능** : 집단 성원들이 자기 문제에 대한 불안, 감정, 생각, 희망, 꿈 등을 공유하여 공통의 목적을 성취해 가기 때문에 자신의 문제를 보다 객관적으로 해결할 수 있는 기회를 제공한다.

⑧ **재경험의 기회 제공** : 이전의 역기능적인 경험을 집단 내에서 재현할 뿐 아니라 집단 성원 간의 역동성 속에서 역기능을 경험하기도 하기 때문에 이를 통해 성장할 수 있는 기회를 갖게 된다.

⑨ **현실감각의 테스트 효과** : 집단 성원들이 서로 간의 불합리한 생각이나 가치를 집단 성원들에게 던져봄으로써 그러한 생각을 고쳐 나갈 수 있는 기회를 갖게 된다.

3) 집단 구성

사회복지현장에서 클라이언트의 문제해결이나 욕구충족을 위해 필요한 집단프로그램을 계획할 때 다음의 몇 가지 사항들을 고려할 필요가 있다.

(1) 집단 규모

집단 규모는 구성원의 수가 얼마나 되는지를 의미하는 것으로 집단목적에 따라 크기를 조절할 필요가 있다. 일반적으로 집단의 크기가 커질수록 성원들의 참여기회는 감소하고 사회복지사가 집단통제와 질서유지를 위해 사용하는 규칙이 많아지게 되며, 하위집단이 형성되기 쉽다. 반면 집단 크기가 작으면 성원들의 자기 표현이 촉진되고 친밀감이 높아질 수 있다. 일반적으로 집단은 4~10명의 구성원을 선호한다. 그러나 집단 크기는 집단의 목적에 따라 차이가 있을 수 있다. 예를 들어, 교육집단, 레크리에이션 집단은 인원이 10명 이상이어도 무방하지만, 치료집단은 5~6명 정도가 적당할 수 있다(김혜영 외, 2020).

(2) 개방집단 대 폐쇄집단

집단의 유형에는 개방형과 폐쇄형이 있다. 개방집단은 집단프로그램의 회기가 시작하여 진행되고 있는 중이라도 언제든 새로운 집단 성원이 참여할 수 있다. 반면 폐쇄집단은 계획된 집단프로그램 과정 중에는 새로운 집단 성원을 받아주지 않는다. 따라서 개방집단은 폐쇄집단에 비해 구성원의 변화로 인한 역동이 생기므로 새로운 활력을 얻을 수 있고 보다 풍부한 정보교류를 기대할 수 있는 반면 집단 응집력은 상대적으로 낮을 수 있다. 폐쇄집단은 집단 초기부터 종결까지 집단 성원이 그대로 유지되는 집단으로 관계 형성과 신뢰를 기반으로 집단 응집력이 강하고 일정 기간 지속되는 특성이 있다. 하지만 회기 진행 중에 일부 집단 성원들이 중도에 탈퇴할 경우 남아 있는 성원들이 침체된 분위기에 젖을 수 있고 집단목적 달성에 어려움을 겪을 수 있다. 사회복지사는 집단의 목적과 종류, 기관의 여건을 고려하여 집단의 개방 여부를 융통성 있게 결정하여야 한다(김혜영 외, 2020).

2. 집단 분류

집단은 추구하는 목적에 따라 다양한 종류의 집단 프로그램으로 구성될 수 있다. 다음에서 집단목적에 따른 집단 종류와 실천모델별 분류에 대해 알아보기로 하자.

1) 집단 종류

(1) 지지집단

지지집단(support group)은 성원들 서로 간에 도움이 될 만한 정보를 공유하고, 조언과 정서적인 지지를 제공하는 것이 목적이다. 이 집단에서 사회복지사는 성원들이 미래에 대한 희망을 가지고 자조와 상호 협력을 통하여 대처기술을 향상시킬 수 있도록 촉진하는 역할을 한다. 예를 들면, 만성 정신분열증 환자나 그 가족들의 집단, 자녀양육에 관한 어려움을 나누는 한부모 집단 등을 들 수 있다.

지지집단은 일종의 자조집단(self-help group)으로 간주될 수 있지만 전문가의 역할 정도에 따라 구분될 수 있다. 지지집단에서는 사회복지사가 적극적으로 참여하여 촉진자로서의 역할을 수행하지만, 자조집단에서는 자문 및 의뢰, 물적 지원 등의 간접적 지원만 하고, 대부분 성원들에 의해 운영된다.

(2) 성장집단

성장집단은 집단 성원들의 자기인식을 증진시켜 행동과 태도의 변화를 가져오고 개인의 잠재력을 개발하는 것이 목적이다. 성장집단의 발달단계는 해빙단계, 변화단계, 성장단계의 세 단계로 구분할 수 있다(Zastrow, 1985). 첫 번째 단계는 자신이 일상적으로 익숙하게 반응해 오던 방식에 도전하는 단계이다. 두 번째 단계는 타인에게서 느끼는 감정에 대한 피드백을 통해 자신의 행동이 타인에게 어떻게 영향을 주는지 인식하며 행동과 태도에 변화를 가져온다. 마지막으로 세 번째 단계에서는 새로운 행동패턴을 경험하며 효과적 방식으로 타인과 상호작용하게 된다. 성장집단의 예로는 참만남 집단, 청소년들의 가치명료화 집단 등이 있다.

(3) 여가 및 레크리에이션 집단

집단의 내용이 사회적이거나 오락활동을 포함하는 집단으로, 노인들의 취미모임이나 주간보호소가 포함된다. 이 집단의 목적은 관계에 대한 긍정적 경험을 제공함으로써 집단 성원의 고립을 극복하도록 도움을 주거나 단순히 즐거운 기회를 제공하는 데 그치는 경우도 있다. 레크리에이션 집단의 목적은 즐거움과 훈련활동을 제공하는 데 있다. 이러한 활동들은 실제적으로 집단지도자가 없거나 자발적인 성향이 강하다. 대표기관으로는 YMCA, YWCA, 인보관 등을 들 수 있으며, 자발적인 운동장 활동 · 비공식적 체력훈련 · 게임 · 개방적인 오락실 등의 제공이 대표 프로그램의 예이다. 어떤 기관에서는 다른 사람들과 상호작용을 하고 오락을 할 수 있는 물리적 공간을 제공함으로써 아동이나 청소년들의 비행을 예방하고 그에 대한 대응책으로 활용하기도 한다.

(4) 교육집단

교육집단은 집단 성원들에게 필요한 지식 및 정보 제공이나 기술을 가르치는 것이 목적이다. 즉, 성원들의 공통적인 관심분야에 대한 강의와 교육을 위주로 하며, 교육효과를 강화하기 위해 때때로 집단토론의 기회를 제공한다. 교육집단의 예로는 부모교육 집단, 성교육 집단, 스트레스 관리 교육집단, 알코올 및 약물 남용 예방교육 집단 등 매우 다양하다.

사회화 집단(socialization group)도 이에 속하는데, 성원들이 사회에서 수용할 수 있는 행동과 태도를 집단활동을 통해 습득하도록 돕는 것이 목적이다. 시설이나 병원에서 장기간 동안 일반 생활에서 분리되어 있다가 퇴소한 사람들, 일상생활과 사회적응 기술을 필요로 하는 클라이언트를 대상으로 이루어진다. 사회복지사는 사회적 기술을 가르치고, 스스로 역할모델이 되어주고, 참여를 유도하여 학습할 수 있도록 돕는다. 정신장애인을 위한 사회기술 훈련이 대표적인 예이다.

(5) 상담 및 치료 집단

집단상담은 일대일 상담보다 집단 안에서 개인의 태도를 변화시키는 데 더 효과적이다. 또한 집단 내 상호 원조적 특성이 있고 성원들로 하여금 다른 사람들도 유사한 문제를 가지고 있다고 인식함으로써 자신의 문제에 대한 새로운 견해를 가질 수 있다. 주로 정서적 · 대인관계적 문제를 다루며, 성원들의 행동변화나 정신재활에 목적을 둔다. 치료집단은 성원들의 행동을 변화시키거나 정신적 충격 후에 재활시키는 것이 목적이다. 주로 정서적 또는 대인관계적 문제를 다룬다. 비교적 어려운 심리 내적인 문제를 가지고 있는 성원들과의 집단치료에서는 치료자의 통찰력과 상담능력을 요구한다.

(6) 자조집단

자조집단(self-help group)은 성원들 간 특정 목적을 성취하고 상호원조를 위한 자발적 집단이다. 자조집단은 일상적 욕구를 충족시키고 상호원조를 위해 함께 모임을 가진다. 자조집단은 사회적 태도나 변화를 위한 캠페인으로부터 개인적 문제의 해결과 지지를 얻기 위한 집단자원의 활용에 이르기까지 다양한 목적을 가지고 있다. 또한 자조집단에서는 대면적 · 사회적 상호작용을 강조하고 원인지향적이며 성원들에 의한 개인적 책임과정을 중시한다. 자조집단에서는 정서적 지지는 물론, 물질적 원조를 제공하며, 개인적 정체감을 고양시키기도 한다.

(7) 과업집단

과업집단(task group)은 문제해결 집단으로 특정한 과제를 완성하거나 명령을 수행하는 것이 주요 목적이다. 관련 위원회, 협의회, 행정집단이나 특정 프로젝트에 일정 기간 투입되는 TFT(Task Force Team) 등이 해당된다.

2) 집단 실천모델

집단대상 실천모델 중 대표적인 세 가지 모델인 사회목표 모델, 치료모델, 상호작용 모델을 〈표 9-1〉에서 비교 제시하였다.

(1) 사회목표 모델

사회목표 모델(social goals model)은 인보관에서 시행하였던 집단사회사업에 근간을 두고 있다. 이 모델의 주요 초점은 집단 성원들의 '사회의식'과 '사회책임'을 발전시키는 것으로 더 나은 민주사회를 건설하고, 개인의 사회적응을 지원하는 것이다. 이 모델에서의 사회복지사는 집단의 민주적 기능 및 의사결정 방식을 증진시키기 위한 교사로서의 역할을 한다. 집단활동은 주로 토론 참여와 합의점 도출, 집단과제 개발 및 수행으로 이루어진다. 오늘날 이 모델이 적용된 예를 들면, 공공 주거단지에서 주민들이 자치적으로 범죄에 대항하기 위해 조직한 집단, 환경보호를 위한 환경지킴이 집단 등이다.

(2) 치료모델

치료모델(remedial model)의 초점은 개인을 치료하는 수단으로 집단을 활용하는 것이다. 이 모델의 궁극적 목적은 개인의 사회적응을 향상시키는 것에 있다. 여기서 사회복지사는 구성원들에 대한 치료자로서의 역할을 하게 된다. 집단활동은 구성원의 행동 변화를 위한 치료적 개입으로 이루어진다.

치료모델의 예로는 알코올중독 재발방지를 위한 기술훈련 집단, 정신치료 집단을 들 수 있다. 세 가지 모델 중에서 사회복지사가 집단 구성과 개입에 가장 큰 영향력을 행사하는 모델은 치료모델이다.

(3) 상호작용 모델

상호작용 모델(reciprocal model)의 초점은 집단 성원과 사회 간의 공생적이며 상호적인 관계를 통해 집단 성원의 문제나 욕구를 해결하는 것이다. 이 모델의 궁극적 목적은 개인과 사회의 조화를 이룩하는 데 있다. 이 모델에서의 사회복지사의 역할은 집단 성원이 다른 성원이나 전체 집단과 상호 원조체계가 되는 방법을 배우도록 돕는 중개자(mediator), 가능하게 하는 자(enabler)이다. 즉, 집단 전체와 개인 구성원 양측을 모두 돕는 것으로 집단과업을 수행하면서 동시에 클라이언트의 욕구를 충족시켜야 한다.

집단활동은 구성원들의 관심사 토론, 상호 원조관계의 형성, 그리고 상호 이익이 되는 결속력 있는 집단체계 형성에 관한 것으로 구성하게 된다. 예를 들어, 에이즈 환자들의 집단, 자폐아동 부모들의 모임 등 이른바 '지지집단'으로 불리는 집단이 상호작용 모델에 속한다.

〈표 9-1〉 집단대상 실천모델

특징	사회목표 모델	치료모델	상호작용 모델
목적	사회적 의식, 사회적 책임, 책임 있는 시민 및 사회 · 정치적 행동, 사회에 대한 개인의 적응, 집단 선 추구	역기능적 행동을 하는 성원의 치료와 재활, 개인의 목적 성취를 지원하기 위한 수단으로서의 집단 강조, 개인선 추구	적정수준의 적응과 사회화를 성취하기 위해 성원 간 상호 지지 체계 형성, 대인관계 향상, 집단 및 개인 양자의 선을 위한 집단과 개인 간 상호관계 강조, here and now, 상황과 집단이 관여하는 체계 자체에 관심
기관	인보관, 지역복지관	임상기관, 사회복지 기관이나 시설	임상기관, 지역복지관
초점	대규모 사회환경에 속한 개인	개인적 역기능 변화	성원 간의 자조, 상호 지지체계 개발
지도자 역할	역할모델, 조력자, 교사	변화대리인, 전문가, 조력자, 중개자	중개자, 조력자
대상	시민, 이웃, 지역주민	역기능이나 문제해결을 위해 원조를 필요로 하는 자	공동 관심사를 성취하기 위해 협력하는 구성원
집단 활동	토론, 참여, 합의, 집단과제의 개발 및 실행, 지역사회 조직화, 성원의 사회적 행동기술 습득과 사회 변화에 필요한 프로그램	성원의 행동유형을 변화시키기 위해 구조화된 운동을 하거나 직접 또는 간접적 영향력 발휘	성원들의 관심사 토론, 상호 지지 형성, 상호 이익이 되는 결속된 사회체계의 형성
집단 크기	3~30명 정도	7~10명 정도	유동적이지만 15명 이상을 넘지 않음
회합 기간	지도력 유형에 따라 유동적	정기적이며, 시간 사용 계획을 사전에 설정	유동적, 지도자와 성원이 합의
대표 학자	Ryland, Wilson, Coyle, Wiener	Vinter, Sarri, Glasser, Redl	Schwartz, Bion, Lewin

출처 : 윤현숙 외(2001). 사회복지실천기술론, p. 98.

3. 집단역동과 발달단계

집단역동(group dynamics)은 집단과정, 즉 집단 내에서 함께 활동하는 개인들 간의 상호작용에 의해 발생되는 힘으로 집단과 성원들에게 강력한 영향을 미친다. 집단역동은 집단 내에서 발생하는 집단행동에 대한 설명을 가능하게 하고, 동시에 집단역동을 응용하여 원하는 방향의 집단행동을 증가시키는 데 활용할 수 있다. 집단역동을 효과적으로 이용한다면 전체 집단과 성원들에게 긍정적인 결과를 가져올 수 있다.

집단발달은 집단과정에서 나타나는 집단 및 성원들의 변화하는 역동에 의해 일련의 단계로 구분될 수 있다. 집단은 처음에 개인들의 단순한 집합체로 시작하지만, 시간이 지남에 따라 성원들의 상호작용에서 비롯된 집단구조나 집단문화가 형성되는 것과 같은 변화를 맞이한다. 이러한 변화과정에서 서로 구분되는 현상들이 나타나는 정도에 따라 발달단계를 나눌 수 있다.

집단 발달단계에 대한 지식은 집단의 존속기간 예측, 각 단계에서 예상되는 구성원 및 집단 행동지표 제공에 필요한 종합적인 작업기반을 제공하며 집단지도자의 개입과제를 제시해 준다는 점에서 유용하다. 다음 〈표 9-2〉에서 볼 수 있듯이 집단 발달단계 구분에 대한 학자들 간의 견해 차이가 있다.

〈표 9-2〉 집단 발달단계 모델들

	Garland, Jones, & Kolodny	Maier	Sarri & Galinsky	Shulman	Yalom	Trecker	Harlford
1	회원가입 전 단계 (pre-affiliation)	공통성 확인 단계	발생단계	준비기	오리엔테이션 단계	시작단계	전 집단 단계
2	권력과 통제 단계 (power & control)	교환의 생성 단계	형성단계	개시기	갈등 · 지배 · 저항 단계	집단 감정, 조직의 출현	최초의 대면접촉 단계
3	친숙단계 (intimacy)	상호 간의 신분 개발 단계	중간단계 (Ⅰ)	작업기	응집력 발달 단계	유대, 목적, 응집력 개발	집단형성 단계

4	분화단계 (differentiation)	집단정체감의 개발	수정단계	종결기	친근과 근접 단계	강한 집단 감정-목표 달성	분열단계
5	이별단계 (separation)		중간단계 (II)		성숙단계	흥미의 전화, 집단 감정 감소	재통합 I (분열, 갈등의) 단계
6			성숙단계		종결단계	종결단계-집단 종결 결정	재통합II(재조직 종합) 단계
7			종결단계				전 종결 단계
8							실제적 종결 단계
9							종결 후 단계

출처 : 윤현숙 외(2005). 사회복지실천기술론.

이 책에서는 갈랜드(Garland), 존스(Jones)와 콜로드니(Kolodny)의 발달단계 모델을 자세히 알아보기로 한다. 이 모델은 성원들 간의 친밀감을 기준으로 하여 제휴 전 단계, 권력과 통제 단계, 친밀단계, 변별화 단계, 이별단계로 구분하였다.

1) 회원가입 전 단계

집단 성원들 간의 관계가 아직 친숙하지 못하고, 집단활동에 참여하는 데 자신의 입장을 분명히 밝히지 않는 경향이 있다. 사회복지사는 집단 진행 과정에 대한 기본 사항을 성원들에게 알려줌으로써 참여를 준비시켜야 한다. 즉, 집단 프로그램을 통해 달성해야 할 목적, 집단과정에서 지켜져야 할 규범, 성원들의 역할 등에 대해 말해두는 것이 좋다. 또한 아직 성원들끼리 친숙하지 못하므로 친밀감을 높일 수 있는 활동을 진행하는 것이 필요하다.

2) 권력과 통제 단계

성원들이 집단경험을 가치 있다고 판단하고 참여하기 시작하면 집단 내에서 권한, 통제, 지위에 관해 관심을 갖게 된다. 두 번째 단계는 집단의 분위기가 종종 갈등적인 시기로 접어들게 되는 과도기이다. 이 단계에서 성원들은 보다 친밀한 관계 형성으로 변화되기 직전의 과도기적 혼란을 경험하게 된다.

집단 내에서 지지와 보상을 받기 위해 하위집단을 만들게 되고, 지위의 상하관계가 형성된다. 집단은 개인들 혹은 하위집단들 간의 갈등, 집단과정 및 활동에 대한 불평, 리더십에 대한 도전과 같은 문제에 봉착하게 된다. 이 단계에서 성원들이 집단을 탈퇴하는 경우가 많은데, 특히 고립된 성원이나 불만이 많은 성원은 이탈하기 쉽다. 사회복지사는 집단 성원들이 서로 의견이 맞지 않는 것에 대한 적대감을 갖지 않도록 돕고, 상호 존중과 이해를 하도록 격려해야 한다. 사회복지사 자신이 모든 성원들의 의견을 존중하는 것을 보여줌으로써 역할모델이 될 수 있다.

3) 친밀단계

성원들 사이의 갈등이 줄어들고 상호 의존적 욕구 만족을 추구하는 현상이 나타나는 단계이다. 집단 공동체 의식이 높아지고 집단목적을 달성하려는 동기도 강해진다. 성원들이 자신의 삶을 고찰하고 변화시키고자 노력하는 가운데 집단경험의 중요성에 대한 인식이 증가한다. 집단에 대한 신뢰감이 깊어짐에 따라 자신의 감정과 문제를 자발적으로 노출시키며 집단의 의견을 구하게 된다.

4) 분화단계

분화(변별화)단계에서는 집단 성원들이 서로의 개인적인 차이점을 수용하게 되고, 관계는 더욱 동등해진다. 리더십은 더욱 균등하게 공유되고 권력갈등이 최소화된다. 개방적 의사소통, 강한 응집력, 안정감, 자유로운 감정 표현이 나타난다. 성원들은 서로의 개별적 차이에 대해 수용하기 때문에 반대의견을 억압하기보다 토론을 통해 합의점을 이끌어 낼 수 있다.

집단을 이끄는 사회복지사는 성원들의 피드백 과정을 바람직한 방향으로 촉진시킬 필요가 있다. 성원들로 하여금 어떤 문제행동이나 장점에 대해 비심판적인 방식으로 구체적인 피드백을 주어야 한다. 이 단계에서는 집단 및 성원들의 목적이 달성되었는지를 점검하고, 성원들이 점차 분화해 나갈 수 있도록 지지해야 한다. 성원들이 자신의 욕구, 강점, 재능 등의 독특성을 인식하도록 격려해 줌으로써 집단 밖에서도 성공적인 삶을 추구해 나갈 수 있도록 돕는다.

5) 이별단계

집단목적이 성취되는 단계로 성원들은 각자의 사회적 · 정서적 · 직업적 욕구를 충족시켜 줄 수 있는 새로운 자원들을 찾아 집단을 떠나는 단계이다. 그러나 때로는 집단을 더 유지시키고자 퇴행적인 행동을 보이기도 한다. 성원들은 불안감과 분노를 표현하거나 종결을 부정하기도 한다. 집단 사회복지사는 평가와 종결을 미리 준비해야 한다. 즉, 집단과정에서 성취한 과업을 숙고하고, 새롭게 배운 것을 돌이켜 보면서 집단에 대한 피드백을 주고받는다. 평가를 통해 성원들이 성취감을 갖도록 하고, 다른 사회적 상황에서도 집단에서 배운 기술을 활용하도록 계획한다. 종결하기 몇 주 전부터 다가올 종결시기를 알려주고 과업을 완수할 수 있도록 남아있는 시간을 효과적으로 활용해야 한다.

4. 집단 사정

집단에 대한 사정은 집단환경에 대한 사정, 집단 성원에 대한 사정, 집단 전체에 대한 사정으로 구분하여 살펴볼 수 있다. 집단프로그램을 진행하는 사회복지사는 이를 잘 이해하고 있어야 한다.

1) 집단환경에 대한 사정

집단환경은 첫째, 물리적 환경, 둘째, 집단이 기능하는 조직이나 기관, 셋째, 다른 사회체계를 비롯한 사회환경의 세 가지 상호 관련된 요인에 의해 영향을 받게 된다. 이들 세 요인은 집단 성원들에 의해 인지된 집단 내 사고방식과 행동방식, 즉 집단문화를 창조하는 데 영향을 미친다(윤현숙 외, 2005).

(1) 물리적 환경

사회복지사는 집단 활동을 원활하게 하기 위해 물리적 배치에 관심을 기울여야 한다. 예를 들어, 책상 배열은 집단 성원들이 편하게 앉아 보고서를 작성하는 등의 일에는 적합하고 편리하게 이용되지만, 치료집단에서의 비언어적 의사소통을 관찰하는 데는 방해가 된다는 것을 알고 있어야 한다.

(2) 기관

집단의 행동과 과정 및 결과를 통제하는 기관정책과 규범, 규칙 등은 집단은 물론 집단지도자에게도 여러 방식으로 많은 영향을 준다. 사회복지사는 기관이나 조직에 의해 주어진 합법적 권위를 가지고 집단을 돕는 과업을 수행한다. 기관이나 조직 내 사회복지사의 지위는 집단에서의 지도력 형성에도 영향을 미친다. 높은 행정적 영향력을 지닌 사회복지사는 그렇지 않은 사회복지사와 비교하여 집단 성원들로부터 다른 반응을 얻게 된다.

(3) 다른 사회체계나 사회환경

지역사회와 같은 거시적 체계는 집단지도력에 영향을 미친다. 사회복지사의 행동은 사회에서 수립된 규범에 의해 영향을 받게 된다. 또한 기관들의 위원회, 협회 등이 집단지도력에 영향을 미치는 요인이 되기도 한다.

2) 집단 성원에 대한 사정

집단 성원에 대한 사정은 다음의 두 가지 측면에서 이루어진다.

첫째, 사회복지사는 각 구성원에 대해 집단 참여동기와 집단에 기대하는 내용을 파악하고 개인적인 문제와 욕구, 강점 및 단점 등을 사정한다. 집단 성원들로부터 현재 상황과 욕구 파악을 위한 자료수집을 위해 설문지 또는 측정도구를 활용할 수 있다. 이러한 도구 활용을 통해 성원들에게 유익한 부가적 정보를 확보할 수 있다. 더 나아가서는 전체 집단 성원과의 유사점을 사정하고 향후 집단 적응도도 예측하면 좋다.

둘째, 사회복지사는 집단을 진행하면서 각 구성원의 반복적인 행동유형과 그 행동과 밀접히 관련되어 있는 인식에 초점을 두어 각 집단회기에서 나타난 특성을 기록하여 개인별 프로파일을 만드는 것이 좋다. 이 프로파일을 통해 개별 구성원의 장단점을 알아볼 수 있고, 얼마나 긍정적으로 변화 또는 성장하고 있는지를 쉽게 확인할 수 있다(조학래, 2006).

3) 집단 전체에 대한 사정

집단 이론 중에서 가장 많이 알려진 장이론(field)에 의하면 장(場)이란 상호의존적이고 공존하고 있는 모든 사실들의 총합을 가리킨다(Lewin, 1951). 따라서 인간의 심리적 장은 인간행동을 좌우하는 공존하고 상호의존적인 모든 심리적 사실들의 총합을 말하는데, 여기에는 인식하든 인식하지 않든 개인의 현재 상황과 행동에 영향을 주는 모든 것들이 포함되며, 개인에게 직접 영향을 미치지 않는 먼 곳에서 일어나는 사회적 · 물리적 사건들은 제외된다. 레빈(Lewin)은 집단을 전체로서 이해해야 하며, 개개인의 총합으로 이해해서는 안 됨을 강조하였다. 이는 체계로서의 집단은 '역동적 상호작용'이 있기 때문이며, 집단은 바로 성원들 간의 상호작용이 연속적으로 발생하는 과정이다.

집단 전체에 대한 사정은 집단 역동의 구성 요소별로 이루어질 필요가 있다.

(1) 상호작용 및 의사소통

집단 성원들 간의 상호작용은 주로 언어적 의사소통과 비언어적 의사소통으로 이루어진다. 집단에 개입하는 사회복지사는 상호작용 유형을 이해하기 위해서 성원들 간의 의사소통이 어떻게 이루어지고 있는지를 알아야 한다. 의사소통을 일부 성원들에 국한하거나 혹은 리더를 중심으로 이루어진다면 의사소통 장애로 인한 집단 내 갈등이 야기될 수 있다. 효과적인 의사소통 통로는 모든 성원들 간에 원활한 상호작용이 이루어지는 집단중심적 형태이다. 의사소통이 효과적일 때 집단이 기대하였던 목표를 달성하기 수월해진다.

또한 의사소통은 개방적 혹은 비개방적으로 이루어진다. 의사소통이 솔직하고 개방적일수록 집단 성원이 개인적 문제나 집단의 문제에 직면해서 해결할 기회가 생겨난다. 그러나 의사소통이 폐쇄적일 경우 집단 성원 간의 상호작용에 어떤 문제를 야기할 수도 있다. 특히 구성원들 간의 의견 차이나 갈등이 발생하였을 때조차 표현을 억제한다면 집단과정에서 어려움이 생겨나 집단발달을 저해할 수 있다.

(2) 정서적 유대

집단 성원들의 서로에 대한 긍정적 · 부정적 감정의 힘에 의해 정서적 유대(emotional bonds)가 형성된다. 집단 성원들은 비슷한 흥미와 관심사, 가치, 이념 등을 가지고 있을 때 긍정적인 정서적 유대가 생겨난다. 성원들 간의 부정적 감정은 정서적 유대를 감소시키고 상호작용도 줄어들게 만든다.

정서적 유대는 성원들이 집단에 대한 소속감을 갖게 한다. 또한 정서적 유대가 높은 집단은 갈등과 긴장으로 인해 손상되기보다는 이를 잘 극복해 나갈 수 있다. 따라서 개인의 욕구를 충족시킬 뿐 아니라 집단목적을 효과적으로 달성할 수 있다.

(3) 하위집단

하위집단(subgroup)은 일부의 집단 성원들이 서로 강한 정서적 유대를 가진 경우에 형성된다. 하위집단은 2인군 혹은 3인군 또는 파벌의 형태로 분류되고, 특수한 형태로 소외자, 희생양 등이 나타나기도 한다. 소외자는 집단 성원들과의 상호작용이 거의 없지만, 희생양은 상호작용을 하면서도 비난과 비판의 대상이 된다는 점에서 차이가 있다. 사회복지사는 소외자나 희생양에게 감정을 이입하거나, 집단에 대항하는 전략을 취할 필요가 있다.

하위집단의 형성은 집단과정의 자연스러운 현상이므로 수용되어야 한다. 그러나 하위집단의 지나친 결속은 전체 집단으로부터 스스로 분리시켜 나가게 만듦으로써 전체 집단의 존속에 위기를 초래할 수 있다. 따라서 사회복지사는 하위집단의 지나친 결속이 전체로서의 집단기능을 방해하지 않도록 필요한 개입을 해야 한다.

(4) 규범과 역할

규범이란 성원들이 집단에서 적절한 행동방식이라고 믿고 있는 공통의 신념과 기대를 말한다. 다시 말해, 집단에서 가치를 두거나, 선호하거나 수용되는 구체적인 행동지침이라고 할 수 있다. 집단규범은 집단이 발달함에 따라 명확해지고, 집단 내에서의 행동을 통제하고 안정시키는 기능을 한다. 따라서 명확한 규범의 설정은 집단목표를 성취하는 데 도움을 준다.

규범은 성원들의 역할과 밀접하게 관련되어 있다. 규범이 집단 내 모든 성원이 공유하고 있는 기대라면, 역할은 집단 내의 개별 성원의 기능에 대한 공통적인 기대이다. 역할은 성원들이 어떤 상황에서 어떻게 행동해야 하는지를 규정한다. 역할에 의해 성원들은 자신이 수행해야 하는 구체적인 과제나 기능과 관련된 행동을 하게 된다.

(5) 지위

지위는 집단 내의 다른 성원들과 비교하여 각 성원이 집단 내에서 어느 위치에 있는지를 평가하여 순위를 매긴 것을 의미한다. 집단 성원은 서로에 대해 등급을 매기는데 그 방법은 집단마다 다를 수 있다. 따라서 동일한 사람이라도 집단이 달라지면 지위가 바뀔 수 있고, 같은 집단 내에서도 집단의 발달에 따라 지위가 달라질 수 있다.

집단에서의 지위는 개인적 매력, 전문적 지식, 집단에 대한 책임감과 헌신 등의 요소에 의해 결정된다. 지위가 높은 성원은 집단을 위해 더 많은 봉사를 하고, 집단규범에 순응하여 자신의 지위를 공고히 하고자 한다.

(6) 집단응집력

집단응집력(group cohesion)은 집단 성원들이 공통의 관심사를 가지고 있다고 여기고, 집단에 참여할 가치가 있다고 판단하여 집단에 대해 매력을 느끼는 것을 말한다. 집단응집력은 집단의 목적 달성에 영향을 주는 중요한 요소이다.

응집력이 높을 때 성원들은 집단의 구조나 규범을 긍정적으로 받아들인다. 성원들의 개인적 만족감도 높기 때문에 집단에서 탈퇴하는 비율도 낮아진다. 얄롬(Yalom, 1975)은 치료집단에서의 강한 응집력은 ① 성원의 자존감을 향상시키고, ② 타인의 말을 경청하면서 감정을 자유롭게 표현하며, ③ 현실검증을 보다 정확하게 하고, ④ 타인의 평가를 자신의 성장·발전을 위해 활용하도록 한다고 하였다.

4) 집단 사정도구

소시오그램(sociogram, 사회도)은 상징을 사용하여 집단 내 구성원들 간의 상호작용과 선호관계를 표현하는 그림으로 집단 사정의 도구로 활용할 수 있다.

(1) 특성

- 집단 구성원 간의 전체 유형은 물론 집단 내의 하위집단들 간의 역학관계, 구성원 간의 서열관계 등을 쉽게 파악할 수 있도록 한다.
- 집단의 발달단계에 따라 여러 번 작성함으로써 집단의 특징적 상호작용 및 대인관계 유형을 파악할 수 있다.
- 사회복지사가 집단 내의 소외자, 2인군, 3인군, 하위집단, 경쟁관계 등을 파악할 수 있다
- 집단 내의 비공식적 구조 내에서의 개별 구성원의 지위를 파악할 수 있지만, 구성원의 실제적인 행동을 나타낼 수 없다.
- 집단대상 사정의 수단으로 편리하지만, 개별 구성원 간의 선호의 이유는 설명되지 않으므로 개입 시 활용하기 쉽지 않다.
- 클라이언트에게 개입 후 클라이언트의 행동의 변화를 파악하는 데 유용한 도구이다.

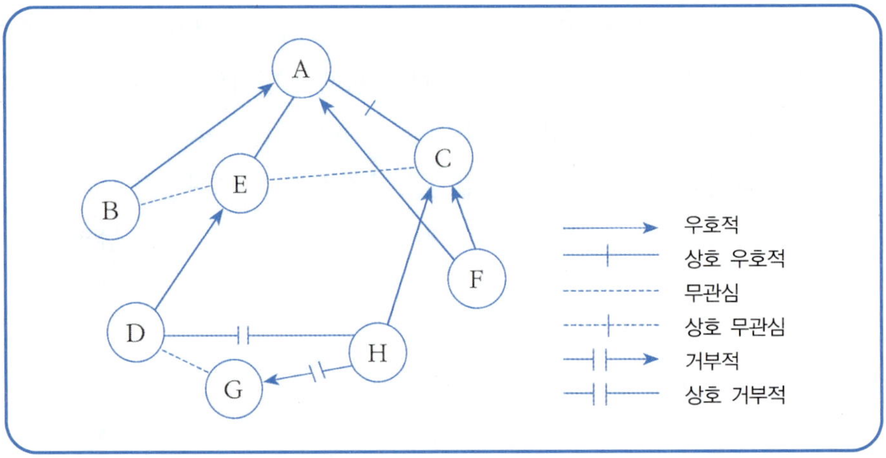

|그림 9-1| 소시오그램의 예시

(2) 작성방법

- 도표를 상단과 하단으로 구분하여 상단에 있는 구성원이 비공식적으로 지위수준이 높고 하단에 있는 구성원은 비공식적으로 낮은 지위를 나타낸다.
- 서로 가까운 구성원은 가까이, 서로 관계가 소원한 구성원은 멀리 떼어 그림으로써 호감도의 강도를 표현한다.
- 실선은 호감을 갖는 관계, 점선은 무관심한 관계, 끊어진 선은 불편한 관계를 의미한다.
- 화살표는 선호의 방향을 의미하며 화살표가 없는 선은 상호관계를 의미한다. 또한 관계의 강도, 거부 등을 나타내기 위해 다른 색의 선을 사용하기도 한다.

CHAPTER 10

집단사회복지실천 개입기술

집단단계의 구분은 학자에 따라 다양하나 여기서는 준비 및 계획 단계, 초기단계, 개입단계, 종결단계로 구분하여 각 단계에서 나타나는 집단의 특징과 이에 대한 사회복지사의 역할과 사용기술을 소개하고자 한다.

1. 준비 및 계획 단계

효과적으로 집단을 운영하기 위해서 사회복지사는 사전에 충분히 준비하고 계획해야 한다. 예를 들어, 집단은 어떤 목적과 목표로 운영될 것인지, 어떤 사람들로 구성할 것인지, 집단 운영의 시간과 장소는 어떻게 결정할 것인지, 집단의 내용은 어떻게 구성할 것인지, 평가방법은 무엇인지 등을 구체적으로 계획해야 집단의 효과를 극대화할 수 있을 것이다. 이를 위해 일정한 형식에 따른 집단계획안을 작성하는 것이 좋다. 작성된 집단계획안은 원활한 집단 운영을 위해 필요할 뿐 아니라, 인력 지원이나 외부기관 연계 등 기관의 내부 및 외부 자원을 협력 · 지원받을 수 있다. 카두신(Alfred Kadushin)은 준비단계에서 사회복지사가 고려할 집단계획의 영역을 다음 〈표 10-1〉과 같이 제시하였다. 이 장에서는 준비단계에서 필요한 내용을 집단계획안 작성 시 필요한 구성항목으로 구체화하여 설명하고자 한다.

〈표 10-1〉 준비단계에서 사회복지사가 고려할 집단계획의 여섯 가지 영역(Kadushin, 1972)

① 욕구 : 집단에 참여한 집단 성원들의 문제나 어려움, 관심사는 무엇인가?
② 목적 : 집단 전체가 추구하는 목적과 목표는 무엇인가? 개별 성원의 목표는 무엇인가? 집단 전체의 목적 및 목표와 개별 성원의 목표 간에는 어떤 연관성이 있는가?
③ 구성 : 집단에 참여할 성원 수는 몇 명인가? 집단 성원들의 공통점과 차이점 가운데 중요한 부분은 무엇인가? 집단을 이끌 사회복지사는 누구인가?
④ 구조 : 집단의 운영을 촉진하는 데 필요한 것은 무엇인가? 특히 집단모임의 시간 및 장소와 관련해서 고려해야 할 것은 무엇인가?
⑤ 내용 : 집단의 목적을 성취하기 위해 활용될 도구는 무엇인가? 집단 내에서 실제로 어떤 일들이 벌어질 것인가?
⑥ 사전접촉 : 집단참여에 필요한 인원은 몇 명 확보할 것인가? 집단의 참여를 위해 집단 성원을 어떻게 준비시킬 것인가?

출처 : Northern & Kurland 저, 노충래 역(2006). 집단사회복지실천, p. 139 인용.

1) 집단의 목적과 활동내용

집단을 구성하기 위해서는 이 집단의 필요성과 목적이 분명해야 한다. 이를 위해 가장 먼저 고려되어야 할 것은 '욕구'로서 집단에 참여할 가능성이 있는 집단 성원들이 겪는 문제나 어려움, 관심사가 무엇인지 파악하는 것이다(Northern & Kurland, 2006). 예를 들어, 우리 기관이 위치한 지역적 특성으로 다문화 가정이 증가하고 있으며 특히 자녀의 중도 입국으로 교육 및 사회 적응에 대한 호소가 많다면, 이러한 욕구를 반영하여 다문화 가족 자녀의 사회성 발달을 위한 집단 운영을 고려할 수 있을 것이다.

대상자에 대한 구체적인 사정을 통해 욕구가 파악되었으면, 이를 구체화하여 충족시키는 것이 집단의 목적이 될 수 있다(Northern & Kurland, 2006). 이때 집단의 목적은 집단이 집합적으로 추구해야 할 목표뿐 아니라 개별 성원들이 집단 참여를 통해 얻고자 하는 기대까지도 포함할 수 있어야 한다. 집단의 목적은 사회화 집단, 치료집단, 지지집단, 과업집단 등 집단유형에 따라 달라질 수 있으므로, 사회복지사는 계획단계에서 집단의 유형을 파악하고 있는 것이 도움이 된다.

집단의 목적이 설정되면 집단의 목적을 성취하기 위해 활용될 도구가 무엇이며, 세부목표를 달성하기 위한 활동내용을 구성하도록 한다. 예를 들어, 중도입국 다문화 가족 자녀의 사회성 발달이라는 집단목적을 위해서 활동내용으로 멘토와의 연계를 통한 학습지도, 문화활동, 요리교실, 가족캠프 등을 구성할 수 있다.

2) 집단 성원 모집 및 선별

준비단계에서 사회복지사는 집단의 목표를 홍보하여 참여할 대상자를 모집하여 선정해야 한다. 집단 참여를 원하는 대상자에게 집단을 알릴 방법을 모색하는 것은 중요하다. 집단 구성원 모집은 내부기관을 이용하는 대상자 중에서 집단에 적합한 대상자를 발굴할 수 있으며, 유관기관에 집단의 목적과 계획을 설명하여 집단 성원을 의뢰받을 수 있다. 지역사회에 현수막이나 안내문을 게시하고 배포하여 잠재적 성원에게 접근하여 알릴 수도 있다.

사회복지사는 집단에 관심을 보이는 잠재적 성원 중 집단을 통해 도움을 받을 수 있는 자를 선발해야 하는데, 집단을 통하여 도움을 받고자 하는 동기와 관심사, 도움받고자 하는 문제 등을 점검하는 과정이 필요하다. 이처럼 주의 깊게 구성원을 선별하고 사전에 접촉하는 과정은 집단의 목적 및 초점과 관련하여 강한 유대감을 형성할 수 있으며, 집단의 효과를 높일 수 있으므로 필요하다.

만약 아동 혹은 청소년으로 구성된 집단을 진행할 경우에는 집단 성원뿐 아니라 그들의 부모나 보호자들이 집단의 목적과 내용 등을 알 수 있도록 정보를 제공하며, 문서화된 참가동의서와 연락처 등을 받아두는 것이 좋다.

3) 집단의 구성

(1) 집단의 크기

집단규모의 결정은 대인관계 경험, 성원 간의 상호작용과 만족도에 영향을 미칠 수 있으므로 매우 중요하다. 집단이 작으면 집단 성원은 사회복지사에게 쉽게 접근할 수 있으며, 역으로 사회복지사도 집단 성원에게 쉽게 접근하여 집단 성원의 욕구를 충족시키는 데 유연할 수 있다. 그러나 집단의 다양성, 활력 등 적절한 자극을 제공할 수 없고, 참여에 대한 압력으로 긍정적 변화를 촉진할 수 있는 역동적인 힘이 상쇄될 수 있다. 반면 집단의 규모가 커지면 각 성원은 상호작용해야 할 성원이 많아져 2인 혹은 3인 관계가 발달함에 따라 그에 대한 반응도 많아지게 되지만, 과업을 수행해야 할 압력도 낮아지며, 의사소통이 집단 성원보다 사회복지사에게 향하게 된다(Northern & Kurland, 2006).

따라서 집단의 규모는 집단의 목적과 집단지도자의 능력 등을 고려하여 결정하도록 하며, 최소 5명에서 15명까지 구성하도록 한다. 일반적으로 나이가 어릴수록 적은 수로 구성하는 것이 바람직하고, 성인일 경우에는 다소 많은 수로 구성할 수도 있다.

(2) 집단 구성원의 동질성과 이질성

집단의 목적에 따라 대상자의 기준이 달라질 수 있으므로 사회복지사는 대상자의 욕구뿐 아니라 집단 전체의 목표를 고려하여 대상자를 선별해야 한다. 이때 집단이 유지되기 위해서는 동질성과 이질성의 균형이 필요하다. 동질집단은 연령, 지능, 성별, 관심사, 교육수준, 직업 등이 유사한 사람들로 구성되는 집단을 말하며, 이질집단은 남녀 혼성으로 구성되거나 관심사의 다양성, 인구학적 특성과 배경이 다른 사람들로 구성된 집단을 의미한다.

집단 성원들이 동질적일 경우 집단 내의 관계 증진, 높은 소속감 등을 가질 수 있지만, 다양한 경험을 나누고 현실검증의 기회가 적을 수 있다. 반면에 이질적일 경우 다양한 관점과 견해를 제시하여 개인의 문제를 해결하는 데 자극이 될 수 있지만, 너무 이질적이라면 유대감을 형성하는 데 많은 시간이 소요되고 집단 초기에 저항과 방어가 발생하여 집단이 유지되기 어려울 수 있다.

따라서 집단의 구성은 집단의 안정성을 위해 동질적이면서 동시에 집단의 역동을 위해 이질적이어야 한다(Redl, 1953). 즉, 연령이나 교육수준, 사회경제적 배경 등 개인적 특성과 집단의 목적 등을 동질적인 것으로 하고, 삶의 경험, 문제에 대한 대처능력 등이 이질적으로 구성한다면 보다 효과적으로 집단을 운영할 수 있을 것이다.

(3) 집단의 유형

집단의 유형은 앞장에서 설명했듯이 상담, 치료, 교육, 성장, 과업, 자조집단 등이 있으며, 집단의 욕구와 목적에 따라 적합하게 결정하도록 한다.

집단을 준비하면서 집단을 개방적으로 운영할 것인지 폐쇄적으로 운영할 것인지를 정해야 한다. 개방집단은 집단이 운영되는 회기마다 새로운 집단 성원이 참여할 수도 있으며, 기존의 집단 성원이 탈퇴할 수도 있는 집단을 말한다. 개방집단의 장점은 새로운 집단 성원이 참여할 수 있어서 당장 도움이 필요한 사람들에게 유용하며, 새로운 상호작용을 하고 다양한 피드백을 받을 수 있다. 개방집단의 문제점으로는 집단의 응집력이나 역동성에 변화를 가져와 집단의 안정성을 깨뜨릴 수 있다. 폐쇄집단은 집단 초기부터 종료 시까지 같은 성원으로 운영되는 집단을 의미한다. 폐쇄집단의 장점으로는 집단이 연속성이 있으므로 성원들이 신뢰감을 느끼고 자유롭게 의사 표현하며 응집력을 가질 수 있으나, 성원이 빠질 경우 대체할 방법이 없어 운영에 어려움이 있을 수 있다.

한편 집단을 구조화하여 운영할 것인지 비구조화 상태로 운영할 것인지도 결정해야 한다. 구조화된 집단은 회기별로 도입, 개입, 종결 과정으로 구분하여 어떤 내용으로 진행할 것인지를 정해진 순서에 따라 운영하는 것을 의미한다. 구조화된 집단은 집단의 목적 달성을 위한 효과를 향상할 수 있다는 장점이 있지만, 집단 안에서 이루어지는 성원들의 역동을 노련하게 탐색하거나 다루지 못하여 집단 성원들의 욕구나 저항 등을 탐색하거나 배려하지 못한다는 단점이 있다.

4) 집단의 일정

집단의 전체 기간과 모임 소요 시간과 빈도 등은 집단의 유형과 목적, 집단 구성원에 따라 달라질 수 있다. 일반적으로 집단 전체의 기간은 총 6~12회로 운영되며, 일주일에 1~2회 정도 운영한다. 평균적인 모임 소요 시간은 1~2시간이지만, 아동은 주의집중 시간이 길지 않으므로, 짧게 자주 모임을 하는 것이 바람직하다. 고등학생 이상일 경우에는 120분 정도 진행하는 것이 효과적이다. 모임 시간은 성원들의 특성과 상황에 따라 변경될 수 있지만, 성원들이 원만한 집단활동을 할 수 있는 요일과 시간으로 정하여 참여하도록 한다.

시간과 관련하여 사회복지사가 유의해야 할 것은 정해진 시간에 시작하고 마쳐야 한다는 점이다. 보통 집단활동이 모임의 끝부분에 가서 무르익는 경향이 있기 때문에 경험이 적은 사회복지사들은 마치는 시간을 연장하고 싶은 유혹을 받게 되는데, 이런 경우 시간을 연장하게 되면 성원들로부터 제한성에 대한 학습과 현실검증에 대한 경험의 기회를 박탈하게 된다. 따라서 특수한 경우를 제외하고는 정해진 시간에 시작하고 마치는 것이 바람직하다(김정희, 2013).

5) 모임장소

집단모임이 이루어지는 장소는 집단 성원의 수에 적당한 규모인지, 집단 성원들이 편안하고 비밀이 보장받을 수 있는 공간인지를 고려해야 한다. 외부인의 출입이 제한되어야 하며, 주의집중을 방해하는 소음이 차단되고 실내 온도가 적절하게 유지될 수 있어야 한다. 집단 성원들이 서로를 볼 수 있도록 테이블과 좌석을 배치한다. 만약 집단을 녹화하거나 일방경으로 관찰할 예정이라면, 집단 성원들로부터 반드시 허락을 받아야 한다.

6) 지도자 선정과 공동지도자 유무

집단 성원의 구성만큼 집단의 지도자 선정도 중요하다. 사회복지사와 집단 성원들의 공통점과 차이점으로 인해 장단점이 모두 있을 수 있다. 카두신(Alfred Kadusin)은 사회복지사와 클라이언트 간에 유사점이 너무 많으면 지나친 동일시와 함께 객관성이 결여될 위험이 있으며, 차이점이 너무 많으면 상호 간의 이해와 공감을 형성하는 데 어려움이 있을 수 있다고 하였다(Kadushin, 1972). 따라서 사회복지사는 자신의 특성과 다른 클라이언트를 대하는 데 있어 편안하면서도 신중하게 접근하는 것이 중요하며, 사회복지사의 역량과 능력은 가장 중요하게 고려되어야 할 것이다.

집단 구성을 계획하는 과정에서 집단과 일할 사회복지사를 몇 명으로 할 것인가도 중요한 문제이다(Galinsky & Schopher, 1980). 공동지도자를 활용하는 이유는 첫째, 사회복지사의 사정과 객관성을 향상할 수 있기 때문이다. 즉, 한 사회복지사가 놓친 것을 다른 사회복지사가 관찰할 수 있다. 또한 한 사회복지사가 갖는 집단에 대한 이해를 동료 직원이 가진 것과 견주게 되어 보다 현실적으로 된다. 둘째, 동료 사회복지사의 활용이 집단 성원들의 경험을 더욱 풍부하게 할 수 있기 때문이다. 집단 성원들은 사회복지사들이 상호작용하면서 차이점을 다루는 방법을 이해하게 되므로 새로운 의사소통과 문제해결 방법을 배울 수 있다. 이는 사회복지사가 집단 성원에게 역할모델이 되는 것이다. 공동지도자가 이성의 사회복지사라면 집단 성원에게 성역할뿐 아니라 이성과의 적절한 관계와 모델을 보여줄 수 있다. 셋째, 공동지도자가 집단의 안전을 유지하고 관리하는 데 있어 보완역할을 할 수 있기 때문이다.

2. 초기단계

집단 초기단계에서 나타나는 특징은 기대와 불안, 혼란으로 요약될 수 있다. 집단 초기에 집단 성원들은 집단을 통해 얻을 수 있는 긍정적인 성과를 기대하고 있으며, 동시에 낯선 사람과 새로운 환경에 대한 긴장과 불안을 경험하기도 한다. 또한 집단경험이 없는 구성원에게는 집단의 규범이나 역할을 경험하는 과정이 혼란스러울 수도 있다. 이 단계에서 사회복지사는 기대와 불안, 혼란을 동시에 느끼고 있는 구성원들을 공감하고 존중하면서 신뢰 관계를 맺고, 집단 성원이 서로 공통적인 관심사를 나누며 집단결속력을 가질 수 있도록 격려한다. 사회복지사에게도 첫 회기는 긴장되고 부담이 되는 시간이지만, 집단 전체 기간의 방향성을 결정할 기회이므로 중요하게 다룰 필요가 있다. 초기단계의 집단 성원의 특징과 사회복지사의 역할을 정리하면 〈표 10-2〉와 같다.

〈표 10-2〉 **집단 초기단계의 집단 성원과 집단의 특징 및 사회복지사의 역할**

집단 성원의 특징	집단의 특징	사회복지사의 역할
• 낯선 사람에 대한 불안, 불신 • 사회복지사와 대화 시도 • 탐색 및 거리감 유지 또한 친해지려고 노력을 보임 • 성공할 수 있을 것인가에 대한 불안감 • 집단에서 도움을 받아 성공할 수 있을지에 대한 두려움	• 집단, 사회복지사, 집단 성원에 대한 오리엔테이션 • 집단의 규범, 가치, 대화양식 등이 설정됨 • 집단의 목적을 공유 • 집단 성원 간 공통점 모색 → 응집력에 영향	• 비밀보장에 관한 설명 • 집단 성원이 사회복지사에게 의존하므로 사회복지사의 적극적인 개입이 요구됨 • 집단 성원의 불안감을 감소시킴 • 집단의 목적을 모두가 공유하게 함 • 집단 성원 간의 공통점을 찾아 연결시킴 • 집단의 규범이 설정되도록 도움

출처 : 김성이 외(2004). 청소년복지학, p. 199.

1) 집단 오리엔테이션

집단 성원들이 처음 모임에 참석하였을 경우 어색한 분위기를 경험하는 것은 당연하다. 사회복지사는 집단 성원들을 상대로 오리엔테이션을 실시하여 집단의 정보를 제공해야 한다. 오리엔테이션에 포함될 내용은 사회복지사 소개, 집단 성원들의 소개, 집단의 목적에 대한 소개, 규칙에 대한 소개로 구성된다.

(1) 사회복지사 소개

사회복지사가 집단 성원들과 처음 대면했을 때 자신을 소개한다. 예를 들면,

이름과 직위, 지금부터 운영할 집단과 관련된 경험과 경력, 자격증 등을 소개한다. 집단 구성을 소개하기에 앞서 집단지도자로서 해야 할 역할을 명확하게 설명하고 전문성을 함께 안내하는 것은 집단 참여자들에게 집단에 대한 안정감과 호기심 그리고 참여 의지를 높일 수 있다. 집단의 유형과 성격에 따라 사회복지사가 집단 성원의 조력자이며 촉진자, 치료자, 중재자, 교사 등의 역할을 하게 될 것임을 구성원들에게 안내할 수도 있다.

집단의 지도자인 사회복지사는 자신의 역할에 대한 소개뿐 아니라 집단 성원에게 집단의 목적과 방향에 대한 소개와 함께 집단의 활용내용과 절차, 모임 시간과 빈도, 성원의 역할 및 행동규범 등에 대해 안내하고 동의를 끌어내도록 한다. 이러한 집단구조화는 집단 성원의 궁금증과 불안을 해소하고 사회복지사의 역할을 재인식시킬 수 있다.

(2) 집단 구성원 소개

첫 모임에서 집단 구성원의 소개과정은 구성원 간 상호 관심사와 흥미를 공유하고 신뢰 관계를 발전시킬 수 있다. 사회복지사는 집단 구성원의 생활 경험이나 겪고 있는 어려움, 관심사, 감정뿐 아니라 집단에 대한 기대, 집단 참여동기 등을 표현하도록 돕는다. 집단 성원의 소개에서 공통점을 부여해 집단에 대한 관심을 증대시킨다.

집단 성원을 소개하는 일반적인 방법은 순서대로 돌아가면서 자신을 소개하는 것(사발통문, round robin)이다. 이때 사회복지사가 먼저 자신을 소개하여 구성원들이 소개방식에 대한 실마리를 제공할 수 있다. 사발통문(round robin)의 방법은 순서대로 소개하므로 다음 순서를 기다리는 성원은 긴장감 때문에 혹은 자신의 발표내용을 생각하느라 발표하는 성원의 소개를 경청하지 못하는 경우가 있으므로, 발표한 성원이 다른 집단 성원을 초대하여 소개받는 방식으로 운영할 수도 있다.

사발통문(round robin)의 변형 방법으로 집단 성원 간에 상호작용을 촉진하기 위하여 계획적 짝짓기로 소개하는 방법이 있다. 짝을 지어서 5~10분간 미리 준비한 질문으로 상대방을 면접하고 자기가 면접한 상대방에 대해서 집단에 소개하는 방법이다. 이러한 방법은 집단 성원이 집단 전체를 상대하는 경우보다 개인적 관계 속에서 자신을 소개하고 개방하여, 불안하지 않고 더 쉬워서 첫째 방법보다 더욱 효과적일 수 있다. 사회복지사는 첫 모임에서 집단 성원의 긴장감과 불안, 불신을 감소시킬 수 있는 다양한 방법과 활동을 준비해 둘 필요가 있다(Reid, 1997; Toseland & Rivas, 2001).

(3) 집단목적 소개 및 목표 설정

집단에 참여한 성원들이 유사한 문제나 관심사를 가지고 있을지라도 사회복지사는 집단의 목적에 대해 간결하게 설명하고 안내해야 한다. 집단의 목적과 이에 따른 과정을 분명하게 알게 되면 집단 초기의 심리적 불안감을 감소시킬 수 있기 때문이다.

초기단계에서는 집단의 목적과 함께 집단의 목표를 분명히 할 필요가 있다. 사회복지사는 집단 전체의 구성원이 지향하는 공통목표뿐 아니라 집단 성원 개개인의 목표를 설정할 수 있도록 도와야 한다. 집단의 목적에 따른 구체적인 개별목표가 세워지면 집단 구성원들은 집단에 참여할 동기를 더 분명히 할 수 있으며, 집단 구성원으로서 소속감을 지닐 수 있을 것이다. 집단 구성원의 개별목표를 기록한 후 그 성취 정도를 종결단계에서 집단 전체의 목표 정도와 함께 평가하는 것도 집단목적을 평가하는 좋은 방법의 하나이다.

(4) 집단규칙 소개

초기단계에서 집단 구성원들은 목표의 설정과 함께 집단 규칙과 규범도 함께 설정해야 한다. 모든 집단에서 기본적으로 적용되는 규칙은 비밀보장이다. 집단에서 일어나는 모든 일과 논의된 내용을 집단 밖에서 논의하지 않는다는 원칙을 집단 성원에게 반드시 알리도록 한다. 집단에서 적용되는 일반적인 규칙으로는 출석과 시간 엄수, 음주와 흡연 금지, 신체적 공격 금지, 핸드폰 사용 여부, 의사소통 관련 규칙, 참여태도 등이 있다. 그 밖의 집단규칙 내용은 사회복지사와 협의하여 집단 성원들이 직접 선택하고 조율하여 구성원들의 집단 참여 동기를 제공하고 책임감을 가질 수 있도록 한다.

2) 신뢰감 조성

초기단계에서 집단 성원들은 낯선 상황에서 서로를 탐색하는 시기이므로 집단지도자인 사회복지사에게 의존하는 경향이 있다. 사회복지사는 집단 성원들이 안전감을 가질 수 있도록 신뢰 관계를 형성하는 것이 필요하다. 집단 분위기를 안전하고 편안하게 조성하기 위해 사회복지사는 집단 성원의 말을 적극적으로 경청하며 집단 성원의 문제나 배경과 관계없이 있는 그대로 수용하는 적극적인 태도로 임한다. 사회복지사의 이러한 태도는 집단 성원에게 영향을 미쳐 집단 구성원들 간의 상호작용에도 반영되어 성원들의 응집력 형성에도 기여하게 된다.

3) 참여 촉진 및 저항에 대한 대처

사회복지사는 집단 첫 회기에 모든 구성원이 집단에 기여할 수 있도록 기회를 제공한다. 집단에 대한 적극적인 참여를 독려하기 위해 질문보다는 자기 개방과 피드백의 형식으로 이야기하도록 한다. 또한 참여하는 행동에 대해 긍정적인 강화를 제공한다. 이때 사회복지사가 자주 하는 두 가지 실수가 있다. 첫째, 구성원의 질문을 사소하고 하찮은 것으로 여겨 성의 없이 답변하거나 그냥 지나치는 경우이다. 사회복지사는 구성원이 궁금해할 만한 질문을 중심으로 성의 있고 간결하게 답변해 준다. 둘째, 특정 집단 성원에게 한정된 사안에 압도되어 오랜 시간을 할애하는 것이다. 이 경우에는 개인적인 질문은 회기 종결 후에 하도록 유도하여 발언의 기회가 편중되지 않도록 한다(김주현, 2011).

초기단계에서 집단 성원들이 불안해하고 저항하는 것은 자연스러운 상황이므로 사회복지사는 이에 적절하게 응대해야 한다. 만약 보호관찰 청소년의 부모가 의무적으로 부모교육을 받아야 하는 집단일 경우, 자녀에 대한 분노와 죄책감 등으로 집단참여에 노골적으로 저항을 드러낼 수 있다. 이때 사회복지사는 저항하는 구성원의 태도를 집단 전체 구성원의 저항으로 다루지 않아야 하며, 법적인 참여 논쟁보다는 참여 과정에서 경험한 부정적인 감정에 초점을 두고 다룰 수 있어야 한다.

4) 집단에 대한 사정

집단대상의 사회복지실천에서 사정은 개인을 대상으로 할 뿐 아니라 집단 전체에 대해 사정해야 한다. 이를 위해 가장 많이 사용하는 방법으로 소시오그램을 활용할 수 있다. 소시오그램은 집단 성원 간의 관계를 선을 통해 표현하는 것으로(Toseland & Rivas, 2001), 집단 성원들이 서로 간의 관계에 대해 인식하는 정도와 상호작용 정도를 파악할 수 있다.

3. 개입단계

집단의 발달단계 과정에서 개입단계는 초기단계에 비해 집단 성원들이 자신의 감정이나 생각, 행동을 기꺼이 표현하게 되면서 집단 성원 간에 소속감이 증가하고 활발한 상호작용이 일어나는 특징을 가진다. 따라서 사회복지사는 집단 구성원들이 자신의 문제를 이해한 것을 토대로 문제해결을 위한 행동을 촉진하며 책임을 질 수 있도록 돕는다. 개입단계의 집단 성원과 집단 전체의 특징과 사회복지사의 역할을 정리하면 〈표 10-3〉과 같다.

〈표 10-3〉 집단 개입단계의 집단 성원과 집단의 특징 및 사회복지사의 역할

집단 성원의 특징	집단의 특징	사회복지사의 역할
• 집단에 대한 탐색이 점차 감소 • 집단 성원 간 짝을 이루고 하위 집단 발생 • 하위집단 간 알력이 발생 • 자신의 지위 및 역할을 모색 • 집단 성원의 독특성 인정, 집단에 대한 공헌 모색 • 집단의 중요성을 내면화 • 사회복지사에게 덜 의존하게 되고 자신의 의사표현 시작	• 집단의 문화, 행동, 규범, 갈등이 발생하고 이를 해결 • 집단 성원의 지위, 위계질서, 역할, 리더가 형성 • 집단 성원 및 리더를 실험하고 신뢰할 수 있게 됨 • 집단 성원 간의 공통점, 차이점을 인정하고 존중함 → 집단의 응집력 발달	• 집단의 현 위치를 파악(진행상황, 갈등, 협조체계 등) • 각 성원에 대한 평가(태도, 관계, 행동, 동기, 목표 등) • 집단의 목적, 목표를 재확인하고 성원 모두의 참여 유도 • 집단 성원 간의 공통점 및 차이점 파악 • 집단리더에 대한 실험을 인정 • 집단 성원이 다양한 경험을 할 수 있도록 도움 • 직면 • 집단의 갈등 해소

출처 : 김성이 외(2004). 청소년복지학, p. 199.

1) 각 회기의 시작과 마무리 방법

각 회기의 시작과 마무리 단계에서 일정한 구조와 절차가 있다. 회기를 시작하고 마무리할 때 사회복지사는 미해결 과제 언급, 부여된 과제 점검, 집단 회기의 목표 공유, 공지사항 전달 등을 다루어야 한다(김주현, 2011). 시작 부분에서 사회복지사는 먼저 지난 회기에 대한 경험을 점검하고, 다루지 못한 부분이 있었는지를 확인하며, 있다면 오늘 집단에서 계속 다룰 것인지를 집단 성원과 함께 결정한다. 둘째, 지난 회기에서 과제를 부여했다면 그 과제를 수행하면서 경험했던 것을 성원들이 함께 나누며, 잘한 부분과 실패경험 등에 대해서 집단 성원들이 서로 칭찬과 지지, 위로를 할 수 있도록 돕는다. 셋째, 집단 회기의 목표를 상기하여 이번 회기에서는 어떤 목표를 가지고 임할 것인지를 끌어내어 함께 공유하도록 한다. 마지막으로 집단 성원에게 공지할 사항이 있거나 함께 공유할 필요가 있는 소식을 전한다.

집단 회기의 마무리 부분에서는 이번 회기에서 다루었던 내용을 요약하면서 정리한다. 집단에서 느꼈던 점과 새롭게 배우고 알게 된 점에 대하여 집단 성원 모두가 표현하도록 안내하며, 참여도가 높은 집단 성원에 대해서는 긍정적인 피드백을 제공한다.

2) 집단 의사소통을 위한 실천기술

집단의 의사소통을 촉진하여 집단과정을 이끌기 위한 기술을 설명하기 위하여 이 장에서는 노던과 쿠를란드(Northen & Kurland, 2006)의 집단사회복지 주요 기술과 다양한 연구자들이 제시한 집단기술 중에서 공통적이면서도 필수적으로 사용하는 기술을 중심으로 제시하였다(정성란 외, 2019). 집단사회복지실천기술은 개인을 대상으로 하는 사회복지실천기술과 매우 유사하지만, 구체적으로 사용되는 과정이나 궁극적인 목적이 집단 전체의 역동과 관련 있다는 점에서 차이가 있음을 발견하면서 활용하기를 바란다.

(1) 공감하기

공감이란 사회복지사가 클라이언트의 마음을 감지하여 이를 반영해 주는 것을 말한다. 집단지도자로서 사회복지사가 효과적인 공감을 하려면 자신을 상대방, 즉 집단 성원의 위치에 놓고 그의 입장에서 생각하고 느껴보고, 그 성원의 생각과 느낌을 가장 잘 나타내는 단어를 찾아 성원의 심정과 입장을 이해하고 있음을 구체적으로 표현해 주어야 한다.

공감의 문장구조는 '구체적 상황 + 감정'으로 구성한다. 예를 들어, "몸이 아픈데도 그 많은 일을 혼자 다 하려니(구체적 상황), 참 힘들었겠어요(감정)", "너에게 아무도 관심을 두지 않는다는 걸 알고 나서(구체적 상황), 많이 외로웠겠구나(감정)"라고 표현한다.

집단 안에서 사회복지사는 개별 구성원의 고통과 기쁨에 공감할 수 있으며, 다른 구성원의 공감 반응을 끌어내기 위해 질문을 사용할 수도 있다.

예 "A가 힘겹게 상황을 이야기하는 모습을 보니, 마음이 아프네요."
"집단 전체가 오늘은 조금 가라앉은 느낌입니다."
"A가 자신의 상황을 이야기할 때, 여러분은 어떤 느낌이 들었나요?"

(2) 자기 개방하기

사회복지사는 적절할 때 자신에 대한 정보를 개방하는 기술을 활용할 줄 알아야 한다. 자기 개방하기는 사회복지사가 자기 자신에 대한 정보를 의도적이고 의식적으로 누설하는 것을 의미한다. 사회복지사는 자기 개방을 통하여 집단 성원에게 유사성과 친근감을 전달할 수 있고, 지도자와 집단 성원 간에 더욱 깊은 이해를 발달시킬 수 있다.

자기 개방에는 두 가지 방법이 있다. 첫째, 사회복지사가 집단 성원과 대화하는 동안 경험하게 되는 자기 생각이나 느낌, 즉 지금-여기서 내가 나에 대하여 무엇을 어떻게 느끼고 있는지, 또는 성원에 대한 내 느낌은 어떠한지를 진솔하게 말해주는 방법이다. 둘째, 과거에 있었던 나의 경험과 느낌이 현재 집단 성원이 경험하고 있는 것과 유사성이 있을 때 그것을 솔직하게 말해주는 방법이다. 지나친 공개는 집단 성원의 탐색을 방해하고 사회복지사에게 주의가 집중될 수 있으므로 신중해야 한다.

자기개방은 클라이언트의 (핵심 메시지를) 듣고 보니 (상대방과 유사한 경험과 감정)이 떠올라 클라이언트의 (감정)을 반영한다.

예 "취업에 대한 압박감으로 당신이 공부에 집중하기 힘들어하는 걸 보니, 저도 취업 준비할 때 불안하고 힘들었던 시간이 떠올라 당신이 얼마나 초조하고 힘들지가 전달됩니다."
"저도 새로운 집단 환경에서 다른 사람이 저를 어떻게 판단할지 두려울 때가 있습니다."

(3) 반영하기

집단 장면에서 집단 성원이 표현하는 것을 듣고 사회복지사가 이해한 내용, 그것 뒤에 숨은 감정 또는 둘 다를 전달하는 것이 반영이다. 반영에서는 내용과 감정 둘 다 반영하는 기법을 사용하는 것은 매우 중요하다. 반영을 사용하는 이유는 말하고 있는 성원이 자신이 무엇을 말하는지 더 잘 알 수 있게 돕고, 말하고 있는 사람의 감정을 이해하며 그 사람과 의사소통할 수 있기 때문이다. 사회복지사는 각 집단 성원이 자신이 무엇을 말하는지 알 수 있도록 반영하고, 둘 이상의 집단 성원들이 말하고 있는 이슈에 대해서도 반영하며, 전체 집단이 경험하는 것에 대해서도 반영할 수 있다.

반영과 재진술은 클라이언트의 이야기를 듣고 '이해'한 것을 다시 되돌려준다는 점에서 유사하지만, 재진술은 클라이언트가 말한 내용에 더 초점을 두고, 반영은 클라이언트가 느낀 감정에 초점을 둔다. 클라이언트가 이해받고 있다는 느낌이 들도록 전하는 것이 가장 중요하다.

예 프로그램에 열심히 참여하고 싶지만, 친구들이 내 이야기를 경청하지 않을까 봐 걱정이 된다는 거군요.

(4) 피드백 주고받기

피드백이란 상대방에게 그의 행동의 결과가 어떠한지에 대해 정보를 제공해 주는 것을 말한다. 즉, 그의 행동이 나의 행동에 어떤 영향을 미치고 있는지 상대방에게 솔직하게 말해주는 하나의 보고 행위다. 피드백 활동을 통하여 우리는 자신의 행동이 타인에게 미치고 있는 영향에 대하여 학습할 수 있다. 이러한 의미에서 집단장면은 한 집단 성원에게 다른 집단 성원이 거울의 역할을 하면서 다양한 피드백을 주고받을 수 있는 유용한 경험학습의 장이라고 할 수 있다. 효과적인 피드백을 위한 지침은 다음과 같다.

- 피드백은 강요적이어서는 안 된다. 즉, 피드백은 사실적인 진술을 하되, 가치판단을 하거나 변화를 강요해서는 안 된다.

- 피드백은 받는 편이 능히 그것을 소화할 수 있는 준비가 되었을 때 주어야 한다. 또한 피드백을 주는 사람도 받는 사람이 피드백을 생산적으로 활용할 마음의 준비가 되어 있는지 충분히 고려한 후에 사용해야 한다. 피드백은 신뢰하고 친근감을 느끼는 사람에게서 주어질 때 받아들여질 수 있다.
- 피드백은 사실을 서술하는 방식으로 이루어져야 한다.
- 피드백은 시간상으로 행동이 일어난 직후에 주어져야 한다. 즉, 피드백은 구체적으로 관찰 가능한 행동에 대하여 그 행동이 일어난 직후에 해줄 때 효과적이다.
- 피드백은 변화와 개선 가능한 것에만 주어져야 한다. 즉, 변화 가능한 행동에 대하여 피드백을 주어야 하며, 가능하면 대안까지 마련해 주는 것이 좋다.

효과적으로 피드백을 주는 것도 중요하지만, 피드백을 잘 받아들이는 것도 중요하다. 피드백을 받을 때 무시하고 화를 내고 공격하는 방어적인 태도를 취하거나, 이미 그런 것 정도는 나도 알고 있고 또 고치려고 해보았다는 식으로 합리화하기보다, 상대방의 피드백을 겸허하게 받아들이고 그것을 자신의 행동 변화를 위하여 건설적인 방법으로 활용하려고 노력해야 한다. 그뿐만 아니라 피드백을 준 사람에게 힘든 조언을 해준 데 대하여 감사를 표하고, 계속하여 유용한 피드백을 주도록 요청하는 반응을 해주어야 한다.

> 예 "제 행동을 그렇게 보셨군요. 솔직하게 말해주셔서 감사합니다. 제 행동에 대하여 한번 생각해 보겠습니다."

(5) 연결하기

연결하기는 집단 성원 간의 관련성 및 연계성에 주목하는 것을 의미하며, 집단 성원들의 상호작용과 의사소통을 촉진한다. 집단 성원들의 연대를 촉진하기 위해 성원들을 연결하는 과정이 연결하기이다. 연결하기는 한 성원의 말과 행동을 다른 성원의 관심사나 공통점과 연결하고 관련짓는 기술이다. 즉, 연결하기는 관계를 공고히 하기 위해 사람들을 연결하는 과정이다.

(6) 직면하기

직면하기는 사회복지사가 집단 성원의 행동, 사고, 감정에 있는 어떤 불일치나 모순을 발견했을 때 그것을 지적해 주는 피드백의 일종으로, 보다 정도가 강한 피드백을 의미한다. 직면은 집단 성원의 언행 또는 말의 앞뒤가 불일치할 때 이러한 모순점을 사회복지사의 말로 드러내 주는 기술이다. 이 기술은 집단 성원의 통찰을 유도하고 변화의 물꼬를 트는 데 필수적이다.

그런데 직면의 특성상 집단 성원에게 상처를 주거나 성원을 잃을지도 모른다는 막연한 불안감으로 직면의 사용에 부담감을 느끼는 사회복지사들이 적지 않다. 집단 성원을 직면시키는 데는 무엇보다도 성원과의 신뢰감 형성이 전제되어야 한다. 동시에 그 성원에 대한 진솔한 보살핌과 세련된 직면 기술의 활용 능력이 함께 요구된다. 직면이 필요한 상황은 다음과 같다.

- 이전에 한 말과 지금 하는 말이 불일치할 때
- 집단 성원이 스스로에 대해서 인식하는 것과 다른 사람이 인식하는 것이 불일치할 때
- 집단 성원의 말과 정서적 반응이 불일치할 때
- 집단 성원의 말의 내용과 사회복지사가 그에 대해서 느끼는 느낌이 다를 때

(7) 해석하기

해석하기는 집단 성원이 진술했거나 인식하고 있는 것 이상에 대한 사회복지사의 진술이다. 즉, 해석은 사회복지사가 성원의 행동 원인에 대한 설명 혹은 연관성 여부를 잠정적인 가설의 형태로 기술하는 것을 말한다. 해석은 성원이 전달하려는 내용을 조심스럽게 경청하는 또 다른 방법이다. 해석의 목적은 성

원이 자신의 행동에 대해 통찰하도록 돕는 데 있다.

집단상담자는 해석하기를 활용하여 집단 성원의 어떤 행동이나 증상에 대해 가능한 설명을 제공한다. 그뿐만 아니라 새로운 의미를 부여하거나 성원의 행동과 감정 이면에 내재된 원인을 지적한다. 해석은 치료적 관계에서 확고한 동맹이 형성되고 난 후, 성원이 받아들일 마음의 준비가 되어 있는지를 확인해서 신중하게 이루어져야 하며, 성원에 대한 비난이나 공격으로 이루어져서는 안 된다.

(8) 명료화하기

명료화하기는 집단 성원들이 자신들의 진술을 명료하게 하도록 도와주는 것이다. 즉, 사회복지사가 집단 성원의 혼란스러운 생각이나 감정을 명확히 파악하고 이해하도록 도와주는 기술이다. 성원이 표현하는 갖가지 정리되지 않은 감정과 사고 중에서 메시지의 핵심을 파악하거나, 저변에 깔린 갈등과 혼란스러운 감정을 분명하게 정리하는 반응으로, 핵심 주제 및 이야기에 초점을 두게 하는 역할을 한다.

"~라고 말한 것은 구체적으로 무엇을 말합니까?"
"~에 대해 자세히 말해줄 수 있나요?"

(9) 요약하기

요약하기는 모든 사회복지사에게 필수적인 기술이다. 요약하기는 집단이 방향을 잃고 혼란에 빠졌을 때 사회복지사가 집단 성원이 각자의 느낌을 간략하게 이야기하게 한 후, 집단의 진행에 대해 요약하고 바람직한 대안을 제시하는 기술이다. 요약하기를 활용할 수 있는 장면은 한 성원이 필요 이상으로 이야기를 길게 할 경우, 혹은 한 가지 주제가 끝나고 다른 주제로 넘어가기 전 그리고 한 회기의 집단이 종료되는 시점 등이다. 덧붙여서 요약하기는 지금까지 성원이 한 말을 간략하게 정리해 주는 기술이다. 집단 성원이 어떤 주제에 대하여 장황하게 많은 이야기를 했다면, 가장 핵심적인 단어나 정서를 찾아내어 짧게 요약정리해 주도록 한다.

(10) 질문하기

사회복지사가 질문을 하는 이유는 집단 성원이 구체적으로 더 많이 자기개방을 할 수 있도록 도와주기 위해서, 그리고 사회복지사가 성원을 더 명확하게 이해하기 위해서이다. 사회복지사가 공감, 존중, 온정 등의 촉진적 차원을 활용한 적극적 경청의 태도로 성원의 이야기에 귀를 기울인다면, 질문하기 기술은 특별히 필요하지 않을 수도 있다. 사회복지사가 질문하기를 과도하게 사용하면 집단의 흐름이나 상호작용에 부정적인 영향을 미칠 수도 있기 때문이다.

질문하기는 정보가 필요하거나 문제를 좀 더 깊이 탐색하기 위하여, 또는 지금까지 나온 여러 가지 이야기 간의 관련성을 알아보기 위하여 사용할 수 있다.

> 집단에서는 집단 구성원이 서로 피드백을 주고받을 수 있도록 질문을 할 수 있다.
> 예 "D가 우리 집단을 그만두고자 하는 것에 대해 여러분은 어떻게 생각하시나요?"
> "오늘 이 주제에 대해 함께 나눈 것이 어떻게 경험되었나요?"

4. 종결단계

집단에서 종결단계는 사회복지사와 집단 성원이 설정한 계획에 따라 집단목표가 만족스럽게 달성되었다고 동의함으로써 이루어지는 절차를 의미한다. 이 단계에서는 그동안 이루어진 집단경험을 검토하고 요약하며, 집단 성원들의 성장과 변화를 평가한다. 사회복지사와 성원들이 강한 아쉬움을 표현하면서 기쁘게 헤어지는 경험을 할 수 있도록 돕는다. 만약 미해결 과제가 남아있다면 처리하고 일상생활에 변화를 적용하도록 한다.

종결은 계획적이고 성공적으로 종결할 수도 있지만, 집단 구성원이 중도에 탈락하거나 조기에 종결될 수도 있다. 개별 성원이 조기에 탈락하여 종결하게 되는 경우 사회복지사는 그 원인을 확인하여 앞으로 탈락을 예방하고 어떤 요인이 집단 해체에 영향을 미쳤는지를 검토하여 앞으로의 집단 운영에 반영하고 대안 등을 마련하도록 준비한다.

종결단계에서 집단 성원과 집단의 특성 및 사회복지사의 역할은 〈표 10-4〉와 같다. 이 장에서는 제이콥스, 마송과 하빌(Jacobs, Masson, & Harvill, 2011)이 제시한 종결을 위한 목표를 중심으로 사회복지사의 역할을 설명하고자 한다.

제이콥스, 마송과 하빌(Jacobs, Masson, & Harvill, 2011)은 종결을 위한 목표로 다음 일곱 가지를 제시하였다.

- 집단에서의 경험 검토하기
- 집단 구성원들의 성장과 변화를 평가하기
- 이별감정 다루기
- 미해결 과제 처리하기
- 일상생활의 변화 적용하기
- 집단 성원들과 상호 피드백 제공하기
- 계속된 문제 해결을 위하여 계획하기

〈표 10-4〉 집단 종결단계의 집단 성원과 집단의 특징 및 사회복지사의 역할

집단 성원의 특징	집단의 특징	사회복지사의 역할
• 집단 성원이 자신의 성공담을 집단에서 표현함 • 대화가 자유로움 • 집단 참여가 저조해짐 • 집단의 종결에 대한 양가감정 및 퇴행 발생 • 집단경험이 자신의 생활에서 준거 틀이 됨	• 집단의 종결에 대한 논의 • 집단에서 얻은 성과를 일관되게 유지하도록 함 • 집단 성원, 집단, 사회복지사에 대한 이별 준비 • 집단 종결	• 집단 종결을 준비함(집단의 종결이 임박함을 알림) • 집단 종결에 대한 욕구와 목표 달성 정도, 성과의 유지 정도 등을 점검 • 집단 종결에 대한 개별 성원의 반응 점검 • 남은 기간 성취해야 할 일과 과정을 토의 • 집단 성원의 성과에 대한 논의 • 사회복지사의 감정 처리

출처 : 김성이 외(2004). 청소년복지학, p. 199 인용.

1) 집단의 경험 요약 및 성장과 변화 강화

종결단계에서 사회복지사는 집단 성원 모두가 집단경험을 통해 배운 것에 대해 요약하고, 구체적으로 검토하여 피드백을 나눌 수 있도록 한다. 집단 성원이 막연하게 "좋았다", "도움이 되었다"라고 말하는 경우 사회복지사는 어떤 점이 도움이 되었는지를 질문하여 집단에서 경험한 것을 구체적으로 표현하여 인식할 수 있도록 돕는다.

사회복지사는 집단 성원이 집단에서 긍정적인 경험은 무엇이며 새롭게 배우고 알게 된 것을 실제 생활에서 적용해 보고 싶은 것은 무엇인지를 정리하도록 돕는다. 집단을 통해 일어난 성장과 변화에 대해 스스로 인식할 수 있도록 격려하고, 지지하는 과정은 집단 성원들의 자존감을 높일 뿐만 아니라 성원들이 현실에서 효과적으로 시도하고 활용할 기회로 연결될 수 있을 것이다.

2) 종결에 따른 이별 감정 다루기

종결을 앞두고 집단 성원은 복합적인 양가감정을 느낄 수 있다. 집단과정을

잘 마쳤다는 만족감과 집단을 통해 목표를 이루었다는 성취감, 자신감 등을 경험하지만, 동시에 정들었던 사회복지사와 집단 성원들과 헤어진다는 것에 대한 불안감과 상실감 등을 느낄 수 있다. 종결을 잘해야 한다는 마음 때문에 이러한 슬픔과 상실의 감정을 숨길 수 있으므로, 사회복지사는 집단 성원들이 이별에 대한 정서를 충분히 표현하고 공유할 수 있도록 돕는다. 특히 집단을 떠나는 것이 무조건 슬픈 것이 아니라 집단과정을 통해 성장하였으므로 기쁘게 헤어지는 경험을 선물로 가져갈 수 있음을 알려준다.

3) 미해결된 과제 다루기

집단을 마치기 전에 참가자에게 혹시 자신의 문제가 미해결로 아쉽거나 미진한 것이 있는지 또는 해결되지 않은 부정적인 감정으로 남아있는 것이 있는지 물어보고 표현하도록 기회를 준다. 미해결 과제를 시간제약으로 다루지 못할 경우에는 그 문제를 표현한 개인이나 집단 성원에게 다시 묻도록 한다. 대안으로는 시간을 연장해서라도 해결하는 것, 문제를 제안한 사람이 미해결로 두고 참는 것, 집단을 마치고 개별적으로 돕는 방법이 있다(김혜숙 외, 2013).

4) 사후관리와 평가

집단을 종결할 때는 집단 종결 후에도 집단에서 경험한 학습내용을 실생활에서 효과적으로 적용하는지를 검토할 수 있는 사후관리 모임의 일정을 결정하기도 한다. 사후관리 모임을 통해 사회복지사는 집단의 성과를 평가할 수 있으며, 집단 성원들은 집단경험으로부터 얻은 바를 현실적으로 점검할 기회로 삼을 수 있다. 사후모임은 사회복지사의 도움 없이 자조집단을 만들도록 격려할 수도 있다. 종결 이후에 구성원들이 새로운 위기상황이나 서비스가 필요한 경우에는 언제든지 사회복지사를 다시 만날 수 있다는 것을 설명해야 한다.

사회복지사는 집단을 평가함으로써 집단의 효과를 검증해야 한다. 이를 위해 사전-사후검사를 통해 수치상의 변화를 측정하는 양적인 평가 방법을 이용할 수 있으며, 집단과정상의 변화를 기록한 내용 및 종결 시 구성원의 주관적이고 서술적 평가, 집단 구성원의 만족도 등을 통한 질적인 평가 방법이 있다.

5. 집단프로그램 실제

1) 청소년 스마트폰 중독 개입 프로그램

이 프로그램은 동기면담을 적용하여 개발한 스마트폰 중독 개입 프로그램(심혜선, 2018)에서 발췌하였다. 동기면담은 일방적이고 지시적인 상담과 다르게, 참여자의 가치관뿐만 아니라 생각과 감정을 충분히 탐색하는 과정을 통해 변화동기를 강화하고 참여자에게 행동변화에 대해 자율적인 선택을 부여하여 스스로 문제행동을 변화시킬 수 있도록 개입한다(신성만 외, 2015). 이 프로그램은 로스만과 토마스(Rothman & Thomas, 1994)의 개입연구(Intervention Research)에 따라 문제 및 기획, 정보 수집 및 통합, 디자인, 현장실험, 평가 및 최종 프로그램 개발의 5단계 과정을 활용하였다. 이 장에서는 최종 개발된 프로그램을 중점적으로 소개하고자 한다.

(1) 프로그램 필요성

우리나라 스마트폰 보급률을 세계 최고 수준으로, 청소년 대부분이 스마트폰을 보유하고 있으며 스마트폰 중독으로 인한 부작용이 사회문제로 대두되고 있다. 스마트폰 중독 개입 프로그램은 스마트폰 중독의 심각성에 비해 예방 측면에 초점을 두어 이루어지거나 인터넷중독 개입 프로그램을 그대로 적용하는 수준이다. 따라서 학교 현장에서 활용할 수 있도록 스마트폰 중독 성향의 중학생을 대상으로 동기면담을 적용한 스마트폰 중독 개입 프로그램을 개발하였다.

(2) 프로그램 목적 및 목표

이 프로그램의 목적은 청소년 스스로 변화 동기를 강화하여 스마트폰 사용 수준을 감소시키는 데 있다. 이를 위한 목표는 다음과 같다.

- 스마트폰 중독 청소년의 스마트폰 사용 수준을 감소시킨다.
- 스마트폰 중독 청소년의 변화 동기를 향상한다.
- 스마트폰 중독 청소년의 자아존중감을 향상한다.

(3) 프로그램 개발 시 고려사항

① 프로그램 운영

- 학교 현장에서 활용할 수 있도록 프로그램 시간에 맞는 적절한 활동 구성
- 참여자에 대한 인정과 파트너십 구축
- 흥미 있고 재미있게 할 수 있는 활동
- 프로그램 마무리 활동의 중요성
- 부모 대상 교육·상담 및 사후관리 서비스 제공

② 프로그램 내용

- 개입 프로그램의 명확한 목표 설정
- 개입 프로그램의 특성 반영
- 스마트폰 중독에 대한 자기인식과 변화동기 강화
- 스마트폰 중독으로 인한 어려움이나 문제행동에 관한 활동
- 다양한 대안 활동의 경험 제공

(4) 프로그램 내용

이 프로그램은 스마트폰 중독으로 인한 문제에 초점을 맞추고, 변화동기 중에서 양가성 요인 및 자아존중감 향상을 위한 활동 강화, 스마트폰 사용 관련

실천계획 강화를 중심으로 구성되었다. 이 프로그램에 참여한 실험 및 통제집단을 대상으로 실시한 사전-사후-추후검사 결과, 실험집단의 사전-사후, 사전-추후검사에서 스마트폰 중독 점수가 통계적으로 유의하게 감소하였다. 구체적인 프로그램 내용은 다음과 같다.

〈표 10-5〉 **스마트폰 중독 개입 프로그램 '폰생폰사'**

회기	주 제	목 표	내 용
1	**변화단계 인식** 프로그램 소개 및 친밀감 형성	• 프로그램에 대해 전반적으로 이해함 • 프로그램에 대한 참여동기를 촉진하고 참여자 간 친밀감을 형성함 • 변화단계 이해를 통해 스마트폰 중독 관련한 자신의 변화단계를 인식함	– 우리들의 약속 – 나, 이런 사람이야! – 나의 변화단계는? – 나의 S 다이어리
2	**변화필요성 인식** 나에게 스마트폰이란?	• 자신의 스마트폰 사용 욕구를 파악함 • 자신의 스마트폰 사용에 대해 살펴봄으로써 변화필요성을 인식함	– 스마트폰 사용욕구 – 영향받는 삶의 영역 – 나의 S 다이어리
3	**변화욕구 명료화** 변화되고 싶은 나	• 스마트폰 사용에 대한 변화동기를 구축함 • 스마트폰 중독 행동으로 인한 위험성 인식함	– 감정 다루기 – 이득과 손실 – 나의 S 다이어리
4	**스마트폰 중독에 대한 전문적 정보 제공** 스마트폰 중독! 그것이 알고 싶다 I	• 스마트폰 관련 정보를 바탕으로 스마트폰 중독에 대해 이해함 • 스마트폰 중독으로 인한 폐해 인식함	– 스마트폰 중독 유형별 특징 – 동영상 시청 – 스마트폰 중독 폐해 – 나의 S 다이어리
5	**스마트폰 중독 유형별 접근** 스마트폰 중독! 그것이 알고 싶다 II	• 스마트폰 중독 유형별로 문제를 인식하고 해결 방안을 탐색함	– 스마트폰 중독 유형별 갈등상황 및 해결 방안 – 나의 S 다이어리
6	**변화열망 강화** 희망을 꿈꾸다	• 스마트폰 중독과의 가치관 불일치를 통해 변화열망을 강화함 • 미래의 꿈에 대해 탐색함	– 가치관 불일치 – 디딤돌과 걸림돌 – 나의 S 다이어리

7	자아존중감 향상 그래! 난 할 수 있어	• 변화행동으로 이어질 수 있도록 자아존중감을 향상함 • 변화행동 방해요소를 탐색하고 수정함	– 대안활동 찾기 – 나의 희망나무 – 나의 S 다이어리
8	자아존중감 향상 변화가능성 강화 변화지지 새로운 마음으로!	• 자아존중감을 향상시키고 변화가능성을 강화함 • 변화를 지지하고 지속적으로 실천할 수 있도록 격려함	– 나의 변화단계와 양가감정은? – 장점세례 – 나에게 주는 상장

출처 : 심혜선(2018).

총 8회기 프로그램 중에서 본격적인 프로그램 개입이 시작되는 3회기 '변화되고 싶은 나'에 관한 구체적인 내용은 다음과 같다.

〈표 10-6〉 스마트폰 중독 개입 프로그램 3회기 '변화되고 싶은 나'

3회기 '변화되고 싶은 나'	
활동목표	• 스마트폰 과다사용에 대한 변화동기를 구축한다. • 스마트폰 과다사용으로 인한 위험성을 인식한다.
진행절차	활동내용
도입 (5분)	1) 오늘 프로그램 활동 소개 오늘 진행할 프로그램 활동에 대해 소개한다.
전개 (30분)	1) 감정 다루기 – 감정표현과 관련된 동화를 PPT로 보면서 다양한 상황에서의 감정을 인식하고 표현해 본다. – 스마트폰 사용으로 영향 받는 삶의 영역 중 선택해 얼굴 스티커를 붙이고 감정을 얼굴 표정으로 그려보고 해당되는 감정단어를 쓴다. 〈활동지 3–1〉 2) 이득과 손실 – 스마트폰 사용으로 자신이 겪는 단기적/ 장기적인 이득과 손실을 적어보고 이득과 손실의 무게를 달아 결국 스마트폰 과다사용으로 손실이 더 많음을 인식한다. 〈활동지 3–2〉 – 이득과 손실을 모둠으로 나누어 베스트 5를 정해 발표한다.
마무리 (15분)	1) 활동소감 나누기 – 오늘 활동내용을 요약하고 함께 소감을 나눈다. 2) 나의 S 다이어리 – 지난 주 스마트폰 사용 시간을 점검하고 나와의 약속을 어떻게 실천하였는지 평가한다. 다음 한 주 동안 실천할 스마트폰 사용 관련된 목표를 다시 정하고 발표한다.

참고사항	– 진행자는 양가감정이 자연스러운 과정임을 설명하고 양가감정을 명료화하고 해결할 수 있도록 한다. – Jenis와 Mann(1977)의 결정저울 이론에 의하면 결정하기란 변화에 대한 이득과 손실의 무게를 인지적으로 달아보는 과정이다. – 참여자들은 처음 활동을 시작할 때, 손실보다는 이득을 더 많이 찾게 된다. 이득을 최대한으로 많이 찾고 스스로 손실을 찾을 수 있도록 안내한다. – 단기간의 이득이 주는 힘과 문제행동을 변화시키거나 회피할 수 있는 선택 여건들에 강조점을 두어서 진행한다.
준비물	감정동화 PPT, 활동지 3-1, 얼굴 표정 스티커, 이득과 손실 B5 활동지 3-2, 나의 S 다이어리, 펜 등

출처 : 심혜선(2018).

2) 후기청소년 라이프코칭 집단프로그램

(1) 프로그램 개요

본 프로그램은 후기청소년 라이프코칭 집단프로그램 개발과 효과성 검증(정지희 · 남진연 · 김세진 · 김윤희 · 차주환 · 방소희, 2019) 논문에서 집단프로그램을 발췌하여 제시하였다. 집단 구성원은 만 18~23세의 후기청소년을 대상으로 하였으며, 총 6회기 프로그램으로 운영되었다.

(2) 프로그램 내용

구성된 프로그램이 후기청소년에게 긍정적인 영향을 미치는지 살펴보기 위해 유능감과 행복증진활동에 대한 사전 · 사후 변화 차이를 확인한 경우, 프로그램 참여자 모두 유능감과 행복증진활동에서 유의미한 변화를 나타내었다. 구체적인 프로그램 내용은 다음과 같다.

〈표 10-7〉 **후기청소년 라이프코칭 프로그램**

<table>
<tr><th>회 기</th><th>회기명</th><th>영 역</th><th>주 제</th><th>내 용</th></tr>
<tr><td rowspan="3">pre</td><td colspan="2" rowspan="3">오프닝</td><td>상담구조화</td><td>• 프로그램 소개
• 우리들의 약속 정하기
• 서약서 작성하기
• 사전검사</td></tr>
<tr><td>나로 말할 것 같으면</td><td>• 별칭 짓기
• 자기소개서 작성하기</td></tr>
<tr><td>Ice-breaking</td><td>• Post 1~5 게임 진행</td></tr>
<tr><td>1</td><td>천리길도
한걸음부터</td><td>진로</td><td>꿈을 위한 목표에
우선순위 탐색</td><td>• '진로 여정' 소개
• 등고자비(登高自卑)의 법칙
• '나의 꿈 짓기' 활동
• 목표에 대한 기간별 우선순위 정하고 계획하기</td></tr>
<tr><td>2</td><td>타임 푸어
vs
타임 리치</td><td>시간
관리</td><td>실천 가능한 시간관리
목표 세우기</td><td>• 시간관리 체크리스트
• 시간관리 매트릭스를 통한 시간활용 점검
• 하루일과 점검 시트 연습
• 자신의 하루일과 점검 및 나누기
• 실천 가능한 시간관리 목표 세우기</td></tr>
<tr><td>3</td><td>효율적
돈관리,
합리적 소비</td><td>경제
(돈)</td><td>경제에 대해 이해하고
합리적인
소비생활을 위한
계획 세우기</td><td>• 경제란 무엇인가
• 금융문맹에서 청년실신까지
• 돈과 행복의 관계
• 어떻게든 되겠지? No! No! 내 돈의 주인 되기</td></tr>
<tr><td>4</td><td>너와 나의
연결고리</td><td>대인
관계</td><td>원만한 관계를 맺기 위한
사회적 관계 연습하기</td><td>• 어떤 사람일까요?
• 편견의 힘?
• 누구나 원하는 친구가 되기 위한 지침 소개하기
• 갈등해결
• 사회적 상황 연습하기</td></tr>
<tr><td>5</td><td>취업 역량
UP</td><td>취업</td><td>취업을 준비하기 위해
전반적인 과정 준비</td><td>• 이력서 작성하기
• 호감을 전달하는 면접기술 노하우
• 눈치코치 직장예절
• 이직 및 퇴직</td></tr>
<tr><td>6</td><td>꿈을
찾아가는
여행</td><td>여가</td><td>여행을 위한
세부계획 세우기</td><td>• TV 예능 프로그램에서의 여행 소개
• 나의 여행계획 세우기</td></tr>
<tr><td colspan="3" rowspan="2">마무리</td><td>긍정적 미래</td><td>• 릴레이 칭찬하기
• 소감문 쓰기
• 미래 나의 명함 만들기</td></tr>
<tr><td>마침 의식</td><td>• 서약서 작성하기
• 소감문 쓰기
• 15초 소감 나누기</td></tr>
</table>

CHAPTER 11

가족대상 사회복지실천

사회복지실천에서는 전통적으로 개입의 초점을 가족에 두었다. 가족은 인간의 성장과 변화에 직접적인 영향을 미치는 환경이며, 가족은 인간의 행동을 이해하는 체계이다. 가족대상 사회복지실천은 가족과 파트너십을 통해 문제해결을 위한 가족의 역할과 참여를 강조하고, 가족기능을 강화하는 데 초점을 둔다.

이 장에서는 가족과 사회복지실천, 가족대상 실천과정, 가족치료 모델과 개입기술, 그리고 실제 사례 적용에 대해 다루었다.

1. 가족과 사회복지실천

1) 가족의 이해

(1) 가족의 개념

전통적으로는 가족은 생물학적인 관계나 결혼, 입양 등 법적 지위나 부모-자녀로 구성된 가족 형태로 규정되었다. 우리나라 민법 제779조에서는 가족의 범위를 ① 배우자, 직계혈족 및 형제자매, ② 직계혈족의 배우자, 배우자의 직계혈족 및 배우자의 형제자매로 규정하고 있다. 건강가정기본법 제3조에서는 "혼인 · 혈연 · 입양으로 이루어진 사회의 기본 단위"로 정의하고 있다.

최근에는 한부모 가족, 재혼가족, 다문화 가족, 미혼모 · 부자 가족, 동성애 가족과 함께 쉐어하우스, 그룹홈, 공동체 등 다양한 형태의 가족이 증가하면서 혈연에 기반한 가족의 개념을 넘어 새로운 가족 정의에 관한 논의가 이루어지고 있다. 기든스(Giddens, 1991)는 가족을 "정서적이고 물질적 지지에 기반을 둔 둘 또는 그 이상의 사람들이 상호 간에 기대하고 그들의 삶의 유형과 관계없이 상호 책임감, 친밀감과 지속적인 보호를 주고받는 구성체"로 정의하였다. 장경섭(2018)은 한국인에게 가족은 사생활만을 영위하는 공간이나 관계가 아니라 사회적 자원, 가치의 성취 및 기본적 생존조건 확보, 유지를 위한 정치 · 경제적 단위로서 역사적 현실 속에서 적응하며 생성한 상황적 구성물이라고 정의하였다. 이러한 정의는 가족을 연대 의식을 갖고 지속적인 관계를 지니며, 기능을 갖는 상황적 구성물이라는 점을 강조하고 있다(최정숙 외, 2021). 최근 가족의 개념은 가족의 구조나 형태보다는 정서적 기능과 관계의 질에 초점을 두는 쪽으로 옮겨가고 있다.

(2) 가족의 기본 속성

가족이 지닌 기본적 속성을 골든버그와 골든버그(Goldenberg & Goldenberg, 2008)는 다음과 같이 제시하였다(엄명용 · 노충래 · 김용석, 2020 재인용).

- 가족은 특정한 목적 달성을 위해 인위적으로 형성된 집단이 아니라 자연스럽게 형성된 사회집단이다.
- 가족은 생활해 가는 가운데 일련의 생활유형 또는 규칙을 발전시킨다.
- 가족의 구성원들에게는 나름대로 할당되고 부여된 역할들이 있다.
- 가족은 나름대로 권력구조를 지닌다.
- 가족은 공공연하거나 은밀하면서도 복잡한 의사소통 형태를 지닌다.

- 가족은 나름대로 문제를 해결하고 타협하는 방법을 가지고 있다.
- 가족은 역사, 세상에 대한 관점, 목적의식 등을 공유한다.
- 한 번 구성원은 영원한 구성원으로 남아 있다.

2) 가족대상 사회복지실천의 기본 관점

어려움을 호소하는 가족을 대상으로 개입할 때는 가족 개개인의 문제를 다루기보다 가족을 하나의 단위로 보고 개입하는 관점이 필요하다. 가족을 대상으로 개입할 때 필요한 기본적인 이론을 소개하고자 한다.

(1) 일반체계이론

일반체계이론은 체계가 외부환경과 상호작용하면서 환경의 지속적인 입력과 출력을 통해 자신을 유지해 나간다고 보는 살아있는 체계에 대한 생물학적 모델이다(Nichols & Schwarts, 2004). 체계이론에 따르면 살아있는 체계의 본질적인 특성은 내부의 부분들이 전혀 가지고 있지 않은 전체의 특성을 가진다. 이러한 특성은 부분들 사이의 상호작용과 관계로부터 발생하며, 체계가 각각의 요소로 변형되며 사라진다. 전체는 언제나 부분의 합보다 크다는 체계론적 관점에서 볼 때, 나머지 가족을 제외한 채 자녀만을 면담하면서 자녀의 행동을 이해하려고 하는 것은 이치에 맞지 않는다(Nicole & Davis, 2020). 또한 체계이론에서는 |그림 11-1|과 같이 대상자 개인을 강조하기보다 외부환경과의 연결망, 지속적인 상호 관련성을 강조한다. 가족을 체계로 보기 위해 필요한 일반체계이론의 주요한 개념은 다음과 같다.

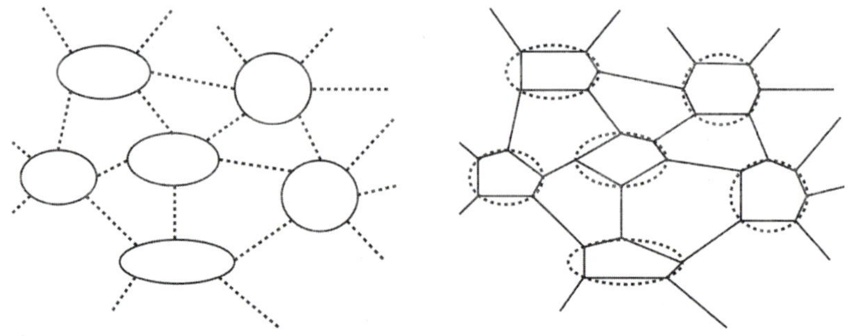

|그림 11-1| **대상에서 관계로의 이동**

출처 : Capra(1998).

① 경계선

경계는 활발하게 상호작용하는 체계 내의 요소들이 체계 밖 요소들과 구분되게 범위를 구별하는 것이며, 경계선은 외부환경으로부터 구분된 체계를 둘러싸고 있는 선을 말한다. 체계이론 관점에서 볼 때 가족은 체계에 속하며, 가족의 외부체계 또는 환경과 구분되는 경계선을 지닌다. 가족은 경계선에 따라 다른 속성을 지니는데, 경계가 경직되었다면 다른 체계로부터 소외될 수 있으며, 경계가 지나치게 약하면 가족의 정체성을 형성하지 못하고 불안정할 수 있다. 경계는 가족 내부체계 안에도 존재한다. 가족 구성원의 경계가 경직되었다면 가족 구성원 간에 상호작용이 별로 없으며 다른 체계에 무관심하고, 경계가 혼돈되었다면 구성원 간에 밀착되어 서로의 개별성이 존중되지 못한다. 반면 가족 구성원의 경계가 유연하고 명확하다면 가족원의 자율성과 독립성이 인정되며 융통성 있는 의사소통을 한다.

② 하위체계

가족 내부체계도 상호교류와 친밀성 정도에 따라 작은 체계로 나뉘는데, 큰 체계 안에 형성된 작은 체계를 하위체계라 한다. 하위체계 입장에서는 전체 가족이 상위체계가 된다. 가족의 하위체계는 부부체계, 부모체계, 형제자매 체계, 부모-자녀 체계 등 다양하게 존재한다.

③ 순환적 인과관계

순환적 인과관계는 체계에서 일어나는 변화가 일부분의 변화에 그치는 것이 아니라 체계 전체에 영향을 주고, 다시 이것은 처음 변화가 일어난 부분에 영향을 주게 되는 순환성을 의미한다. 한 가지 원인에 따른 결과가 분명한 단선적 인과관계와 달리 순환적 인과관계는 부분 간에 상호영향을 주고받는 과정에서 결과가 나타나므로, 원인과 결과를 정확히 찾고 구분 지을 수 없다고 본다.

〈표 11-1〉 **단선적 인과관계와 순환적 인과관계**

단선적 인과관계	순환적 인과관계
원인 → 결과	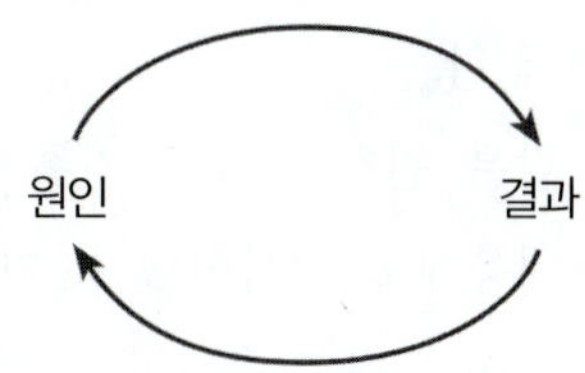

(2) 가족생태학

가족생태학은 생태학적 관점을 가족에 적용한 것으로, 기본적인 가정은 생태학에 두고 있다. 브론펜브레너(Bronfenbrenner)가 제시한 것처럼 가족은 미시체계(가족 구성원, 친구, 친척), 외체계(부모의 직장, 자녀가 이용하는 복지관), 거시체계(가족관련법, 보육정책, 사회경제, 지역문화 등) 등 다양한 사회환경과 끊임없는 상호작용 및 교류를 통해 생존과 유지에 필요한 필수 자원과 지지를 얻고 적응해 나간다고 본다. 가족은 외부환경과 끊임없이 상호작용하면서 변화하며, 이런 환경과의 상호작용이 가족 발달 적응에 긍정적 또는 부정적 영향을 미치며 나아가 사회환경에도 영향을 미치는 상호 의존적 존재라고 본다(남미애 · 윤숙자, 2013).

(3) 의사소통 이론

가족을 체계로 본다는 것은 가족원 개인의 특성에 초점을 둔다기보다 가족의 상호작용 과정에 초점을 둔다는 의미이다. 가족 구성원들이 어떻게 의사소통하고 정보를 나누고 조절하는지를 파악하는 것은 가족 체계를 이해하기 위한 열쇠가 된다(Becvar & Becvar, 2001). 벡바르와 벡바르(Becvar & Becvar, 2001)는 의사소통의 세 가지 원칙을 제시하였다. 첫째, 사람은 행동하지 않을 수 없다는 원칙이다. 아무것도 하지 않는 것도 무엇인가를 한다는 뜻이며, 그 의미를 메시지로 전달하는 것으로 본다. 둘째, 사람은 의사소통하지 않을 수 없다는 원칙이다. 우리는 언어적 차원의 의사소통이 없을지라도 비언어적 의사소통을 한다. 가족치료 시 침묵하는 것도 메시지를 전달하는 것이다. 셋째, 어떤 행동에 대해 부여하는 의미가 곧 그 행동의 진짜 의미는 아니다. 특정한 행동이나 메시지가 해석되는 방식은 다양하며, 어떤 해석도 정확하거나 의미 있다고 단정 지을 수 없다.

위와 같은 원칙 외에도 가족치료 이론가들은 의사소통의 또 다른 차원인 과정과 내용에도 주목하였다. 가족 구성원인 클라이언트는 무엇을 말했는가(내용)에 관심을 더 기울이고, 그것을 어떻게 전달했는가(과정)에는 별 관심이 없음을 관찰하였다. 어떠한 내용의 메시지를 전달하였는가보다 동일한 내용의 메시지를 어떻게 전달하는가에 따라 메시지의 효과가 달라질 수 있음을 경험하고 받아들이게 되면 클라이언트는 자신의 문제에 더욱 효과적으로 대처할 수 있다(정문자 외, 2022).

2. 가족대상 실천과정

사회복지 현장에서 가족에 대한 개입은 전통적인 치료적 접근부터 최근 부각되고 있는 사례관리 접근까지 다양하게 이루어지고 있다. 가족이 건강한 기능과 역할을 할 수 있도록 돕기 위해서는 기본적으로 가족을 체계로 보는 관점이 필요하며, 가족 체계 안에서 각 개인의 정서적 건강 혹은 질병이 가족원들 간에 어떻게 영향을 미치며 전수되는지를 이해할 필요가 있다.

다양한 가족을 만나는 사회복지사로서 가족의 역동을 사정하여 효과적으로 개입하기 위하여 가족사회복지실천 과정을 초기단계, 사정단계, 계획단계, 개입단계, 종결단계로 구분하고 각 단계에서 필요한 기초적인 전략과 기술을 중심으로 살펴보고자 한다.

1) 초기단계

초기단계는 가족 구성원을 대상으로 하는 사회복지실천에서도 매우 중요하다. 가족 구성원들이 이후의 과정 참여 여부를 결정하는 데 영향을 미치며, 사회복지서비스에 대한 대상자의 평가가 시작되는 최초의 지점이기 때문이다.

초기단계에서 사회복지사는 가족 구성원들이 적극적으로 참여할 수 있도록 좋은 관계를 형성해야 하며, 가능한 한 다양한 가족 구성원 전체에 대한 정보를 수집해야 한다. 초기면담에서 필요한 과업인 구조화, 가족과의 관계 형성, 가족의 문제 및 욕구를 명료화하는 과정에 대해 살펴본다.

(1) 면담 구조화

도움을 요청한 사람으로부터 어떤 어려움이 있는지, 왜 지금 그 어려움을 호소하는지 등을 듣고 난 후에 사회복지사는 가족 개입을 통해 다루는 것이 적절한지 여부를 결정해야 한다. 현재 호소 문제로 인해 도움을 요청한 개인뿐 아니라 가족 전체가 어려움을 겪고 있으며, 가족 구성원이 문제의 발생과 유지에 영향을 미치는 경우라면 가족 개입을 고려할 필요가 있다.

가족 개입이 필요하다면 우선 상담회기에 누구를 참여시킬 것인지를 결정한다. 일반적으로 회기에 가족 전체를 만나기도 하지만, 필요한 경우에 개인 또는 가족 구성원의 하위집단을 만날 수도 있다. 가족 전체가 참여하기 어렵다면, 동기가 높은 구성원을 대상으로 먼저 개입하는 것도 효과적이다. 가족이 모두 함께 모여 상담하는 것이 왜 중요한지를 설명하는 것도 좋다. 예를 들어, 개인의 문제는 가족의 맥락에서 더 잘 이해할 수 있으며, 구성원이 서로에게 영향을 미치고 있다는 점을 이해시키도록 한다.

면담에 참여한 가족들은 문제를 호소한 구성원뿐 아니라 동기 없이 참석한 구성원 모두 긴장감과 불안이 높을 수 있다. 따라서 사회복지사는 자신에 대한 소개와 함께 면담이 이루어지게 된 과정을 안내하고, 면담의 목적 등을 간단히 설명한다. 또한 앞으로의 면담 시간과 횟수, 장소, 상담비용, 상담 예약 및 취소 방법 등을 안내한다. 사회복지사는 면담에 참여하는 클라이언트에 대한 비밀보장을 유지하고 지킬 의무가 있음을 알리며, 특수한 경우에 한계가 있음도 알린다.

(2) 가족과의 관계 형성

초기단계는 사회복지사와 가족이 공식적인 만남이 이루어지는 단계이므로 가족과 긍정적인 관계를 형성하는 것이 필요하다. 가족을 대상으로 개입하기 위해서는 가족 안으로 들어가 가족과 합류(joining)할 필요가 있다. 가족과 합류한다는 것은 가족의 정서와 행동을 이해하고 수용하면서 가족의 신뢰를 얻는 것을 의미한다. 가족과 합류하기 위해서는 경청과 공감과 같은 기본적인 태도로 대하며, 진정성 있는 관심을 표현하는 것이 필요하다. 그뿐만 아니라 가족이 사용하는 언어 패턴을 관찰하고 가족원이 대화하는 방법을 따라 대화하며, 가족 간의 호칭을 신중하게 고려하여 사용한다(Collins, Jordan, & Coleman, 2010; Goldenberg & Goldenberg, 2002).

가족과 관계를 형성하는 데 있어 중요하게 고려되어야 할 사항은 가족 구성원 모두와 관계를 맺어야 한다는 것이다(Collines et al., 2010). 사회복지사가 도움을 요청한 특정 구성원에게만 관심을 쏟거나, 특정 구성원의 입장만을 반영한다는 느낌을 받는다면 사회복지사의 합류는 오히려 도움이 되지 않고 관계 형성에 방해가 될 수 있다. 사회복지사는 혹시나 억지로 참석한 구성원이 있는지 살피고, 있다면 그 마음을 알아주고 적극적으로 참여할 수 있도록 가족 구성원 한 명 한 명과 개별적으로 접촉해야 한다. 이러한 과정은 구성원들이 함께 다루어야 하는 과제로 들어가기 전에 편안함을 느끼게 하며, 참여동기를 높일 수 있을 것이다.

(3) 문제의 명료화

사회복지사는 동일한 호소 문제를 겪는 가족일지라도 문제에 대한 의견이 다르며 감정의 정도가 다를 수 있음을 기억해야 한다. 따라서 사회복지사는 제시된 문제를 명료화하기 위해서 가족 성원 개개인이 그 문제를 어떻게 보고 있는지 파악해야 하고, 가족 성원 개개인이 다른 가족의 간섭이나 방해 없이 그 문제에 대해 자유롭게 자신의 시각을 표현할 수 있게 해야 한다(Hepworth et al., 2010). 가족 문제를 명료화하는 것은 임상적으로 중요한 단계인데, 가족 구성원들은 가족이 경험하는 혼란에 자신이 어떤 기여를 했는지 이해할 수 있으며, 변화의 필요성을 인식하고 변화를 위한 자발성을 갖게 할 수 있기 때문이다(김유숙, 2013).

2) 사정단계

가족사정(family assessment)은 클라이언트가 호소하는 문제와 관련하여 가족을 하나의 '단위'로 가족의 내부 요인, 가족의 외부 요인 그리고 이들 양자 간의 상호작용을 파악하고, 가족의 다양한 정보를 수집하고 분석하여 가족에 대한 개입을 계획하는 과정을 의미한다.

(1) 사정 내용

가족사정 시 사회복지사는 의뢰자뿐 아니라 가족 구성원들의 주 호소문제를 파악하여 각 욕구의 심각성, 우선순위를 사정해야 한다. 가족치료 이론을 비교한 리들(Liddle, 1983)은 모든 가족치료 모델은 비록 많은 차이점을 보이기는 하지만 공통으로 가족의 규칙, 즉 주기적인 행동 패턴을 이해해야 하며, 가족의 역할과 상호작용 패턴의 경직성이 가족의 역기능과 관련이 있다는 사실을 강조하였다.

가족사정의 내용과 영역은 다음과 같다(김혜숙, 2018).

- 가족기능과 구조를 파악하기 위해서 가족의 하위체계, 가족원의 경계선, 가족원의 의사소통, 가족의 규칙, 가족규범과 역할, 가족의 신화, 원가족 내의 역할, 가족의 권력구조, 희생양, 가족의 강점과 자원, 문제해결방법 파악
- 가족의 역사적 측면을 사정하기 위해서 가계도, 생활주기, 생활력도표를 활용하여 세대전수의 특성과 생활주기상의 발달과업이나 위기, 가족의 중요한 사건들을 시계열적으로 파악
- 가족의 생태 환경적인 측면에서는 가족들에게 영향을 미치는 사회적, 관습적, 환경과의 에너지 교환, 스트레스, 자원의 양과 종류 등을 알 수 있는 생태도를 활용

(2) 사정 방법

① 면접을 통한 사정 방법

면접사정은 문제를 일으키고 유지시키는 상호작용의 연쇄과정을 추적하는 데 유용한 기법이다. 문제가 발생하는 상황에서 중요하게 여겨지는 시간과 배경은 다른 기법보다 면접에 의해 더 잘 수집된다. 또한 면접을 통하여 문제가 가장 심각할 때와 덜 심각할 때, 두 상황 사이의 차이에 대해 알게 되면서 무엇이 문제를 유지시키는가를 결정할 수 있다(Brown & Christensen, 1999). 문제에 관련된 상호작용의 연쇄과정은 다음과 같은 질문을 활용해서 얻을 수 있다.

- 문제가 무엇인가?
- 문제가 어떻게 문제가 되는가?

- 문제가 구체적으로 어떻게 나타나는가?
- 문제에 대하여 다르게 보는 가족원이 있는가? 있다면 왜 그러한가?
- 문제가 언제 시작되었는가?
- 문제는 어떤 때에 더 심한가? 조금 더 나아질 때는 언제인가?
- 문제를 해결하기 위해 시도해 본 방법들은 무엇이었는가?
- 그것이 도움이 되었는가?
- 도움이 되지 않았다고 생각한다면 왜 그런가?
- 가족 내에서 문제에 관해 관심을 가지고 도우려는 사람은 누구인가?
- 변화에 대한 동기가 가장 높은 사람은 누구인가?

② 관찰을 통한 사정 방법

가족 구성원의 언어적 보고로 수집되는 정보는 제한적일 수 있으므로, 사회복지사는 가족의 상호작용 방식을 관찰하여 가족의 언어적 · 비언어적인 의사소통 패턴을 확인할 수 있으며, 가족 내의 의사결정 방식과 구성원의 역할 등에 대한 객관적 정보를 얻을 수 있다.

관찰을 통한 사정은 초보 사회복지사에게는 다소 어려울 수 있지만, 다음과 같은 몇 가지 질문을 통해 가족의 패턴에 대한 정보를 수집할 수 있다(Worden, 2007).

- 가족들이 앉는 자리는 구성원들 사이에 어떤 관계를 보여주는가?
- 가족 전체를 대표해서 말하는 사람과 다른 사람을 대신해서 말하는 사람은 누구인가?
- 가족의 대변인은 가족의 문제를 어떻게 소개하는가?
- 다른 가족들은 대변인의 소개에 어떻게 반응하는가? 반대하거나 찬성하는 사람은 없는가?
- 논의할 때 누가 누구를 가장 많이 지지하는가?
- 가족관계 중 가장 갈등이 많은 관계는 누구인가?
- 가족의 논쟁에서 보이는 일반적인 패턴은 무엇인가?

- 논쟁에 참여하는 사람은 누구이고 전혀 관여하지 않는 사람은 누구인가?
- 논쟁이 진행될 때 어느 시점에서 치료사에게 도움을 요청하는가?
- 지속하여 사회복지사의 지지를 요청하는 사람은 누구인가?

③ 도구를 통한 사정 방법

가족의 기능과 관계 방식, 문제 등을 짧은 시간 내에 효율적으로 탐색하기 위해서 표준화된 척도나 심리검사 도구를 활용할 수 있다. 이러한 도구에는 가계도, 생태도, 사회관계망, 가족조각, 가족사정 척도 등이 있다. 특히 가계도와 생태도는 가족 성원이 작업에 참여하면서 가족 전체에 대한 이해와 통찰력을 증가시키면서 가족사정에 풍성한 정보를 제공한다. 실연 및 가족조각 기법의 활용은 가족 구성원의 역동과 상호작용 패턴을 파악할 수 있으며, 가족이 자신들의 상황을 인식하여 이후 개입과정에 도움이 될 수 있다. 이 외에도 성격검사, 가족의 기능, 결혼 만족도, 의사소통 패턴, 가정폭력이나 아동학대 등과 관련된 자기보고 척도와 그림을 통한 투사검사 등을 활용할 수 있다.

(3) 사정 도구

가족 문제를 사정할 때 사정 도구를 활용하면 가족 문제의 맥락과 문제해결을 위한 방향을 구체적으로 접근할 수 있다. 가족에 대한 정보를 한눈에 파악할 수 있는 사정 도구에는 가계도, 생태도, 가족의 생활연대기 등이 있으며, 가족 구성원의 관계와 인식 정도를 확인할 수 있는 도구로는 동적 가족화 등의 투사검사를 활용할 수 있다. 또한 가족의 기능을 점검하고 평가하기 위해 다양한 척도와 검사를 이용한다.

① 가계도

가계도(genogram)란 3세대 이상에 걸친 가족 성원에 관한 정보와 그들 간의 관계를 도표로 기록하는 작성법이다. 가계도는 가족에 관한 정보가 도식화되어 있어 복잡한 가족 유형의 형태를 한눈에 볼 수 있고, 반복되어 나타나는 가족의 역동을 파악할 수 있다. 이를 바탕으로 가족이 호소하는 문제가 어떻게 가족과 관련되어 있으며, 시간이 경과되면서 그 문제와 상황이 어떻게 진행되어 가는지를 추측해 볼 수 있다.

면담 초기에 치료자는 클라이언트에게 가계도가 문제와 관련된 가족 구성원의 상황과 반응을 이해할 수 있는 치료 도구임을 설명한다. 클라이언트가 부담스럽지 않고 편안하게 가계도를 작성하도록 가계도 작성 방법을 안내하고, 간단한 질문으로 시작하여 어려운 질문으로 진행한다. 모든 가족 성원이 참여하도록 격려하고, 가계도를 그린 후 가족에 대한 구성원의 의견과 느낌을 서로 나누도록 돕는다. 가계도에 관해 구성원의 의견과 느낌을 나누는 이유는 작성자의 렌즈를 통해 가계도가 작성되므로 가족관계를 저마다 다르게 해석할 수 있기 때문이다. 면담 초기에 작성된 가계도는 이후에 새롭게 확인된 정보를 첨가하여 가족의 구조와 관계를 점검한다.

가계도를 통해 평가할 수 있는 내용을 정리하면 다음과 같다.

- 가족의 구조를 파악한다.
- 세대를 통해 반복되는 유형을 확인한다.
- 인생의 중요 사건을 파악한다.
- 삼각관계 유형을 파악한다.
- 가족의 균형과 불균형을 파악한다.
- 가족의 자원 유무를 탐색한다.

가계도는 가족에 관한 많은 정보를 간명하게 묘사하기 위해 규칙과 기호의 조합을 사용한다. |그림 11-2|는 가계도 기호의 예이다.

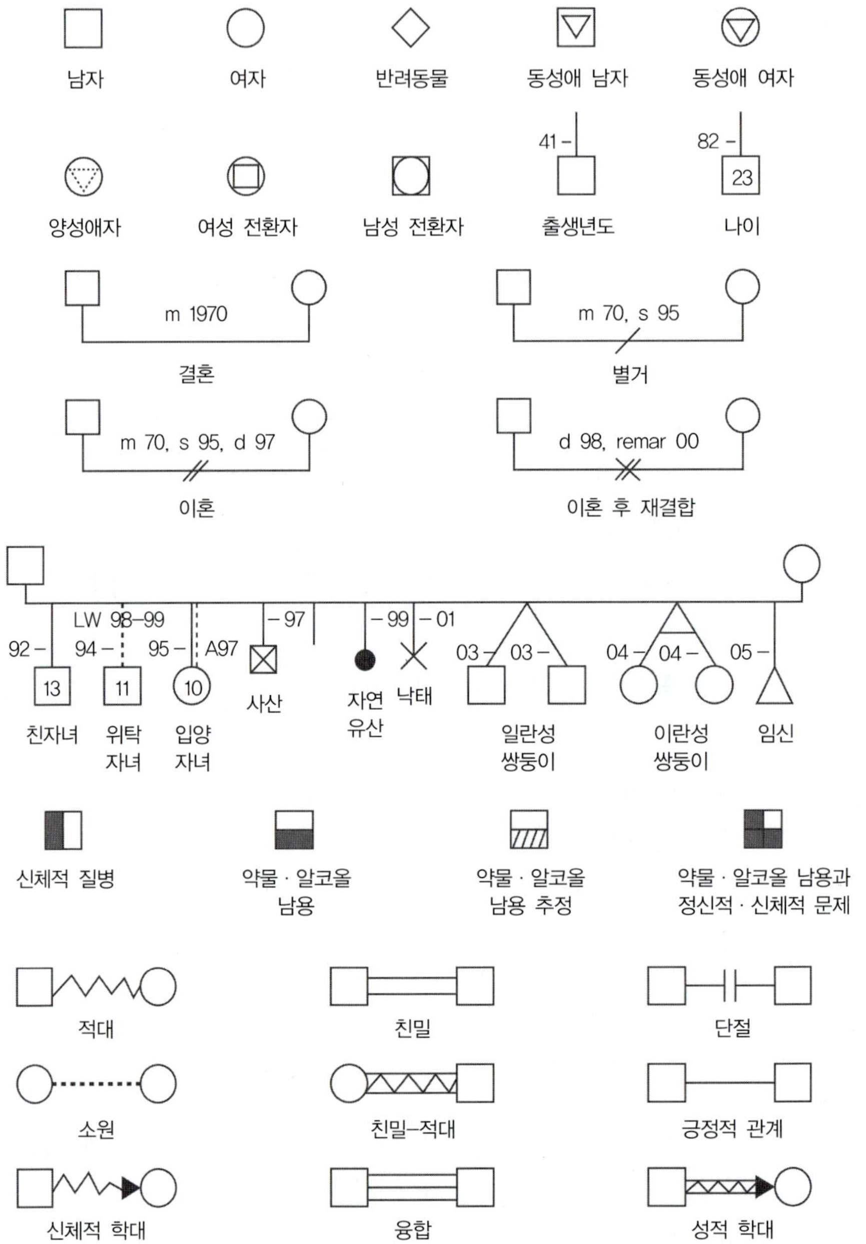

|그림 11–2| **가계도 기호**

출처 : McGoldrick, M., Gerson, R., & Petry, S.(2008). Genograms : Assessment and intervention(3rd ed.). New York : W. W. Norton Co.

② 생태도

생태도(Eco-map)는 1975년 앤 하트만(Hartman)이 고안한 가족관계 도식으로 개인 및 가족의 사회적 맥락과 개인과 가족을 둘러싼 사회체계들과의 상호작용 상태를 묘사하기 위해 사용된다. 생태도는 클라이언트 가족을 체계적이고 생태학적인 관점에서 이해하는 데 도움이 된다. 클라이언트 가족들이 주변 체계와는 어떠한 관계인지, 이들에게 유용한 자원은 무엇이며 결핍된 부분과 스트레스 상황은 무엇인지, 이들 체계 간 관계가 어떻게 유지되고 있는지 등을 파악하여 기본적인 사회력과 사례기록을 보충하는 데 활용된다.

생태도 작성 방법은 가족체계를 상징하는 큰 원을 그리고 그 안에 가계도를 작성한다. 가족과 일상적으로 상호작용하는 주변 환경체계를 원으로 표시하여 가족과의 관계를 다양한 선으로 표현한다. 생태도를 사용하는 사람들은 자신만의 약식과 기호들을 만들어 낼 수 있지만 가장 일반적으로 사용되는 기호를 활용하여 작성한 가족의 생태도 예는 |그림 11-3|과 같다.

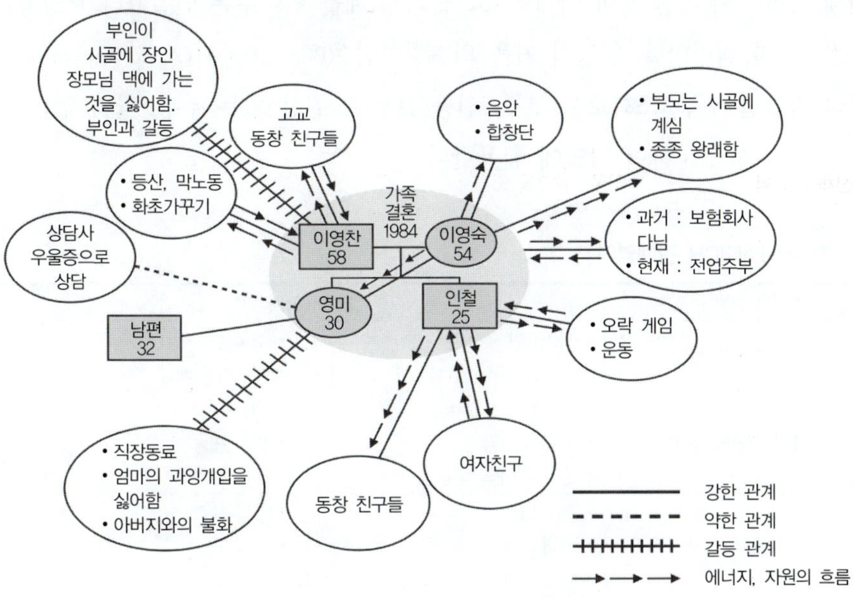

|그림 11-3| 한 가족의 생태도

출처 : 김혜숙(2018), p. 89.

③ 가족동적화

가족동적화(KFD : Kinetic-Family-Drawing)는 번즈와 카우프만(Bums & Kaufman, 1970)이 개발한 것으로 자신을 포함한 가족이 무언가 하는 장면을 그리는 것으로 가족의 상호작용을 파악할 수 있다. “자신을 포함한 가족이 무언가 하는 모습을 그리세요”라고 지시하고, 그림을 그린 후에는 그림 속의 인물이 누구이며, 무엇을 하고 있는지를 확인하면서 가족의 역동을 확인한다.

④ ENRICH

ENRICH(Evaluating Nurturing Relationship Issues, Communication, Happiness)는 부부와 커플 관계 사정 도구이다(Olson & Fowers, 1993). 미네소타대학 교수인 올슨(Olson)과 포워스(Fowers)가 개발한 이 도구는 부부관계의 보편적 갈등 영역 중에서 어려움을 겪는 영역을 확인하고 커플 관계에서 강점 영역과 성장 필요 영역을 평가하여 커플이 원만한 관계를 맺도록 도와준다. 갈등이 많은 커플이라도 관계의 전체 영역이 무너진 것이 아니며, 그 둘의 관계를 이어주는 연결고리가 있음을 발견하도록 격려한다. 긍정적 커플 의견일치점수(PCA : Posive Couple Agreement)에 따라 활기찬 부부, 조화로운 부부, 전통적 부부, 갈등 있는 부부, 활기 없는 부부 유형으로 구분하여 상담에 활용한다.

〈표 11-2〉 ENRICH 관계영역

보편적 갈등 문제	ENRICH 영역	
성격 특성의 문제	• 자기표현 • 자신감	• 회피성 • 파트너 지배성
개인 내면의 문제	• 이상주의적 왜곡 • 종교적 신앙 • 결혼 기대도	• 성격 문제 • 여가 활동 • 결혼 만족도
대인관계 문제	• 의사소통 • 자녀 양육 • 역할 관계	• 갈등 해결 • 친밀감 • 스킨십/ 성관계
외적인 문제	• 원가족 • 재정관리	• 가족/ 친구

3) 계획단계

계획단계에서는 사정을 통해 수집된 가족 상황과 잠재적 자원을 기반으로 가족 구성원이 바라는 변화와 결과를 기술하는 과정을 의미한다. 계획은 사정단계에서 제시된 문제, 가족구조, 가족의 상호작용 패턴과 의사소통 유형 등을 활용하여 가족의 욕구나 문제를 해결하고 가족이 원하는 방향으로 변화하기 위한 실천방법을 체계화 · 구체화하는 과정이다. 이 단계에서는 사회복지사와 가족 구성원이 상호 계약을 공식화하고, 가족 구성원과 사회복지사의 역할을 더 명확하게 세울 수 있다.

(1) 공동의 목표 및 우선순위 결정

이 단계에서는 가족 구성원이 호소한 문제 및 욕구 등을 포괄하는 공동목표를 설정하는 것이 필요하다. 목표는 문제해결을 위해 가족 모두가 참여하여 행동할 수 있는 것으로 정하며, 이를 달성할 수 있도록 구체적이고 체계적으로 실행전략을 구성한다. 동시에 가족들은 여러 가지 문제를 제시할 수 있는데, 사회복지사는 가족과 함께 기간 내에 다루어야 할 문제들을 검토하여 개입의 우선순서를 정한다. 사회복지사의 의견이 전문적이고 객관적일지라도, 문제의 심각성과 파장을 고려하여 가족의 눈높이에 맞추어 협상을 끌어내도록 한다.

(2) 이론에 입각한 문제의 개념화

가족에 대한 개입은 어떤 이론적 틀과 관점에서 보느냐에 따라 상이하게 접근할 수 있다. 사회복지사가 접수단계에서 설정한 임시적 가설은 초기단계 및 사정을 거치면서 계속 수정될 수 있다. 사회복지사는 가족의 핵심적 문제가 의사소통의 문제인지, 가족구조의 문제인지, 원가족과의 미분화 문제인지, 정서적 경험의 문제인지 등을 파악하고 이론에 근거하여 문제를 개념화할 필요가 있고, 어떤 모델로 접근할지를 결정해야 한다(남미애 · 윤숙자, 2013).

4) 개입단계

개입단계는 사회복지사와 가족 구성원들이 합의하여 결정한 목표를 실행하고 행동화하는 단계이다. 가족 단위를 대상으로 실천적 개입을 위해서 환경적 개입과 가족의 내부관계 변화를 위한 개입으로 구분하여 살펴본다.

(1) 환경적 개입

가족이 겪는 어려움의 많은 부분은 종종 정보의 부재 또는 자원의 부족과 관련되므로 환경적 개입이 필요하다. 사정을 통해 가족의 문제가 자원을 연계하거나 보완할 수 있는 영역이라면, 사회복지사는 가족을 둘러싼 지역사회에서 지지체계를 개발하고, 자원을 개발하며 서비스를 연결 및 조정해야 한다.

가족대상은 가족 욕구의 복합성 때문에 대상 가족에게 여러 기관과 전문가가 관여되어 있을 가능성이 높다. 즉, 서비스 중복과 누락의 이슈가 가족대상일 경우 더 빈번히 일어날 수 있으므로, 사회복지사는 서비스망을 촘촘히 사정하고 조정하여 효율적인 서비스가 제공될 수 있도록 개입해야 할 것이다.

사회복지사는 가족 옹호를 통해 개입할 수도 있다. 가족 옹호는 개인과 가족이 최대한으로 잘 성장할 수 있도록 자원이 제공되고, 접근이 가능한 호의적인 태도와 지지적인 환경적 조건이 형성되어 있는 사회에서 살아갈 수 있도록 하는 데 그 목적이 있다(조흥식 외, 2011). 가족 옹호는 제도적 정책과 실천에 변화를 주어서 그 제도적 정책과 실천이 개인과 가족에게 지지적이 되도록 하는 데 목적이 있으므로(Manser, 1973), 사회복지사의 적극적인 실천이 요구된다.

(2) 가족 내부 기능에 대한 개입

가족체계와 가족 구성원의 관계 변화를 위한 실천개입 기술에 대하여 가족치료 모델마다 다양한 내용을 제시하고 있다. 사회복지 현장에서 많이 활용되는 가족치료 모델인 다세대 가족치료, 경험적 가족치료, 구조적 가족치료, 전략적 가족치료의 주요 개념과 기법들은 다음 절에서 자세히 살펴보았다. 구체적인 개입기술을 이해하기 위한 가족치료의 주요 개념, 치료목표, 치료기법과 사회복지사의 역할을 포함한 실천기술을 소개함으로써 가족 내부 변화를 위한 개입전략으로 활용할 수 있을 것이다. 각 모델에서 제시하는 개념과 기법을 간략히 제시하면 〈표 11-3〉과 같다.

〈표 11-3〉 주요 가족치료 모델

치료모델	근 원	주요 개념	주요 기법
다세대	정신분석이론 대상관계이론	자아분화, 융합, 삼각관계, 세력과 조정, 세대 간 보이지 않는 구속, 원초적 가족질서	탈삼각화, 인식의 변화, 세대 간의 역동과 충성심 설명, 가족 세우기
경험적	인본주의 철학	자아존중, 자아 성장, 자기결정과 책임 강조	일치적 의사소통, 역할극, 원가족표, 빈의자기법, 가족조각
구조적	일반체계이론	구조, 경계, 위계	경계설정, 하위체계 강화, 실연
전략적	사이버네틱스	의사소통과정, 위계질서, 사이버네틱스의 자율통제	지시, 처방, 재정의, 가장기법, 시련기법, 역설적 개입, 과제
해결중심	언어철학	언어게임	해결중심, 기적질문, 예외질문, 과제주기
이야기치료	포스트모던 철학	체계는 사건에서 유래, 인간은 이야기를 재구성	문제의 외재화, 표출화, 의미차출, 예외찾기

출처 : Schippe & Sxhweitzwe(1996), p. 24.

5) 종결단계

종결단계에서는 제시되었던 가족의 문제나 욕구가 개입과정을 통해 해결되었는지를 확인하고, 개입과정에서 성취한 변화를 유지할 수 있도록 지원하는 단계이다. 남아있는 문제를 재검토하여 상담을 지속할지 혹은 종결 여부를 유연하게 결정하며, 필요한 경우 추후 관리를 계획하여 진행하도록 한다. 개인 접근과 마찬가지로 가족대상 종결에서는 종결과 관련된 정서를 반드시 다루어야 한다.

(1) 종결의 시기와 유형

가족과의 종결은 사회복지사에 의해 추진될 수도 있으며 때로는 가족이 종결하고 싶다고 의향을 알리기도 한다. 일반적으로 가족과의 종결은 첫째, 초기에 설정한 목표가 달성되었을 경우, 둘째, 최초에 설정한 목표에는 충분히 달성하지 못했지만 더 이상 개입이 필요하지 않다고 판단될 정도로 가족기능에 변화가 있는 경우, 셋째, 외부의 자원이 더 이상 필요하지 않다고 판단되는 경우, 넷째, 사회복지사가 여러 가지 노력을 했는데도 변화가 없다고 판단했을 때, 다섯째, 가족이 변화의 상담에 대한 동기를 상실했을 때 종결을 결정하는 것이 바람직하다(김유숙, 2012).

(2) 종결의 과제

① 목표 달성 및 변화 확인

종결단계에서는 초기 계획단계에서 가족과 함께 설정한 목표가 어느 정도 달성되었는지를 평가해야 한다. 가족의 목표와 변화 정도를 확인하기 위해서는 가족개입 과정에서 어떤 변화가 있었는지, 가족 구성원들은 각각 어떤 역할을 수행했는지 등에 대해 개방적으로 토의하고 피드백하는 시간을 가진다. 이와 함께 사회복지사는 척도를 활용하여 사전 · 사후의 변화를 제시하거나 관찰한 변화에 대해 함께 논의할 수 있다.

구체적으로 가족치료를 통해 얻은 것을 강화하기 위해서 다음과 같은 개입을 할 수 있다(Worden, 2007). 첫째, 가족 구성원이 변화된 목록을 작성하고, 둘째, 치료를 통해 발생한 변화를 설명하고 가족과 나누며, 셋째, 종결 후 가족이 직면할 수 있는 위험 요소를 탐색하여 처리할 수 있도록 돕고, 넷째, 치료 중에 무엇이 도움이 되었으며 도움이 되지 않았는지에 대한 피드백을 끌어내며, 다섯째, 미래의 접촉을 위한 여지를 남겨놓는다.

② 종결에 따른 감정 다루기

종결시기에 클라이언트는 복합적인 감정을 느낄 수 있다. 어려움을 극복하고 문제를 해결했다는 성취감부터 가족과 함께한 사회복지사와 이별한다는 상실감까지 다양하게 경험할 수 있다. 종결에 대한 두려움 때문에 일부 클라이언트는 새로운 문제를 제시하거나, 이전에 어려움을 겪었던 문제를 다시 가져오는 경우도 있다. 따라서 사회복지사는 클라이언트가 종결에 따른 부정적인 감정을 솔직하고 자유롭게 표현할 수 있도록 돕고, 그 감정을 가족 구성원들이 함께 공감하고 수용할 수 있도록 한다. 무엇보다 종결단계에서는 충분한 시간을 확보하여 가족 구성원들이 목표를 위해 노력했던 시간과 열정을 격려하고, 긍정적 변화를 이루어 낼 수 있었던 구체적인 행동이나 패턴 등을 제시하여 가족 구성원들이 문제해결을 위해 애쓴 자신에게 감사하며 종결을 맞이할 수 있도록 돕는다.

가족 구성원뿐 아니라 사회복지사도 종결에 대한 자신의 감정을 다루어야 한다. 클라이언트에 대한 과도한 책임감으로 가족을 더 돌봐야 한다는 느낌 때문에 사회복지사가 종결을 지연시킬 가능성도 있다. 물론 클라이언트의 안전을 보장하기 어렵거나, 위기 상황에 있다면 서비스 기간을 연장하여 개입할 수 있다. 그렇지 않을 때는 클라이언트가 스스로 해결해 나갈 수 있는 기반을 마련하고 클라이언트가 비공식적인 지지망과 연결될 수 있도록 지원하는 등의 방법을 활용함으로써 클라이언트를 놓아주고 앞으로 나갈 수 있도록 해야 한다(Collions et al., 2010).

3. 가족대상 사회복지실천 모델과 개입기술

사회복지 현장에서 많이 활용되는 가족치료 모델인 다세대 가족치료, 경험적 가족치료, 구조적 가족치료, 전략적 가족치료를 중심으로 살펴보고자 한다. 가족의 변화에 개입하기 위해 가족치료 모델의 주요 개념, 목표, 기법 등을 제시하였다.

1) 다세대 가족치료

다세대 가족치료의 대표적인 학자 보웬(Murray Bowen)은 정신역동과 체계적 접근방법의 가교역할을 했다는 평가를 받고 있다. 가족치료 선구자들은 심리적 장애의 발생 원인으로 개인의 정신 내적 갈등이 아닌 가족의 영향을 더 강조했다. 보웬은 다른 가족치료 선구자들과 같이 핵가족의 영향을 중요하게 여겼을 뿐 아니라 다세대에 걸친 가계의 영향을 특히 강조했다. 현재 어느 한 가족이 겪고 있는 문제는 각자 태어난 원가족, 때로는 그 윗대로부터 내려오는 미해결 사태의 영향을 받는다고 보았다(Goldenberg & Goldenberg, 2012).

정신분석학으로 훈련받은 정신과 의사인 보웬은 조현병의 원인을 탐색하던 중 조현병 환자는 어머니에게 강한 애착을 보인다는 사실을 발견하고 '모자-공생' 가설을 제시하였다(Bowen, 1978). 조현병 환자뿐 아니라 일반 가족에게도 이러한 기제가 동일하게 작용하고 있다는 사실을 발견하면서 가족의 문제는 개인보다 가족체계에 내재하고 있다고 간주하였다.

(1) 주요 개념

다세대 가족치료에서는 부모와 해결되지 못한 정서적 문제가 현재 가족 내의 일상생활에 영향을 미친다고 보았다. 가족 구성원들 사이에 발생하는 증상은 과거 부모와의 미해결된 정서적 문제의 반영이며, 후대에까지 영향을 미친다고 보았다(Rashed, Rashed, & Marley, 2011).

보웬은 개인 또는 가족 모두 '정서적 체계'와 '지적 체계'라는 두 가지 체계로 구성되어 있으며, 이 두 체계 간에 균형이 필요하다고 보았다(Bowen, 1976). 가족 간에 불안이 발생하면 가족들은 지적 체계에서 벗어나 정서적 체계의 지배를 받게 된다. 이때 가족 구성원들의 자아가 분화되지 못하고 정서적으로 융합되어 있다면 가족은 불안이나 긴장을 느끼거나, 스트레스 상황에 봉착할 때 가족 구성원들은 개인의 자율성을 잃고 합리적으로 사고하지 못하고 감정의 지배를 받아 충동적으로 반응하게 된다는 것이다(제석봉 외, 2014).

보웬은 그의 이론을 구성하는 여덟 가지 개념을 제시하였는데, 각각 독립된 것이 아니라 서로 연동된 개념으로 구성된다.

① 자아분화

자아분화란 정신 내적 개념인 동시에 대인관계적 개념이다. 정신 내적 측면에서의 분화란 지적 과정과 정서적 과정을 분리하는 능력을 의미한다(Kerr & Bowen, 1988). 즉, 불안이나 스트레스 상황에 놓여 있더라도 정서적 충동에 따라 반사(react)하지 않고, 자신의 가치와 주관에 따라 반응(response)할 수 있는 능력을 의미한다. 대인관계적 측면에서의 분화란 가족이나 타인과 친밀한 관계를 유지하면서 동시에 독립성과 자율성을 유지하여 자신과 타인 사이를 분리할 수 있는 능력을 의미한다. 가족 구성원은 가족 내에 함께하고자 하는 연합(togetherness)과 분리하고자 하는 개별성(individuality)이라는 연속선상의 한 지점에 놓여있다고 보았는데, 감정과 인지의 적절한 균형을 이룰 때 자아분화 수준이 높다고 할 수 있다.

② 삼각관계

삼각관계(triangulation)란 두 사람 간에 긴장이 발생할 때 제삼자를 끌어들여 이를 완화시키려고 하는 것을 말한다(Bowen, 1978). 가족 구성원의 분화 정도가 낮고 가족의 융합 정도가 높을수록 삼각관계를 만들려는 노력은 매우 강렬하다. 예를 들어, 배우자와 갈등으로 거리감을 느끼는 부부는 그들의 문제를 해결하지 않은 채 자녀를 끌어들여 자녀에게 초점을 맞추면서 자신들의 긴장을 회피하거나 완화하는 경우이다.

보통 삼각관계의 대상이 되는 자녀는 자아가 가장 분화되지 못한 경우가 많으며(Rasheed et al., 2011), 여러 가지 문제행동을 일으키기도 한다. 이로 인해 부부는 자녀의 문제에 관심을 더욱 쏟으면서 자신들의 근본적인 관계의 어려움에 대한 해결로부터 멀어지게 된다.

③ 핵가족의 정서 과정

보웬은 사람들이 무의식적으로 자신과 비슷한 분화수준의 배우자를 선택한다는 사실을 강조한다(Bowen, 1978). 이는 핵가족의 정서 과정을 집약적으로 설명한다. 즉, 핵가족의 정서적 분위기는 부모의 분화 수준에 의해 결정되는데, 부모가 원가족에게서 이룬 분화 수준에 따라 핵가족 내의 정서 분위기와 가족 기능에 영향을 미치며, 이는 다음 세대의 분화 정도를 어느 정도 예측할 수 있음을 의미한다.

④ 가족투사 과정

미성숙한 부모는 가족체계나 부부체계를 안정시키기 위해 무의식적으로 가장 취약한 자녀를 관심의 대상으로 삼아 자신의 불안을 물려주게 되는 현상을 가족투사 과정이라 한다(Bowen, 1978). 자아분화가 낮은 부모는 미분화에서 오는 불안을 삼각관계를 통해 회피하는데, 이때 자녀와 공생적 관계를 형성하여 미분화의 산물인 자기 문제를 투사시키는 것이다.

⑤ 다세대 전수과정

다세대 전수과정이란 한 가족의 만성적 불안이 여러 대에 걸쳐 전수된 결과 심각한 역기능이 발생하게 되는 과정을 의미한다. 자아분화 수준이 낮은 사람이 자신과 비슷한 수준의 분화수준을 가진 사람과 결혼하면 자녀와 삼각관계를 형성하고 가족투사 과정을 일으키는데, 이러한 과정을 경험한 자녀는 부모보다 더욱 자아분화 수준이 낮아지게 된다. 이러한 투사과정이 3세대 이상에서 반복되어 나타날 때 조현병이나 정서장애 등 역기능 문제가 발생한다고 보았다.

⑥ 출생순위

출생순위는 특정 자녀가 어떻게 가족투사 과정의 대상으로 선택되느냐를 이해할 수 있도록 해준다.

⑦ 정서적 단절

정서적 단절이란 부모와 삼각관계를 형성하여 가족투사의 대상이 된 자녀는 자아분화 수준이 낮아 부모와 심한 융합을 이룬다. 부모와 융합이 심한 자녀일수록 나중에 부모와 정서적 유대를 끊으려는 경향을 나타낸다.

⑧ 사회적 정서 과정

환경이 가족에게 영향을 미치는 것처럼 사회 내의 정서적 과정이 가족 내의 정서적 과정에 영향을 미친다는 것을 의미한다.

(2) 치료목표

다세대 모델에서는 가족이 겪는 문제를 불안의 산물로 보았는데, 분화되지 못한 가족 구성원이 증상을 발달시키거나 갈등의 중심이 되기 쉽다고 보았다. 따라서 다세대 모델의 치료목표는 첫째, 불안을 감소시키고, 둘째, 자아분화를 촉진하는 것이다(Kerr & Bowen, 1988). 즉, 증상을 강조하기보다는 개인이 아닌 체계 내에 문제가 있다고 간주하였으므로, 가족 성원의 분화를 위해서는 가족 내 중요한 삼각관계를 깨뜨리고 원가족과 좋은 정서적 접촉을 할 수 있도록 도와야 한다.

자아분화 개념에 따라 분화가 잘 이루어진 사람이란 첫째, 진짜 자신이 발달하여 강한 목표지향적 행동을 하는 사람, 둘째, 지적 체계가 잘 발달하여 불안에 대하여 감정 반사 반응을 보이지 않는 사람, 셋째, 개별성과 연합성의 균형을 이루어 관계 내에서 책임 있는 행동을 보이면서도 타인의 무책임함에 참여하지 않는 사람으로 정리될 수 있다(최은영, 2012).

(3) 치료기법

초기 가족 치료자들이 이론보다 치료기법 개발에 몰두할 때 보웬은 기법보다 이론을 정립하는 데 몰두하였다(Wylie, 1991). 따라서 다세대 모델은 활용할 수 있는 기법보다는 가족을 사정하고 이해하는 과정에서 더 많이 사용된다. 다세대 모델 사회복지사는 본인이 먼저 성숙한 자아분화를 이루어야 하며, 원가족 체계의 모습과 현재 문제 간의 관계를 클라이언트 스스로가 볼 수 있도록 돕는 '코치'나 '교육자' 역할을 수행한다.

① 가계도

가계도는 3세대 이상에 걸친 가족 성원에 관한 정보와 그들 간의 관계를 도표로 기록하는 작성 방법이다(McGoldrick & Gerson, 1985). 가족 구성원과 함께 가계도를 그리면서 가족 배경이 현재 문제에 어떻게 영향을 미치고 있는지를 함께 이야기 나누면서 원가족의 정서적 관계 또는 융합 정도를 파악하고, 삼각관계를 추적한다.

② 탈삼각화(치료적 삼각관계)

탈삼각화는 두 사람 간의 감정 영역에서 제삼자를 분리하는 과정이다. 사회복지사가 부부에게 합류할 때 치료적 삼각관계(the therapy triangle)가 형성된다. 이 기법의 기본 전제는 두 사람 간에 정서적 긴장이 그들 사이에 정서적 쟁점으로, 제삼자인 사회복지사를 삼각관계에 포함하려 한다는 것이다. 성공적인 치료를 위해서 사회복지사는 가족이 형성하는 삼각관계에 말려들지 않고 부부와 의미 있는 관계를 맺어야 한다.

③ 코칭

코칭(coaching)은 사회복지사가 내담자에게 개방적이고 직접적으로 접근하여 가족 문제를 대처하도록 돕는 것이다. 이 기법은 사회복지사가 더 개인적이고 정서적으로 개입되는 역할을 하는 것이다. 사회복지사는 코치로 작용함으로써 내담자 편을 들거나 가족의 삼각관계에 말려들게 되는 것을 피할 수 있다. 코칭은 내담자들에게 할 일을 설명하려는 것이 아니고, 가족의 정서적 과정들과 그

안에서 자신의 역할을 명확하게 알도록 돕기 위하여 질문을 하는 것을 의미한다(김정진, 2014).

④ 교훈적 가르침

교훈적 가르침이란 사회복지사가 가족 구성원들에게 가족 문제를 이해하고 해결하는 데 정서적 격앙에서 벗어나 차분하게 사고함으로써 합리적으로 처리해 나가도록 돕는 것을 말한다. 가족 구성원들이 정서적 반응에 휘말리지 않고 차분하게 자신의 행동과 역할을 돌이켜 보게 하는 방법으로는 일기쓰기나 편지쓰기 등의 기법을 활용할 수 있다(Rasheed, Rasheed, & Marley, 2011).

2) 경험적 가족치료

경험적 가족치료는 인본주의적 인간관과 실존주의, 현상학 등의 철학을 바탕으로 자아존중감과 의사소통 유형에 초점을 기반으로 형성되었으며, 대표적 학자로는 휘태커(Carl Whitaker)와 사티어(Virginia Satir)가 있다. 경험적 모델은 가족 구성원이 서로 깊이 있고 솔직한 교류를 경험할 때 개인과 가족의 성장이 이루어진다고 보았다. 이를 위해 경험적 가족치료에서는 문제를 제거하는 것이 아니라 가족이 정서적 경험을 나누고 가족 구성원 간에 의사소통을 개선하는 것을 강조한다.

(1) 주요 개념

① 자아존중감

자아존중감(self-esteem or self-worth)은 다른 사람들이 자기를 보는 것과는 별개로 자기가 자신에게 느끼는 애착, 사랑, 신뢰, 존중과 같은 것이다. 자아존중감은 사티어 가족치료 이론 체계의 기초적인 개념이며, 중요한 치료목표이기도 하다.

자아존중감은 인간에게 있는 기본적인 속성인 유일성과 동질성을 인식하는 과정에서 발달하며, 원가족 삼인군인 부, 모, 자녀의 어린 시절 상호작용 경험을 통해 영향을 받는다고 보았다(Satir & Baldwin, 1983).

② 역기능적 의사소통

의사소통이란 사람들이 서로 정보를 주고받을 때 사용되는 모든 암시와 상징을 포함하는 상호작용으로 언어적 의사소통과 비언어적 의사소통을 모두 포함한다. 사티어는 사람들이 긴장하는 상황에서 긴장을 처리하는 공통적인 방법이 있다는 것을 발견하였다. 이러한 방식은 일종의 생존유형(survival stance)으로 자아존중감이 낮으며 불균형 상태에 있을 때 주로 나타나는데, 이를 회유형, 비난형, 초이성형, 산만형으로 명명하였다. 이러한 유형은 역기능적 의사소통 유형으로 자아존중감에 문제가 있음을 의미한다(정문자, 2007).

■ 회유형

회유형은 자신의 내적 감정이나 사고를 무시하고 타인의 비위를 맞추려는 성향을 말한다. 따라서 다른 사람의 의견에 무조건 동조하고 비굴한 자세를 취하며, 사죄와 변명을 하는 등 지나치게 착한 행동을 보인다. 이러한 성향 때문에 회유형의 대처방식을 사용하는 클라이언트는 위장장애나 편두통 등의 질병을 호소할 수 있다. 심리적 증상으로는 감정 억제, 짜증, 걱정, 공황, 습격, 자살생각이 있다. 이들이 지닌 자원은 돌봄, 양육과 민감성이다.

■ 비난형

비난형은 회유형과는 정반대로 타인을 무시하는 성향을 보인다. 타인의 말이나 행동을 비난하고 통제하며 명령하는데, 외적으로 보이는 행동은 공격적이나 내적으로는 소외감을 느끼며 외로운 실패자라고 생각한다. 이러한 성향의 클라이언트는 편집증과 고혈압과 같은 혈액순환 장애를 보일 수 있다. 심리적 증상으로는 분노, 짜증, 반항, 적대감, 편집증, 폭력, 반사회적 특성이 있다. 이들의 자원은 주장성, 지도력과 에너지다.

■ 초이성형

초이성형은 자신과 타인을 모두 무시하고 상황만을 중시한다. 규칙과 옳은 것만을 절대시하는 극단적인 객관성을 보인다. 매우 완고하고 냉담한 자세를 취하고 독재적인 행동을 하지만 내적으로는 쉽게 상처받으며 소외감을 느낀다. 심리적 증상으로는 우울증, 정신병, 집착증, 강박증, 사회적 철회, 공감력 부족, 자폐증이 있다. 이들의 자원은 지성, 세부 사항에 주의를 집중하는 것과 문제해결 능력이다.

■ 산만형

산만형은 초이성형의 반대로 자신, 타인, 상황을 모두 무시한다. 상담에서 심리적으로 접촉하기가 가장 어려운 유형이다. 주제나 상황에 맞지 않는 말을 하며 산만하게 행동한다. 정서적으로 혼란된 심리상태를 보이며, 신경성 장애, 위장장애, 편두통 등의 질병을 보일 수 있다. 심리적 증상으로는 혼란스러움, 부적절함, 낮은 충동 통제, 우울증, 공감력 결핍, 타인의 권리 침해, 학습 불능이 있다. 이들의 자원은 유머, 자발성과 창조성이다.

■ 일치형

일치형은 앞의 네 가지 유형과는 달리 기능적인 유형으로, 의사소통의 내용과 내적 감정이 일치한다. 의사소통이 매우 진실하며 자기감정을 잘 알아차리고 이를 적절하게 표현한다. 매우 생동적이고 창조적이며 독특하고 유능한 행동양식을 보인다. 일치형의 사람은 높은 자기 가치감을 가지고 있으며, 심리적·신체적으로 건강한 상태에 있다. 일치형의 자원은 높은 자아존중감이다.

③ 가족규칙

가족규칙은 원가족 삼인군에서 경험한 것을 내면화한 것으로 일종의 명령(injunction)이다. 가족규칙은 의사소통 방식과 스타일, 가족의식과 습관, 가족 신화와 비밀, 가족문제와 역기능에 반응하는 행동이나 반응으로 나타나며 인간

대처방식의 일부가 된다. 표현의 자유를 억압하거나 비합리적인 가족규칙은 낮은 자존감을 형성시키며 개인과 가족의 역기능의 원인이 된다.

(2) 치료목표

경험적 가족치료의 목표는 자아존중감을 높이고, 의사소통 유형을 일치적으로 만드는 것이며, 가족규칙을 합리적이며 현실적으로 만들고, 자기 인생에 대한 선택권을 스스로 갖도록 하는 것이다.

(3) 치료기법

① 빙산기법

빙산기법은 가족 구성원의 심리 내적 역동을 살펴볼 수 있는 기법이다. 빙산의 수면에 보이는 것은 사람의 행동과 대처유형이며, 수면 밑에 있는 것은 인간의 내면에 있는 진정한 감정, 기대, 지각, 열망 등을 의미한다. 빙산의 가장 밑바닥에는 내적 경험의 근원인 자기(self)가 자리 잡고 있다. 사티어는 우리 경험의 대부분이 수면 아래에서 경험된다고 하였다(Banman, 2001). 이처럼 빙산 탐색을 통해 현재 개인의 내면을 탐색함으로써 고착된 부분이 무엇이며, 원가족 삼인군의 상호작용에 어떻게 연결되어 있는지를 자각하고, 수용하며, 경험함으로써 일치성에 도달할 수 있다고 보았다(Satir et al., 1991).

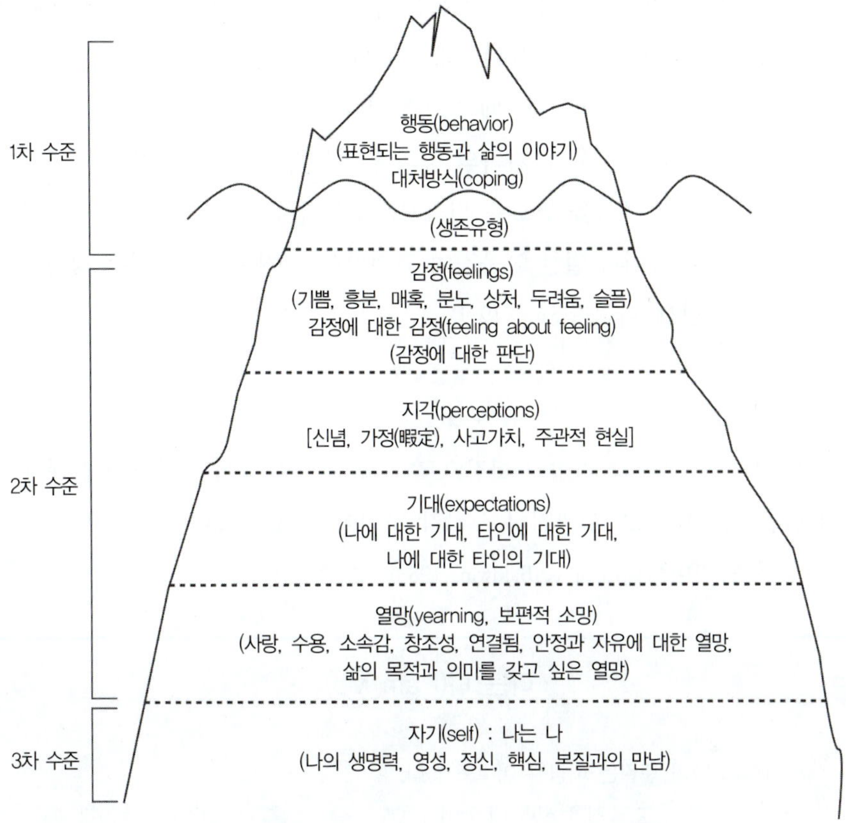

|그림 11-4| 빙산에 비유한 인간의 심리 내적 경험

출처 : Banmen(2001). Satir model workshop. unpublished manuscript, Seoul, Korea.

② 가족조각

가족조각이란 어느 시점을 선택하여 그 시점에서의 가족관계, 타인에 대한 느낌과 감정을 동작과 공간을 사용하여 표현하는 비언어적인 기법을 말한다. 이 기법을 사용하는 목적은 가족 구성원 각자가 자신의 내면적 감정에 접함으로써 진정한 자아에 대해 알고 느끼며 새로운 대처방법을 생각해 보기 위한 것이다(성문자 외, 2014). 이러한 과정을 통해 가족의 의사소통 유형, 권력구조, 경계선, 소속감, 개별화, 규칙 등을 파악할 수 있다.

가족조각은 개입단계의 치료기법으로 사용할 뿐만 아니라 사정단계에서도 가족의 역동 및 관계 등을 파악하는 데 활용한다. 특히 가족관계 체계를 표현하기 어려운 구성원들과 함께 할 때 효과적이다.

구체적인 실시방법은 첫째, 가족의 동의를 얻는다. 둘째, 조각을 만들 구성원을 선정한다. 셋째, 조각을 만드는 단계로, 가족 구성원을 대상으로 자신이 생각한 이미지대로 몸이나 얼굴을 움직여 표현한다. 넷째, 조각을 만든 상황과 느낌 등 경험을 함께 나눈다(Satir, 1991).

③ 관계분석

관계분석은 가족조각 기법의 확장으로, 가족 구성원들이 가족관계에 대해 처음 표현한 조각을 스스로 관찰하고 각각 자신이 원하는 방향의 관계로 다시 조각하는 것을 의미한다(Satir & Baldwin, 1983).

나는 나(I am Me)

이 세상에 나와 똑같은 사람은 아무도 없다.

나로부터 나오는 모든 것은 진짜 내 것이다. 왜냐하면 나 혼자서 그것을 선택했기 때문이다. 나에 대한 모든 것들은 내 것이다. 내 몸, 내 감정, 내 입, 내 목소리 그리고 나의 모든 행동들(그것이 남에 대한 것이든 나 자신에 대한 것이든)까지도. 나의 환상, 꿈, 희망, 공포 등도 다 내 것이다.

내가 이룩한 모든 승리와 성공들, 내가 겪은 모든 실패와 실수들도 나의 것이다. 왜냐하면 나의 모든 것들을 내가 소유하고 있기 때문이다. 나는 나의 은밀한 모든 것들을 속속들이 알 수 있다.

그렇게 됨으로써 나는 나를 사랑할 수 있고, 나의 모든 부분들과 친숙하게 지낼 수 있다. 나에게는 때로 나를 당황하게 만드는 면들도 있고, 나도 잘 알지 못하는 면들이 있다는 것을 나는 잘 알고 있다.

그러나 내가 나와 친숙해 있고 나를 사랑하고 있는 한, 나는 나 자신에게 용기를 내라고 말할 수 있다. 그러고는 나를 곤혹스럽게 만든 문제에 대한 해결방법 그리고 나에 대해 좀 더 많은 것들을 이해할 수 있는 방법들을 찾을 수 있을 것이란 희망을 가질 수 있다.
어느 일순간 내가 남에게 어떻게 보이든, 어떻게 들리든, 내가 무슨 말과 행동을 하든 그리고 내가 무슨 생각과 느낌을 갖고 있든 그 모든 것들은 진짜 내 모습이다.
나중에 나의 그런 면들 중에서 나에게 잊지 않는 부분들이 있다는 것이 밝혀진다면, 나는 그런 것들을 버리고 나머지 것들만 보존할 수 있을 것이다. 그리고 그 버린 것들을 대체할 수 있는 새로운 것들을 발견해 낼 것이다.
나는 보고 듣고 느끼고 생각하며 말하고 행동할 수 있다.
나는 세상 사람들 가운데서 그리고 나 자신의 바깥에 속한 모든 것들 속에서 삶을 헤쳐 나가고, 타인에게 가까이 다가서며, 생산적인 삶을 살며, 그 가운데서 타당한 의미와 질서를 찾아낼 도구들을 내 안에 갖고 있다.
나는 내 것이다. 고로 나는 나를 설계할 수 있다.
나는 나고, 나는 괜찮다.

출처 : Satir et al.(1991).

3) 구조적 가족치료

구조적 가족치료의 창시자인 미누친(Minuchin)은 어려움을 겪는 저소득층 가족들을 만나면서 정신 · 신체적 증상의 원인이 개인보다 그들이 소속해 있는 가족 맥락에 있으며, 이들은 문제를 극복할 수 있는 대안이 부족하다는 것을 알게 되었다(Rasheed, Rasheed, & Marley, 2011). 즉, 역기능적 가족구조에 의해 문제가 유지되므로, 가족구조를 변화하여 새로운 구조를 만들 수 있는 접근이 필요하다고 생각하였다.

(1) 주요 개념

구조적 가족치료에서는 가족의 교류 유형(transactional pattern)에 관심을 나타낸다. 왜냐하면 가족들의 교류 유형을 통해 가족구조에 대한 단서를 제공하고, 하위체계 간의 경계를 파악하고, 가족들의 교류 유형의 변화를 통해 가족구조를 변화시킬 수 있기 때문이다(Goldenberg & Goldenberg, 2012).

① 가족구조

가족구조란 가족 구성원이 상호작용하는 방식을 조직화하는 하나의 보이지 않는 기능적 요구이다(Minuchin, 1988). 가족구조가 형성되면 가족들은 변하지 않고 지속시키려는 경향을 지니며, 긴장과 불균형을 느끼기 전까지는 항상성을 유지하려고 한다(Goldenberg & Goldenberg, 2012).

② 하위체계

가족체계는 하위체계들을 통해 기본적인 기능을 수행한다. 주요한 하위체계로는 부부 하위체계, 부모 하위체계, 형제자매 하위체계가 있다. 가족 구성원은 여러 종류의 하위체계에 속할 수 있으며, 어느 하위체계에 속해 있느냐에 따라 역할과 권위가 달라진다.

③ 경계선

경계선은 눈에 보이지 않지만 가족원 개인과 하위체계의 안팎을 구분하는 선이며, 가족원 사이에 허용되는 접촉의 양과 종류를 규정한다(Becvar & Becvar, 2001). 즉, 경계선은 누가 어떻게 상호 관여할 수 있는가를 규정하는 규칙을 나타내는 선이다(Minuchin, 1988).

경계선의 유형으로는 분명한 경계선(clean boundary), 모호한 경계선(diffused boundary), 경직된 경계선(rigid boundary)의 세 가지 유형이 있다. 분명한 경계선을 가지는 가족은 하위체계의 구성원이 주어진 역할과 기능을 충실히 수행한다. 모호한 경계선을 가진 가족은 가족 구성원이 지나치게 관여하거나 간섭을 많이 하여 가족 각자의 독립성과 자율성이 발달하기 어렵다. 경계가 경직된 가족은 서로 관심이 없고 상호작용이 적어 따뜻한 사랑과 지지가 결여되어 있다. 하위체계 간의 경계가 모호한 가족을 밀착가족(enmeshed family)이라고 하며, 경계가 지나치게 경직된 가족을 유리가족(disengagement family)이라고 한다.

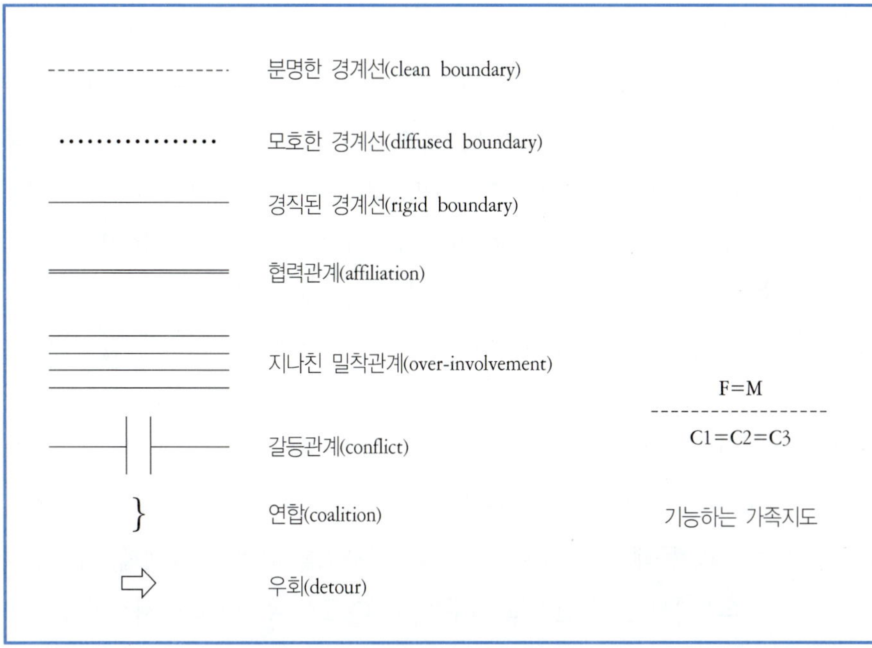

|그림 11-5| **가족지도에 사용되는 기호**

출처 : Minuchin(1974). Families and Family Therapy. Harvard University Press.

④ 위계구조

가족이 적절하게 기능하기 위해서는 효율적인 위계구조가 확립되어야 한다. 효율적인 위계구조는 가족 내 권력을 기반으로 한다. 가족 내 권력은 권위(결정권자가 누구인가) 및 책임(누가 그 결정을 수행하는가)과 관계가 있으며(Goldenberg & Goldenberg, 2002), 이는 하위체계의 기능 및 경계선과 관련이 있다.

부모체계가 자녀체계보다 위에 위치해야 하는데, 가족 성원의 제휴로 인하여 역기능이 발생하기도 한다. 우리나라의 대표적 가족 문제인 고부갈등이 제휴(안정된 연합)의 대표적인 형태인데, 남편이 부부체계에 속한 아내보다 확대 가족원인 어머니와 밀착된 관계를 맺으며, 중요한 의사결정을 하게 될 경우 가족의 위계구조는 무너지게 되므로 부부 갈등이 일어날 수밖에 없다.

(2) 치료목표

구조적 가족치료의 치료목표는 가족이 나타내고 있는 문제에 숨겨진 역기능을 찾아내어 가족구조를 재구조화하는 것이다. 가족구조를 변화시키면 가족문제는 자연스럽게 해결된다고 보았다. 가족구조를 재구조화한다는 것은 하위체계 간의 명확한 경계선을 설정하고, 가족 위계구조를 적절히 확립하며, 가족의 실상에 맞는 새로운 규칙을 제공하는 것이다. 새로운 구조는 가족 구성원이 고정된 역할과 기능으로 항상성을 유지했던 문제행동에서 벗어나게 할 것이다.

(3) 치료기법

구조적 가족치료에서 사회복지사의 역할은 첫째, 가족에 합류하여 지도자의 위치를 확보하고, 둘째, 사회복지사가 가족의 구조를 확인하며, 셋째, 가족구조를 변화(재구조화)시키는 세 단계로 이루어진다(정문자 외, 2012). 구체적이며 행동지향적인 특성을 가진 구조적 모델의 치료기법은 다음의 일곱 단계로 이루어진다(Nichols, 2012).

① 합류하기(joining)와 적응하기(accommodating) : 가족체계는 항상성을 유지하려는 속성이 있다. 그러므로 사회복지사는 먼저 성원을 이해하고 수용함으로써 가족에 합류하고 적응한다. 특히 가족 내의 특정 성원이 아닌 성원 모두를 수용하고 이해하는 것이 중요하다.

② 상호작용에 개입하기(working with interaction) : 가족은 있는 그대로보다 바람직하다고 생각하는 대로 자신을 기술하는 경향이 있다. 따라서 사회복지사는 가족에게 어떤 문제를 어떻게 다루는지 회기 중에 직접 실연(enactment)–가족이 문제행동을 치료회기 중에 직접 보여줌으로써 치료자가 관찰하고 변화하도록 하는 것–하여 가족의 상호작용 구조를 관찰하고 수정한다. 예를 들면, 가족 성원이 사회복지사에게 상황을 기술하기보다는 사회복지사가 "두 분이 여기서 그 문제에 대해 직접 얘기해 보시죠"라고 말함으로써

구체적인 상황에 대해 가족 간의 대화를 자극한다.

③ **구조적 지도 만들기**(structural mapping) : 가족은 대개 한 성원에게 문제가 있는 것으로 이해한다. 하지만 사회복지사는 개인의 문제를 가족의 역기능적 상호작용의 결과로 이해하고 가족 전체가 변화함으로써 성원 모두에게 도움이 되도록 문제를 진단한다.

④ **상호작용을 강조하고 수정하기**(highlighting and modifying interactions) : 가족의 역기능적인 상호작용 유형을 강조하고 수정하기 위해서는 현재의 균형상태를 깨뜨리기 위한 자극적인 방법이 필요하다. 사회복지사는 이를 위해 강도(intensity)를 사용하는데, 강도를 이루기 위해 정서, 반복, 지속 등을 선택적으로 사용한다. 예를 들면, 심한 떼를 쓰는 아동의 부모는 지속(duration)을 통해, 즉 아동이 아무리 떼를 써도 아동에게 지지 않고 아동이 포기할 때까지 기다림으로써 문제행동을 수정할 수 있다.

⑤ **경계선 만들기**(boundary making) : 사회복지사는 지나치게 유리된 혹은 밀착된 하위체계 간의 경계를 근접하기 쉽게 하거나 혹은 경계 간에 어느 정도의 거리를 만든다. 예를 들면, 어머니가 지나치게 간섭하고 보호하는 청소년 자녀의 경우에는 어머니와 자녀 간에 경계를 만듦으로써 자녀의 자율성을 확보하도록 한다.

⑥ **균형 깨뜨리기**(unbalancing) : 하위체계 간의 관계를 재배치함으로써 역기능적인 가족 내의 균형을 깨뜨리는데, 이를 위해 사회복지사는 일부 성원의 편을 들기도 한다.

⑦ **비생산적 가정에 도전하기**(challenging unproductive assumptions) : 사회복지사는 가족 성원의 현실에 대한 인지를 변화시키거나 정보와 충고를 제공하는 교사의 역할을 수행한다. 예를 들어, 부모가 어린 자녀의 발달을 이해하지 못한 채 '문제아'라는 부정적 낙인을 찍는 경우 아동 연령에 따른 기대 행동에 대해 부모를 교육한다.

4) 전략적 가족치료

전략적 모델은 가족들이 가진 문제의 원인이 무엇인지 통찰하거나, 해결되지 않은 정서를 표현시키기보다는 문제를 즉각적으로 해결하도록 돕고, 증상들을 제거하는 데 관심을 둔다. 즉, 전략적 모델은 '가족 안에 반복되는 역기능 행동을 현재 이후 어떻게 변화시킬까'라는 문제를 해결하는 행동적 · 방법적 측면에 관심을 가진다.

(1) 주요 개념

전략적 모델은 MRI(Mental Research Institute) 상호작용 모델, 헤일리와 마다네스(Haley & Madanes)의 전략적 구조주의 모델, 밀란(Milan)의 체계적 모델 세 가지가 대표적이다. MRI 상호작용 모델에서는 의사소통의 '내용'이 문제가 아니라 잘못된 '과정'이 문제라고 보고, 일차적으로 표면적 행동 변화를, 이차적으로는 가족 규칙과 신념의 변화까지 치료목표로 삼는다. 헤일리와 마다네스의 전략적 구조주의 모델은 의사소통 이론과 역할이론에 관심을 가지고 주고받는 메시지에 포함된 통제와 권력 투쟁에 관심을 가졌다. 구조적 관점을 사용하여 가족의 잘못된 위계질서를 변화시키는 것에 초점을 두었다. 밀란의 체계적 모델은 가족이 겪는 증상이란 비밀리에 진행되는 가족의 상호작용(게임)을 의미하므로, 증상을 중심으로 가족들이 하는 가족게임을 무력화시키는 것을 중요한 변화목표로 삼았다.

이처럼 전략적 모델마다 주요 개념과 접근이 조금씩 다르지만, 공통적으로는 드러난 문제를 확인하고, 문제행동을 지속시키는 행동패턴을 파악하여 비효과적인 행동패턴을 변화시킬 수 있는 전략을 세워 개입하고 있다.

(2) 치료목표

전략적 가족치료의 일차적 치료목표는 가족이 제시한 문제를 해결하는 것이다. 전략적 가족치료는 잘못된 위계질서를 변화시켜 가족 구성원의 증상 행동을 제거하는 일차적 변화뿐만 아니라 행동을 규제하는 가족체계의 변화를 가져오는 것까지(이차적 치료목표) 치료목표에 포함한다. 전략적 가족치료는 체계 내의 이러한 변화를 가져올 목표를 상호 합의하며, 구체적으로 설정한다.

(3) 치료기법

전략적 모델은 다른 가족치료 모델보다 다양한 실천기술을 제시한다. 전략적 모델을 사용하는 사회복지사는 가족의 협조를 얻어낼 수 있는 강력한 권위자의 역할과 일관성과 책임감을 가진 변혁자로서 역할이 요청된다.

① 역설적 개입

역설적 개입(paradoxical intervention)은 가족 내의 순환적인 인과성을 끊기 위해 사용하는 전략으로, 도움을 요청하는 문제행동을 계속하도록 요청하는 것을 의미한다(Nichols & Schwartz, 2008). 가족들은 사회복지사의 지시를 따르거나 멈춰야 하는 이중구속 상황에 놓이게 된다. 사회복지사의 지시를 따를 경우, 자신의 증상을 통제하게 되고, 지시를 따르지 않을 경우, 증상을 포기하는 치료적 효과를 가져올 수 있다. 예를 들어, 부부싸움으로 상담을 받으러 온 부부에게는 매일 시간을 정해놓고 더 싸울 것을 요청하는 것이다. 싸움을 지속하라는 사회복지사의 역설적 지시에 부부는 증상을 통제할 수 있는 자신들의 모습을 발견하게 된다. 그러나 이 기법은 경우에 따라 어려움을 겪는 가족 성원들을 당황하게 만들거나 화나게 할 수 있으므로, 안전한 신뢰관계가 형성되고 증상을 통제할 수 있기 위한 개입이라는 충분한 설명이 제시되어야 한다.

② 지시적 기법

가족 내 잘못된 위계질서를 바로잡기 위하여 사회복지사는 가족의 상호작용에 직접적으로 영향을 미치는 특정 행동을 하도록 또는 하지 않도록 지시한다(Haley, 1976). 지시는 가족들이 취해야 할 구체적인 행동을 제시하는데, 여기에는 두 가지 방식이 있다. 첫째, 증상과 관련하여 위계질서 재편에 도움이 되는 특정 행동을 하도록 충고하는 것이다(예 자녀들에게 부모님께 존대어를 사용하도록 충고). 둘째, 증상과 관련하여 특정 행동을 하지 않도록 충고하는 것이다(예 자녀에게 폭력을 가하는 부모에게 상담 기간에는 자녀를 때리지 않도록 지시). 지시적 방법을 사용할 때에는 가족들이 사회복지사의 지시를 잘 따를 수 있도록 가족의 상황이나 배경을 충분히 고려한다(한재희 외, 2018).

③ 고된 체험기법

고된 체험기법(ordeal technique)은 변화를 원하는 사람에게 증상보다 더 고된 체험을 하도록 과제를 주어 증상을 포기하도록 하는 것이다. 이 기법의 원리는 클라이언트가 증상을 포기하는 것보다 증상을 유지하는 것이 더 고통스럽다는 것을 알게 될 때 그 증상을 포기할 수 있다는 전제를 가진다(정문자 · 정혜정 · 이선혜 · 전영주, 2012).

예 불면증 있는 클라이언트에게 밤새도록 책을 읽거나 청소하라는 과제를 제시함

④ 재구성(긍정적 의미 부여)

재구성은 가족 성원의 행동이나 경험을 다른 관점으로 그리고 더 긍정적인 시각으로 볼 수 있도록 돕는 기법을 말하는 것으로 재명명 · 재정의와 유사한 개념으로 사용된다(Sheafor & Horejsi, 2008). 현재 경험하는 갈등이나 문제를 매우 부정적으로 생각하고 있는 가족에게, 그 경험이나 갈등 상황에 의미를 부여하거나 다른 시선으로 바라볼 수 있도록 시도하여 지금까지와는 또 다른 방식으로 인식할 수 있게 하는 접근이다. 부정적인 증상을 긍정적인 동기로 설명함으로써 가족체계의 균형을 유지하고 있는 역기능적 증상을 무력화시키는 기법이다.

예 자녀에게 잔소리하는 부모의 태도를 자녀에게 그만큼 관심이 많다고 해석함

⑤ 은유적 과제

은유적 과제(metaphonic task)란 가족들이 자신의 문제를 드러내는 것을 부끄럽

게 여기거나 함께 토의하기를 꺼리는 경우 사회복지사가 비유나 이야기를 통하여 변화를 시도하는 방법이다(제석봉 외, 2014).

예 성적 문제로 갈등을 겪는 부부에게 먹는 행위로 비유하여 대화하고 생각하게 함

⑥ 가장기법

가장기법(pretend technuque)은 클라이언트가 '증상을 가진 척'하고 다른 가족들은 '도와주는 척'하는 연기를 가장하여 연출하는 방법이다. 이 기법은 가족의 위계질서를 재구조화함으로써 증상을 포기하도록 만든다.

예 분노를 일으키는 자녀에게 시간을 정해놓고 '헐크로 위장'하도록 지시하고, 엄마에게는 자녀가 헐크처럼 화를 내면 도와주는 척하도록 지시함

⑦ 순환질문

순환질문(circular questioning)은 각 가족원에게 돌아가면서 가족 상호작용이나 가족관계에 관해 이야기하게 하는 대화 기법이다. 순환질문을 통해 클라이언트 가족은 개별 가족원이 반응을 경청하면서 가족을 새롭게 인식하는 경험을 하게 한다. 이는 클라이언트가 자신을 관계적 맥락에서 바라보게 하는 관계질문 기법이다(Nichols & Schwartz, 2004).

4. 가족개입의 실제

제시 사례

가족개입의 실제 사례는 부부 및 가족상담(한재희 외, 2018)에서 제시한 사례를 가족치료 모델별로 분석한 내용으로 주요 개념의 적용과 치료목표 및 전략을 중심으로 발췌하여 제시하였다.

내방 경위

큰아이(아들)가 공부에 관심이 없고 학교를 가지 않으려고 한다. 자기 방에서 게임만 하고 전혀 대화도 하지 않으려고 해서 아이 때문에 상담을 신청하게 되었는데 사회복지사의 권유로 가족상담을 하게 되었다. 아내는 남편이 아이들을 심하게 때리고 화를 내며 통제한다고 불편해 한다. 아이들은 아빠가 집에 있으면 두려워하며 말을 못한다. 큰아들은 아빠가 자기한테 하는 행동을 동생한테 한다. 남편은 아이들을 보면 화가 치밀어 오르고, 아이들뿐만 아니라 아내와도 말이 안 통해서 힘들다고 호소하고 있다.

현재 가족

남편(42) : 대졸. 회사원. 어릴 때부터 성격이 급하고 욱하는 성격이 있다. 3남 1녀 중 둘째로 태어나 시골에서 살다가 중2 때 도시로 나와서 학교를 다녔다. 큰아이에게 기대가 많은데 아들이 이해가 되지 않는 행동을 할 때 화가 치밀어 올라 때린다. 자라면서 아버지와 말을 하지 않았고, 현재도 가족들과 대화가 잘 되지 않는다. 자신이 화가 나면 밥상을 엎고 아들들을 때렸던 아버지를 무의식 중에 닮았다는 느낌이 든다고 한다.

아내(39) : 대졸. 공무원. 1녀 2남 중 맏이로 태어나 딸은 집안일이나 하고 공장가서 돈 벌어야 된다고 주장하는 아버지 밑에서 공장에 가지 않기 위해 열심히 공부하였다. 고졸 후 자신의 뜻대로 대학에 들어갔고 졸업 후 공무원 시험에 합격하여 공무원이 되었다. 친정어머니를 애틋하게 생각하고 친정아버지와는 사이가 좋지 않다. 남편과 자는 것보다 막내인 딸을 안고 자는 것이 더 좋다고 한다. 남편과 대화가 잘 되지 않아 말없이 지내며 육체적으로 항상 피곤하고 지쳐있다.

아들(15) : 중2. 게임을 좋아한다. 시골에서 살다가 초등학교 5학년 때 서울로 이사왔다. 처음에는 늦게까지 공부도 열심히 하면서 욕심을 냈지만 현재는 공부에 취미가 없다. 친구들과는 대화가 잘 되는데 아빠와 대화가 되지 않는다고 하며 아빠와 말하는 것을 꺼린다. 아빠가 자신을 때린 것에 대한 기억이 생생하고 "아빠가 변하면 나도 변하겠다"고 말한다.

딸(11) : 초4. 오빠가 게임하거나 잘못하는 것을 부모한테 일러준다. 이로 인해 오빠한테 혼나고 얻어맞지만 그래도 눈치 보면서 말한다. 아이 같은 행동을 하고 늘 엄마와 잠을 자려고 한다.

출처 : 한재희 외(2018). 부부 및 가족 상담.

(1) 다세대 모델

① 주요 개념의 적용

아들의 증상을 '아들만의 문제'로 보지 않고 아들의 핵가족 그리고 원가족의 정서 과정의 산물로 본다. 아들로부터 3대에 걸친 정보를 수집하며 가계도를 완성한다.

아들의 원가족에는 정서적 단절, 융합, 통제 등 역기능적 관계 양식이 주를 이룬다. 아들의 부모는 부부관계가 정서적 단절이라는 역기능적인 관계 양식을 지닌다. 부부관계가 역기능적이라는 것은 부부간의 관계가 불안정하여 자녀와 삼각관계를 이루기 쉽다는 것을 의미한다. 이 가족에서는 엄마가 딸과 융합이 되면서 아빠, 엄마, 딸 간의 삼각관계가 만들어졌고, 아들과는 갈등과 통제의 형식으로 삼각관계가 형성되었다. 갈등 관계가 되는 자녀는 다양한 생활영역에 '문제'나 '증상'을 보이게 되는데, 이러한 문제는 정서적 단절이 되어 있는 부부가 서로 부부간의 무제를 잠시 잊어버리고 자녀의 '문제'에 관해 의사소통하면서 가족체계를 유지하는 기능을 한다.

아들 입장에서는 핵가족 구성원 중에서 누구도 자기 편이 되어 주지 않으므로 게임에 중독되거나, 자신이 힘을 발휘할 수 있는 유일한 존재인 동생을 괴롭히거나, 정서적으로 단절하는 등의 정서 과정을 보이게 된다. 이 모든 것은 큰 아들의 자아분화 수준이 매우 낮으며 더 나아가 부모의 자아분화 수준도 낮음을 보여준다. 즉, 가족투사 과정이 나타나고 있다.

② 개입목표 설정

- 클라이언트 가족의 자아분화 수준을 높이고 불안을 낮추도록 한다.
- 삼각관계에서 벗어날 수 있도록 돕는다. 부부관계를 건강하게 만들면서 자신들의 불안을 아들에게 투사하지 않도록 한다.
- 아들은 사춘기 시기로 자아가 성장하는 과정이므로 자신을 탐색하면서 개별성과 연합성의 조화를 이루도록 돕는다.

③ 개입기법

처음부터 모든 가족 구성원을 참여시키는 것은 불안과 긴장을 조성할 수 있으므로 개별 회기와 부부 회기 그리고 가족 회기를 적절하게 조화시키는 것이 좋다. 다만, 가계도를 일관성 있게 하나를 만들면서 서로가 가족에 대해 어떤 다른 시각을 가졌는지 볼 수 있도록 한다. 가족 구성원 중 자아분화 수준이 너무 낮다고 판단될 경우, 개별 회기를 통해 탐색과 통찰을 가질 수 있도록 돕는다.

(2) 경험적 모델

① 주요 개념의 적용

단순히 아들의 문제로 인식하기보다 가족 구성원들의 낮은 자아존중감, 역기능적 의사소통과 대처유형, 부모의 원가족 영향이 현재에 미치는 요인들에 대해 관심을 두고 탐색한다.

② 개입목표 설정

- 빙산 탐색 과정을 통해 가족 구성원들의 기대와 열망을 인식시키며 일치된 의사소통과 대처유형을 학습하고 훈련해 가족 구성원들의 자아존중감을 높인다.
- 단절된 가족관계 복원을 위해 가족조각을 실시하여 현재의 가족관계에 대한 내면의 정서와 생각을 표출하여 가족관계의 친밀도를 상승시킨다.
- 남편과 아내의 원가족의 역기능이 현재 가족에 미치는 영향을 탐색하고 현재 가족의 재구성을 시도한다.
- 이와 같은 과정을 통해 궁극적으로 아들의 긍정적 행동 패턴을 끌어낼 뿐만 아니라 가족의 역기능을 순기능으로 전환하고 일치된 의사소통으로 갈등을 극복하는 대처방안을 학습한다.

③ 개입기법

가족치료 초반에 가족 구성원의 서로에 대한 기대 및 목표를 설정하고, 각 구성원의 대처방식, 힘의 균형, 상호작용, 개인의 빙산 역동 등을 파악한다.

가족조각을 통해 가족 구성원들은 각자 인식한 통찰과 경험을 확인하고 뿌리내리는 작업을 한다. 가족 안에서 힘들었던 것을 어떻게 해결했는지 대처방식을 확인하면서 내담자의 내적 자원을 찾고 확인한다. 가족으로부터 스스로 변화해야 할 부분을 결정하도록 하며, 관계 변화에 대한 의지를 확인하는 것으로 종결한다.

(3) 구조적 모델

① 주요 개념의 적용

엄마와 자녀가 밀접한 관계를 유지하고 있으며, 아빠는 공포의 대상으로 가족에서 소외되어 있다. 부모 하위체계는 자녀 양육의 문제로 갈등이 많으며, 대화를 거의 하지 않는 경직된 관계를 형성하고 있다. 형제 하위체계도 갈등의 요소가 많은데, 엄마와 딸의 밀착으로 혼동된 경계를 형성하고 있다. 부부간의 갈등을 피하기 위해 엄마가 딸과 연합하고 있다.

② 개입목표

- 가족 위계구조를 확립하고 경계선을 명확하게 설정한다.
- 부모를 연합하고 부부 하위체계를 강화한다.
- 자녀 하위체계를 강화한다.
- 가족의 정서적 유대를 강화한다.

③ 개입기법

가장으로서 아빠의 위치를 인정하여 아빠를 중심으로 상담을 진행하면서 가족체계에 합류하여 가족 구성원과 신뢰관계를 형성한다.

가족구조를 재구조화하기 위해 엄마와 딸의 밀착 관계를 분리하고, 하위체계 간의 경계선을 명확히 한다. 부부 하위체계를 강화하며, 아들의 권위를 세워주고 공감대를 형성하면서 자녀의 하위체계를 강화한다. 가족이 함께 어울릴 수 있는 시간을 갖도록 하여 정서적 유대를 강화한다.

(4) 전략적 모델

① 주요 개념의 적용

역기능적으로 형성되어 있는 이 가족의 체계를 살펴본다면, 첫째, 부부인 아빠와 엄마 사이가 너무 멀어 동맹이 약하며, 엄마는 이러한 동맹을 아들이 아닌 딸과 형성하려고 한다. 둘째, 부모-자녀 체계, 특히 아빠-아들 하위체계에 있어 아빠에게 지나치게 힘이 쏠려 있다. 아들은 아빠가 싫어하는 행동을 하는 방식으로 아빠의 지나친 힘과 통제에 맞서고 있다. 셋째, 이 가족체계에서 아들은 혼자 고립되어 매우 외로웠을 것이다.

② 개입목표 및 기법

■ 지시적 기법

가족들이 상담자가 의도하는 변화에 순응적이라면 분명하고 직접적으로 '아들에게 더 관심을 갖고 따뜻하게 대하라'고 조언하며 그것을 위한 구체적인 과제를 준다. 예를 들어, 매일 자기 전 20분 정도 가족이 둘러앉아 아들에게 하루 동안 있었던 일에 대하여 듣고, 칭찬하고 격려해 보도록 하는 것이다. 이를 통해 아들은 가족들과의 대화를 통해 아빠와 적절한 힘의 관계를 유지하며, 고립되어 있던 자신의 자리에서 나와 외로움을 풀 수 있다.

■ 역설적 개입

만약 가족들이 이러한 변화에 저항하거나 순응적이지 않다면 역설적 개입을 시도할 수 있다. 아들에게 증상 행동인 '게임'을 더 하라고 지시하고, 가족 모두에게 하루 2시간 이상 아들이 게임할 수 있는 환경을 조성해 주고, 아들의 게임이 시작되면 모두 그 방에서 나와 아들이 게임에 집중할 수 있도록 도와주라는 과제를 낼 수 있다. 그리고 아들의 게임이 끝날 때까지 절대 방해하지 말고, 게임이 끝나면 '게임하느라 참 수고했다'는 말로 격려한다. 그렇다면 아들 입장에서는 이 지시를 따를 경우 자신이 게임을 통해 아빠의 권위에 맞서고, 엄마의 관심을 끌고자 했던 인정의 이득을 포기할 수밖에 없게 된다.

■ 가장(pretending) 기법

동생에게 집중된 엄마의 보호와 보살핌을 게임이라는 행동을 통해 받으려고 시도했다는 가정하에 게임 시작 전후 아들과 엄마가 '어린 아기 되기' 놀이를 하게 한다. 아들이 '아기'가 된 것처럼 가장하도록 지시하면서 그동안 받지 못했던 엄마의 사랑과 관심을 받을 수 있고, 딸에게 집중되었던 엄마의 관심을 아들과 나눌 수 있게 되어, 보호와 돌봄을 얻기 위해 발생시켰던 게임이라는 문제행동이 사라질 수 있다.

PART 4
사회복지실천 기록과 평가

CHAPTER 12

사회복지실천 기록

기록은 사회복지실천현장에서 중요한 기술 가운데 하나이다. 내담자에 관해서 그리고 자신들이 제공하는 서비스의 과정과 진행사항에 관한 정보를 문서화하여 보유하기 위해 기록을 한다. 클라이언트가 말하는 내용을 즉시 기록하는 것이 일반적이지만, 목적에 따라 여러 가지 방법을 사용할 수도 있다. 논리적으로 분명하게 기록된 클라이언트의 문제, 목적, 치료계획은 클라이언트와 실천가 모두가 초점을 유지하는 데 도움을 주고 실천의 효과성을 증진시킨다. 일반적으로 사회복지실천 기록은 다음과 같은 정의를 따른다.

〈표 12-1〉 **사회복지실천 기록**

구분	내용
초 점	내담자, 욕구, 상황, 서비스 교류를 개별화하고 유형화한다.
범 위	내담자-욕구-상황에 대해 사정하고 이용 가능한 자원을 목적, 계획, 활동에 연계시킨다.
목 적	내담자에 대한 서비스 전달을 원활히 한다.
기 능	기록과정을 통해 자료를 검토, 선택, 분석, 구성한다. 기록의 산물인 기록문서는 사례에 관한 의사소통의 주요 자원이 된다.

출처 : Kagle(1991).

1. 기록의 목적과 필요성

기록의 일차적인 목적은 책무성(accountability)에 있다. 사회복지사는 기관, 클라이언트, 지역사회에 대한 윤리적·법적 책무성을 가지고 자신이 전달하는 서비스를 기록하고 설명하며 평가해야 한다. 기록의 목적은 이용 가능한 형식으로 이를 필요로 하는 광범위한 대중에게 꼭 필요한 정보를 제공하는 것이다. 사회복지실천의 기록은 정보를 보존하고 기관 내외의 전문가들과의 사례에 대한 의사소통과 연구를 가능하게 하며 슈퍼바이저가 적절한 교육과 지도·감독을 할 수 있게 하는 등의 다양한 용도를 가지고 있다. 또한 기관 자체 내 클라이언트, 가족, 지역사회 기관, 감독 및 기금 조성을 위한 조직, 각종 공적 집단에 자료를 제공한다.

카글스(Kagles)는 기록의 목적에 대해서 열 가지로 다음과 같이 제시하고 있다(권육상 외, 2008).

1) 클라이언트의 욕구 확인

사회복지사는 클라이언트와의 첫 만남에서부터 종결에 이르기까지 클라이언트의 주요 문제, 기관이 클라이언트에게 제공하는 서비스와 정보를 포함하여 평가에 이르기까지 진행상황들을 기록으로 보관한다. 이런 정보는 서비스 교류가 이루어지는 동안 수정되고 최신 정보로 대치되는데 사례관리와 프로그램 관리를 돕게 된다. 사회복지사의 문서화된 기록을 통하여 조직은 그것을 종합적으로 분석함으로써 서비스 전달에 있어서의 경향성을 파악하고 모니터링할 수도 있다.

2) 서비스 내용 보고

기록은 의사결정과 행동을 클라이언트의 서비스 욕구와 서비스 목표 및 계획에 연계시키면서 서비스 과정의 각 단계에서 일어나는 것을 기록하기 위해서 사용된다. 사회복지사는 클라이언트와의 만남, 지역사회 기관들과의 회의, 기관의 사례검토에 대해 기술하여 기록으로 남긴다. 이러한 기록을 통하여 사회복지사는 서비스가 클라이언트 및 주변 환경에 미친 영향을 분석할 수 있으며, 서비스 목표와 계획에서 변화를 필요로 하는 부분과 서비스 전달체계의 강점과 약점을 규명할 수 있게 된다.

3) 사례유지

서비스의 목적, 계획, 과정과 진전상황에 관한 정보는 사회복지사가 부득이하게 교체되어 다른 사회복지사가 그 사례를 넘겨받게 되었을 때, 클라이언트와의 마지막 접촉 이후 상당한 시간이 경과되었을 때, 클라이언트의 상황이 복잡하고 서비스가 광범위한 경우에 유용하다. 아울러 같은 사례에 대한 새로운 중복을 막아주고 시간을 절감해 주며 지속성을 유지시켜 준다.

4) 전문가 간 의사소통의 원활화

기관에서는 여러 전문직이 모여 전문적 공조체계를 구성하여 하나의 기록부를 사용한다. 이때 기록은 다른 분야의 전문가들의 협조체제 기능을 원활하게 해준다. 이와 같이 기록은 팀 구성원들에게 집단결정과 집단행동을 강화시켜 주는 자원을 제공하며, 전문가들의 개별적 노력을 조정할 수 있도록 돕고, 팀의 모든 구성원들이 접할 수 있는 새로운 정보를 제공한다.

5) 클라이언트와 정보 공유

기록은 클라이언트와 사회복지사 간의 의사소통 도구로 활용될 수도 있다. 최근의 일부 실천접근 방법들은 사회복지사가 기록의 일부나 기록과정을 클라이언트와 공유하도록 권장하고 있다. 오늘날 점점 더 많은 사회복지기관들이 클라이언트에게 기관에서 하는 일과 어떤 서비스를 제공하고 어떤 치료과정이 포함되어 있는지를 개방하여 알리고 있기 때문에 사회복지사는 이 점을 염두에 두고 기록해야 한다.

6) 슈퍼비전, 자문, 동료에 의한 활성화

기록은 클라이언트의 상황과 서비스 과정 및 진행에 대한 정보를 슈퍼바이저, 자문가, 동료들에게 제공한다. 슈퍼바이저는 기록을 통해 얻은 정보를 사회복지사가 서비스를 계획하고 실행하는 것을 돕는 데 사용하며, 사회복지사의 업무 수행의 질을 사정하고, 사회복지사의 강점을 발견하게 된다. 또한 슈퍼바이저는 특이하거나 문제시되는 사례에 관한 사례회의를 시작하기 전에 사례기록을 읽게 되는데, 이때 사례기록은 클라이언트에게 제공된 서비스의 종류와 질을 평가하기 위한 일차적 자원이 된다.

7) 서비스 과정과 효과 모니터링

기록은 서비스에 대한 지속적 평가에 유용한 도구이다. 기록은 문서화를 위해서뿐만 아니라 클라이언트와 함께 또는 클라이언트를 대신해서 이루어진 서비스 활동을 검토하고, 평가하고, 수정하기 위해 사용되며, 진행과정에 대해 보고하기 위해 사용된다. 뿐만 아니라 기록은 서비스의 유형이 어떠한지 그 증거를 제공해 줄 수 있으며 궁극적으로 서비스의 효과에 대한 증거를 제공해 줄 수 있다.

8) 학생과 다른 전문가들에 대한 교육자료

기록은 사회복지실천과 기관의 업무과정을 가르치기 위해서 사용된다. 기록은 학생들과 신입 사회복지사에게 기관실무를 소개하는 데 사용될 수 있으며, 더 나아가 각 사회복지사들의 지속적 교육과 발전에 중요한 도구가 된다. 슈퍼바이저들은 기록을 사용하여 어떻게 실천하며 어떻게 기록하는지 사회복지사들에게 가르치며, 또한 정기적으로 직원들의 업무 수행의 질을 평가하는 데 귀중한 자료로 활용한다. 기록은 또한 다른 전문직 종사자들에게 사회복지실천에 관하여 교육시키는 역할도 하게 된다. 다른 전문직 분야에 속한 사람들이 사회복지사가 기록한 것을 읽을 때 그들은 사회복지사가 무엇을 어떻게 실행하는지 배울 수 있게 된다.

9) 실무와 행정적 과업을 위한 자료제공

클라이언트와 서비스에 관한 정보는 클라이언트를 지속적으로 추적하고 클라이언트의 욕구, 서비스의 유형, 직무관리, 직원의 직무 수행, 자원의 분배에 관한 행정적 결정을 위한 정보를 제공하기 위해 사용된다. 오늘날 크고 작은 조직에서 광범위하게 사용되고 있는 자동화 기록 보존체계는 행정가가 기관과 자원을 관리하는 데 도움을 줄 수 있는 정보를 선택하고 처리할 수 있게 해준다.

10) 조사연구를 위한 자료 제공

사회복지실천 초창기에 기록의 주요 목적은 조사를 위한 것이었다. 조사연구는 기관에게 다양한 정보를 줄 수 있다. 간결하고도 정확한 기록은 전문적 조사연구가들에게 다양한 정보를 제공해 준다. 기록은 확실히 사회사업실무 이론의 확립에 영향을 미쳤다(Richmond, 1917). 좀 더 최근에는 사례자료를 사용한 대규모 연구들이 기관의 정책과 사회사업실무에 많은 영향을 미쳐왔다. 기관과 실무자는 내담자의 욕구와 기관의 서비스 전달유형에 관한 체계적 연구를 실시하거나 내담자의 행동과 목적달성을 모니터하기 위해 단일 사례방법을 사용하기도 한다.

2. 기록의 내용

사회복지실천 기록은 |그림 12-1|에서 제시된 기록내용을 구성하는 요소들의 일부 또는 전부로 구성된다. 실무에서는 정보가 |그림 12-1|에서처럼 시간적 순서에 따라 수집되고 기록되지 않을지 모르며, 서비스의 국면들이 직선적이지 않고 순환적일지 모르지만 여기서는 명확성을 위해 기록의 요소들을 이 순서에 따라 기술하고 있다(Kagle, 1991, 홍순혜 외, 1997 재인용). 기록은 사회복지기관의 기능과 업무에 따라 다양하기 때문에 일반화하기는 어렵지만, 서비스 진행단계에 따라서 무슨 내용이 기록에 포함되어야 하는가에 대한 공통적 지침은 필요하다(Kagle, 1991; 1997). 기록내용은 어떤 기록유형을 선택하든 간에 대부분 다음의 내용을 포함하게 된다.

1) 클라이언트의 인구학적 특징

인구학적 정보는 주로 서비스 교류에 관한 기록 초기에 들어가게 된다. 전문적 판단을 요구하지 않는 인구학적 정보는 서무직원이나 내담자 자신들에 의해 수집 기록되기도 하며, 사회복지사와 내담자가 서로 처음 대면하기 이전에 기록에 포함되기도 한다.

- 이름
- 주소
- 생년월일
- 성
- 교육수준
- 현재 직업
- 수입
- 결혼상태
- 시민권
- 가족 구성
- 인종
- 종교
- 사용언어
- 소수민족 집단

2) 서비스를 제공하는 방법과 사유

서비스를 개시하는 이유는 서비스의 목적이라는 기록의 요소와는 분명히 구분되어야만 한다. 서비스의 목적은 탐색과정을 통해 나타나게 된다. 시작단계에서의 문제와 서비스 욕구에 대한 개념정의는 서비스를 신청한 사람이 내담자가 될 때에야 비로소 서비스의 목적으로 전환되게 된다.

3) 클라이언트의 현재 및 과거의 문제나 욕구에 대한 기술-사회력(Social History)

사회복지실천 기록은 내담자의 문제나 욕구를 역사적이며 생태학적인 맥락에서 이해하기 위해 내담자-상황에 대한 현재와 과거에 대한 정보를 포함한다. 사회력은 간략할 수도 있고 매우 광범위할 수도 있다. 간략한 사회력은 현재의 내담자-상황을 이해하는 데 적합한 개인적 · 대인적 · 사회적 · 환경적 정보에 집중하고 중심문제를 관련 생태학적 맥락에서 다룬다. 사회복지사는 많은 정보원으로부터 사회력을 만들 수 있다. 주요 정보원은 내담자와 내담자의 가족원들이다. 정보는 또한 다음과 같은 곳에서 나올 수도 있다.

- 의사, 교사, 심리학자, 변호사, 간호사, 영양사와 같은 타 분야의 서비스 제공자들 또는 다른 사회복지사
- 내담자의 사회환경 속에 있는 의미 있는 타인들
- 기관기록
- 시험이나 테스트
- 직접 관찰

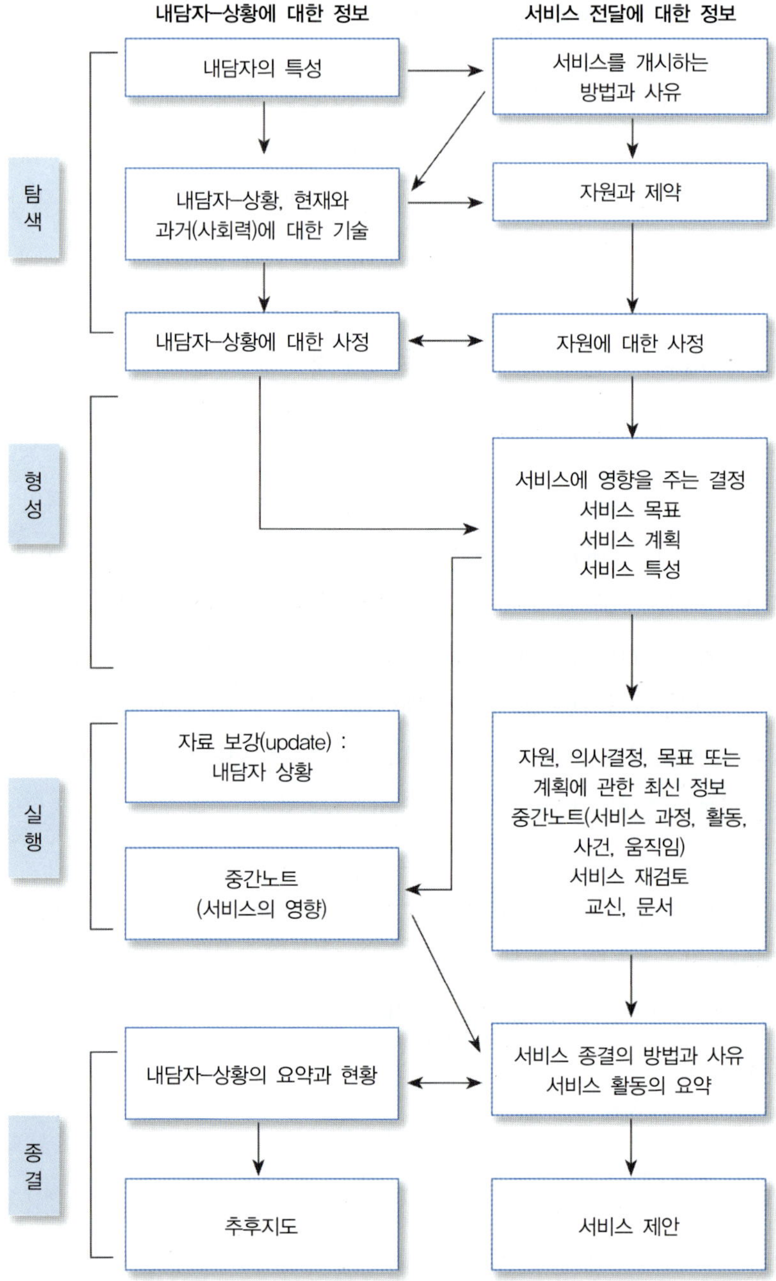

|그림 12-1| 기록의 요소들

사 례 사회력의 개요

개인적 정보

인지 및 신체적 발달 특별한 이정표가 될 만한 것들(예를 들면, 뒤집기, 앉기, 그 밖의 운동들); 처음 말하기, 언어발달, 배변훈련, 그 밖의 자기관리 습관들, 중요한 경험들(예를 들면, 임신, 탄생, 질병); 특별한 가족사건(예를 들면, 죽음, 별거, 이혼); 형제 및 다른 가족원들의 발달, 심리사회적 성장상의 중요한 사건들과 경험들; 내담자와 가족의 태도와 기대; IQ 테스트 점수

건강 현재와 과거의 질병, 사고, 장애, 증상, 고통, 진단명; 입원경력, 치료경력, 수술경력, 약 복용, 보철사용 여부; 식이요법, 운동, 약물사용, 성생활을 포함하는 건강 관련 행동; 과거와 현재 그리고 예측되는 미래의 건강상태에 대한 태도, 기대, 적응

정신건강 현재와 과거의 인지적, 정서적, 사회적 및 행동 기능; 현재 가지고 있는 문제의 발생시기와 진행기간; 현재 상태와 관련 있는 중요한 사건들; 현재 또는 과거의 정신건강 진단명; 입원경력, 치료경력, 수술경력, 약 복용; 내담자, 가족 그리고 사회환경 속의 타인들의 태도 및 기대

중요 행동 및 반응 유형 중요 행동, 현재의 상황에 관련되거나 내담자, 가족 또는 사회환경 내의 타인들에게 중요한 유형들; 그러한 행동의 선례와 결과, 자극강화제와 같은 통제 조건들; 흡연; 거식과 같은 스트레스성 행동과 습관, 가정, 직장, 학교, 지역사회 내에서의 반사회적 행동

지식, 정보, 인지유형 현 상태와 이에 관련된 사건에 관한 내담자와 타인들의 해석; 인간 행동, 사회적 서비스 등에 관한 지식, 정보 및 신념; 문제해결을 위한 현재의 노력; 자아개념; 통찰력; 서비스의 수단과 목적에 관한 가치, 선호도

감정, 정서적 반응 현 상황에 대한 내담자와 타인들의 정서적 반응, 현 상태와 이에 관련된 중요 사건; 불안과 불편의 현 수준; 변화와 행동의 동기; 서비스에 대한 관여 정도; 미래에 대한 태도, 현 상황의 향상 가능성; 자존감

교육 과거에 다녔던 학교 또는 기타 교육 프로그램; 성취수준, 능력, 성취에 대한 경험; 태도, 기대, 교육과 자격증에 대한 가치; 향후의 교육에 대한 희망 여부; 교실에서의 행동, 학습습관, 기초기술의 수준

직업 유급, 자원봉사 및 가내업무 경험; 현재 직업, 고용주, 직위; 직장경력 중에서의 중요한 사건, 지식, 기술, 흥미, 태도, 적성, 기대, 구직기술, 작업습관

재정 현재 및 최근 수입원; 수입액, 저축, 투자, 주식, 자산; 월 지출액; 재정능력, 부채; 의료보험비와 같은 비용을 부담하는 수단; 수입에 관한 태도, 기대 및 우선순위, 자원의 활용

법적 문제 검찰, 민법 재판소, 형법 재판소의 조치를 받은 과거와 현재의 사건; 과거 구속; 집행유예, 폭력행위나 반사회적 행위에 대한 원고, 피고 또는 증인으로서의 경험; 이민상태; 보호처분, 감독

대인관계

결혼과 가족 가족 구성원, 역할책임에 관한 기술을 포함하여 과거와 현재의 결혼관계 또는 가족상황; 부재 중인 부모, 형제, 자녀, 확대 가족원과의 관계; 결혼관계 및 가족발달에서의 중요한 사건; 결혼과 가족에 관한 태도, 신념, 가치; 가족과 인근 지역사회, 문화의 관계(예를 들면, 성문제, 자녀양육, 세대 간 교류와 같은 가족의 구조와 기능상의 문제들)

동료집단과 비공식적 사회망 사회적 · 오락적 · 성적 관계를 포함하여 비공식 동료관계에 대한 기술; 공식적 조직, 집단에의 참여; 대인관계 행동, 기술, 관심

직장관계 슈퍼바이저와 상부 권위조직, 동료조직, 하부조직 내의 사람들과의 관계성을 포함하여 작업환경 내에서의 관계성 기술, 직장관계성 속에서의 중요 사건

사회적 정보

문화 행동에 대한 가치, 선호, 기대; 편견과 차별의 문제; 자원의 존재성, 이용 가능성, 접근 가능성; 서비스와 서비스 제공자에 대한 태도; 지역사회와의 언어 및 관습의 차이; 자원

지역사회 공식적 · 비공식적 자원; 인구, 경제, 생태환경, 물리적 특성; 내담자와 지역사회를 포함시키는 중요 사건

제도와의 관계 학교 및 기타 교육조직, 직장, 자원봉사단체, 종교단체, 법체계, 보건 및 정신보건 조직, 사회복지기관 및 프로그램과의 관계

물리적 환경

물리적 환경에 대한 기술은 다음에 대한 안정성, 적절성, 유지성, 접근성에 특별한 관심을 둔다.

- 주거
- 이웃
- 작업환경
- 교통

4) 자원과 제약

탐색과정에서 확인된 문제와 욕구에 대응하기 위해 사회복지사는 내담자가 필요로 하고 이용 가능한 자원과 서비스를 고려하게 된다. 사회복지사는 내담자에게 다른 자원을 알려주거나 내담자를 다른 자원에 의뢰할 필요가 있을지도 모른다. 또한 사회복지사는 새로운 자원을 개발하거나 기존의 또는 새로운 서비스 관계성 속에서 내담자를 옹호할 필요가 있을 수도 있다.

여기서 이용 가능한 공식적 · 비공식적 자원만을 명시해서는 안 된다. 지역사회 자원의 부적합성뿐만 아니라 존재하는 자원에 접근하는 데 따른 장애요소도 기록되어야 한다. 이러한 정보는 의사결정자들에게 조직과 지역사회의 모든 수준에서 충족되지 못한 내담자의 욕구를 보여준다. 이러한 정보는 또한 서비스 계획을 정당화해 주고 서비스 제공 전문가가 서비스의 효과를 평가하는 것을 돕는다.

5) 사회복지사의 소견과 사정

내담자-상황에 대한 사정은 내담자의 욕구와 제약뿐만 아니라 강점과 자원도 평가한다. 서비스 교류에 대한 사정은 서비스의 진전과 향상을 평가할 뿐만 아니라 서비스 제공상의 제약과 서비스의 효과도 확인한다.

6) 서비스의 목적

서비스 목적이 명확해야 서비스 교류와 기록이 구성될 수 있다. 서비스의 목적이란 서비스 목표에 대한 기술이다. 다시 말해, 서비스의 목적은 목표를 달성하기 위해 사회복지사, 내담자 그리고 다른 사람들이 어떤 행동을 취할지를 명시하는 것이다.

7) 서비스의 계획

좋지 못한 예

- 사회적 기능을 향상시킨다. [모호]
- 땅 주인이 시의 명령에 따르도록 하기 위한 내담자의 노력을 옹호한다. [과정]
- 가족 성원들 사이의 의사소통을[모호] 가족치료를 활용하여[과정] 향상시킨다.

좋은 예

- 내담자의 취업과 관련된 사회적 기능과 확대가족과의 관계성을 향상시킨다.
- 내담자의 주거환경, 특히 난방기능을 향상시킨다.
- 비난하고 마는 것이 아니라 명시적으로 요구하고 반응하도록 하는 방향으로 가족의 의사소통 유형을 변화시킨다.

계획은 서비스 목적을 성취하기 위해 취해지는 행위들을 포함한다. 계획을 자세하게 기술해 놓으면 사회복지사의 부재 시 다른 서비스 제공자가 사례를 맡게 될 때 서비스의 지속성을 유지하는 데 특히 유용하다.

8) 서비스의 특성

어떤 기관은 프로그램이나 서비스 내용을 확인할 수 있는 체크목록을 가지고 있다.

서비스

( )개인상담 ( )결혼상담 ( )가족상담

시간제약 집단

( )재정관리 ( )미망인 아웃리치(outreach)

자원제공

( )교통편 ( )전화방문 ( )급식센터 ( )정보제공 및 의뢰 ( )옹호

9) 서비스 종결의 방법과 사유

서비스는 사전에 수립된 계획에 따라 종결될 수도 있으며, 또는 내담자의 독립적 결정에 의해 조기에 종결될 수도 있으며, 서비스 환경에서 의미 있는 타인에 의한 결정 또는 내담자와 사회복지사 또는 서비스 교류에 영향을 주는 예기하지 못한 조건들 때문에 조기에 종결될 수 있다.

일반적으로 서비스 종결의 이유와 방법은 서비스 개시의 이유와 방법에 관한 부분에서 설명한 방법에 따라 간략하게 기록된다. 서비스 종결의 방법과 이유는 흔히 서비스 요약, 서비스 전 과정과 서비스 종결 시의 내담자-상황에 대한 기술, 향후 서비스와 사후검토를 위한 제안과 함께 종결요약에 들어가게 된다.

10) 서비스 활동과 결과에 대한 요약

사회적 서비스에 관한 기록은 흔히 서비스 과정의 개괄이라고 할 수 있는 종결요약과 종결 당시의 서비스 결과에 대한 기술을 포함한다. 이러한 요약은 다음에 관한 간략한 재검토를 포함해야 한다.

- 서비스 개시 이유
- 서비스 동안의 내담자–상황
- 서비스의 목적, 계획, 과정
- 서비스와 내담자–상황에서의 중요한 사건들
- 종결 시의 내담자–상황의 위치
- 서비스에 대한 평가와 내담자–상황과 이용 가능한 자원에 관한 서비스의 영향에 관한 평가

11) 추후 관리계획

많은 기관들이 한 번 또는 그 이상의 전화를 걸어 종결된 사례들에 대해 추후 지도를 하고 있다. 서비스가 종결된 이후에도 변화가 일어날 수 있기 때문에 이러한 과정은 서비스의 영향을 평가하는 데도 유용하다. 추후 지도에 관한 기록은 내담자–상황에 관한 현재의 상태와 향후의 서비스에 관한 제안, 내담자와 함께 또는 내담자를 대신해서 취해진 모든 행동에 대한 정보를 포함해야 한다.

3. 기록의 유형

사회복지실천현장에서 사용되는 기록유형은 기본 기록, 과정기록, 이야기체 기록과 문제중심 기록 방법 등이 있다. 이 밖에도 기록의 방법에는 여러 가지 종류가 있다. 메모는 면접의 통합적인 부분으로 클라이언트가 한 계약이나 사

회력에 관한 정보, 전문적인 중요 사항 등을 기록하기 위해서 필요하다. 녹음기 사용이나 녹화는 최근 들어 상담과 면접의 기술을 향상시키기 위한 방법으로 많이 쓰이고 있다. 이는 메모하는 것보다 모든 대화의 내용을 기록하여 제공하기 때문에 효과가 있으나 녹음을 채록하는 데 많은 시간과 노력을 요구한다. 그리고 이런 다양한 방법에서 어떠한 형태를 선택하더라도 클라이언트의 비밀보장에 관심을 가져야 하며, 시청각 자료를 이용할 때에는 클라이언트에게 사전 동의를 얻어야 한다.

1) 최소 기본 기록(Minimum Basic Recording)

최소 기본 기록은 단순하고 경제적인 기록양식으로 기본적인 신상정보인 클라이언트의 이름, 주소, 전화번호, 직업과 수입, 가족이나 친척의 주소와 전화번호와 면접날짜, 클라이언트의 주요한 문제, 목적, 개입계획, 클라이언트의 반응, 탐색이 필요한 영역, 필요한 자원, 클라이언트를 위해 필요한 행동과 종결상태를 포함한다.

2) 과정기록(Process Recording)

과정기록은 사회복지실천에서 가장 오랜 역사를 가지고 있는 기록법으로 클라이언트와 사회복지사의 상호작용 과정을 세밀하게 기록하는 방법으로 면접과정 중에 일어난 모든 일을 꼼꼼히 있는 그대로 기록하는 것이다.

초창기 사회복지사들은 클라이언트와 상황을 연구하기 위해 클라이언트의 말과 행동, 사회복지사의 말과 행동, 관찰, 신념 및 추측 등 기억할 수 있는 모든 것을 기록하였으나, 오늘날에는 과정기록이 시간이 많이 소모되고 업무량이 과중하여 기관실무에서 활용하기에 비효율적인 것으로 여겨지고 있다(Kagle, 1991; 1997). 그러나 과정기록은 정확한 피드백을 얻을 수 있어 사회복지 전공 실습생들이나 직원교육에서 사정기술, 면접기술 등의 훈련에는 유용하며, 클라이언트와의 접촉과 관계 속에서 그들의 역할에 사고를 명확하게 해주고, 사회복지사의 분석적 사고와 개입계획까지도 진행시킬 수 있도록 이끌어 준다.

(1) 과정기록의 내용

과정기록은 클라이언트와 면담하면서 이야기한 내용, 행동, 관찰한 것과 판단한 것 등을 모두 기록해야 하며, 과정기록에 포함될 내용은 구체적으로 다음과 같다.

- 면접에 참석한 사람 이름
- 날짜, 장소, 면접 진행 시간
- 면접 또는 활동의 목적
- 계획
- 상호작용과 내용에 대한 기록
- 사회복지사의 역할과 활동
- 클라이언트의 관심사, 상황 또는 문제, 클라이언트의 반응, 클라이언트의 반응에 대한 사회복지사의 사정(분석)
- 면접 중 사회복지사 활동에 대해 스스로 분석한 내용
- 다음 면접의 계획

(2) 과정기록의 방법

과정기록은 face sheet에 클라이언트에 대한 사실적인 자료(정보)와 관련된 사회, 환경, 경제 및 물리적 · 신체적 요인들을 적는 것으로 시작한다. 그 다음 현재의 문제를 적고, 그 문제에 대한 정보기록을 포함한다. 사회복지사는 그때 목표의 수준, 목표 도달의 장애물, 어디에 적용할 것인지 등을 포함하여 목표 도달에 필요한 수단과 함께 클라이언트와 사회복지사 간의 계약 서명란에 서명한다. 그 기록에는 클라이언트와 사회복지사 또는 기관과 만든 각각의 계약의 내

용, 다른 가족들로부터 온 메시지와 전화내용을 포함하여 구성한다. 또한 방문의 시간과 사회복지사가 개발한 어떠한 주관적 인상이나 획득된 사실적인 정보의 요약까지도 표시된다. 이와 같은 기재사항들은 아주 정교하지는 않지만 문제중심 기록(problem-oriented records)이나 개인중심 기록(person-oriented records)보다는 좀 더 연대기적인 기록이라 볼 수 있다.

〈표 12-2〉 **과정기록의 예**

면담내용	사회복지사의 코멘트
사회복지사 : 제가 지난 번 전화통화했던 사회복지사 김영순입니다.	
클라이언트 : 네… 어떻게 말을 해야 할지… 사실은 우리 아이가 말썽을 부려서 학교에서 퇴학을 당하게 되었습니다. 대화를 하려고 해도 저와는 말도 하지 않으려 하고 달리 의논할 사람이 없어서… 아이 아빠는 저한테 오히려 화를 내면서 집에서 뭐했느냐고 하지만 저도 할 만큼 했는데…	클라이언트는 매우 당황한 것 같았다.
면담내용	**사회복지사의 코멘트**
사회복지사 : 그러니까 아이가 비행행동을 보이나 보죠? 아이는 몇 학년입니까?	다음 클라이언트와의 면담약속 때문에 마음이 급했고 빨리 결론을 내리려 한 것 같다.
클라이언트 : 비행행동이라고 하기보다는 학교를 잘 가려 하지 않고 잘못된 친구들과 어울려 본드 등을 하는 것 같습니다. 하지만 남의 물건을 뺏거나 때리는 폭력행동은 하지 않습니다.	클라이언트는 비행행동이라는 단어가 불쾌하였던 것 같다.

면담일 : 2ㅇㅇㅇ년 ㅇㅇ월 ㅇㅇ일
출처 : 양옥경 외(2006).

3) 이야기체 기록(Narrative Summary Recording)

이야기체 기록은 사회복지사가 클라이언트, 상황, 서비스에 대해 이야기하듯 서술하고 기록하는 방법이다. 많은 내용을 기록하기 위해서는 기록내용을 조직하는 것이 필요하기 때문에 세부적인 면담내용을 제외한다.

이야기체 기록은 주제별 혹은 시간의 순서에 따라 조직하여 기록한다. 시간대별 서술은 일지형식과 유사하여 사건이 있을 때마다 기록하며, 요약체 기록은 일정 기간별로 묶어서 서술하는 형태인데, 일지기록을 바탕으로 작성하며 이 기록은 서비스가 개인, 부부, 가족, 집단 등 누구에게 전달되든지에 관계없이 개별화된 서비스를 문서화하는 양식이다. 이러한 보고방식은 사회력, 클라이언트-상황에 관한 사정과 같은 특정 내용요소들을 문서화하는 데 사용될 수 있으며, 대개는 사회복지실천 과정 단계에 따라 요약하는 것이 효과적이다.

이야기체 기록의 질은 서비스의 질보다 사회복지사의 문장력이나 기록에 투여된 시간에 의해 좌우될 수 있다. 기록의 질은 사회복지사가 사건이 있을 때마다 가능한 한 즉시 기록하여 정확도와 신뢰도를 확보하고 정보들을 효과적으로 조직하는 데에 달렸다. 이때 이야기체 기록을 준비하기 위해서 사회복지사는 사례노트를 만들어 일어난 사건들을 시간순으로 간단하게 요약해서 적어두는 것이 좋으며, 클라이언트의 상황과 서비스 교류의 특수한 본질을 반영할 수 있어 임상실천을 문서화하는 데 특히 적합하다.

한편 이야기체 기록의 장점은 형식에 구애받지 않고 중요하다고 간주되는 것을 모두 기록할 수 있는 융통성이 있으며, 단점으로는 기록하는 데 시간이 많이 걸려 비효율적이고, 면담내용을 지나치게 단순화해서 초점이 불명확해지는 한계가 있다.

〈표 12-3〉 요약기록의 가이드라인

1. 면담(날짜, 대상, 장소)

2. 문제 탐색
   ① 처음에 제시된 문제
      • 클라이언트에 의해 제시된 문제
      • 중요한 타자들에 의해 제시된 문제
      • 사회복지사의 판단
   ② 측정정보
      • 사회적 맥락
      • 건강 · 정신적 상태
      • 성격적 특성
      • 문제상황
      • 측정 요약

3. 표적문제, 계약, 개입
   ① 개입에 대한 소개
      • 클라이언트에게 소개
      • 클라이언트의 반응
      • 클라이언트의 노력에 대한 사회복지사의 판단
   ② 보충적 또는 재측정된 정보 : 사회적 맥락, 건강, 정신상태, 성격, 문제상황
   ③ 개입전략 요약
   ④ 계약조건
      • 클라이언트의 표적문제 우선순위
      • 우선순위가 설정된 방식
   ⑤ 계약
      • 표적문제
      • 계약날짜
      • 회합 스케줄
      • 기간
      • 목적(일반적 과제)
      • 개입계획

4. 개 입
   ① 클라이언트 수행
      • 할당된 과업
      • 성취 정도
      • 장애물
      • 장애물의 해결 : 계획 및 수행된 개입 그 결과
      • 새로이 할당된 과업 : 그 이유
   ② 표적문제의 상태
      • 처음과 비교해서 변화된 정도
      • 전체적인 문제상황의 상태
   ③ 사회복지사의 수행점검

5. 종 결
① 문제상태
② 남아 있는 문제에 대한 계획
③ 추후 지도계획

6. 기타 필요한 정보

출처 : 조휘일 · 이윤로(2001).

이야기체 요약기록의 예

- 클라이언트 이름 : 박 ㅇㅇ
- 생년월일 : 20ㅇㅇ년 ㅇ월 ㅇ일
- 나이 : 10세
- 날짜 : 20ㅇㅇ년 ㅇ월 ㅇ일

1. 사례개요
클라이언트는 틱장애로 지난 1년 동안 정신과치료와 한방치료를 거친 후 효과가 없다고 판단한 아버지에 의해 의뢰된 10세 아동이다. 현재 초등학교에 재학 중이며, 아버지, 어머니와 함께 참여하였다.

2. 제시된 문제
클라이언트는 유치원에 다니기 시작하면서부터 얼굴을 실룩거리기, 코를 심하게 킁킁 거리기를 시작하였는데 구체적으로 TV를 보거나 책을 보거나 할 때 나타나며, 식구들과 즐겁게 이야기를 하거나 친구들과 놀 때는 별로 나타나지 않는다고 했다.

3. 성장과정 및 가족관계

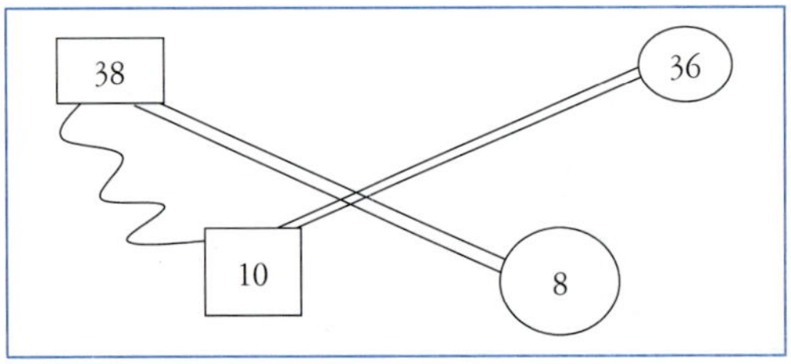

① 성장과정 : 클라이언트는 출산 시 별 문제 없이 태어났고 3~4세 이후까지 정상적으로

자라났다고 하며 신체적으로, 생리적으로 뚜렷한 장애나 문제가 없다고 한다. 소아정신과에서 틱장애로 진단받은 후 집단치료에 참여했으나 별로 진전이 없다고 생각하여 아버지에 의해 중단되었다. 현재 한약을 복용하고 있는 중에 가족치료가 도움이 될 것이라는 이야기를 친척으로부터 전해 듣고 찾아왔다고 한다. 아동은 면담을 시작할 때부터 시종일관 아버지와는 떨어져 앉아서 아버지의 지시에 의해서만 겨우 대답을 할 뿐 사회복지사의 질문에 아버지의 눈치를 심하게 보는 태도를 나타냈다.

② 아버지(38세) : 학력은 고졸이며 회사원으로 근무 중이다. 성격은 꼼꼼하고 정확하고 엄격한 편이다. 자녀의 교육에 관심이 많으며, 아내와 자녀에 대한 기대가 높다. 주로 사용하는 의사소통법은 비난형이며, 면담 내내 지시적이고 아내에 대해 비판적이며 무시하는 태도를 거침없이 나타냈다. 아동에 대하여도 아동의 자세와 의사표현에 일일이 간섭하고 지시하는 태도를 보였으며, 아동이 잘못된 것은 아내의 무지와 무관심 때문이라고 하였다. 매우 가부장적인 태도를 보였다. 이전에 아내에 대하여 폭력을 사용하였으나 자녀교육에 좋지 않다는 전문가의 말을 라디오를 통하여 듣고 그 후에 중단하였다면서 자신의 자녀교육열을 대단하게 생각하고 과시하려 하였다.

③ 어머니(36세) : 학력은 고졸이며 자기표현이 거의 없다. 남편이 일방적으로 무시하는 태도에도 무표정한 태도로 무기력함을 보였다. 자녀에 대하여 남편 앞에서는 주장을 할 수 없다. 남편의 부재 중에는 자녀들과 따뜻하고 온정적인 관계를 유지하고 있으며 남편의 지나친 요구와 신체적 · 언어적 폭력에 대응을 하지 않는다. 자기표현능력이 낮고 우울하였다.

④ 여동생(8세) : 아버지가 둘째인 여동생에게는 조금 더 허용적으로 대하는 편이므로 비교적 아버지를 따르는 편이다. 어머니의 요구사항을 아버지에게 전달하는 역할을 담당하고 있다. 오빠와의 관계도 비교적 잘 이루어지고 있다.

4. 개입과정

개입의 초점 : ① 남편의 심각한 정서적 · 언어적 폭력에서 오는 부부 하위체계 내의 심한 정서적 불안의 감소, ② 부모역할 기능의 적절한 분담, ③ 부모역할 기술의 습득, ④ 역기능적 의사소통기술의 습득을 돕는 데 … (하략)

기록자 : 사회복지사 ○○○

출처 : 양정남 외(2003).

4) 문제중심 기록(POR : Problem-Oriented Recording)

문제중심 기록은 현재 제시되고 있는 문제를 중심으로 구성되며, 문제영역을 규명하고 사정하며 각 문제에 대하여 무엇을 할 것인지에 대한 계획을 기록하는 것으로 병원과 같이 다학문적으로 접근하는 실천현장에서 활용한다. 이 방법은 사회복지기관에서도 널리 사용되고 있으며, 이 유형의 기록은 단순히 기록 차원을 넘어 문제해결 접근방법을 반영한다.

문제중심 기록은 다양한 분야가 함께 일하는 현장에서 의사소통을 수월하게 하고 특정한 문제에 대해 초점화된 관심을 갖도록 해주며, 기록을 조직화하는데 간소한 양식을 제공함으로써 기록이 간결하고 형식이 통일되므로 기관 감독자, 조사 연구자, 외부의 자문가 등이 쉽고 질 높은 기록을 검토할 수 있다는 장점이 있다. 또한 팀 구성원들은 목록화된 각 문제에 초점을 맞추어 다루어야 하고 모든 치료계획에 대해 문서화된 추후 점검을 할 책임이 있기 때문에 책무성을 향상시킨다. 그러나 클라이언트의 욕구, 자원, 강점보다는 문제를 강조함으로써 클라이언트의 강점에는 소홀할 수 있게 되어 사회복지실천의 관심을 지나치게 한정시킬 우려가 있다. 또한 개인과 환경의 상호작용보다는 개인을 강조하여 관련 현상을 서비스 전달의 복잡성을 간과하고, 복잡성을 단순화시킬 우려가 있으며, 부분화를 강조함으로써 통합적이며 체계적인 쟁점들을 왜곡시킬 우려가 있다. 문제중심 기록이 이러한 한계들을 극복하기 위해서는 포괄할 수 있는 기록양식으로 수정되어야 한다.

문제중심 기록은 단순한 기록 차원이 아닌 더욱 정교하고 진일보한 기록방법으로 문제해결 접근방법을 반영하며 다음과 같이 네 가지 요소로 구성된다.

① 문제를 파악하기 위한 자료 수집
② 문제의 규정과 구체적 문제목록 작성
③ 개입계획
④ 개입의 수행 및 점검

문제중심 기록에서 많이 사용하는 방식은 SOAP 기록방식이며, SOAP 기록방식을 사용하여 행동계획을 묘사하는 것은 이점이 있는데, 이를 설명하면 다음과 같다.

- Subjective Information(주관적)

클라이언트와 가족들이 주관적으로 기술하는 문제와 정보

- Objective Information(객관적)

사회복지사가 관찰한 클라이언트의 객관적 정보

- Assessment(사정)

문제에 대한 견해, 해석, 사정

- Plans(계획)

전문가가 특정한 문제를 제기하거나 해결하는 방법, 그 방법에 대한 계획

SOAP 기록방식의 장점은 서로 다른 전문직 간의 의사소통 역할을 해 협조체제를 더 공고하게 하고 문서화된 문제를 중심으로 계획을 진행하고 추후 점검할 수 있어 책임감을 높인다. 단점은 주로 문제에만 초점을 두었기 때문에 클라이언트의 장점이나 자원을 간과할 수 있으며 개인과 환경의 상호작용을 문제중심으로 단순화할 가능성이 있다.

문제중심 기록의 예

데이터베이스

(20○○년 12월 1일 접수면접에서 얻은 정보에 의해 작성됨)

이름 : ○○○　　　　나이 : 30세

클라이언트는 결혼한 지 7년 된 기혼여성으로 35세의 남편과 5세 된 아들 하나를 두고 있다. 그는 어젯밤 술 취한 남편으로부터 구타당하여 현재 허리통증과 함께 걸음걸이가 불편하다. 남편의 반복되는 음주 후 구타행동 때문에 본 기관에 도움을 요청하였다. 경찰에는 연락한 적이 없다.

클라이언트의 남편은 IMF 사태 이후의 대규모 감원으로 인해 8개월 동안 실직상태에 있다가, 현재는 친척이 운영하는 작은 사업체에서 일하고 있다. 클라이언트는 결혼 후 6개월 때 맞은 따귀가 결혼 후 처음 당한 폭력경험이다. 그 이후에는 폭력이 없다가 실직사태 이후부터 남편의 음주 및 음주 후 폭력이 증가하였다. 남편의 폭력에 대한 클라이언트의 반응은 함께 소리 지르고 울며 대드는 것이다. 남편은 전에는 때린 다음 날에 클라이언트에게 사과하기도 했지만 최근에는 사과도 않는다. 남편이 아이를 때리지는 않지만 아이가 부모의 폭력사태를 여러 번 보았기 때문에 아빠를 무서워한다. 클라이언트는 나가서 일을 하고 싶어도 특별한 기술도 없고 아이도 어려서 아직은 엄두를 못낸다. 그러나 아이가 초등학교에 들어가면 취업하기를 원한다.

• 문제목록

번 호	문 제	확인된 날짜	중단/ 해결된 날짜
1	남편의 음주 및 구타	12/1	
2	클라이언트의 피신처 마련	12/1	12/1
3	클라이언트의 허리통증	12/1	12/4
4	클라이언트의 정서적 어려움	12/1	
5	클라이언트의 결혼 지속의사 여부 불분명	12/1	12/8
6	클라이언트의 법 및 자원체계에 대한 지식 부족	12/1	12/4

• 초기계획

문제 #1 남편의 음주 및 구타

남편과 연락하여 면담을 약속하고 남편에 대한 심리사회적 사정과 개입을 한다. 음주 및 폭력에 대해서는 전문치료기관에 의뢰한다(남편이 동의한다면). 이러한 개입 계획에 남편이 동의하도록 사회복지사와의 관계 형성에 주력한다.

문제 #2 클라이언트의 피신처 마련

클라이언트의 희망대로 언니네 집에 머물도록 하고, 이에 관해 추후 점검한다.

문제 #3 클라이언트의 허리통증

클라이언트가 병원치료를 받고 있는지 추후 검토한다.

문제 #4 클라이언트의 정서적 어려움

정서적 어려움의 근원, 강점 및 약점에 대한 사정 및 지지적 개입을 한다.

문제 #5 클라이언트의 결혼 지속의사 여부 불분명

이에 대한 클라이언트의 결정을 돕는다.

문제 #6 클라이언트의 법 및 지원체계에 대한 지식 부족

클라이언트를 본 기관과 연계되어 있는 법률상담소와 연결시킨다.

• 진행노트

날짜 : 12월 6일 클라이언트 남편과의 첫 번째 개별면담

문제 #1 남편의 음주 및 구타

S : 남편은 자기의 음주 및 구타 사실은 인정했지만, 아내가 자기에게 바가지를 긁었기 때문에 이런 일이 발생했다고 주장하고 있다. IMF 사태로 인한 실직 이후의 좌절감과 스트레스, 그리고 현재 직장에 대한 불만을 이야기하는 데에 많은 시간을 할애하였다. 아내와의 결혼생활을 계속하기를 원하며, 현재 언니 집에 있는 아내가 하루 빨리 집으로 돌아오기를 원하고 있다. 음주문제에 대한 치료 프로그램에 대해서 그 필요성을 부인하고 있다. 다만, 아내가 집으로 돌아오면 부부상담에는 참가할 용의가 있다고 말하고 있다.

O : 남편은 체격이 보통이며 목소리가 크고 막힘없이 이야기를 잘하는 편이다. 실직으로 인해 직업을 바꾼 후 경제적으로 쪼들리는 편이다.

A : 남편은 문제를 부인하고 있다. 자기의 행동에 책임을 지기보다는 아내에게 책임을 미루고 있는 것으로 보인다. 가부장적 가치관이 현저하다. 그러나 결혼생활을 계속할 의사가 확실한 것, 아내 및 아이에 대한 애정을 나타내는 것, 개별 및 부부 상담에 개방적인 것은 이 부부관계의 강점으로 생각된다.

P : 남편이 구타에 대한 책임을 인정하기 위하여 계속적인 개입이 필요하다. 이것이 아내와 아이에게 어떠한 고통을 야기하는지 인식할 필요가 있다. 개별면담을 계속할 예정이다.

날짜 : 12월 8일 클라이언트와의 세 번째 개별면담

문제 #4 클라이언트의 정서적 어려움

S : 클라이언트는 어떤 일도 제대로 해내지 못할 것 같다고 하며, 삶에 자신감이 없다고 한다. 결혼 전에는 활발한 성격이었는데 결혼 이후, 특히 남편의 음주와 구타가 시작된 이후에 더욱 소극적인 성격이 되었다고 한다. 자신의 강점이 무엇인지 말하지 못한다.

P : 능력강화 작업이 필요하다. 정기적으로는 취업교육이나 자원봉사활동도 도움이 될 것이며, 이를 위해 자기의 능력을 재발견하는 작업이 선행되어야 한다.

문제 #5 클라이언트의 결혼 지속의사 여부 불분명

S : 어제는 남편이 언니네 집에 전화하여 다시는 안 때리겠다고 약속했으며, 클라이언트는 이제 집에 돌아가고 싶다고 한다. 남편과 헤어진 이후의 생활은 경제적으로나 정서적으로 자신이 없으며, 아이를 위해서라도 결혼생활을 계속하고 싶다고 한다. 부부상담에 대해서는 참여할 의사를 나타냈다.

A : 현재 남편이 구타에 대한 책임을 부인하므로, 남편이 변화할 것이라는 확신은 없다고 생각된다. 따라서 지속적인 개입이 필요하다.

P : 남편 및 아내에 대한 개별상담을 계속하며, 적절한 때에 부부상담을 시작한다.

출처 : 윤현숙 외(2001).

4. 기록의 질

기록에 대한 요구가 증가함에 따라 기록과정도 복잡화되어 왔다. 사회복지사들은 기록을 선택하고 준비하는 데서 여러 가지 딜레마에 당면하고 있다. 사회복지사들은 기록에 충분한 정보를 포함시켜야 하지만 시간과 비용을 줄이기 위해 내용을 제한해야 하는 상황에 있다. 또한 사회복지사들은 내담자–상황을 특성화시키고 결정과 행동의 근거를 제시해 줄 수 있는 자세한 개인적인 내용을 충분히 포함시켜야 하지만 동시에 내담자의 사적 권리를 보호해야 하며 중복성을 피해야만 한다. 뿐만 아니라 기록 속의 정보가 다양한 사람들에게 접근 가능하며 유용하도록 만들어야 하며, 시간이 부족하여 내담자의 응급적 요구에도 반응하기 어려운 상황에서도 기록할 시간을 가져야만 한다.

이처럼 어려우면서도 중요한 과업인 기록의 질을 어떻게 개선시킬 수 있는가? 기록의 질은 무엇보다도 서비스를 제공하기까지의 사고와 행동의 질에 달려 있다. 궁극적으로 기록이 실무보다 더 훌륭할 수는 없다. 그러나 사회복지실천 기록의 질은 정보가 어떻게 선택되고, 보관되며, 읽는 사람에게 어떻게 제시되는가에 따라 달라진다. 대체로 기관의 기록의 질이 그 기관의 서비스의 질을 제대로 대변하지 못하는 경우가 많다. 좋은 기록은 간결하고, 구체적이며, 타당하고, 명확하며, 논리적이고, 시기적절하며, 의미 있고, 유용하며, 사실에 근거하고, 전문가적 윤리를 바탕으로 하며, 수용된 이론에 기초해 있다. 좋은 기록은 문장이 유연하며 조직화되어 있다. 좋은 기록은 전문가의 견해를 담으면서도 내담자의 관점을 무시하지 않는다. 이러한 기록의 질을 향상시키려면 네 단계에서 개선이 필요하다(Kagle, 1991, 홍순혜 외, 1997 재인용).

1) 교육적 준비 : 실무자의 기술 향상

기록은 이를 위해 적절히 준비되지 않은 실무자들에게는 매우 어려운 작업이다. 어떤 사회복지사들은 글쓰기 기술을 가지고 있지 않으며 문법, 맞춤법 등에 어려움을 겪고 있다. 어떤 사회복지사들은 중요한 정보를 선택하고 간결하게 요약하는 방법을 배우지 못했다. 기록이 교실수업에서보다는 주로 현장에서 가르쳐지고 있기 때문에 사회복지사들이 기록에 대해 경험하는 것은 서로 색다르며 자신들이 몸담았던 기관에서 배운 기록양식만을 알게 된다. 많은 실무자들은 자신들이 학생 때 썼던 기록들이 졸업 후에 써야 할 기록을 준비하기에 충분하지 못하다고 지적하고 있다.

한 기관의 기록의 질은 어느 정도 그곳 실무자의 기술수준에 달려 있다. 사회복지실천 기록은 실무자가 기록을 위하여 체계적으로 준비하고 문장기술능력을 향상시키면 나아질 수 있다. 사회복지사는 매번 내담자를 만나기 전, 만나는 동안, 만난 이후에 각각 기록할 준비가 되어 있어야 한다. 내담자와 만나기 전, 특히 서비스 관계 초기에 사회복지사는 기록에 필요한 정보를 문의할 준비를 해야 한다. 중요한 단어와 문장은 사회복지사가 중요한 정보를 기억하는 데 큰 도움이 되므로 간단히 메모하는 습관은, 특히 서비스를 제공하고 하루나 이틀 후에 기록을 작성하게 될 때 정확성과 구체성을 기할 수 있어서 효과적이다.

2) 기관의 지침 개선 : 명시적이며 적절한 지침

실무자들이 비용 면에서 효율적이면서도 문장력 있고 시기적절하며 유용한 기록을 준비하려면 기록의 내용, 구성, 기록 빈도에 관한 명시적이며 적절한 지침을 가져야 한다. 어떤 정보가 기록에 포함되어야 하고, 어떻게 정보가 구성되어야 하며, 언제 정보가 기록에 포함되어야 하는지에 관한 최소한의 기준이 있다면 이것을 사회복지사가 기록하는 과업에 초점을 맞추도록 도울 수 있다. 이처럼 기록의 내용, 구조, 절차를 명시하는 지침이 있어야 한다는 말은 설득력이 있다. 왜냐하면 기관은 가장 귀한 자원인 전문가의 시간을 아껴서 사용해야 하기 때문이다(Edwards & Reid, 1989).

3) 자원의 개발 : 적절한 지원

좋은 사회복지실천 기록은 또한 기관이 적절한 지원을 가지고 있느냐에 달려 있다. 기관은 최소한 사무적 서비스와 기자재 그리고 기록할 시간을 제공해야 한다. 기록은 실무기술 이상의 것으로 복잡한 전문가적 판단을 포함한다. 기록에 무엇을 포함시켜야 할지를 결정할 때 사회복지사는 다음과 같은 질문들을 고려해야 한다.

① 기록의 기능은 무엇인가? 기록 속의 정보가 어떻게 활용될 것인가? 어떤 내용과 구성을 가질 때 기록의 기능이 가장 잘 발휘될까?

② 어떻게 기록이 책무성을 가장 잘 수행할 수 있는가?
③ 어떻게 기록이 서비스의 목적, 계획, 과정, 진행과 같은 서비스의 기본 요소들을 가장 잘 반영할 수 있을까?
④ 누가 기록이나 기록 속의 정보에 접근할 것인가? 어떻게 기록의 내용, 접근, 활용이 내담자의 사적 권리를 보호하기 위해 제한될 수 있는가? 만약 내담자가 기록에 접근할 수 있다면 어떻게 기록이 내담자에게 영향을 미칠 것인가?
⑤ 기록을 위한 관례적인 형식이나 구조가 있을까?
⑥ 기록을 위한 비용이 어떻게 절감될 수 있는가?

이처럼 정확성과 효율성이라는 상충되는 목표는 기관이 기록을 준비하고, 복사하고, 저장하고, 색출하는 과업을 위해 충분한 자원을 가질 때에만 해결될 수 있다. 즉, 시간절약에 도움이 되는 장비나 조력자를 충분히 활용할 수 있어야 한다.

4) 기관의 풍토 개선

기록의 질을 향상시키기 위해서는 기관 내의 문화가 변화될 필요가 있다. 슈퍼비전을 줄 때 기록을 이용하는 방법은 기록을 정확하고 시기적절하게 만들기보다 오히려 방해가 되는 경우가 많다. 사회복지사가 직무수행에 대해 평가하고, 사회복지사의 약점을 발견하고, 수정해 주는 수단으로 기록을 사용할 때 기록의 질이 떨어진다. 따라서 우선 평가를 위한 슈퍼비전 시에 사회복지사의 업무 수행을 알려면 다른 방법을 사용하고 기록에만 의존하는 일은 덜 강조되어야 한다. 둘째, 기록내용이 실무자의 일하는 습관에 대한 비판을 위해서보다는 구체적인 실무방법을 논의하기 위한 자료가 되어야 한다. 셋째, 기록업무에 대한 논의는 비판적이기보다는 지지적이어야 하고, 업무수행상의 실책을 찾아내고 단점을 지적하기보다는 장점을 강조하고 더 개선되기 위해 노력하도록 격려하는 데 초점이 맞추어져야 한다.

CHAPTER 13

사회복지실천 평가

1. 평가의 개념과 중요성

1) 평가의 개념

최근 들어 복지서비스에 대한 욕구가 급증하고 이를 위한 복지자원의 충당이 어려워진 상황에서, 사회복지정책의 근간이 되는 자유, 평등, 정의의 가치뿐만 아니라 효율과 효과의 가치가 크게 강조되고 있다. '최소한의 자원으로 최대한의 결과를 산출'하고자 하는 효율성이 중요시되면서 사회복지기관은 책무성을 더욱 철저하게 검증받아야 하게 되었고, 이에 따라 사회복지실천에서 평가는 필수적인 과정으로 자리매김 하고 있다.

평가란 실천적인 개입이 사전의 목적을 달성하고 클라이언트에게 어느 정도의 변화를 가져왔는지 알아보는 실천효과에 대한 확인과정이다. 대상이 어떻게 변화하였는지, 얼마나 변화하였는지, 그 변화의 노력이 가치 있는 것이었는지를 판단하고, 특정 대상이나 노력의 장점, 가치, 중요성 등을 체계적으로 밝히는 일이다. 사회복지정책도 평가의 단계를 거치지만, 사회복지실천에 있어서 평가라고 하면, 크게 개별 사례의 개입에 대한 실천 평가와 프로그램 실행 평가, 기관 평가 등으로 나누어 볼 수 있다. 개별 사례의 개입에 대한 실천 평가는 개입의 효과성을 확인받을 수 있는 과정이며, 집단과정에서의 환류와 마찬가지로 더 효과적인 개입방법을 찾아가는 과정이다. 개별실천의 과정에서 평가는 사회복지사와 클라이언트가 초기에 결정한 목표가 어느 정도 달성되었는가를 확인하여 욕구와 문제해결의 종결시점을 정하는 과정이자, 사회복지사와 클라이언트가 다음 단계로 나갈 것인지의 여부를 결정하는 과정이다. 평가를 통해서 사회복지실천은 질적인 발전을 이룰 수 있다.

프로그램의 평가는 사회복지사와 클라이언트의 참여와 프로그램에 대한 기술, 평가계획에 대한 순서와 방향을 정하고 목적에 따라 평가를 진행하며, 믿을 만한 증거를 수집하여 면밀히 검토하고 분석하는 과정이다. 또한 이 평가를 토대로 하여 수정, 보완과 재사정의 단계를 거치며 경우에 따라서는 처음부터 다시 시작하는 순환의 과정을 통해 더 나은 실천으로 발전된다. 따라서 프로그램 평가 과정은 일정 수준 이상의 통계적 지식과 조사기법을 통해 실증적으로 기술되는 경우가 많다.

기관에 대한 평가에서는 프로그램이 지역사회 욕구에 반응하는 정도, 제공되는 서비스의 질, 클라이언트의 만족도, 자원이용의 효율성 등을 사정한다. 구체적으로는 반응성, 관련성, 이용 가능성, 접근성, 질, 인식, 생산성 등을 포함하게 되며, 지표로 인사 관련 요인, 접수과정, 서비스 관련 요인, 직원 생산성, 서비스 제공의 비용 등이 측정된다.

평가를 하기 위해서는 평가의 절차와 내용 등에 대한 계획을 세우고 실천해야 하며, 개인이나 집단의 목적달성 정도를 통해 개입의 효과성을 제시하여 판단의 근거를 제공해야 한다. 평가란 클라이언트가 표현한 실천에 대한 만족도이고, 사회복지사가 이를 통해서 얻은 결과이자, 더 나은 실천을 해나가는 과정이다.

클라이언트 입장에서의 평가기준으로는 제공된 서비스의 형태와 수준의 클라이언트 수용 가능성, 제공된 서비스의 적당성, 제공된 서비스 실천기준의 적합성, 의도한 결과 초래 여부, 클라이언트의 만족도, 한정된 서비스와 위기 클라이언트 전달 정보 등을 들 수 있다. 서비스 체계의 측면에서의 평가기준으로는 클라이언트의 장단기 목표 달성에 있어 서비스 계획의 적절성, 서비스 계획에 기술된 활동과 서비스 실행방법의 적절성, 클라이언트 욕구 충족에 있어 서비스 계획의 적합성, 서비스 제공기관의 정책과 프로그램의 클라이언트 욕구 충족의 기여 정도 등이 있다. 하나의 예로 2016년도 사회복지공동모금회는 배분사업 심사기준으로, 기관평가 면에서 신뢰성, 사업수행능력을, 사업평가 면에서 적합성, 실현 가능성, 투입요소 적절성, 투입비용을, 기타 면에서 홍보노력 및 지역자원 활용과 자구계획을 제시하였다.

2) 평가의 중요성

사회복지실천에서 평가의 중요성은 다음과 같은 세 가지 이유로 설명해 볼 수 있다.

첫째, 사회복지실천 과정에서 평가를 하면 책무성을 확보할 수 있다. 사회에 대한 책무, 대상자에 대한 책무, 전문직 자체에 대한 책무를 다하기 위해서는 서비스 대상자들의 의견이 반영될 수 있어야 하고, 윤리강령을 준수하며 전문지식과 기술을 다해야 하며, 전문직 제도를 강화하고 교육과 평가가 잘 되어야 하므로, 평가과정을 통해 책무성을 입증할 필요가 있다. 부여된 문제해결능력을 인정받아 공적 지원을 받거나 소비자로부터 서비스 구매동기를 유발해 선택받을 수 있기 위해서도 평가가 필요하다.

둘째, 사회복지기관들은 재정지원처로부터 사회복지실천 프로그램의 효과성을 입증할 의무를 요구받고 있다. 재정지원 기관들은 지원 이전 사업계획서 작성 시점부터 평가계획, 평가방법, 평가도구 등을 제시하도록 요구하고 있다. 또한 공적 지원을 받는 사회복지실천 프로그램도 법적으로 프로그램 효과의 입증 책임이 부여되고 있다. 사회복지사업법은 지역사회복지 계획이나 시설에 대한 평가뿐 아니라 사회복지서비스 실시 결과를 평가하고 이 평가 결과를 반영하여 지원하도록 명시하고 있다.

셋째, 효과적인 사회복지실천기술의 효율성과 효과성 평가를 통해 어떠한 개입기술이 긍정적인 변화를 발생시킬 수 있는지 제시할 수 있다. 이러한 평가들이 증거기반 실천을 이끌어 내고, 끝없이 선순환되도록 하여 사회복지실천에 긍정적 변화를 유도하고자 하는 것이다.

평가란 효과성, 효율성, 노력성 등의 기준에 따라서 사회복지사 활동 결과에 대한 충족수준을 판단하는 활동이므로, 사회복지실천의 발전을 위해서는 필수적인 과정이라고 할 수 있다. 사회복지사는 개인, 가족, 집단, 지역사회를 대상으로 개입활동에 따라 개인, 가족, 집단, 지역사회가 변화할 것으로 기대하며 실천한다. 사회복지실천이 개입기술에 따른 변화를 측정할 수 있다면 과거의 프로그램을 개선하거나 선택하는 데 유용한 정보가 될 것이다.

즉, 사회복지실천에서 평가를 특별히 강조하는 이유는 사회복지의 책무성을 확보하고, 목표의 달성수준을 파악하여 효과성을 입증하고 효율성을 추구하여 긍정적 변화를 이끌어 내기 위한 것이다.

2. 평가의 유형과 기준

1) 평가의 유형

사회복지실천에서 평가는 실천 평가와 프로그램 평가, 기관 평가로 구분할 수 있다. 실천 평가는 사회복지사의 개입노력, 즉 개인, 가족, 집단, 조직, 지역사회의 변화를 사정하는 것이고, 프로그램 평가는 사회복지사와 클라이언트의 참여와 프로그램에 대한 기술, 평가계획에 대한 순서와 방향을 정하고 목적에 따라 평가의 절차를 진행하며, 믿을 만한 증거를 수집하여 면밀히 검토하고 분석하는 과정이다. 또한 이 평가를 토대로 하여 수정, 보완과 재사정의 단계를 거치며 간혹 처음부터 다시 시작하는 순환의 과정을 통해 발전된 실천으로 나아가게 된다. 기관 평가는 종사자의 전문성, 재정운영 상태, 프로그램의 적정성,

지역사회 기여도 등의 성과지표를 통해 잠재적인 자원제공기관과 이용자에게 판단의 근거를 제공한다.

평가는 여러 가지 기준으로 나누어 볼 수 있다. 먼저 형성평가와 총괄평가가 있다. 형성평가는 원조과정 동안 사회복지사가 과정을 검토하고 필요할 경우 개입계획을 수정할 수 있으며, 프로그램을 시험하고 클라이언트나 지역사회에 더 나은 서비스를 제공하도록 그 기능을 수행하고 변화시키는 데 기본적인 정보가 된다. 형성평가는 과정평가라고도 불리며 집단과정에서는 집단이 어떻게 진행되고, 결속력, 규범, 역할, 의사소통 등의 속성이 어떠한가에 초점을 두고 성원들로부터 집단의 장단점에 대해 피드백을 얻거나 과정기록을 활용하는 방법도 사용한다.

총괄평가는 최종 결과물을 평가하고 성공이나 실패와 관련된 요인을 알아내는 것이다. 기관장이나 재원 제공자에게 프로그램을 실시하고 난 결과를 보고하는 것으로, 결과평가라고도 한다. 집단이 시작될 때 설정한 목표가 어느 정도 달성되었는가를 평가하는 것으로, 단일사례설계, 만족도 설문조사 또는 유사실험설계 방법 등 사용 최적의 증거기반실천 모델을 실천에 적용한 후, 이 실천한 것에 대해서 평가를 하여야 한다. 최적의 실천방법으로 입증되고 실천에 적용했다 하더라도 첫 단계에서부터 단계마다 오류가 나타날 수 있다. 평가하는 방법은 결국 처음 제기했던 질문에서 출발하여 관련 자료를 가지고 최고의 증거를 확인하여 적용한 실천의 내용에 따라서 효과성 평가가 될 수 있거나 사정도구의 정확성에 대한 평가가 될 수도 있다. 즉, 각각의 단계나 일련의 단계에서 끊임없는 피드백이 요구된다.

총괄평가는 다시 효과성 평가와 효율성 평가로 구분된다. 효과성 평가에서 효과성은 목표성취의 정도와 관련된다. 세워진 목표가 성취되었는지, 성취되었다면 무엇 때문이었는지를 확인하는 것이 중요하다. 따라서 목표를 파악하는 것이 평가에 선행되어야 한다. 또한 효과성 평가는 산출평가와 성과평가로 구분될 수 있다. 산출평가는 결과의 양적인 면에 대한 평가를 의미하고, 성과평가는 질적인 면까지 포함한다.

효율성 평가는 효과성 평가와 달리, 비용대비 효과를 파악하는 평가이다. 즉, 프로그램의 산출 또는 성과를 투입비용으로 나누어 파악한다. 효율성 평가는 비용편익 분석과 비용성과 분석으로 구분될 수 있다. 비용편익 분석은 프로그램에 투입된 자원과 이로 인한 성과를 금전으로 환산해서 비교하는 것이다. 비용성과 분석은 비용효과성 분석이라고도 하며 화폐단위로 환산하는 대신 유사한 목표를 가진 다른 프로그램들의 비용을 비교함으로써 최소비용으로 최대효과를 내는 프로그램을 가장 효율적이라고 판단하는 방법이다.

평가는 자료의 성격에 따라서 정량적 평가와 정성적 평가로도 구분된다. 정량적 평가는 양적으로 표현되어 비교가 쉬운 반면 무형의 사회복지서비스를 숫자화하여 평가하는 데에 무리가 있어, 최근에는 정성적 평가방법으로 질적 평가를 병행하는 추세이다.

평가의 주체에 따라서는 내부평가와 외부평가로 분류된다. 내부평가는 주관기관에서 이루어지고, 외부평가는 주관기관 외의 전문가들이 행하는 평가이다. 평가의 출처에 따라서 클라이언트의 평가, 사회복지사의 평가, 클라이언트 주위 사람의 평가, 기록된 자료에 의한 평가, 판정자에 의한 평가 등으로 구분할 수 있다. 이 중 질문지나 면접에 의한 클라이언트의 평가는 가장 중요하며, 질문지, 면접 기록표, 사례기록 등을 통해 이루어진 사회복지사의 평가도 중요하다. 또한 클라이언트 주위 사람의 평가도 사회복지사의 관찰이 어려운 경우 잘 활용될 수 있다. 기록된 자료는 일관성을 가지고 기록된 것이어야 하며 누가 어떤 상황에서 기록한 것인지 검토한 후 사용해야 한다. 외부 판정가에 의한 평가는 종합적인 판단을 할 수 있도록 선별된 대학교수, 연구원, 다른 조직의 실무자 등 전문가에 의해서 측정되어야 한다.

2) 평가의 기준

프로그램의 평가를 위한 기준이 되는 것은, 노력성, 효과성, 효율성, 서비스의 질, 과정, 영향, 형평성 등이다(한동우, 2001 : 131). 노력을 파악하기 위해서는 프로그램 활동의 양, 즉 프로그램의 투입요소와 이의 전환과정을 측정한다. 효과성을 파악하기 위해서는 프로그램 목표의 달성 정도, 즉 목표달성과 프로그램 노력과의 인과관계를 측정한다. 효율성을 파악하기 위하여는 산출대비 비용 정도, 즉 서비스 단위 산출당의 소요비용을 측정한다. 서비스의 질을 파악하기 위하여는 프로그램 제공자의 전문성을 평가한다. 과정을 파악하기 위하여는 프로그램 결과의 경로를 살피고, 영향을 파악하기 위해서는 사회문제나 이용자의 변화에 미친 영향을 지표비교로 측정하며, 형평성을 파악하기 위해서는 프로그램 배분의 공평성을 프로그램 접근성으로 측정한다.

프로그램 진행과정에 따라서 투입, 전환, 산출, 성과별로 평가를 할 수도 있다(채구묵, 2005). 투입과정을 평가하기 위해서는 이용자나 서비스 자원과 관련된 변수를 측정한다. 전환과정을 평가하기 위해서는 개입방법과 관련된 변수를 파악하며, 산출과정을 평가하기 위해서는 상담건수, 서비스 참여시간 수, 서비스 시간, 분배된 교육적 자료의 수 등 서비스의 산출과 관련된 변수를 파악한다. 성과를 평가하기 위하여는 참가자의 지식, 기술, 태도의 변화와 이에 따른 행동 변화, 그리고 참가자의 환경과 지위의 변화 등을 파악하기도 한다.

3. 평가방법

1) 단일집단 사전 · 사후 검사

단일집단 사전 · 사후 검사는 흔히 사전 · 사후 조사라고 불리는 평가로서, 프로그램을 시작하기 전에 사전조사를 실시하고 프로그램을 마치면서 사후조사를 실시하여 프로그램의 실시 전후를 비교하는 것이다. 비교집단을 구하기 쉽지 않은 경우에 많이 사용되며 집단 프로그램의 효과성을 분석하는 가장 일반적 방법이다.

실험 예시	사전검사	처치	사후검사
	O_1	X_1	O_2
은퇴 노인	자기효능감	노인사회활동 지원사업	자기효능감

2) 실험설계(통제집단 사전 · 사후 검사)

실험설계는 단일집단 사전 · 사후 설계와 비교해서 내적 타당도가 저해되는 요인들을 통제하는 검사이다. 검사결과가 우수하며 가장 기본적인 설계로 통제집단 사전 · 사후 검사가 있다. 실험설계를 통해서 평가하고자 할 때는 사회복지사의 편견 없이 클라이언트를 실험집단과 통제집단으로 무작위 할당해야 한다. 평가하고자 하는 프로그램을 실험집단에만 제공하고 통제집단에는 제공하지 않아야 하며, 이때 제공된 프로그램은 독립변수가 된다. 통제집단도 기존의 서비스는 그대로 제공하고 평가 프로그램의 서비스만 제공하지 않는다. 프로그램 제공 이후의 실험집단과 같은 시점에 통제집단의 변화를 각각 측정해야 하며, 이 측정값이 종속변수이고 이 값을 비교한다.

실험집단	무선할당	사전검사	처치	사후검사
	R	O_1	X_1	O_2
예시	일반 청소년	문화감수성 척도	세계시민교육	문화감수성 척도
통제집단	무선 할당	사전검사	처치 없음	사후검사
	R	O_3	–	O_4
예시	일반 청소년	문화감수성 척도		문화감수성 척도

3) 유사실험설계(비동일 통제집단 설계)

방법론적으로는 실험설계가 우수하지만 실천현장에서 활용하기는 쉽지 않다. 유사한 문제를 가진 클라이언트를 두 집단으로 할당한 후 한 집단에만 프로그램을 제공하고 다른 집단에는 제공하지 않는다면 윤리적 문제가 발생할 수 있기 때문이다. 이때 실험설계 대신 유사실험설계를 선택할 수 있다. 유사실험설계는 비교집단을 동질성이 확보된 집단으로 정하는 방법이다. 실험설계와 비교할 때 내적 타당도는 낮고 현장 적용성은 앞서는 설계이다.

실험집단	사전검사	처치	사후검사
	O_1	X_1	O_2
A학교 방과 후 교실 아동	정서문제 척도	언어습관 개선 프로그램	정서문제 척도
통제집단	사전검사	처치없음	사후검사
	O_1	–	O_2
B학교 방과 후 교실 아동	정서문제 척도		정서문제 척도

4) 단일사례설계

단일사례설계는 단일한 개인, 가족, 집단, 조직, 지역사회 등을 통제집단으로 하여, 기초선 측정을 설정한 후 개입과정에서 변화를 다시 측정하여 폭넓게 사용하는 평가방법이다.

(1) AB 설계

단일사례설계 중 가장 기본적인 유형이다. 기초선을 정한 후에 개입을 하고, 기초선에서와 다른 변화가 측정되면 이를 개입의 영향으로 평가한다. 예를 들어, 일용직 알코올중독 클라이언트가 중독치료를 받을 경우, 치료 이전과 이후의 결근일수를 측정해 보면 치료의 효과가 있는지 확인해 볼 수 있다.

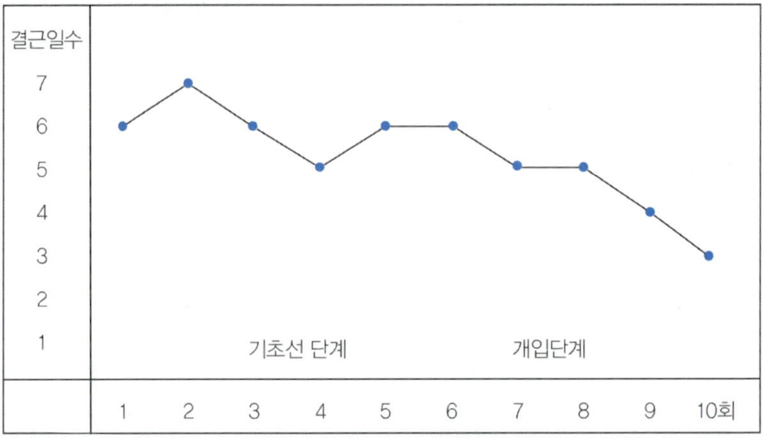

(2) ABAB 설계

AB 설계를 발전시킨 설계로 기초선과 개입단계가 각각 2번 반복된다. ABAB 설계의 장점은 개입의 효과를 보다 명확히 제시할 수 있다는 점이다. AB 설계의 경우 결과가 개입의 효과임을 명확히 알 수 없다는 단점이 있으나 ABAB 설계는 클라이언트의 변화가 우연이 아닌 개입의 효과임을 분명하게 나타낼 수 있다. 예를 들어, 일정 시점에서 과체중 아동의 체중과 키를 주 1회 측정하여 체질량 지수를 기록한 후 매일 1시간씩 4주간 신체활동에 참여하도록 하며 주 1회 측정한다. 다시 4주간 신체활동을 멈추고 주 1회 측정하고 다시 1시간씩 4주간 신체활동을 하며 주 1회 측정을 한다. 1차 개입단계에서 감소된 체질량 지수가 개입의 효과임을 4주간 멈추었다가 다시 2차 신체활동을 하면서 측정한 수치로 판명할 수 있다. 단, 운동과 체질량 지수의 경우 시차가 있을 수 있으므로 이를 감안하여야 한다.

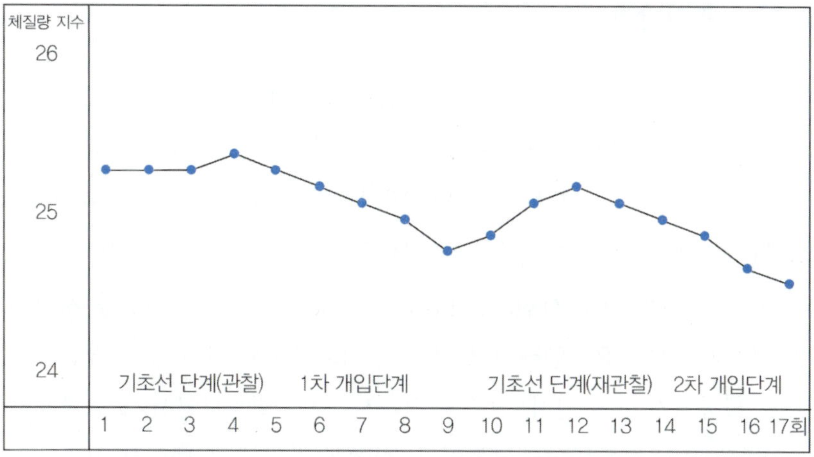

5) 목표달성 척도

목표달성 척도(GAS : Goal-Attainment Scaling)는 프로그램이나 실천을 할 때, 구체적인 목표를 상세하게 명시하고 목표별로 달성도를 측정하여 전반적인 진행 과정을 효과적으로 관리하기 위한 기법이다. 활용방법은 프로그램의 경우, 목표나 예상되는 산출결과를 행동목표로 진술하고, 예상되는 성과를 객관적이고 측정 가능하게 조작적으로 정의하고, 목표나 예상되는 성과의 획득이나 달성 정도를 측정한다. 개별실천의 경우 클라이언트와 사회복지사가 의논하여 목표를 정하고 이 목표를 리커트 5점 척도 등으로 척도화한 후 개입을 마치고 나서 함께 측정한다. 예를 들어, 빈곤아동을 위한 학습멘토링을 한 후 성적의 상향 정도를 미리 클라이언트와 함께 설정하고 달성도를 측정해 보는 것도 일종의 목표달성 척도가 될 수 있다. 이 척도는 클라이언트의 개인에 따라 목표를 자유롭게 정할 수 있고, 클라이언트와 사회복지사가 목표를 함께 의논하여 정할 수 있으며 목표달성 정도를 계량화할 수 있다는 장점이 있다.

6) 기타 평가방법

프로그램을 평가할 때는 여러 가지 실험설계 외에도 다양한 방법으로 평가를 할 수 있다. 프로그램을 실행하면서 열심히 사회에 알리고자 노력했는지, 폭넓은 호응을 얻어냈는지, 자문을 구하고 평가하며 진행했는지, 내용은 계획대로 잘 실행되었는지 등을 평가하기 위해서는, 홍보매체나 서류, 현수막, 홍보지, 홍보평가서, 유관기관 방문 사진, 참여신청서, 상담일지, 자원봉사활동 지원서, 활동서약서, 상담일지, 오리엔테이션 평가서, 사회복지사 일지 및 관찰일지, 출석부, 개별 활동일지, 교육일지, 만족도 평가서, 회의 결과보고서, 활동평가서, 참가자 만족도 조사, 상담일지, 교육일지, 관람객 방명록, 부대행사 기획, 평가회의지, 자문수행기록서 등을 통해 여러 각도에서 살펴볼 수 있다.

한 예로 국회예산정책처의 공적개발원조(ODA) 사업 평가 보고서(2014)의 내용을 보면, 사업계획 수립 단계에서는 기본계획과 시행계획 수립과정이 적정하였는지, 계획수립 단계에서 유 · 무상 사업 간 연계가 되었는지, 유 · 무상 사업의 비율은 적정하였는지 등을 검토하였음을 알 수 있다. 사업추진 단계에서는 각 부처 간 협조가 적절하게 이루어지고 있는지, 사업수행에 필요한 적정 인력이 확보되고 있는지 등도 평가하였다. 성과평가와 관련하여서는 당초에 계획하였던 사업목표를 제대로 달성하였는지, 사업효과는 적절히 나타나고 있는지, 정부가 실시하는 자체 평가에 있어 평가주체와 내용 등은 적절한지 등을 평가하였다. 한편 2014년도 사회복지공동모금회 프로포절 양식과 교보생명 프로포절 양식에서는 산출목표, 성과목표, 성과지표 등을 〈표 13-1〉과 같이 예시하였고, 2014년도 사회복지공동모금회는 프로포절 양식의 평가를 위한 근거를 〈표 13-2〉와 같이 예시하였다.

〈표 13-1〉 2014년도 사회복지공동모금회 프로포절 양식과 교보생명 프로포절 양식 수정

목 적	산출목표	활동(수행방법)	성과목표	성과지표
1. 저소득층 야간 방임 아동의 안전 증대 및 정상적인 성장 지원	저소득층 야간 방임 아동 20명 안전보호	– 복지관 방과 후 교실 PM 1~10시까지 운영(야간시간대 PM 6~10시) – 아동보호자 귀가시간에 따라 귀가일정 조정 – 보호자가 동행귀가를 하지 못하는 경우, 복지관 차량을 통한 귀가서비스 제공(운전자, 귀가지도교사 동승)	1–1. 보호 아동의 야간 안전사고율 30% 감소	• 야간 안전사고 발생 건수/ 비율 ※ 수 혹은 %
	20명 아동에 대한 무료 석식 · 간식 제공 및 건강체조 프로그램 시행	– 야간보호 아동에 대한 무료급식 제공(자체 급식시설 운영) – 야간보호 아동에 대한 무료 저녁 간식 제공(비타민 공급을 위한 과일 위주의 간식 제공) – 매일 1시간 스트레칭과 근육 이완 체조 진행	1–2. 평균 신체 발달 지수 20% 향상	• 동일연령 아동의 소아발육표준치 기준에서의 향상률 ※ 변화량
	주 5회 숙제 지도 및 주 2회 기초학습 지도	– 자체 자원봉사대학생을 활용한 기초학습(국어, 영어, 수학) 지도 – 자체 자원봉사대학생을 활용한 숙제 지도, 매일 숙제 알림장 점검	1–3. 기초학습 능력 20% 향상	• 학교 숙제 완성한 빈도의 증가량 ※ 빈도 • 프로그램 개입 후 학교 성적이 좋아진 아동의 수/ 비율 ※ 수 혹은 %
2. 저소득층 야간 방임 아동 가정의 가족관계 강화를 통한 가족유대감 증대	월 1회 보호자와 함께하는 프로그램 시행	– 월 1회 가족관계 개선 프로그램 시행(가족 음식 만들기, 가족나들이, 가족 체육대회, 영화보기 등)	2. 보호아동의 가족 유대감 15% 증대	• 가족들의 놀이 모임 수 증가량 ※ 빈도 • 보호자/ 자녀 관계 척도점수의 유의미한 차이 정도 ※ 변화량 • 가족과의 1주 평균 대화횟수의 변화 ※ 변화량
	월 1회 보호자/ 자녀상담을 통한 심리적 유대감 형성	– 상담전공자를 통한 가족상담 시행(해결중심 기법 활용)		

〈표 13-2〉 2014년도 사회복지공동모금회 프로포절 양식의 평가를 위한 근거 자료 예시

진행과업	수행시기	목표량	평가방법
홍보	1~2월	5회, 5건	- 홍보매체 증빙서류(현수막, 리플릿) - 유관기관 방문 증빙서류(홍보평가서, 사진)
참여자 모집	2월	1회, 60명	- 참여신청서, 상담일지
참여자 선발		1회, 20명	- pro-bono(전문가들이 자신의 전문성을 활용해 사회적 약자와 소외계층을 돕는 활동) 서약서, 상담일지
오리엔테이션 사전 검사		1회, 20명	- 사전검사지, 오리엔테이션 평가서
정성 가득 사랑 공방	4~10월	28회, 20명	- 사회복지사 프로그램 일지 및 관찰일지, 출석부 - 참여자 개별 활동일지, 교육일지 - 만족도 평가서
up-grade technique	3~4월 7~8월	16회, 20명	- 사회복지사 프로그램 일지 및 관찰일지, 출석부 - 참여자 개인별 활동일지, 교육일지 - 교육만족도 평가서 - 사후 자기효능감 척도 검사
bench marking technique	5월/ 9월	2회, 20명	
teaching each other	4~10월	28회, 20명	- 사회복지사 프로그램 일지 및 관찰일지, 출석부 - 참여자 개별 교육일지 - 소시오그램 - 회의지
월례회의/ 평가회	4~12월	11회, 20명	
찾아가는 뚝딱 공방	5, 7, 9, 11월	16회, 20명	- 사회복지사 프로그램 일지 및 관찰일지, 출석부 - 활동평가서 - 수혜자 만족도 조사, 상담일지 - 사후 사회적 지지 척도검사
헌집 줄게 새집 다오	4~10월	7회, 20명	
친환경 교육	3월/ 11월	120회, 60명	- 사회복지사 프로그램 일지 및 관찰일지, 출석부 - 참여자 개별 활동일지, 교육일지 - 만족도 평가서
작품 전시회	12월	1회, 20명	- 관람객 방명록 및 설문조사 결과지 - 전시회 기획 및 평가 회의지 - 전시 작품
사후 검사	12월	1회, 20명	- 사후 검사지
자문 및 평가회의	6월, 12월	2회, 7명	- 평가회의록 - 자문수행기록서
만족도 조사	12월	1회, 20명	- 만족도 평가서
자료집 발간	12월	1회, 20부	- 자료집

참고문헌

감정기 외(2005). 지역사회복지론. 경기 : 나남.

강흥구(2004). 의료사회복지실천론. 학현사.

권석만(2021). 현대 심리치료와 상담이론. 마음의 치유와 성장으로 가는 길. 서울 : 학지사.

권중돈(2014). 인간행동과 사회환경 : 이론과 실천. 서울 : 학지사.

권진숙 외(2006). 가족복지론. 경기 : 공동체.

권진숙 · 전석균(2001). 가정폭력가해자를 위한 집단 프로그램 개입에 관한 연구. 한국사회복지학, 44, 36-63.

금기윤 · 김미연 · 김윤희 · 류동수 · 이태희(2013). 사회복지실천기술론. 경기 : 공동체.

길귀숙 · 강희숙 · 김상곤 · 오영훈 · 유용식 · 이재호 · 임승희 · 천덕희 · 현령렬(2015). 사회복지실천기술론. 경기 : 양서원.

김경호(2005). 사회복지실천기술론. 서울 : 청목출판사.

______(2005). 정신보건사회복지론. 서울 : 청목출판사.

______(2006). 사회복지실천기술론. 서울 : 청목출판사.

김만호(2009). 지역사회복지론. 경기 : 양서원.

김미옥(2007). 임파워먼트 이해와 적용. 서울 : 학지사.

김미혜리(1998). 외상적 스트레스의 단기관리-위기개입 프로그램의 개발. 한국심리학회지 : 건강, 3(1).

김성이 · 조학래 · 노충래(2004). 청소년 복지학. 경기 : 집문당.

김성천(2005). 지역사회복지관의 가족실천매뉴얼. 서울 : 서울복지재단.

김외숙 역(2005). 인지행동치료. 서울 : 하나의학사.

김용석(2012). 사회복지실천기술 척도의 예비적 개발. 한국사회복지학, 64(4).

김용석 · 이석호 · 전종설 공역(2013). 사회복지실천기술. 서울 : 박영사.

김유숙(2012). 가족상담. 서울 : 학지사.

김융일 · 양옥경(2004). 사회복지수퍼비전론. 경기 : 양서원.

김정진(2014). 사례와 함께하는 사회복지실천기술 연습. 서울 : 학지사.

______(2019). 사회복지실천기술론. 서울 : 학지사.

김종일(2014). 지역사회복지론. 서울 : 청록출판사.

김통원 · 김용득 외(1998). 시회복지실천사례관리. 서울 : 도서출판지샘.

김혜란(1996). 과제중심모델의 적용에 관한 연구 : 위탁보호 사례를 중심으로. 한국사회복지학, 30, 25-47.

김혜란 · 홍선미 · 공계순(2006). 사회복지실천기술론(개정 2판). 경기 : 나남출판.

김혜란 · 홍선미 · 공계순 · 박현선(2022). 사회복지실천기술론. 서울 : 학지사.

김혜숙(2018). 가족치료 이론과 기법. 서울 : 학지사.

김혜숙 · 나임순 · 김현경(2013). 사회복지실천기술론. 서울 : 학지사.

____________________(2013). 사회복지실천론. 서울 : 학지사.

____________________(2022). 사회복지실천기술론. 서울 : 학지사.

김혜영 · 석말숙 · 최정숙 · 김성경(2015). 사회복지실천론(제2판). 경기 : 공동체.

남기철 · 정선욱 · 조성희 공역(2010). 사회복지실천 기법과 지침. *Techniques and Guidelines for Social Work Practice*. 서울 : 나남출판.

남미애(2018). 아동 청소년을 위한 사례관리론. 경기 : 양서원.

남미애 · 윤숙자(2013). 사회복지실천기술론. 서울 : 학지사.

____________(2020). 사회복지실천기술론. 서울 : 학지사.

노혜련 · 허남순 공역(2004). 해결을 위한 면접. De Jong, P., & Berg, I. K.(2001). *Interviewing for solutions*(2nd ed.). 서울 : 시그마프레스.

류종훈(2006). 사회복지실천론. 서울 : 청목출판사.

______(2007). 사회복지상담의 이론과 실제. 경기 : 양서원.

박정임(2002). 정신장애인을 위한 강점관점 사례관리모델의 효과성에 관한 연구. 서울여자대학교 대학원 박사학위논문.

배태순 · 최명민 · 김영미 공역(2007). 전문 사회복지실천기술. *Clinical Social Work : Beyond Generalist Practice with Individuals, Groups, and Families* by Lambert Maguire. 서울 : 시그마프레스.

백은령 · 윤철수 외(2007). 사회복지실천론. 경기 : 대왕사.

백형의 · 박승일 · 서연우 외(2011). 집단프로그램 활용지침서. 서울 : 신정.

서울대학교 사회복지실천연구회 역(1999). 사회복지실천기법과 지침. 서울 : 나남출판.

손광훈(2009). 사회복지실천기술론. 경기 : 공동체.

송성자(1995). 가족과 가족치료. 서울 : 법문사.

______(2003). 강점관점과 해결중심치료 접근법을 통합한 가족치료 접근법 개발에 관한 연구.

한국가족사회복지학, 7, 100-125.

신성만 · 류수정 · 김병진 · 이도형 · 정여주(2015). 인터넷 중독 청소년을 위한 동기강화상담 집단프로그램 개발 및 효과. 상담학연구, 16(4), 89-109.

신성자 외(2007). 사회복지실천기술론. 경기 : 양서원.

심혜선(2018). 청소년 스마트폰 중독 개입 프로그램. 이화여자대학교 대학원 박사학위논문.

안병덕 · 이근홍(2015). 사회복지학 전공 대학생의 전공 관련 만족도가 사회복지전문직 정체성에 미치는 영향. 한국사회복지교육, 32, 167-184.

양옥경 외(2000). 사회복지실천론. 서울 : 나남.

양옥경 · 김미옥(1999). 사회복지실천에서의 권한부여 모델 고찰. 서울 : 사회복지.

양옥경 · 김정진 외(2005). 사회복지실천론. 경기 : 나남출판.

엄명용 · 노충래 · 김용석(2015). 사회복지실천기술의 이해(제3판). 서울 : 학지사.

______________________(2021). 사회복지실천기술의 이해(제4판). 서울 : 학지사.

오봉욱 · 한주빈 · 전수미 · 이효순 · 성치상 · 최종복 · 최세영 · 전동일(2013). 사회복지실천기술론. 서울 : 동문사.

우미숙(2014). 공동체 도시. 경기 : 한울아카데미.

유영달(2017). 상담의 이론과 실제. 서울 : 창지사.

유해선 · 변상해(2015). 상담프로그램이 가정폭력 피해 여성의 정신건강과 심리사회적 요인에 미치는 효과분석. 한국산학기술학회, 16(4), 2511-2519.

윤현숙 외(2006). 사회복지실천기술론. 서울 : 동인.

이가영 · 유혜영 · 전 민 · 윤진상 · 김성완(2016). 젊은 조현병 환자의 사회복귀를 위한 인지행동치료 기반 집중사례관리 증례. 대한조현병학회지, 19(1), 32-37.

이경아 외 공역(2004). 사회복지영역에서의 역량강화실천. 경기 : 양서원.

이경옥(2009). 강점관점 노인주간보호센터 운영경험 연구. 한국노인복지학회.

이영분(1995). 청소년 자녀문제 치료를 위한 '해결중심 단기가족치료' 모델의 적용성에 관한 연구. 한국가족치료학회지, 3, 21-39.

이영분 · 김유순 외(2015). 사례로 배우는 가족상담과 가족치료. 서울 : 학지사.

이영분 · 최선령 외(2008). 가족치료 모델과 사례. 서울 : 학지사.

이원숙(2004). 가족복지론. 서울 : 학지사.

______(2008). 사회복지실천론. 서울 : 학지사.

이준우(2015). 청장년 발달장애인 신앙지도 및 상담. http://cafe.daum.net/kmindtrain

이화여자대학교 사회복지연구회 역(2001). 가족복지실천론. *An Introduction to Family Social*

Work. by Donald Collins, Catheleen & heather Coleman. 서울 : 나눔의집.

이화여자대학교 사회사업학과 편(1993). 집단사회사업 실천방법론. 서울 : 동인.

임문정(2000). 사회복지전공 선택동기와 만족도에 관한 연구. 강남대학교 대학원 석사학위논문.

임안나 외(2011). 사회복지실천 기술론. 경기 : 공동체.

장경섭(2018). 내일의 증언–가족자유주의와 사회재생산 위기. 서울 : 집문당.

장수미(2003). 음주문제를 가진 가정폭력가해자 폭력행동감소 프로그램개발연구. 이화여자대학교 대학원 박사학위논문.

장수미 외(2011). 사회복지실천기술론. 서울 : 학지사.

장수미 · 이선민 · 문용준(2006). 성폭력이 의심되는 여아의 위기개입-James & Gilliland의 위기개입 6단계 모델 적용. 정신보건과 사회사업, 22.

장수미 · 최정숙 · 박형원 · 김주현 · 홍현미라 · 이혜경 · 이영선 · 한인영(2011). 사회복지실천 기술론. 서울 : 학지사.

장인협(1989). 사회복지실천방법론 下. 서울 : 서울대학교출판부.

______(1998). 사회복지실천방법론(하). 서울 : 서울대학교출판부.

______(2005). 사회복지실천방법론 下. 서울 : 서울대학교출판부.

장인협 · 우국희(2001). 케어 · 케이스 매니지먼트. 서울 : 서울대학교출판부.

장창민 · 최지영 · 전수경 · 심현주(2012). 자살예방교육 매뉴얼. 한마음한몸자살예방센터.

전재일 외(2003). 사회복지실천론. 서울 : 형설출판사.

정무성(2005). 사회복지프로그램 개발론. 서울 : 학현사.

정문자(1995). 십대소녀의 가족치료에 적용된 해결중심적 치료기법 및 치료내용 분석. 한국가족치료학회지, 3, 1-20.

______(2007). 사티어 경험적 가족치료(제2판). 서울 : 학지사.

정문자 · 송성자(2001). 보호처분을 받은 비행청소년을 위한 집단치료 프로그램 모형 개발. 대한가정학회지, 39(12), 239-251.

정문자 · 송성자 · 이영분 · 김유순 · 김은영(2008). 해결중심단기치료. 서울 : 학지사.

정문자 · 송성자 · 이영분 · 김유순 · 김은영 · 어주경(2006). 해결중심 가족치료 사례집. 서울 : 학지사.

정문자 · 정혜정 · 이선혜 · 전영주(2007). 가족치료의 이해. 서울 : 학지사.

______________________________(2012). 가족치료의 이해(제2판). 서울 : 학지사.

______________________________(2022). 가족치료의 이해(제3판). 서울 : 학지사.

정성관 외(2013). 집단상담. 서울 : 학지사.

정성란 · 고기홍 · 김정희 · 권경인 · 이윤주 · 이지연 · 천성문(2019). 집단상담. 한국상담학회 상담학 총서, 4(제2판).

정순둘(2005). 강점모델 : 노인장기요양보호와 사례관리 실천. 서울 : 집문당.

정순둘 외(2007). 사회복지와 임파워먼트. 서울 : 학지사.

정지희 · 남진연 · 김세진 · 김윤희 · 차주환 · 방소희(2019). 후기청소년 라이프코칭 집단프로그램 개발과 효과성 검증. 청소년상담연구, 27(2), 173-196.

제석봉 · 김춘경 · 천성문 · 이영순 · 김미애 · 이지민(2014). 가족치료. 경기 : 정민사.

제석봉 · 이윤주 · 박충선 · 이수용 공역(2006). 사회복지상담심리학. 서울 : 학지사.

조미숙 외(2006). 사례관리. 서울 : 창지사.

조미애(2010). 자폐아동 아버지의 긍정적 양육태도 향상을 위한 프로그램개발 연구. 강남대학교 사회복지전문대학원 석사학위논문.

조흥식 · 김인숙 · 김혜란 · 김혜련 · 신은주(2011). 가족복지학(제4판). 서울 : 학지사.

지은구 · 조성숙(2010). 지역사회복지론. 서울 : 학지사.

채구묵(2005). 사회복지조사방법론. 경기 : 양서원.

천성문 · 이영순 · 박명숙 · 이동훈 · 함경애(2021). 상담심리학의 이론과 실제. 서울 : 학지사.

천정웅 · 김미옥 · 최명민 외(2010). 강점관점 청소년 개발 레질리언스. 서울 : 신정.

최근화(2018). 가정폭력 가해자들에게 폭력경험이 미친 영향에 대한 질적사례연구-가정폭력 수강명령 대상자 중심으로-. 인문사회과학연구, 4(2), 47-73.

최은영(2012). 보웬의 자아분화와 룻기 신학. 목회와 상담, 19, 188-217.

최일섭 · 류진석(1997). 지역사회복지론. 서울 : 서울대학교출판부.

최정숙 · 강향숙 · 김경희 · 김선민 · 김유정 · 김주현 · 김지혜 · 박형원 · 백형의 · 우재희 · 이영선 · 이예승 · 이인정 · 이혜경 · 임정원 · 장수미 · 정선영 · 한인영(2020). 가족복지론. 서울 : 학지사.

최지영(2014). 자살예방 상담 전략: 대학생 사례 적용. 한국기독교상담학회지, 25(3), 305-345.

추정인(2003). 여성신장이식환자의 스트레스관리 집단프로그램. 의료와 사회복지, 2, 154-179.

하현선(2014). 공적개발원조(ODA) 사업 평가. 국가예산정책처.

한국단기가족치료연구소(2006). 중급워크숍 자료집.

한동우(2001). 사회복지 프로그램 평가의 방향과 실천. 한국사회복지행정학, 4, 117-146.

한상진 · 황미영(2009). 지역사회복지와 자원부문. 경기 : 집문당.

한인섭(1996). 가정폭력 피해자에 의한 가해자 살해. 서울대학교 법학, 37(2), 261-312.

한인영 · 최현미 · 장수미(2006). 의료사회복지실천론. 서울 : 학지사.

한재희 · 김영희 · 김용태 · 서진숙 · 송정아 · 신혜종 · 양유성 · 임윤희 · 장진경 · 최규련 · 최은영(2013). 부부 및 가족상담. 서울 : 학지사.

___(2018). 부부 및 가족상담. 서울 : 학지사.

홍순혜 · 한인영 공역(1997). 사회사업기록-이론과 실제-. 서울 : 학문사.

홍지영(2004). 단일체계설계를 활용한 임상실천의 효과성 평가. 정신보건과 사회사업, 18, 165-194.

1급사회복지사 시험연구회(2008). 사회복지실천기술론. 경기 : 나눔의집.

___(2010). 사회복지실천기술론. 경기 : 나눔의집.

ACW(1998). Community WORK Skill Manual.

Ade, W.(1982). Professionalization and its Implications for the field of Early Childhood Education. *Young Children, 37,* 25-32.

Alinsky. S.(1971). *Rules for Radicals*. Vintage books.

Banman, J.(2001). Satir model workshop. Unpublished Manuscript. Seoul, Korea.

Beck, A. T.(1976). *Cognitive therapy and the emotional disorders*. International Universities Press.

Beck, A. T., Rush, A. J., Shaw, B. F., & Emery, G.(1979). *Cognitive therapy of depression*. New York : Guilford Press.

Becvar, D., & Becvar, R.(1997). 가족치료 : 체계론적 통합. 정혜정 · 이형실 편역(원전은 1988년에 출판). 강원 : 하우.

Becvar, D., & Becvar, R.(2001). 가족치료 : 체계론적 통합. 정혜정 · 이형실 공역(원전은 1988년에 출판). 강원 : 하우.

Berg, I. K.(1989). Of visitors, and customers : Is there really such thing asresistance?. *Family Therapy Networker, 13*(1), 21.

___(1994). *Family Based Services : A Solution-focused Approach*. New York : W. W. Norton.

Berg, I. K., & Dolan, Y.(2001). *A Ccollection of Hope-inspiring Stories*. NY : W. W. Norton.

Bordin, E. S.(1979). The generalizability of the psychoanalytic concept of the working alliance. *Psychotherapy : Theory, Research, and Practice, 16*, 252-260.

Bowen, M.(1976). Theory in the Practice of Psychotherapy. In Guerin P.(Ed.), *Family Therapy*

New York : Gardener Press.

________(1978). *Family Therapy in Clinical Practice*. New York : Jason Aronson.

Brown, J. H., & Christensen, D. N.(1999). *Family Therapy : Theory and Practice*. Pacific Grove : Brooks/ Cole.

Bums, R. C., & Kaufman, S. F.(1970). *Kinetic Family Drawings*(KFD). *An Introduction to Understanding Children Through Kinetic Drawing*. N. Y : Brunner. Mazel.

Cane, A., & Vivian, D.(2001). Life stressors and husband-to-wife violence. *Aggression and Violence Behavior,* 6(5), 459-480.

Capra, F.(1989). 생명의 그물 : 살아 있는 시스템들에 대한 새로운 과학적 이해. 김용정 · 김동광 공역. 서울 : 범양출판사.

Carkhuff, R. R.(2000). *The Art of Helping*(8th ed.). Amherst, MA : Human Resource Development Press.

Clark, D. A., Beck, A. T., & Alford, B. A.(1999). *Scientific foundations of cognitive theory and therapy of depression*. New York : Wiley.

Collins, D., Jordan, C., & Coleman, H.(2010). *An Introduction to Family Social Work*(3rd ed.). Belmont. CA : Brooks/ Cole.

Corey, G.(2001). *Theory and Practice of Counseling and Psychotherapy*(6th ed.). Pacific Grove, CA : Brooks/ Cole.

________(2012). *Theory and Practice of Counseling and Psychotherapy*(8th ed.). 심리상담과 치료의 이론과 실제(조현춘 · 조현재 · 문지혜 · 이근배 · 홍영근 공역), 서울 : 센게이지러닝코리아(원전은 2009년 출판)

Corey, G., Corey, M., & Callanan, P.(1998). *Issues and Ethics in the Helping Profession*(5th ed.). Pacific Grove, CA : Brooks/ Cole.

Cornett, N.(2012). A Filial Therapy Model Through a Family Therapy Lens : See the Possibilities. *Counseling and Therapy for Couples and Families, 20*(3).

Coulshed, V., & Orme, J.(1998). *Social Work Practice*(3nd ed.). Macmillan.

Cournoyer, B. R.(2011). *The Social Work Skills Workbook*(6th ed.). Belmont, CA : Brooks/ Cole.

Cuijpers, P.(2017). Four decades of outcome research on psychotherapies for adult depression : An overview of a series of meta-analyses. *Canadian Psychology, 58*, 7-19.

De Jong, P., & Berg, I. K.(2001). *Interviewing for Solutions*. Pacific Grove, CA : Brooks/ Cole Publishers.

de Shazer, S.(1988). *Clues : Investigating Solutions in Brief Therapy*. New York : W. W. Norton.

de Shazer, S., Berg, K., Lipchik, E., Yunnally, E., Molnar, A., Gingerich, W., & Weiner-Davis, M.(1986). Brief therapy : Focused solution development. *Family Process, 25*(6), 214-218.

DeRubeis, R. J., & Beck, A. T.(1988). Cognitive therapy. In K. S. Dobson(Ed.), *Handbook of cognitive-behavioral therapies*(pp. 273-306). Guilford Press.

Dobson, K. S., & Dozois, D. A.(2021). *Handbook of Cognitive Behavioral Therapies*(4th ed.). Guilford Press.

Doel, Mark & Peter Marsh(1992). *Task-centred Social Work*(Aldershot, Hants, Ashgate).

Doel, Mark(1994). Task-centred work. In Chris Hanvey & Terry Philpot(Eds.), *Practical Social Work*(pp. 22-36), London, Routledge.

Dryden, W., & DiGuseppe, R.(1990). *A primer on rational-emotive therapy*. Research Press.

Egan, G.(2001). *The Skilled Helper*(7th ed.). Pacific Grove, CA : Brooks/ Cole

Ellis, A.(1955). New approaches to psychotherapy techniques. *Journal of Clinical Psychology, 11*, 207-260.

______(1962). *Reason and Emotion in psychotherapy*. New York : Lyle Stuart.

______(1979). The basic clinical therapy of rational-emotive therapy. In A. Ellis & M. M. Whiteley(Eds.), *Theoretical and empirical foundations of rational-emotive therapy*(pp. 33-60). Monterey, CA : Brooks/Cole.

______(1989). Rational emotive therapy. In R. J. Corsini, & D., Wedding(Eds.), *Current psychotherapies*(4th ed.). Itasca, IL : F. E. Peacock.

______(1993). RET becomes REBT. IRET Letter, pp. 1, 4.

______(1999a). Why rational-emotive therapy to rational emotive behavior therapy?. *Psychotherapy : Theory, research, practice training, 36*(2), 154-159.

______(1999b). Rational emotive behavior therapy as an internal control psychology. *International Journal of reality therapy, 19*(1), 4-11.

Ellis, A., & Dryden, W.(1997). *The Practice of rational-emotive therapy*(2nd ed.). New York : Springer.

Ellis, A., & MacLaren, C.(1998). *Rational emotive behavior therapy : A therapist's guide*. Impact Publishers.

Epstein, L.(1980). *Helping People : the Task-centered Approach*. St. Louis : The C. V. Mosby Co.

______(1992). *Brief Treatment and a New Look at the Task-Centered Approach*. New York : Macmillan.

Frankel, A., & Gelman, S.(2016). *Case Management : An Introduction to Concepts and Skills.* Oxford Press.

Fredberg, R. D., & McClure, J. M.(2007). *Clinical practice of cognitive therapy with children and adolescents*. 아동과 청소년을 위한 인지치료(정현희 · 김미리혜 공역). 서울 : 시그마프레스(원전은 2002년에 출판).

Galinsky, M. J., & Schpher, J. H.(1980). Structuring Co-Leadership. *Social Work with Groups, 3*(4), 51-63.

Gelso, C. J., & Carter, J. A.(1994). Components of the psychotherapy relationship : Their interaction and unfolding during treatment. *Journal of Counseling Psychology, 41*, 296-306.

Giddens, A.(1991). *Modernity and Self-Identity : Self and Society in the Late Modern Age.* Caambridge : Polity.

Gilchrist, A.(2004). *Well-connected Community.* The Policy Press.

Goldenberg, I., & Goldenberg, H.(1985). *Family Therapy : An Overview*(2nd ed.). Monterey : Brooks/ Cole Publishing Company.

__________________(2000). *Family Therapy : An Overview*(5th ed.). Belmont, CA : Wadsworth/Thomson Learning.

__________________(2002). 가족치료. 김득성 · 윤경자 · 전영자 · 전영주 · 조명희 · 현은민 공역. 서울 : 시그마프레스.

__________________(2008). *Family Therapy : An Overview*(5th ed.). Belmont, CA : Thomson Higher Education.

Greenberg, L. S.(1994). What is "real" in the relationship? Comment on Gelso and Carter. *Journal of Counseling Psychology, 41*, 307-309.

Haley, J.(1976). *Problem Solving Therapy : New Strategies for Effective Family Therapy.* New York & San Francisco : Harper & Row Publishers.

Hardina, D.(2012). *Interpersonal Social Work Skills for Community Practice.* Springer Publishing Co.

Harris, V.(1994). Skills of a Community Work. In Harris, V.(Ed.), *Community Work Skills Manual.* ACW.

Hepworth, D. A., Ronald, R. H., Rooney, G. D., & Strom-Gottfried, K.(2010). *Direct Social Work Practice Theory and Skills*. Pacific Grove, CA : Brooks/ Cole Publishing Company.

Hollon, S. D.(2016). *Is cognitive therapy enduring or are antidepressant medications iatrogenic?.* Zubin Award Address presented at the 2016 meeting of the Society for Research in

Psychopathology, Baltimore, MD.

Holosko, M.(2017). *Social Work Case Management : Case studies from the Frontlines*. Sage Publication.

Ingram, R. E., Miranda, J., & Segal, Z. V.(1998). *Cognitive vulnerability to depression*. New York : Guilford Press.

Jacobs, E. E., Masson, R. L., & Harvill, R. L.(2011). *Group Ccounseling : Strategies and Skills*(7th ed.). Pacific Grove, CA : Thomson Brooks/ Cole.

Jobes, D. A.(2011). 자살 위험관리 : 협력적 접근법(서혜석 외 공역). 군자출판사.

Johnson, L. C., & Yanca, S. J.(2007). *Social Work Practice : A Generalist Approach*(8th ed.). 한인영 · 장수미 · 최정숙 · 박형원 공역(2008). 사회복지실천론–일반주의 관점(제8개정판). 서울 : 하나의학사.

Jourard, S. M.(1971). *The Transparent Self : Self Disclosure and Well-being*(2nd ed.). Princeton, NJ : Van Nostrand Reinhold.

Judith Beck(1995). *Cognitive Therapy : Basics and Beyond*. New York : The Guilford Press.

Kadushin, A.(1972). *The Social Work Interview*. New York : Columbia University Press.

Kagle, J. D.(1982). Social work records in health and mental health organizations : A status report. *Social Work in Health Care, 8*(1), 37-46.

__________(1983). The contemporary social work record. *Social Work, 28*(2), 149-153.

__________(1984). Restoring the clinical record. *Social Work, 29*(1), 46-50.

__________(1987a). Preventing clients from dropping out of treatment. *Journal of Independent Social Work, 1*(3), 31-43.

__________(1987b). *Recording in direct practice. Encyclopedia of Social Work*(18th ed., pp. 463-467). Washington, DC : National Association of Social Workers.

__________(1988). How to overcome worker resistance and improve your agency's records. Paper presented at the National Association of Social Workers' Meeting of the Profession. Philadelphia, PA.

__________(1989). Privileged Communication : A client right and a professional principle. Paper presented at the annual program meeting of the Council of Social Work Education. Chicago, IL.

__________(1991). *Social Work Records-Theory and Practice*. Wadsworth Publishing Company.

Kanfer, F. H., & Goldstein, A. P.(Eds.)(1991). *Helping People Change*(4th ed.). Needham

Heights, MA : Allyn & Bacon.

Kerr, M. E., & Bowen, M.(1988). *Family Evaluation : An Approach Based and Bowen Theory*. New York : W. W. Norton & Company.

Kilpatrick, A., & Holland, T.(1995). *Working with Families : an Integrative Model by Level of Functioning*. Boston : Allyn and Bacon.

Kurland, R.(1978). Planning : The Neglected Component of Group Development. *Social Work with Group, 1*(2), 173-178.

Kwee, M., & Ellis, A.(1997). Can multimodel and rational emotive behavior therapy be reconciled?. *Journal of rational and cognitive-behavior, 15*, 95-132.

Lambert, M. J., & Bergin, A. E.(1983). Therapist characteristics and their contribution to psychotherapy outcome. In C. E. Walker(Ed.), *Handbook of Psychotherapy and Behavior Change*(pp. 205-241). Homewood, IL : Dow Jones-Irwin.

Liddle, H, A.(Ed.)(1983). *Clinical Implications of the Family Life Cycle*. Rockville, MD : Aspen Systems Corporation.

Manser, E.(1973). *Family Advocacy : A Manual for Action*. Family Service Association of America.

Marcia, J.(1980). Identity in adolescence, In J. Adelson(Eds.), *Handbook of Adolescent Psychology*. New York : John Willy & Son.

Mayo, M.(1998). Community WORK. In Adams, R., Dominelli, L., Payne, M.(Eds.), *Social Work : Themes, Issues and Critical Debates*. Macmillan.

McGoldrik, M., & Gerson, R.(1985). *Genograms in Family Assessment*. New York : Norton.

McGoldrick, M., Gerson, R., & Petry, S.(2008). *Genograms : Assessment and intervention*(3rd ed.). New York : W. W. Norton Co.

Meekyung Han(2017). The Overview of Case Management in the United States : Concepts, Trends, and Professional Practice. 2017년 추계 한국사례관리학회 학술대회 자료집, p. 25.

Miley. K. K., O' Melia, M., & Dubois, B.(2001). *Generalist social Work Practice. An empowering Approach*. Allyn & Bacon.

Miller, S. D., & Berg, I. K.(1991). Working with problem drinker : A solution-focused approach. *Arizona Counseling Journal, 16*.

Minuchin, S.(1974). *Families & Family Therapy*. Cambridge, MA : Harvard University Press.

__________(1988). 구조적 가족 치료의 실제. 김종옥 역(원전은 1978년에 출판). 서울 : 법문사.

Moxley, D.(1989). *Practice of Case Management*. Sage Publication.

Myer, R. A., Williams, R. C., Ottens, A. J., & Schmidt, A. E.(1991). Three-dimensional crisis assessment model. Unpublished Educational psychology, Northern Illinois University, Department of educational Psychology. Counseling and Special Education. Dekalb, Illinois.

Neukrug, E. S.(2002). *Skills and Techniques for Human Service Professionals : Counseling Environment, Helping Skills, Treatment Issues*. 손광훈 역(2009). **사회복지사를 위한 기초기술과 연습**. 경기 : 양서원.

Nichols, M. P.(2012). *Family Therapy : Concepts and Methods*(10th ed.). Boston, MA : Allyn & Bacon.

Nichols, M. P., & Davis, S. D.(2020) **가족치료 개념과 방법**. 김영애 역(2020). 서울 : 시그마프레스.

Nichols, M. P., & Schwartz, R. C.(2004). **가족치료 : 핵심개념과 실제 적용**. 김영애 · 김정책 · 심혜숙 · 정석환 · 제석봉 공역. 서울 : 시그마프레스.

Nichols, M. P., & Schwartz, R. C.(2008). *Essentials of Family Therapy*(4th ed.). Prentice-Hall.

Northen, M., & Kurland, R.(2006). **집단사회복지실천 : 집단상담가를 위한 이론과 실천 지침서**. 노충래 역(원전은 2001년에 출판). 서울 : 학지사.

O'Hare, T., Tran, T. V., & Collins, P.(2002). Validating the internal structure of the practice skills inventory. *Research on Social Work Practice, 12*(5), 653-668.

Olson, D. H., & Hawley, D. R.(1992). *Self-training Counselor's Manual : Prepare, Prepare-MC, Enrich*. Prepare/ Enrich Inc.

Olson, D., & Fowers, B.(1993). Five Types of Marriage : An Empirical Typology Based on ENRICH. *The Family Journal, 1*, 196-207.

Parker, J., & Bradley, G.(2004). *Social Work Practice : Assessment, Planning, Intervention and Review*. Learning Matters Ltd.

Peck, M. S.(1998). *People of the Lie*. New York : Simon & Schuster.

Pedersen, P.(2000). *A Handbook for Developing Multicultural Awareness*(3rd ed.). Alexandra, VA : American Counseling Association.

Peller, J., & Walter, J.(1998). Chapter 4 : Solution-focused brief therapy. In R. A. Dorfman(Ed.), *Paradigms of Clinical Social Work*, Vol. II(pp. 71-92). New York : Brunner Mazel.

Popple(2002). Community WORK. In Adams, R., Dominelli, L., & Payne, M.(Eds.), *Critical Practice in Social Work*. Palgrave.

Rashed, J., Rashed, M. N., & Marley, J. A.(2011). *Family Therapy : Models and Techniques*. London : Sage.

Redl, F.(1953). The Art of Group Composition. In Suzannne Schulze(Ed.), *Creative Group Living in a Children's Institution*(pp. 76-98). New York : Association.

Reid, W.(1997). *Social Work Practice with Group : A Clinical perspective*. CA : Brooks/ Cole.

Reid, W. J.(1978). *The Task Centered System*. NY : Columbia University Press.

__________(1992). *Task Strategies : An Empirical Approach to Social Work Practice*. New York : Columbia University Press.

Reid, William & Epstein, Laura(1972). *Task-centered Casework*. New York : Columbia University Press.

Richard K. James & Burl E. Gilliland(2001). *Crisis Intervention Strategies*(4th ed.). 한인영 · 김연미 · 장수미 · 최정숙 · 박형원 · 이소래 공역(2001). 위기개입. 서울 : 나눔의집.

Rogers, C. R.(1957). The necessary and sufficient conditions of therapeutic personality change. *Journal of Counseling Psychology, 21*(2), 95-103.

Rothman, J., & Thomas, E. J.(1994). *Intervention research : Design and development for human service*. New York : Haworth Press.

Saleebey, Dennis(1997). *The strength perspectives in social work practice*(2nd ed.). New York : Longman.

Samantrai, K.(2004). *Interviewing in Health and Human Services*. Wadsworth Publishing Co.

Satir, V., & Baldwin, M.(1983). *Satir Step by Step : A Guidance to Creating Change in Families*. Palo Alto, CA : Science and Behavior Books.

Satir, V., Banmen, J., Gerber, J., & Gomoi, M.(1991). *The Satir Model : Family Therapy and Beyond*. Palo Alto, CA : Science and Behavior Books.

Sheafor & Horejsi(2008). *Techniques and Guidelines for Social work Practice*(8th ed.). Needham Heights, MA : Allyn & Bacon.

Shebib, B.(2002). *Choices : Counseling Skills for Social Skills for Social Workers and Other Professionals*. Allyn & Bacon.

Shostrum, E.(1974). *Manual for the Personal Orientation Inventory : An Inventory for the measurement of Self-actualization*. San Diego : Educational and Industrial Testing Service.

Shulman, L.(1984). *The Skills of Supervision and Staff Management*. Itasca, IL : Peacock.

Siporin, M.(1975). *Introduction to Social Work Practice*. New York : Macmillan.

Smalley, R. E.(1967). *Theory for Social Work Practice*. New York : Columbia University Press.

Sue, D.(1978). Counseling across cultures. *Personnel and Guidance Journal, 57*, 451.

Summers, N.(2011). *Fundamentals of Case Management Practice : Skills for the Human Services*. Brooks Cole.

Toseland, R., & Rivas, R.(2001). *An Introduction to Group Work Practice*(4th ed.). Needham Heights, MA : Allyn and Bacon.

Turner(1996). *Social work treatment : interlocking theoretical approaches*(5th ed.). Oxford University Press.

Twelvetrees, A.(2002). *Community WORK*. Palgrave.

Warren, J., & Lanning, W.(1992). Sex Role Beliefs, Control and Social Isolation of Battered Women. *Journal of Family Violence, 17*(1), 242-247.

Weil, M.(2005). Context and Challenge for 21st-century Communities. In Weil, M.(Ed.), *The Handbook of Community Practice*. SAGE.

Weil, M., & Gamble, D. N.(2005). Evolution, Models and the Changing Context of Community Practice. In Weil, M.(Ed.), *The Handbook of Community Practice*. SAGE.

Whiston, S. C., & Coker, J. K.(2000). Reconstructing clinical training : Implications from research. *Counselor Education and Supervision, 39*, 228-253.

Worden, M.(2007). *Family Therapy Basics*(3rd ed.). **가족치료 단계별 접근**. 신혜종 · 정수경 공역. 서울 : 시그마프레스.

Wylie, M. S.(1991). Family therapy's neglected prophet. *The Family Therapy Networker, 15*(2), 24-37.

Yutrzenka, B. A.(1995). Making a case for training in ethnic and cultural diversity in increasing treatment efficacy. *Journal of Consulting and Clinical Psychology, 63*(2), 197-296.

Zastrow, C.(1985). *Social Work with Groups*. Chicago : Nelson-Hall Publishers.

찾아보기

ㅊ

ㅋ

ㅌ

ㅍ

ㅎ

저/자/약/력

■ **김혜영**

이화여자대학교 사회복지학과 학사
이화여자대학교 대학원 사회복지학 석사, 동 대학원 사회복지학 박사
현) 수원과학대학교 사회복지과 교수

〈주요 저서〉
아동복지론(2009), 사회복지실천론(2014), 가족복지론(2001, 공역),
가족폭력 : 사정과 실제(2003, 공역)

■ **석말숙**

경북대학교 사회복지학 학사
뉴욕주립대학(Albany) School of Social Welfare 석사(M.S.W.)
이화여자대학교 대학원 사회복지학 석사, 동 대학원 사회복지학 박사
현) 나사렛대학교 사회복지학부 교수

〈주요 저서〉
이혼가정자녀를 위한 심리치료(2004, 공역),
대학인과 사회봉사(2005), 사회복지개론(2011), 사회복지실천론(2010)

■ **홍나미**

이화여자대학교 사회복지학과 학사
이화여자대학교 대학원 사회복지학 석사, 동 대학원 사회복지학 박사
현) 수원과학대학교 사회복지과 교수

〈주요 저서〉
임상사회복지이론(2011, 공저), 무한 돌봄 사례관리 두 번째 이야기(2013, 공저)

■ **신인순**

이화여자대학교 국어국문학과 학사
가톨릭대학교 사회복지학 석사, 동 대학원 사회복지학 박사
현) 수원과학대학교 사회복지과 교수

〈주요 저서〉
다문화교육 : 이론과 실제(2009, 공역), 청소년 정책과 사회통합(2010, 공역)

【제2판】

사회복지실천기술론

|공저자| 김혜영 · 석말숙 · 홍나미 · 신인순

|1판 1쇄| 발행 2017년 3월 2일
|1판 2쇄| 발행 2018년 3월 10일
|1판 3쇄| 발행 2020년 2월 14일
|2판 1쇄| 발행 2023년 3월 10일
|2판 2쇄| 발행 2025년 1월 15일

|발행인| 김 동 훈
|발행처| 공 동 체

|주소| 경기도 고양시 일산동구 호수로 358-39, 동문타워 I 905호(백석동)
|전화| 031) 814-3000(대표)
|팩스| 031) 814-3100
|홈페이지| http://www.compub.co.kr
|전자우편| compub@naver.com
|출판등록| 2005년 10월 6일
|등록번호| 제396-2005-36호

|ISBN| 979-11-6725-294-4
정가 20,000원